E. LAUB 1971

BIBLIOTHÈQUE
DE PHILOSOPHIE CONTEMPORAINE

ÉTUDES
D'HISTOIRE DES SCIENCES
ET
D'HISTOIRE DE LA PHILOSOPHIE

PAR

A. HANNEQUIN

Correspondant de l'Institut
Professeur à la Faculté des lettres de l'Université de Lyon

TOME PREMIER

AVEC UNE PRÉFACE DE R. THAMIN
Recteur de l'Académie de Bordeaux

ET UNE INTRODUCTION DE J. GROSJEAN

PARIS
FÉLIX ALCAN, ÉDITEUR
LIBRAIRIES FÉLIX ALCAN ET GUILLAUMIN RÉUNIES
108, BOULEVARD SAINT-GERMAIN, 108

1908

ÉTUDES
D'HISTOIRE DES SCIENCES
ET
D'HISTOIRE DE LA PHILOSOPHIE

FÉLIX ALCAN, ÉDITEUR

DU MÊME AUTEUR

Essai critique sur l'hypothèse des atomes dans la Science contemporaine. 2ᵉ édition. 1 vol. in-8 de la *Bibliothèque de philosophie contemporaine* . . . . **7 fr. 50**

ÉTUDES
D'HISTOIRE DES SCIENCES

ET

D'HISTOIRE DE LA PHILOSOPHIE

PAR

A. HANNEQUIN

Correspondant de l'Institut
Professeur à la Faculté des lettres de l'Université de Lyon

TOME PREMIER

Avec une Préface de R. THAMIN
Recteur de l'Académie de Bordeaux

ET UNE INTRODUCTION DE J. GROSJEAN

PARIS
FÉLIX ALCAN, ÉDITEUR
LIBRAIRIES FÉLIX ALCAN ET GUILLAUMIN RÉUNIES
108, BOULEVARD SAINT-GERMAIN, 108
—
1908

Tous droits de traduction et de reproduction réservés

TABLE DES MATIÈRES

DU TOME PREMIER

Pages.

Préface... V

INTRODUCTION
ARTHUR HANNEQUIN ET SON ŒUVRE

I. — L'Historien de la Philosophie.............	XXIII
II. — L'Historien des Sciences..................	XLVII
III. — Le Métaphysicien............................	LIV
Théorie de la connaissance..................	LX
1° *L'Expérience*................................	LX
2° *La Science*..................................	LXI
3° *La Métaphysique*...........................	LXII
4° *La Croyance*................................	LXIV
Théorie de l'existence..........................	LXVI
Métaphysique de la nature...................	LXXII
A. — *La Matière brute*.........................	LXXII
B. — *La Matière vivante*......................	LXXIII
C. — *La Matière pensante*.....................	LXXV
Métaphysique de la liberté...................	LXXIX
A. — *Le Problème moral*.......................	LXXIX
B. — *Le Problème religieux*...................	LXXXI
IV. — L'Homme......................................	LXXXIX

ÉTUDES D'HISTOIRE DES SCIENCES

Leçon d'ouverture d'un cours sur la philosophie des sciences.	3
Leçon d'ouverture d'un cours d'histoire des sciences......	21

L'HISTOIRE DES SCIENCES AU XIXe SIÈCLE

Un Chapitre sur l'histoire des mathématiciens et physiciens français de 1800 à 1851...................	43
Les Mathématiciens français........................	48
La Mécanique....................................	57
L'Astronomie....................................	58
Les Physiciens français.............................	63
Les Chimistes français..............................	79

LES NOUVELLES GÉOMÉTRIES

A propos d'une étude de M. Renouvier. 87

EXPOSÉ DE TITRES 103

ÉTUDES D'HISTOIRE DE LA PHILOSOPHIE

LA PHILOSOPHIE DE HOBBES

PREMIÈRE PARTIE

Philosophie première. — Métaphysique 121
    I. — Définition de la philosophie 121
    II. — Division de la philosophie. 128
    III. — Espace. Temps. Mouvement. Mécanisme 129

DEUXIÈME PARTIE

Psychologie de Hobbes. 163
    Conclusion. 175
    Imagination. 177
    Association des idées. 181
    Passage au nominalisme, à la science et à la logique. . . . 183
    Passions et volonté. 200
    Volonté. 205

LA MÉTHODE DE DESCARTES   209

LA PREUVE ONTOLOGIQUE CARTÉSIENNE DÉFENDUE CONTRE LA CRITIQUE DE LEIBNITZ   244

PRÉFACE

La Faculté des lettres de Lyon a été, pendant une vingtaine d'années, une vaste amitié. C'est au nom de ces amis aujourd'hui dispersés que j'ai mission de rendre hommage au plus unanimement, au plus profondément aimé. Quant à mes sentiments personnels, ils feront effort pour s'effacer et se fondre dans l'hommage collectif. Voulant honorer la mémoire d'Hannequin, ses amis n'ont rien trouvé de mieux que de publier des pages de lui, les unes inédites, les autres déjà parues, mais éparses[1]. M. Chabot a pris pour lui toute la peine de cette publication. Mais ils ont tenu à ce que, en tête de ces pages, fût évoquée par l'un d'eux la noble figure du penseur dont elles donnent l'imparfaite mesure. L'étude, qu'on lira plus loin, de M. Grosjean, l'élève, puis l'ami et le confident d'Hannequin dans les dernières années de sa vie, étude si complète et, en même temps, d'un accent parfois si touchant, nous dispensera de nous étendre sur le détail de ses doctrines et de ses travaux. Nous nous bornerons à en marquer la direction et l'esprit, et à les replacer dans l'histoire si une, finalement si douloureuse, de sa courte vie.

Arthur Hannequin naquit le 29 octobre 1856, dans un village de la Marne, Pargny-sur-Saulx, où son père était instituteur. Sa fidélité envers le sol natal et envers les amis de son enfance fut une de ses premières vertus. Ses succès scolaires au collège de Vitry vouèrent ce fils d'instituteur à la carrière de l'enseignement. On l'envoya au lycée

---

[1]. Rappelons cependant qu'une souscription entre élèves et amis d'Hannequin a abouti à la fondation d'une bourse « Hannequin », bourse de voyage à l'étranger en faveur d'un étudiant lyonnais.

de Reims, puis à Louis-le-Grand, où il attira, par la vigueur de son esprit unie à toutes les qualités de caractère particulièrement chères aux jeunes hommes, l'attention et la sympathie de tous ses camarades.

Il n'entra pas à l'Ecole normale, alors que tous ceux qui le connaissaient savaient qu'il eût pu y entrer haut la main. Et pour comprendre tout ce que ce dédain de la route commune représentait de courage, il faut se souvenir que les chemins à côté n'étaient pas alors tracés. Mais, comme on l'a dit avec délicatesse sur sa tombe, « à l'âge où, chez la plupart, le caractère moral est à peine formé, il avait donné la mesure de son âme. D'un instinct sûr et calme, d'une volonté inébranlable, malgré les préjugés explicables de ceux qui l'entouraient, il était allé tout droit vers ce qui fait la joie et la vérité de la vie ; négligeant le succès l'intérêt, toutes les misères auxquelles rêvent les ambitions mesquines, il suivit la douce mais nette impulsion de son cœur, et au lieu de chercher une situation, il se fit un foyer ». Mistral a écrit une page pleine de fraîcheur sur ces amours « de la prime jeunesse » : « L'un comme l'autre nous avions douze ans, l'âge de Béatrix lorsque Dante la vit, et c'est cette vision de la jeune vierge en fleur qui a fait le Paradis du grand poète florentin. Il est un mot, dans notre langue, qui exprime très bien ce délice de l'âme dont s'enivrent les couples dans la prime jeunesse : nous nous agréions. Nous avions plaisir à nous voir. Nous ne nous vîmes jamais, il est vrai, que dans l'Eglise ; mais, rien que de nous voir, notre cœur était plein [1] » Ce fut là toute l'histoire sentimentale d'Hannequin. Mais elle dura toute sa vie et répandit sur elle un pur parfum d'idylle.

Aussitôt reçu licencié, Hannequin se marie donc. Il a 21 ans. Le jeune ménage va de collège en collège, à Revel, à Wassy. Puis Hannequin obtient une bourse d'agrégation. Il fut le premier boursier d'agrégation pour la philosophie. L'administration avait eu la main heureuse. Au bout de deux années, pendant lesquelles il reçut les leçons d'un maître qu'il n'oublia jamais, Carrau, Hannequin fut reçu premier agrégé (1882). Un autre maître prit sur lui,

---

1. *Mémoires et Récits*, page 103.

à la même date, une grande influence par ses livres et sa revue, Renouvier. Une fois agrégé, Hannequin brûle les étapes, Bar-le-Duc, Amiens. En 1885, il est nommé chargé de cours à la Faculté des lettres de Lyon. Au même moment, Hamelin était nommé à Bordeaux. L'administration continuait d'avoir la main heureuse.

Ce furent les belles années d'Hannequin. En peu de temps sa réputation est faite. Sa valeur d'homme et de penseur s'impose. Les amitiés se nouent. Les étudiants, prompts à juger un maître, forment autour de lui une clientèle toute vibrante d'admiration et de sympathie. Car jamais, envers lui, ces deux sentiments ne nuisirent l'un à l'autre. Sa voix, d'une belle sonorité, remplissait le grand amphithéâtre de la Faculté des lettres et les couloirs voisins. Jamais corps d'apparence plus robuste ne servit de support à la vigueur de l'esprit. Tout en lui était force saine, expansive, rayonnante. Dans ses cours il n'abordait que les plus grands sujets et les plus difficiles, de même qu'il étudia toujours de préférence les plus grands auteurs, de même qu'à son piano il n'aimait jouer que les maîtres. Il allait d'instinct vers les sommets. Mais toute trace d'effort disparaissait dans l'élan de la démonstration et l'harmonie du langage. Il n'y avait d'effort que pour celui qui écoutait, et encore était-il rendu plus facile par le don d'entraînement que possédait le professeur. L'avenir souriait; toutes les ambitions étaient permises à notre ami, quoique reléguées par lui au second plan de ses préoccupations. Ce fut aussi pour lui le temps des longs espoirs intellectuels et des entreprises qui, toutes, ne devaient pas être menées à terme. Il commença un cours de psychologie qui en resta à l'introduction, mais une introduction forte et lumineuse que tous les bons élèves de nos lycées continuent de lire. Tout en publiant, il sait ne pas trop publier ; il travaille, il amasse.

Entre tous ces travaux, ceux que déterminait l'enseignement qui lui avait été attribué, la philosophie des sciences, l'absorbent et le passionnent. Il complète seul son instruction scientifique qui n'avait pas auparavant dépassé les limites du baccalauréat ès sciences. Il disait gaiement qu'il faisait ses spéciales. Il se met à même de tout lire en mathématiques et de tout comprendre. Et, avec cette audace tranquille qui caractérise plusieurs des démarches de sa vie, il s'aventure dans des études qui avaient longtemps été délaissées en France et pour lesquelles il n'avait ni conseils, ni guides. Peu à peu ainsi l'idée du livre qui sera sa thèse se forme dans son esprit. — A peine était-il en voie d'exécution qu'apparaissent, chez cet homme dont on enviait la santé, les premiers symptômes d'un mal dont son énergie recula l'aveu, mais sur la gravité duquel on ne put se tromper et contre lequel il devait se débattre quinze ans. La première période de sa vie, toute de préparation joyeuse et confiante, est achevée ; une seconde période commence, de production sans cesse interrompue et de lutte contre la souffrance et contre la mort.

Jamais nature morale ne fut plus riche que celle d'Hannequin. Quand je pense à lui, un mot me vient toujours à l'esprit, celui de générosité, dans le haut sens, dans le sens cartésien de ce mot. Cette qualité de son âme se retrouve dans sa façon de philosopher et dans toute l'allure de sa pensée. Elle se retrouve dans sa façon ardemment sympathique d'étudier la pensée des maîtres. Il fut généreux ainsi envers les morts. Il fut généreux envers les vivants, élèves, amis, compagnons d'enfance, prompt à trouver des raisons d'aimer, grandissant chacun dans son propre esprit, parce qu'il faisait involontairement chacun à son image. Il est généreux envers les choses. Il est de ces hommes supérieurs qui ne trouvent jamais rien au-dessous d'eux, aucun détail de la vie pratique, aucune occupation, aucun plaisir. Il se fait petit avec les petits, sans effort, sans cet artifice si vite percé à jour, et qui humilie ceux à qui pourtant on cherche à plaire. Aussi comme il est aimé partout où il paraît ! Je ne lui ai pas connu d'ennemis. Et je n'ai guère connu personne qui ne fût gagné par l'extraordinaire sympathie qui se dégageait de tout son être. Il était populaire dans son village et aux alentours, et il vint même à quelques esprits — pas au sien — l'idée de transformer cette popularité en un mandat législatif. En revanche, il a beaucoup de peine à mépriser ; il ne sait pas haïr, quoiqu'il soit très perspicace et prenne l'exacte mesure des hommes. Mais il juge de haut, et sans colère, même quand l'événement le touche. Rien de petit n'entre dans sa pensée à lui, ni calcul, ni intérêt, ni rancune. Il va droit devant lui. Les moyens vulgaires d'arriver lui échappent, et l'art même de se faire valoir. Il se donne, il se dépense, comme une belle force de la nature. Il ne fait d'économie ni de temps, ni de peine, ni d'idées, mais répand sans relâche les richesses de son esprit et de son cœur. Avec lui chaque heure d'enseignement en devient deux et plus. Fait-il passer un examen, il cherche à instruire le candidat autant qu'à le juger, et lui sait gré de l'attention qu'il se garde bien de lui refuser. Aucun travail, aucune fatigue ne lui fit jamais fermer sa porte. Et pour ceux qui la franchissaient quelle cordialité dans l'accueil! Même quand on le dérangeait, on se fût cru attendu. Ce fut notre seul sujet de dispute. Je tenais à son temps, dont je savais le prix, plus que lui-même. Mais ce méditatif aimait vraiment la société de ses semblables, et surtout il ne pouvait consentir à faire de la peine à quelqu'un. Beaucoup venaient près de lui faire une confidence ou recevoir un conseil, toujours discret et tempéré par une peur presque excessive de blesser une susceptibilité. Car ce fort avait toutes les délicatesses. Et c'est ce qui faisait de son commerce quelque chose à la fois de sûr et d'exquis. Son amitié hospitalière avait pourtant de chaudes préférences, et ceux qui en furent l'objet cherchent maintenant l'appui qui leur manque. Avoir Hannequin avec soi et pour soi était, en effet, un réconfort. Mais, en même temps, ils éprouvent comme une joie fière d'avoir rencontré un tel ami. Car, dans le recul du souvenir, la noblesse de son âme leur apparaît plus haute encore et sans une ombre. On peut avoir vécu fraternellement avec lui, et n'avoir rien à absoudre, et ne se rappeler rien que l'on aimerait mieux effacer. On pouvait lire dans son âme sans détour, mais on n'y pouvait lire rien que de pur et de grand.

Eh bien, à toute cette noblesse s'ajouta la souffrance, pour l'achever. Il fut généreux aussi en face d'elle. Il l'accepta avec le sentiment philosophique d'une inéluctable nécessité ; mais s'il lui fit la part dans sa vie qu'elle se faisait elle-même, il ne lui permit de gâter aucune des heures qu'elle lui laissait libres. Ces heures-là, il les voulut, au contraire, plus fécondes pour le travail, plus remplies par l'amitié. Jamais de découragement, jamais d'amertume. Il n'était pas de ceux dont le caractère s'aigrit. Il assista le cœur haut, avec un stoïcisme naturel, à la diminution de ses forces et de ses espérances ; et il se mit en mesure de tirer le meilleur parti de ce qui lui restait. La petite maison qu'il habitait et qui semblait faite pour abriter le bonheur, avait beau recéler les pires douleurs physiques et les pires angoisses. Elle n'en fut jamais moins accueillante. On venait chez ce malade chercher de la force, de la confiance dans la vie. On le trouvait souriant au sortir d'une crise, s'intéressant toujours aux affaires d'autrui, même aux moindres, pitoyable aux plus petits maux, lui qui en supportait de si grands, et reprenant vaillamment la tâche interrompue. — Comment ne pas ajouter un mot sur le spectacle touchant dont nous fûmes tous témoins ? Ils étaient deux que la perte d'un enfant avait encore serrés l'un contre l'autre. L'un longtemps représenta la force, l'autre la faiblesse. Mais quand le fort fut atteint, la faiblesse se fit force à son tour pour prolonger, par la tension continue de la sollicitude et de la volonté, une précieuse vie. Et ce miracle de l'amour conjugal dura quinze ans, jusqu'au jour où, la tâche achevée, il fut permis à la faiblesse de reprendre sa vraie nature et d'avouer sa lassitude.

C'est dans ces conditions physiques et morales qu'Hannequin écrivit sa thèse. Dans un passage célèbre, Descartes compare le philosophe à un chef d'armée qui livrerait des batailles pour conquérir la vérité. Personne n'a fait vivre cette image à nos yeux comme Hannequin. Parfois il luttait de toutes les forces de son être contre une difficulté qui l'arrêtait. Son corps même, dans le temps de sa vigueur, semblait prendre part à cette lutte ; et il en parlait avec des accents passionnés, quoiqu'il s'agît de l'espace ou du temps. Mais sa pensée ne lui fut jamais extérieure, si je puis dire, tellement il se mettait tout entier dans ce qu'il faisait. Il s'acharnait ainsi pendant des journées et des semaines dans la sincérité de sa recherche. Puis on le *rencontrait rayonnant. La bataille était gagnée. Et plus tard cette lutte se doubla de celle que lui imposait la souffrance qui le guettait. Il avait entrepris une tâche immense : toute une philosophie des sciences servant de base à toute une métaphysique. Il renouvelait la tradition des maîtres en donnant cette base à ses propres spéculations. Mais la tâche était plus difficile pour lui que pour les maîtres eux-mêmes, tellement la science s'est, depuis eux, enrichie et compliquée. La première partie de son livre est d'abord un répertoire des hypothèses les plus élevées auxquelles, l'une après l'autre, ont donné lieu l'analyse, la géométrie, la mécanique, la physique et la chimie, et des idées fondamentales qui président au développement de ces diverses sciences. A ce titre déjà son travail est un monument, et les spécialistes de chaque science, souvent sévères pour celui qui s'approche du sanctuaire sans avoir reçu l'initiation traditionnelle, ont toujours témoigné pour le livre d'Hannequin un respect d'autant plus significatif. Quelle sûreté de connaissances unie à quelle hauteur de vue fut nécessaire pour que l'érudition ne nuisît pas, dans cette vaste synthèse, à la philosophie, ni la philosophie à l'érudition, ceux seulement qui se sont essayés à pareille besogne peuvent le savoir et mesurer la difficulté de l'entreprise. En en venant à bout, Hannequin rendit, comme on l'a dit, à la logique et à la théorie de la connaissance son véritable objet, et il reconquit à la philosophie tout un domaine abandonné par elle.*

Cette synthèse de la connaissance scientifique en est, de plus, au sens kantien du mot, « une critique ». Au fond de la science Hannequin découvre l'hypothèse atomistique. Découverte facile quand il s'agit des sciences expérimentales. Mais sa hardiesse a été de chercher et de dénoncer l'atome jusque dans les mathématiques. Or cette hypothèse atomistique postule tout ce qu'il s'agit d'expliquer. Un atome d'hydrogène, c'est l'hydrogène lui-même en raccourci, avec toutes ses propriétés, et ainsi de suite, chaque aspect de la réalité ne faisant que surajouter des hypothèses et des difficultés. L'atome concentre en soi les problèmes, il ne les résout pas. Cependant cette hypothèse est une hypothèse nécessaire, qui dérive de la constitution même de notre connaissance. C'est la destinée de notre esprit de ne saisir dans les choses que ce qui vient de lui, étendue et quantité. Et c'est ainsi par une nécessité de sa nature que la science humaine tend à l'atomisme.

L'Essai sur l'hypothèse des atomes eût pu s'arrêter là. Et déjà il eût de beaucoup dépassé le point de vue positiviste dans la philosophie des sciences. Et sa trace resterait dans la pensée contemporaine, trace qu'il ne serait pas malaisé de retrouver. Mais Hannequin est un métaphysicien né. Il supporte même mal les lisières que le kantisme impose à la spéculation philosophique, et, à la même date que Bergson, quoique d'une autre façon, il s'efforce de s'en affranchir. Il va essayer de substituer à l'atomisme scientifique un atomisme philosophique, c'est-à-dire un monadisme qui échappe aux difficultés du premier, et du même coup le justifie à titre d'apparence.

Comme Bergson, il se place aux antipodes du platonisme, pour lequel le vrai c'est l'immuable. Pour Hannequin « tout est changement, hors de nous comme en nous, depuis la plus subtile et la plus fugitive des émotions de l'âme jusqu'aux roches ignées, jusqu'au granit enfoui sous des couches profondes, mais que dissout lentement le travail séculaire des réactions chimiques, qu'emporte en son mouvement constant la terre qui gravite, et qu'agitent tout au moins en ses dernières parties les moindres variations des états électriques ou de la température. Et de la réalité profonde du Devenir ce n'est pas, tant s'en faut, la moindre garantie que cette analogie et cette parenté, dont il est le support, entre notre nature et la nature des choses ». Le devenir s'impose donc à la pensée et, par là même, s'affirme comme ayant hors de soi la loi de ses déroulements. Et ce devenir est le devenir de réalités multiples, multiplicité dont notre espace morcelé nous donne la traduction sensible, comme le temps donne celle du changement. Car si l'espace et le temps sont les formes de la représentation, le monde qui s'offre à cette représentation n'a pu s'y offrir qu'autant qu'il s'y prête. Hannequin ici incline de Kant vers Leibniz. Il va plus loin : il fonde sur la forme synthétique d'un jugement quelconque la preuve que la catégorie ne s'applique pas à vide, ni sur un sensible indifférent, mais sur une diversité réelle qui, pour confuse qu'elle soit, appelle les déterminations que notre esprit lui impose, de sorte que le principe de cause, comme l'espace et le temps, pourrait n'être pas sans parenté avec les lois obscures du réel.

Hannequin se rapproche encore de Leibniz par sa conception de l'harmonie que ce devenir multiple engendre. Mais à l'harmonie leibnitienne, décrétée dès l'origine des temps, et qui ne laisse qu'à Dieu l'efficace, il substitue une harmonie qui se fait sans cesse par l'énergie vivante des choses qui y participent. C'est encore la réalité profonde du devenir qui permet à Hannequin de faire un nouveau pas. Car une monade sans fenêtres aurait du premier coup épuisé toutes les virtualités qu'elle contenait, et, ne trouvant pas en dehors d'elle les conditions d'un changement nouveau, tomberait dans l'immutabilité. Cette critique du Leibnitianisme est, de tout le livre d'Hannequin, une des parties les plus sûres de durer. Dans son monadisme à lui, l'individu solidaire de soi est en même temps solidaire du monde, mais d'une solidarité sans cesse agissante et renouvelée. L'action réciproque des individualités, tel est, en effet, le fondement du changement et de la succession. Là est aussi ce qui peut conférer à la monade une réalité vraie, autre que celle qui lui vient du monde qu'elle exprime. La condition suprême d'une certaine indépendance n'est donc pas l'isolement, mais l'action échangée, l'association, en sorte que « ce qui rachète l'individu de la Nécessité et, en même temps que lui, en rachète le monde, ce n'est rien d'autre au fond que la Solidarité ». « Par tous les éléments de sa vie intérieure, l'individu fait donc plus que de restituer au monde qui l'enveloppe l'impulsion qu'il en reçoit ; ce qu'à son tour il reporte sur lui, c'est le travail fécond de sa propre synthèse, c'est l'œuvre originale par laquelle, se renouvelant et se faisant lui-même, il entraîne par surcroît dans le mouvement qui l'emporte ce tout dont cependant il reste solidaire. » Spontanéité et solidarité sont en résumé la double condition d'un monde réel et harmonieux.

Le kantisme absolu, celui qui, avec Fichte, fait s'évanouir la « chose en soi », peut bien justifier la science en tant qu'apodictique, mais il en supprime tout rapport au réel, et il en ruine les fondements en tant que vérité. Au contraire, avec Hannequin, formes de la sensibilité, catégories de l'entendement reprennent quelque rapport et quelque proportion avec l'ordre suprême du développement des choses. La grandeur, toutes les propriétés géométriques et mécaniques restent liées aux qualités des choses dont elles deviennent une sorte d'équivalent pensable. La raison doit à ce système d'équivalents nés de l'esprit sa certitude. Sans doute, notre conception mécaniste n'atteint les phénomènes qu'en les dénaturant. Elle n'atteint que des apparences, mais du moins des apparences bien fondées. L'atome, qui ne saurait être un absolu, est une de ces apparences.

Il faut lire dans le texte ces brillantes déductions dont nous n'avons retracé que les grandes lignes. De ce texte on prendrait une idée insuffisante d'après les quelques citations que nous avons faites, tellement sa continuité logique est un élément de sa beauté. Ou bien il fallait entendre Hannequin, le jour de sa soutenance, en possession ce jour-là de tous ses moyens, et se jouant, avec une étonnante maîtrise, au milieu des difficultés et des problèmes. Il y a de la poésie dans l'ampleur et la belle ordonnance de son plan. Il y en a souvent aussi dans l'expression. Hamelin, dont la formation intellectuelle et la carrière ont avec celles d'Hannequin tant d'analogie, mettra une sorte de probité intellectuelle à présenter sa pensée sous une forme aussi aride que possible. L'eût-il voulu, Hannequin n'eût pas pu ne pas couvrir d'un voile très ample et très riche le raisonnement le plus abstrait. Il pensait ainsi. Mais la métaphore, l'image ne font pas chez lui, comme chez Bergson, partie de la démonstration. Elles n'ont pas pour objet de faire le siège de l'esprit du lecteur et d'user peu à peu sa résistance. Elles sont simplement richesse, surabondance, excédent de pensée et de force. Sa phrase a toujours de même une plénitude qui semble suivre le rythme d'une respiration longtemps soutenue. Il est poète aussi dans le sens où ce mot signifie créateur. Quoi que l'on pense de son système, il est de ceux qui, dans un temps où l'on se défiait des systèmes, ont osé créer. Un poète uni à un savant, il y aurait là une définition du métaphysicien, si l'on ajoute, comme eût dit Hannequin lui-même, qu'il y a dans la synthèse quelque chose de plus encore que dans les qualités composantes, à savoir le don de les concilier et de les fondre en une qualité nouvelle.

Que fût devenue la pensée philosophique d'Hannequin au contact des controverses, en face des hypothèses scientifiques nouvelles, quelle place il eût gardée au milieu de cette phalange de brillants penseurs qui, à son exemple, ont fait de la réflexion sur la science le commencement, sinon le tout de la philosophie, les cours analysés par M. Grosjean, sans répondre pleinement à cette question, augmentent nos regrets d'avoir vu cette pensée arrêtée en plein essor. En réalité, il n'écrivit plus rien qui ressemble à sa thèse. C'est comme historien de la philosophie qu'il va maintenant nous apparaître.

Ce qui caractérise cet historien de la philosophie, c'est, comme nous l'avons déjà noté, qu'il ne fréquenta que les sommets. Il ne se plaît qu'en la compagnie des plus grands penseurs. Quand nous nous répartissions les auteurs du programme de l'agrégation, en vertu d'un accord tacite, les textes les plus difficiles, la Physique d'Aristote et les Critiques de Kant tombaient toujours dans son lot. Il vécut à la lettre avec Descartes, Leibniz, Spinosa, si souvent il en reprit l'étude. Mais c'est Kant qui était le maître préféré auquel il ne se lassait de revenir. Se rendant, la veille d'une opération grave, à la maison de santé d'où il croyait qu'il ne reviendrait pas, il disait à sa femme, en proie alors à d'autres pensées, qu'il regrettait de mourir avant d'avoir dit sur Kant ce qu'il avait à dire. Mais si ceux-là le tenaient à ce point, il n'eut guère de curiosité historique pour les auteurs de second ordre, pour les précurseurs ou les successeurs, pour ceux qui annoncent ou qui répandent les doctrines des maîtres. Il se plaçait au centre des systèmes pour les étudier, pratiquant cette méthode que M. Boutroux louait récemment, essayant de comprendre non du dehors, mais du dedans. C'est dire qu'il se refuse à expliquer les grandes pensées par de petites causes. Mais, pour chacune d'elles, il lui demande son secret à elle-même. Très au courant des exégèses les plus récentes, il n'est pas de ceux pour qui le neuf est le critère du vrai. Il remet à sa place, par exemple, qui est pour lui subordonnée, l'interprétation logistique du Leibnitianisme. Les nouveautés, en ces matières, le trouvent sans préjugé ni pour ni contre. Mais il est à ce point le familier et comme le contemporain des maîtres qu'il juge leurs commentateurs d'aujourd'hui comme ils les jugeraient eux-mêmes, et pour ainsi dire du haut de leur éternité. Et nous dirons la même chose des nouveautés dogmatiques de ce temps. Il sait admirer, mais il se réserve. Il n'a pas une âme de disciple ; du moins il ne se reconnaît pas de maître véritable depuis Kant. En revanche, il défend Kant contre les déformations que Renouvier lui fait subir. Et en général il prend le parti des grands penseurs contre les objections même traditionnelles. A ce titre l'argument ontologique de Descartes lui tient à cœur. Il fait plus : il les réconcilie malgré eux, à force de pénétrer jusqu'à l'âme de vérité qui a inspiré chacun d'eux. Il a un éclectisme à lui qui ne réunit pas des ruisseaux épars, mais qui remonte aux sources communes. Sa critique est un approfondissement perpétuel. Il n'est pas de ceux qui, une difficulté étant donnée, la résolvent de leur mieux, puis passent à d'autres besognes. Il étudie toujours les mêmes choses et creuse toujours davantage, évitant de s'entêter dans ses propres idées. Que l'on compare, si l'on veut se rendre compte de cet effort jamais lassé, l'exposition qu'il donne de la méthode cartésienne dans l'histoire de la littérature française publiée sous la direction de M. Petit de Julleville, et le fragment de ces volumes où la même exposition est reprise, — sans être achevée, — pour un tirage à part projeté. Quand de Descartes ou de Kant quelque chose restait obscur ou contestable, il croyait toujours que c'était lui qui n'avait pas assez compris. Les dernières années de sa vie sont pleines de cette conversation ininterrompue avec les plus grands esprits. Lisant moins, il reprenait sans cesse les mêmes lectures, où il trouvait réponse aux problèmes qui l'intéressaient. A quelqu'un qui lui demandait ce qu'il faut lire de plus actuel sur le problème de Dieu, il répondait : « Je crois bien que c'est encore Spinosa et Kant. » C'est de cette méditation sans cesse renouvelée des mêmes auteurs que les derniers écrits analysés par M. Grosjean portent la trace. C'est elle qui remplit presque ces deux volumes posthumes.

On y lira cependant de belles pages intitulées Notre détresse morale et le problème de la moralité. Comme tous les grands penseurs, Hannequin n'aborde le problème de la moralité qu'après les autres et comme une conclusion. Il était déjà très malade et on pouvait le croire même plus près de la mort qu'il n'était en réalité, quand il fit, à Lyon, la conférence qui porte ce titre. Elle remua profondément l'auditoire auquel il semblait tout à la fois qu'il entendait le testament d'un noble esprit et qu'il était initié au secret d'une force d'âme que tous admiraient. De cette émotion ressentie le doyen Clédat, sept ans après, apportait encore l'écho sur la tombe de notre ami. Il avait parlé de détresse, lui le vaillant et l'optimiste, et dans le sens le plus plein du mot : « Il n'y a de détresse que quand on ne lutte plus. » Et il en avait analysé les causes avec une pénétration et une science des choses morales qu'il n'avait pas encore révélées. Il ne nous abat que pour nous relever d'ailleurs. Sa large sympathie pour ce qui n'est plus n'entame en rien sa foi dans les droits et l'avenir de la raison. Sa démonstration émue s'achèvera en un hymne à la bonne volonté et à la raison qui ne font qu'un. Là cependant aussi il dépasse Kant et se libère du formalisme. L'universalité toute formelle du devoir devient en effet, avec lui, le devoir de s'affranchir de l'individuel, de se renoncer, et, allant plus loin, il ajoute : de se donner.

Plusieurs formules dans cette leçon ont un accent religieux, parfois même chrétien. Hannequin fut toute sa vie un penseur très libre, mais sans fanatisme à rebours. Rien, d'autre part, n'est plus loin de lui que le dilettantisme. Il vit à la lettre, dans sa méditation métaphysique, de la vie du tout, et, dans la vie quotidienne même, fait l'effort qu'il vient de nous confier pour oublier qu'il est un être individuel, un être de désirs et de souffrances. Y eut-il jamais, en un sens, attitude plus religieuse ? Mais elle ne s'accompagne, chez Hannequin, d'aucune mysticité ni d'aucun frisson. Il est religieux à la manière de ce Spinosa pour lequel il se sentait de plus en plus d'inclination. Mais pour ceux qui n'ont pas cette religion-là, il ne trouve pas mauvais qu'ils en aient une autre qui les illumine, eux aussi, de la pensée de l'universel. Théoriquement, il y a place pour lui, dans la philosophie, pour une critique de la religion ; pratiquement, sa magnanimité naturelle le porte vers tout ce qui est sincère. Il aima, entre tous ses disciples, de jeunes prêtres qu'il entretenait, sans avoir à se contraindre pour respecter leur foi, dans le culte de la raison et des saints de la pensée. Il aimait, par-dessus tout, leur désintéressement. Ils étaient des disciples de bonne volonté, pour qui la philosophie ne faisait ni la carrière ni l'avancement. Il aimait leur courage intellectuel, leur pur amour du vrai, ajouterai-je je ne sais quoi de noblement ingénu qu'il avait de commun avec eux. Et il s'intéressa passionnément aux problèmes relatifs à l'orientation de la pensée catholique qui, en ces dernières années, s'agitaient dans leurs belles consciences. Il y avait là pour lui une façon de s'abstraire de son point de vue propre et de vivre les plus nobles des sentiments d'autrui, conforme à la fois à son penchant et à sa doctrine. C'est l'un de ces jeunes prêtres qui a écrit sur lui l'étude religieuse, elle aussi, par le degré et le ton de l'émotion que l'on trouvera après cette préface.

Cependant, le mal dont souffrait Hannequin avait fait, depuis les premières atteintes et depuis les diagnostics menaçants de l'année 1889, de lents et sûrs progrès. Les crises étaient plus fréquentes, plus cruelles. La science était à bout de ressources, et une opération semblait d'abord contre-indiquée. Des séjours prolongés chez les Frères de Saint-Jean-de-Dieu avaient été sans résultat appréciable. La fin approchait. Les chirurgiens lyonnais, qui savaient quel homme s'en allait, tentèrent alors l'impossible et, quand Hannequin n'avait plus que quelques heures à vivre, ils lui rendirent six ans de vie. Ils les lui rendirent grâce aux soins dont l'un d'eux, le docteur Bérard, continua de l'entourer. Nous lui devons en partie les dernières années de notre ami. Hannequin s'était approché de la mort avec sérénité, lui qui aimait tant la vie. Il ne devait plus cesser maintenant d'en sentir le frôlement. Car le mal, d'abord localisé, gagna année par année tous les organes dont la résistance s'affaiblissait. Mais sa vaillance, si longtemps soutenue, demeura intacte, même quand la déchéance physique devint apparente. Il parlait, avec bonne humeur, de la petite voiture dans laquelle bientôt on le traînerait. Je l'ai cependant entendu se plaindre une fois. Il avait dû renoncer à faire passer les examens oraux de l'agrégation, ce qui était pour lui une dure privation et un aveu douloureux d'impuissance. Rencontrant un collègue la serviette sous le bras, ce symbole du travail et de l'activité d'autrui lui fit faire un retour sur lui-même. L'excellent professeur qu'il fut ne voyait pas pour l'instant de bonheur au-dessus de celui-là : avoir une serviette sous le bras, et il se désolait de ne pouvoir plus supporter le poids de la sienne. C'est la parole la plus amère qui, devant moi, soit sortie de sa bouche.

Tous s'ingéniaient d'ailleurs à honorer cette fin de vie, et à panser chez Hannequin la cruelle blessure de n'avoir pu remplir sa destinée et aller donner au Collège de France l'enseignement pour lequel il semblait fait. L'affection de ses collègues et de ses étudiants prenait un caractère de vénération. Il exerçait sur les uns et sur les autres une magistrature consentie par tous. De sa figure amaigrie, au teint fiévreux, tant de bonté et d'intelligence rayonnait toujours ! Et sa voix de perpétuel mourant gardait des accents si chauds ! Il eût pu se passer de ce surcroît d'autorité que donne au moindre être humain le voisinage de la mort. Il lui devait cependant je ne sais quoi d'auguste qui s'ajoutait à sa séduction naturelle. On éprouvait, en face de lui, un sentiment complexe, une angoisse se mêlant à la joie toujours grande de l'entretien, quand on savait que celui qui répandait tant de vie autour de lui n'en avait plus pour lui-même.

Ses étudiants en particulier l'écoutaient avec un recueillement qu'un frisson traversait. Il leur fut fidèle jusqu'au bout. Quand ses forces ne lui permirent plus d'aller à la Faculté, son pauvre corps s'inclinant de plus en plus sur le côté blessé, les étudiants vinrent chez lui. Ce fut d'abord une exception, puis la règle. La dernière année, il ne pouvait plus du tout sortir. Il se traînait péniblement dans son salon transformé en salle de cours. Mais une fois là, en présence des étudiants, sa pensée le soutenait et l'emportait aux hauteurs coutumières où aucune douleur physique ne l'atteignait plus. Il se donnait sans compter en ces heures suprêmes d'enseignement, prolongeant une leçon une après-midi entière, sauf à payer cher ensuite sa généreuse imprudence, et laissant à ses auditeurs l'inoubliable exemple d'un esprit momentanément affranchi de tout lien avec un corps douloureux.

De même, il ne cessa de travailler que pour mourir. A peine, à la fin, s'il pouvait arracher à la souffrance deux heures par jour. Il quittait courageusement sa chaise longue et s'asseyait à sa table de travail. Et c'est dans ces conditions qu'il écrivait des articles et pensait à des livres ! Le fragment sur Descartes, que l'on trouvera dans ce recueil, porte la date du 3 juillet, avant-veille de sa mort. Car il datait ainsi tout ce qu'il écrivait, les jours où il pouvait écrire. Et sa belle et mâle écriture, presque sans rature, tant sa pensée était de belle venue et tant il avait, pour la mûrir, de loisir forcé, donne, jusqu'à la dernière ligne, cette impression de force et de sérénité que, par une ironie de la nature, tout son être contribuait à donner.

C'est à Pargny, dans son village natal, là même où il comptait venir l'attendre un peu plus tard, que la mort l'atteignit. Tous les ans, il y venait chercher la réparation impossible de ses forces. On le voyait toujours partir avec la crainte de ne pas le voir revenir. Mais, comme on avait passé quinze ans à redouter de le perdre, on avait pris aussi l'habitude d'espérer contre toute espérance. Une année il ne revint pas. Une dernière crise, semblable à beaucoup qui l'avaient précédée, eut raison de son organisme épuisé par une longue lutte. Il mourut le 5 juillet 1905. Avec lui disparaissaient un des esprits les plus hauts et une des âmes les mieux trempées qui aient honoré la philosophie et l'enseignement.

RAYMOND THAMIN.

ARTHUR HANNEQUIN

ET

SON ŒUVRE

A. Hannequin qui s'en allait hier, avant quarante-neuf ans, en pleine journée de travail et d'espérances, ayant largement et vaillamment semé, au moment de lier sa gerbe riche et lourde, était peu connu en dehors de l'Université et des hommes qui s'intéressent chez nous aux choses de la philosophie. Mais ceux qui le connaissaient le tenaient en haute estime : ses chefs savaient qu'on pouvait en attendre beaucoup, ses collègues l'adoraient, ses élèves s'enorgueillissaient de lui. Premier agrégé à un concours, celui de 1882, dont les concurrents s'appelaient Pierre Janet, Durkheim, Picavet, après un court passage aux lycées de Bar-le-Duc et d'Amiens, il était nommé à la Faculté de Lyon en 1884. Il y a enseigné vingt et un ans. L'éclat de ses débuts, la vigueur et la nouveauté de son enseignement, l'accueil fait en Sorbonne à ses thèses présageaient une belle carrière de professeur et une belle œuvre de philosophe. Si toutes les promesses, à beaucoup près, n'ont pas été tenues, si le *cursus honorum* a été moins éclatant, si l'œuvre surtout n'a pas eu l'étendue et le retentissement qu'elle devait avoir, qui plus que lui et plus vite s'en est aperçu et en a silencieusement souffert ?

Juste dans le temps où, maître de sa pensée, ses jeunes gens conquis, — j'allais dire séduits, — il s'apprêtait à utiliser, pour deux ou trois grandes constructions d'idées, de précieux matériaux diligemment amassés, vers 1890, il était soudainement atteint dans un des organes vitaux. « Dès la première atteinte, dit M. Brunot, il fut condamné. Et j'entends encore le glas des paroles qui tombèrent, il y a quinze ans, de la bouche des médecins, après la première consultation. Dans un an il ne serait plus ! Quand je confiai autour de moi ce funèbre pronostic que j'avais dû recevoir seul, ce fut une épouvante universelle, comme si un deuil commun commençait. » On put cependant conjurer le mal jusqu'en 1899. Il fallut alors recourir à la chirurgie : sur les instances de son ami le professeur Lépine, le malade y consentit ; une opération fut faite par le professeur Poncet et le docteur Bérard, et réussit. L'énergie de Hannequin fit un second miracle : à peine sorti de l'hôpital et quand tout le monde parlait de retraite et de repos, on le vit fort d'une rare volonté, décidé à se survivre, à continuer la tâche professionnelle moins pour lui que pour celle dont l'avenir le tourmentait, s'aidant des deux dévouements admirables de sa femme et de son médecin, tenter un grand effort pour remonter dans sa chaire, travailler, reprendre tous ses enseignements, écrire encore des commencements de livres, maintenir l'âme et la pensée au-dessus des ruines irréparables de l'organisme, attendre la mort debout.

Plusieurs de ses collègues de Lyon avaient été appelés à Paris. Par affection autant que par ambition, il rêvait de les aller retrouver. Il ne pouvait plus être question de l'Ecole normale ni de la Sorbonne : il se tourna vers les chaires du Collège de France plus hospitalières aux valétudinaires. La mort de P. Laffite laissait vacante celle de *l'histoire générale des sciences*. Il avait des titres très particuliers : il posa sa candidature. La tournure que prit l'affaire l'aida à se consoler d'un échec qui n'avait rien du tout de déshonorant. Avec des précautions de toute heure, grâce à des conspirations de sollicitudes autour de lui, il conservait assez de vie pour faire à peu près son service à la Faculté. Les alertes étaient fréquentes, parfois angoissantes ; mais tant de fois déjà il était sorti vainqueur, qu'on avait fini même autour de lui par s'illusionner. On se fiait que, dans ce terrible duel, le tenace lutteur longtemps encore aurait le dessus. Le dernier hiver fut moins bon ; le pauvre infirme dut partir un peu plus tôt pour son village natal dans la Marne. C'est là, à Pargny-sur-Saulx, que, le 5 juillet 1905, il est mort, presque subitement, d'une crise pareille à toutes les autres, au milieu de ses camarades d'enfance heureux de le revoir et de le fêter à chaque retour, dans la petite maison de famille qu'il finissait d'aménager pour ses années de repos, suivant de près sur le chemin de l'humble cimetière sa « bonne vieille maman » partie sans lui un matin du dernier mois de janvier.

I

L'HISTORIEN DE LA PHILOSOPHIE

Chargé d'un cours d'*histoire de la philosophie* qui devint plus tard un cours d'*histoire de la philosophie et des sciences*, A. Hannequin s'était tout de suite porté vers un groupe de philosophes qui furent, plusieurs, des créateurs ou des professionnels de sciences, tous au moins des curieux de problèmes et de méthodes scientifiques : Descartes bien au centre [1]; en avant ses véritables précurseurs, non pas du tout les médiocres philosophes de la Renaissance, mais les algébristes et les géomètres du XVI° siècle et du XVII° commençant, Galilée aussi et les physiciens bénéficiers de la « physique galiléenne » ; et plus loin, dans son prolongement, continuateurs de sa révolution, héritiers de sa méthode et chacun d'une partie de sa pensée, l'*intellectualisme* sans doute de Spinoza et de Malebranche, mais aussi le *criticisme* de Leibnitz et de Kant. Il avait projeté [2] de publier toute une série de volumes qui auraient renouvelé et vivifié l'intelligence un peu abstraite qu'on a en France

---

[1]. Le premier livre qu'il ait pensé à écrire était déjà consacré à Descartes. Hannequin était encore étudiant à la Faculté des lettres de Besançon ; l'ouvrage, peu connu, fut publié chez Dupont sous le nom et sans doute avec la collaboration de Ludovic Carrau, son maître d'alors, et un maître pour lui très bon. — A Lyon, les exigences des programmes de licence et d'agrégation l'avaient obligé à s'occuper fréquemment de philosophie grecque. Aristote plus encore que Platon l'attirait. Il y trouvait dès l'antiquité le type de philosophe et de philosophie qui le charmait si fort chez les modernes dans l'œuvre de Leibnitz, et qui l'excitait de préférence à la recherche de problèmes relevant à la fois d'une *physique* et d'une *métaphysique*. De son effort dans cette direction, où il n'allait d'ailleurs que par devoir professionnel, il reste une pénétrante et délicate étude sur la morale d'Aristote (*Morale à Nicomaque (Dixième livre)*, Introduction de 82 pages, Hachette).

[2]. Je tiens à remercier ici M™° Hannequin qui m'a autorisé à prendre connaissance des manuscrits existants, et M. Chabot, qui a bien voulu faire profiter cette étude de ses remarques et de ses souvenirs personnels. J'ai une dette toute particulière à acquitter envers M. l'abbé Sarry qui fut le fidèle disciple de Hannequin pendant les dix dernières années. Il m'a libéralement ouvert le « reliquaire » où sont pieusement déposés les cahiers de *Descartes*, de *Spinoza*, de *Leibnitz*, de *Kant*, le *cours de métaphysique*, etc. J'ai puisé sans scrupule dans ce trésor de riche : lui-même m'écrivait : « Je suis sûr que cet hommage rendu à la mémoire de Hannequin ne lui serait pas désagréable. » — Les textes entre guillemets appartiennent aux œuvres publiées, ou encore inédites avant le présent volume, sept ou huit à des *comptes rendus* qui n'ont pas été recueillis ou à des *lettres*; pour les *notes de cours* abondamment utilisées, j'ai reproduit l'idée et les mots aussi exactement que possible, sans oser pourtant mettre *la formule* au compte de Hannequin lui-même.

de ces philosophies cartésiennes déjà distantes, moins faciles à comprendre qu'il ne paraît, souvent mal comprises, combien pourtant riches, encore inexplorées, et toujours actuelles, si elles sont pour quelque chose dans la plupart des problèmes qui continuent de se poser à nous et sous la forme même où ils se posent.

Des deux méthodes de l'histoire de la philosophie dont l'une considère un système « comme une chose achevée, parfaite, définitive, abstraction faite des tâtonnements, des efforts successifs qui en amenèrent progressivement dans le temps la réalisation », et dont l'autre, au contraire, s'efforce de mettre en lumière « *l'histoire* du système, c'est-à-dire sa formation, ses progrès, sa croissance, bref son évolution et sa vie », c'est bien la seconde, disait-il, qui avait ses préférences. Il le disait sincèrement ; et, à l'occasion, il appliquait sa science des textes, qui était très solide, et sa conscience de chercheur, qui était très scrupuleuse, à établir la genèse chronologique des doctrines, à retracer leur devenir complexe, à saisir leur individualité contingente et à marquer leur authentique filiation. Mais peut-être n'aurait-il pas fallu trop le presser là-dessus : il estimait déjà cette *recherche historique* moins nécessaire même avec Kant, moins encore avec Descartes et Spinoza ; personnellement il ne s'en servait guère qu'avec Leibnitz, et en réalité l'historique même de la philosophie de Leibnitz lui paraissait surtout démontrer que « les grandes directions de sa pensée n'ont guère varié, qu'elles furent fixées et coordonnées de très bonne heure ».

L'histoire des doctrines l'intéressait à coup sûr, mais autant surtout qu'elle lui permettait de les mieux comprendre, d'en embrasser toute l'étendue et la portée, de marquer la signification des idées et des formules, de voir par où les parties font un tout. Les maîtresses pièces trouvées, isolées, tenues en mains, éprouvées longuement au contact des textes, il avait hâte de remonter la machine, de la faire fonctionner, d'arriver à une reconstruction où son esprit synthétique se plaisait à faire saisir la liaison des idées génératrices, l'âme secrète du système, l'orientation et les sinuosités de ses développements internes et externes, l'unité profonde de l'ensemble et des parties. Il ne se serait pas contenté de noter des faits, — tous les faits, — et de collectionner des textes, — tous les textes, — et, le sens et la valeur de chacun d'eux critiquement établis, de les laisser eux-mêmes se lier et s'expliquer les uns par les autres. Il intervenait volontiers ; il les questionnait, et il les obligeait à répondre à ses questions qui étaient celles que les philosophes se sont posées, et celles aussi qu'il se posait à lui-même et qu'il entendait se poser autour de lui. Historien, mais *philosophe* plus encore qu'*historien*, l'histoire de la philosophie n'était pas seulement chez lui liée à la philosophie elle-même : elle était pour lui le meilleur moyen de philosopher, de « dégager et achever les parties de l'œuvre de chaque penseur qui sont viables et fécondes [1] », — « ce par quoi, écrivait-il, elles continuent à être pour nous une manière de penser ». Il ne voulait pas seulement qu'elle satisfît une légitime curiosité d'érudit ou qu'elle procurât une sensation d'art et de beauté, mais qu'elle aidât à poser plus justement, à débattre avec plus de largeur et de sérénité les problèmes aussi de l'heure présente, et les problèmes qui sont de toute heure, — c'est-à-dire à bien penser, à mieux penser. Il croyait au sérieux de la philosophie et des philosophes, à l'efficacité de leur effort pour élaborer la Vérité, *perennis philosophia* ; et que l'histoire de cet effort, infiniment noble et émouvante, n'est rien moins que l'histoire des tentatives par lesquelles la *Raison* dans l'homme a pris conscience d'elle-même, de son pouvoir et de son devoir.

Les concepts fondamentaux des grandes philosophies tiennent le plus souvent dans quelques textes peu nombreux et vite connus, qu'il faut savoir lire lentement et relire souvent, qu'il faudrait *ruminer* à loisir. C'est que l'histoire de la philosophie n'est pas, à beaucoup près, une histoire comme les autres : elle veut plus de *réflexion* encore que d'*érudition*. Les doctrines, quelles qu'elles soient, suffisent à s'éclairer et à se démontrer par elles-mêmes ; un système porte en soi toute sa lumière et toutes ses preuves ; il y a un *centre* par où il est vérité, il faut le chercher et le trouver : la seule exégèse qui vaille ici est l'*exégèse interne*. Ou si l'on est en droit d'attendre quelque secours du dehors, c'est d'ordinaire vers l'histoire des sciences contemporaines de cette philosophie ou un peu antérieures qu'il faut se tourner, et encore vers les philosophies auxquelles cette philosophie est apparentée, en la rattachant à ce que Tarde appelait son « arbre généalogique ». La biographie, la psychologie individuelle, la connaissance de l'homme et du milieu social ont leur utilité aussi, mais plus modeste, et conduisent vite à des interprétations trop faciles et trop ingénieuses ; elles

---

1. Boutroux, *Études d'histoire de la philosophie*, p. 2. (Félix Alcan, éditeur.)

posent plutôt les problèmes qu'elles ne les résolvent. Et ce n'est pas Hannequin qui se souciait d'expliquer, même seulement « en partie », l'idéalisme de Descartes « par la complexion chétive qui l'obligeait à séjourner au lit, où il dut souvent éprouver ces états vagues qui sont intermédiaires entre le rêve et la perception [1] », ou la philosophie de Hobbes par les frayeurs de sa mère au temps du désastre de l'invincible Armada. Il n'aurait pas non plus admis « sans peine que la formidable scène de l'excommunication de Spinoza et l'affreux assassinat de son ami, le grand homme d'Etat de Witt, ont exercé sur la vigueur et la profondeur de la pensée de ce philosophe reclus une influence beaucoup plus grande que la lecture du philosophe Descartes » ; et il savait qu'il y a pour faire comprendre l'œuvre si curieuse de Malebranche d'autres raisons tout de même plus sûres et plus immédiates que son « amour pour la solitude et son horreur pour le monde ». Il croyait, avec l'un des maîtres de l'histoire de la philosophie, plus simple et plus vrai d' « expliquer l'auteur par lui-même, ses idées générales par ses doctrines particulières et ses doctrines particulières par ses idées générales [2] ». — De tout ce long labeur, c'est à peine s'il est venu au public de rares et brefs morceaux, fragments disjoints d'un monument qui n'a pas été bâti, et dont les souvenirs et les rédactions de ses élèves ne permettent guère que d'entrevoir les grandes lignes.

*
* *

Hannequin estimait qu'au bout de trois siècles d'une activité spéculative intense et de conquêtes sur la nature vraiment inouïes, dans la mesure où notre science et notre philosophie peuvent se réclamer d'un homme, cet homme est René Descartes. *Le père de la Révolution française*, écrivait Michelet. Bien mieux ! c'est *le père de toute la pensée moderne* qu'il faut dire : « Notre philosophie est idéaliste : elle est née du *Cogito*. Notre science est mécaniste : Descartes, en réduisant à l'étendue tout ce qui n'est pas l'esprit, a fondé la mécanique. » Ç'avait été un de ses étonnements qu'il se fût trouvé de notre temps des hommes pour croire, ou pour paraître croire, à la revie des philosophies scolastiques, des anciens ou des nouveaux thomismes. « Il

---

1. Mentré, *Annales de Philosophie chrétienne*, Juillet 1906.
2. Boutroux, *op. cit.*, p. 8.

pensait pour sa part que la scolastique ne s'est point endormie, mais qu'elle est morte comme système et comme philosophie, comme méthode et comme esprit, par l'incompatibilité même de sa vie avec la science moderne... ; qu'entre cette méthode de mathématisation ou d'analyse universelle, en quoi tient toute la pensée scientifique moderne, et la déduction syllogistique, que pratiquaient les scolastiques, il y a un abîme ; et que ce n'était pas seulement pour avoir omis l'induction, mais pour avoir abusé d'une déduction impuissante, c'est-à-dire par la méthode et la science scolastiques tout entières, que la philosophie du moyen âge devait succomber sous les progrès rapides de la science moderne. »

Le grand changement opéré par Descartes, en tant qu'avant lui la philosophie était principalement « une réflexion sur la religion », et que, depuis lui et par lui, elle est devenue surtout « une réflexion sur la science », voilà sur quoi d'abord on ne reviendra pas. Non pas du tout qu'à Descartes seul soit l'honneur d'avoir débarrassé le champ de la pensée des débris obstruants d'une philosophie qui, à partir du XIII° siècle, « ne s'est plus signalée que par une résistance désespérée et impuissante à la science moderne », et qu'il trouva morte déjà d'épuisement et pour ainsi dire d'ossification. Descartes, si l'on veut, n'a été « qu'une des voix dans le chœur de ces hommes qui firent la Renaissance, qu'un ouvrier, dont l'œuvre, il est vrai, fut immense dans l'entreprise commune ». Mais il a été autre chose aussi, par cela seul qu'il a été le premier à dégager « la philosophie de la philosophie de Galilée. Ce qui fait l'originalité de Descartes, et ce qui lui assure, dans l'histoire de l'esprit humain, une gloire incomparable, c'est d'avoir pris, en face de ce mouvement qui entraînait tous ses contemporains, une attitude critique telle que, non content de le suivre, il en prit la direction, et qu'en le rattachant à la raison, ou, pour mieux dire, à la conscience comme à son centre d'origine, il le rendit universel, d'accidentel qu'il pouvait encore paraître, et aussi durable, aussi définitif que la conscience elle-même » ; ce n'est pas d'avoir été un prince parmi les princes de la science naissante, d'avoir écrit la *Géométrie* ou les *Principes de la Philosophie* : c'est, en *réfléchissant* sa science, d'avoir trouvé la *méthode*, d'avoir en cette journée mémorable « du 10 novembre 1619 » saisi dans la science *faite* la science se *faisant*, *mirabilis scientiæ fundamenta* ; d'avoir écrit le *Discours sur la Méthode* et surtout les

Regulæ; d'avoir tout de suite, à vingt-trois ans, pressenti « qu'en approfondissant la nature du jugement mathématique, il se plaçait d'emblée au centre du problème de la connaissance, ou, comme on disait alors, de la certitude », que la mathématique tout entière est une science des *relations*, que l'esprit est le pouvoir de poser des relations, que son opération vraiment primitive et féconde est donc une opération à *deux* termes et non à *trois*, que c'est le *jugement* et non le *syllogisme*.

Après cela, que Leibnitz lui ait reproché de ne pas avoir encore donné à la science de la grandeur (*de quantitate in universum*) toute la généralité qu'elle comporte, d'avoir alourdi l'algèbre d'intuition géométrique, d'en être resté dans l'analyse à la théorie des *équations* sans pousser jusqu'à celle autrement féconde et souple des *fonctions* ou, dans la mécanique, d'avoir commis des fautes de calcul, et d'autres plus considérables qui tenaient à la conception de l'étendue, et d'avoir inexactement formulé quelques-unes des lois du cinétisme, — c'est-à-dire en somme de n'avoir été ni Newton ni Huyghens ni surtout Leibnitz ; ou qu'un lecteur de Kant lui reproche aussi de n'avoir peut-être pas embrassé toute l'étendue de sa découverte, de n'avoir vu qu'à moitié que si les mathématiques réussissent, si elles apparaissent, selon le mot de Léonard de Vinci, comme « les reines des sciences de la nature », c'est que l'idéal est la clef du réel, qu'au lieu de demander aux choses elles-mêmes leur secret, c'est à l'esprit qu'il faut demander le secret des choses, que pour connaître l'individuel et le réel, il faut avoir recours à l'universel, à l'idéalité des formes *a priori*, — et que « l'universalité des choses, comme objets de la connaissance, enfermée dans l'universalité de la connaissance, qui est déterminée par *l'esprit*, et reliée en une unité universelle par la loi une et identique de sa méthode [1] », c'est déjà cela tout l'*idéalisme critique*, la chose est-elle bien grave, vaut-elle surtout qu'on s'en montre scandalisé ? Encore qu'il n'ait eu ni le temps ni sans doute non plus la liberté d'esprit d'aller lui-même jusqu'au bout de son œuvre et de sa pensée, Descartes n'en a pas moins orienté la recherche philosophique sur le grand chemin de ses destinées, celui auquel le moyen âge tournait le dos, et que de sitôt nous n'avons pas envie de déserter.

L'analyse cartésienne n'était peut-être, pour le mathéma-

---

1. Natorp, *Revue de Métaphysique et de Morale*, 1896, p. 421

ticien, qu'*une* méthode, puisque certains problèmes lui résistaient, et qu'il a fallu que Leibnitz imaginât un autre calcul plus universel et plus puissant ; mais néanmoins, *telle qu'elle était*, elle a suffi pour fournir *la* méthode cherchée vainement jusqu'ici par les philosophes, celle avec laquelle les adversaires eux-mêmes de Descartes, s'ils ont pu le combattre, ont dû philosopher, celle aussi avec laquelle il a fait lui-même les plus riches trouvailles. Et n'en est-ce donc pas une que ces quatre fameuses règles d'*évidence*, d'*analyse*, de *synthèse*, de *dénombrement*, si simples en apparence que les jeunes étudiants de philosophie les jugent à peine dignes de leur attention, en réalité, remarquait Hannequin, d'une si « redoutable précision » que c'est assez de leur donner leur plein sens — leur vrai sens — pour saisir sur le fait les démarches constitutives de l'esprit dans sa vie profonde, voir dans la pensée ce qu'elle est avant qu'elle soit autre chose, « une puissance de poser des rapports, des connexions, des synthèses », — c'est-à-dire pour que, derrière Descartes, très distinct déjà et tout proche, surgisse Kant ? Et n'en est-ce pas une autre que d'avoir découvert comment « la méthode enveloppait le *Cogito* et devait y conduire, si seulement le philosophe s'appliquait à défaire des connexions quelconques, pour remonter à leur source commune », et de quelle façon ce seul fondement du *Cogito* est en état de supporter une *métaphysique* vieillie, mais dont les métaphysiques postérieures ne sont encore la plupart que des continuations, des variations ou des transpositions, et aussi une *morale* plutôt seulement préparée et esquissée, il est vrai, dont l'idée profonde nous a longtemps échappé, à la lettre la morale de la *raison pratique*, celle qui ne poursuit d'autre fin que « la pleine réalisation de la raison, la détermination parfaite de la volonté par la raison [1] » ?

Les cent pages publiées dans l'*Histoire de la langue et de la littérature française* de Petit de Julleville, en collaboration avec M. Thamin, et les deux études parues dans la *Revue de Métaphysique et de Morale* [2], — les seules parties qui aient été écrites du *Descartes* de Hannequin, — sont assurément parmi les plus limpides, mais aussi les plus neuves et les plus fortes que le grand philosophe ait inspirées, en France, aux historiens de sa pensée et de sa méthode.

1. E. Boutroux, *Etudes d'histoire de la philosophie*, p. 315.
2. Années 1896 et 1906.

** *

Hannequin, qui aimait à relire l'*Ethique* pour lui-même, et qui la lisait bien, apprenait aussi à la lire à ses élèves.

Il sentait que c'est là une des œuvres incomparables qui honorent la pensée philosophique, qu'elle a de quoi en particulier *ravir toutes les âmes religieuses*, — c'était son mot, — mais qu'elle est aussi pour l'historien l'une des grandes pièces, la pièce capitale si l'on veut, dans l'étude du dogmatisme cartésien. Les récentes controverses sur les origines de cette philosophie ne l'avaient pas ébranlé. Malgré l'ingéniosité des arguments et leur vérité partielle, non vraiment, Spinoza, « ce Parménide des modernes aussi redoutable que vénérable », n'est disciple ni de Platon, ni d'Aristote, ni de Plotin ; et c'est se moquer un peu que de l'expliquer par des influences juives, ou encore par la scolastique des Arabes, ou même par des idées chrétiennes. *Spinoza est un cartésien disciple de Descartes.* Déjà Bayle qui avait bon œil avait très bien vu cela. Le spinozisme n'est pas un cartésianisme *immodéré*, c'est un cartésianisme *normal*, mais développé et creusé, rendu à son propre mouvement, débarrassé de ce qui pouvait le contrarier du dedans et du dehors, allant de lui-même et tout droit, sans le secours ni l'obstacle d'aucun élément étranger, jusqu'où sa conception maîtresse était capable de le porter. Toute philosophie d'ailleurs qui met l'*intelligible* au-dessus de l'*être* aboutit ou devrait aboutir à une manière de spinozisme.

Cette « thèse de la filiation cartésienne de la philosophie de Spinoza », mais on en donnerait, remarquait-il, cent preuves pour une. Qu'est-ce par exemple que le *Dieu* de Spinoza, sinon le Dieu de Descartes — oh ! pas du tout le Iahveh qui disait : « *Ego sum qui sum* », — le Dieu de l'argument ontologique, l'ens *necessarium* parce que l'ens *realissimum* ? Qu'est-ce que la *substance* sinon une suite logique des postulats essentiels du cartésianisme, des relations en particulier qu'il pose entre la *connaissance*, l'*existence* et l'*essence*, de ces deux doctrines où il s'exprime tout entier : *qu'il y a une vérité objective et absolue* et que *l'existence n'est que l'actualisation de l'essence* ? Le concept d'*attribut* et les deux attributs de la *pensée* et de l'*étendue*, d'où viennent-ils eux-mêmes sinon toujours de Descartes identifiant la pensée et la substance pensée, l'étendue et la substance étendue ? Et le rôle si considérable, si spécial, que joue le *mouvement* dans le passage de Dieu au monde, n'est-ce pas aussi à l'école de Descartes que Spinoza a dû le comprendre ? Et le cas qu'il fait de la *clarté* et de la *distinction* des idées dont la mathématique fournit le modèle, cette haine vigoureuse des idées générales et des universaux, c'est-à-dire en somme toute la théorie de la *connaissance* et toute celle de la *morale*, cela encore lui vient-il d'un autre que de Descartes ? Donc « tout ce qu'on peut dire de moins de l'influence de Descartes sur Spinoza, c'est qu'elle prime toutes les autres, au point que nul ne peut soupçonner quelle forme eût prise ce que, dans ses préoccupations morales et religieuses, Spinoza doit à sa race, à l'éducation des rabbins qui l'excommunièrent, et aux méditations de son génie personnel, si l'on tentait d'abstraire de sa philosophie tout ce qui la pénètre de doctrine cartésienne et d'esprit cartésien ».

Le fond du système est d'ailleurs très simple, très clair, de la plus belle unité qui soit. C'est l'*opposition de deux mondes*, tous deux vrais et réels, mais inégalement, qu'en un sens il faut séparer, et non en un autre ; d'une part, *le monde de la substance* et de ses attributs, de Dieu, du Parfait, de l'Éternel, de l'Un, de la Vérité et de la Béatitude, de l'essence à laquelle appartient de soi l'existence, de la nécessité qui est la liberté, de la Nature naturante, de l'Infini qui soutient tout le fini, qui ne se révèle peut-être à l'esprit que dans les relations à l'Infini des choses finies ; d'autre part, le *monde des modes*, des choses de notre expérience, de l'*ordo naturæ*, du multiple, du changeant, du durable, de la naissance et de la mort, des passions et des erreurs, de l'essence à laquelle n'appartient pas nécessairement l'existence, de la Nature naturée, de la contingence et du déterminisme, de la pluralité qui accuse l'unité d'où elle vient et où elle tend, du fini qui ne trouve son explication dans les deux sens, au dehors et au dedans, du côté de la sensation et du côté de la raison, que dans l'Infini.

Et ce qu'il faut arriver à voir, c'est non pas qu'il y ait Dieu, puisque Dieu ne peut pas ne pas être, mais qu'il y ait autre chose que Dieu, qu'il y ait le monde des choses. Dieu ayant un nombre infini d'attributs infiniment modifiables, il ne devrait y avoir que des modes éternels et infinis. Oui, mais en fait il y a des modes finis et durables. Comment cela ? C'est là peut-être le nœud vital du système. Hannequin avait serré les textes de près : « C'était le joyau de son exposition », écrit celui de ses disciples qui l'a le plus longtemps entendu et le mieux compris. En quoi les modes finis et durables s'expliquent-ils par des modes infinis et éternels, c'est-à-dire ceux qui découlent nécessairement des attributs ? Le mode éternel de la pensée, c'est l'*Idea Dei* ; il y en a un autre, l'*Intellectus divinus*, qui est peut-être bien le même. Notre entendement, à nous, nous apparaît comme un diviseur, un déterminateur d'idées. Pareillement l'idée que Dieu a de lui-même, son entendement, serait un instrument de détermination et de division dans l'attribut de la pensée. C'est sans doute vrai, mais ce n'est pas aussi clair que nous souhaiterions. Il nous faut prendre le problème par un autre biais. L'étendue aussi a un mode éternel ; il y a un second fils de Dieu, le *Mouvement*. Et le mouvement, lui, divise l'étendue ; il la divise éternellement et infiniment. Nous entendons très bien cela au moins depuis Descartes : pas d'étendue concevable sans mouvement. Or le mouvement est tel de sa nature qu'il ne peut pas ne pas produire le mode fini : il découpe ; toute figure est forcément limitée ; les *res* ne sont que les degrés divers de mouvements. Voilà cette fois trouvé le passage de Dieu au monde. Le principe de connexion des modes en chaque attribut permet ensuite sans difficulté de faire la théorie des *idées* par celle des *choses*.

Mais ce qu'il faut voir aussi, c'est le processus inverse, le revenir de la Nature naturée vers la Nature naturante, le retour du monde à Dieu, du fini à l'Infini — c'est-à-dire pourquoi il y a une *Science* et une *Éthique*, deux choses au fond qui n'en sont qu'une, si l'un des caractères du spinozisme est justement de ne pas séparer, autant qu'on l'a fait depuis Kant, le problème de l'*action* du problème de la *connaissance*. C'est bien une éthique que Spinoza a voulu faire — cette morale *définitive* que Descartes n'avait pas eu le temps ni peut-être surtout le goût et l'audace de s'avouer à lui-même et d'apprendre aux autres. La métaphysique de Dieu et de l'âme n'est que pour nous découvrir les causes de notre servitude, et nous procurer les moyens de notre affranchissement. Mais c'est la métaphysique qui est le nécessaire instrument de cette libération de l'erreur et de la passion. L'*Éthique* n'a rien d'une morale qui postulerait le primat de la raison pratique, ni moins encore d'une foi qui prétendrait s'élever au-dessus de la science. Affranchir l'entendement, c'est affranchir l'homme. C'est notre tâche à chacun de travailler à faire de nos idées inadéquates des idées « claires et distinctes », de nous élever de la connaissance de la sensation et de l'imagination, à la connaissance de la raison et de l'intuition, de *rentrer en nous-même*, — ce qui n'est possible qu'à la condition de *rentrer en Dieu*.

Peut-être pareille interprétation permettrait-elle de réviser le procès de panthéisme vraiment misérable fait si longtemps à Spinoza, et de fonder en quelque manière la double *personnalité* de Dieu et de l'homme. Au XVIIe siècle les honnêtes gens s'indignaient de « l'idée horrible que Spinoza nous donne de Dieu ». Le pieux Malebranche, qui s'en faisait au fond une idée toute pareille, la traitait d'« épouvantable et ridicule chimère ». Les difficultés aujourd'hui mieux connues de l'*idée de Dieu* nous rendent moins injustes ; saint Augustin avait bien dit : *scitur melius nesciendo*. Il n'est pas besoin d'être « déserteur du Judaïsme et enfin athée[1] » pour se demander si l'*intelligence* et la *volonté* telles que nous les prêtons à Dieu, si nos concepts populaires de *création* et de *providence*, de *libre arbitre*, de *causalité*, de *bien* et de *mal*, sont « *entia non rationis, sed imaginationis* ». Cette grande doctrine où l'on a dénoncé un *panthéisme* horrifique, et qui est sans doute au fond l'un des *monothéismes* les plus élevés et les plus purs qui soient, n'intéressait pas seulement l'historien chez Hannequin ; elle répondait à un besoin d'âme vivement religieuse, mais « dans les limites de la raison ». A un de ses élèves qui lui demandait quels étaient les derniers bons livres sur Dieu, il répondait en souriant : « Je crois que c'est encore Spinoza et Kant. » « Spinoza, m'écrivait-il un jour, est plus religieux que M. Brunetière, et peut-être a-t-il trouvé le vrai fond de ce qu'il y a de religieux dans notre âme, en y trouvant la présence de ce qu'il appelait *la substance de Dieu*. C'est peut-être le seul exemple d'une doctrine religieuse que n'ébranle en rien la ruine de toute la construction métaphysique qui l'enveloppe. Et il est saisissant d'apercevoir tout ce qui lui est commun avec Kant, qui certainement sous le nom de Raison reconnaît une présence semblable, mais ne consent jamais à spéculer sur le même sujet. »

L'effort de Spinoza pour fonder l'*individu* en Dieu est peut-être aussi remarquable, et il n'a pas été mieux remarqué. C'est l'un des problèmes qui retenaient l'attention de Hannequin — le problème « des essences des

---

1. Bayle, *art*. Spinoza.

choses » ou, en langue spinoziste, « des essences formelles des modes finis ». Spinoza les « déclare à la fois éternelles, immobiles et fixes », mais aussi « particulières, singulières et même individuelles ». Nous comprenons très bien, telle que Spinoza nous l'explique, l'individuation des corps par le mouvement ; nous comprenons aussi l'individuation des âmes par celle des corps ; nous comprenons mieux encore l'union du corps et de l'âme, et que les deux modes, pour ainsi dire, ne sont qu'un, puisque c'est Dieu qui fait leur union, Dieu commun support des deux séries parallèles d'essences formelles et d'essences objectives, qui se développent indépendamment l'une de l'autre, mais aussi qui restent en lui et par lui étroitement unies l'une à l'autre. Personnalité sans doute, mais, n'est-il pas vrai, personnalité vraiment éphémère, si elle est limitée à la durée du corps : nous voudrions plus et mieux. Il n'y a pas à discuter que chez Spinoza l'existence de l'âme cesse avec celle du corps. Seulement le corps cesse-t-il d'exister à l'heure de la mort aussi complètement que l'imagination le fait croire ? Les *res* existent de deux façons, par leur essence et par le déterminisme des causes historiques ou réelles. Le corps qui n'existe plus d'une façon, ne peut-il pas encore exister de l'autre ? L'essence formelle est *universelle*, cela va de soi, mais aussi *singulière*. Elle est les deux choses à la fois, *unité dans l'universalité et universalité dans l'unité*. On sait l'exemple fameux du scholie des sécantes dans un cercle : une seule loi et pourtant une infinité de rectangles, une essence universelle suffisant à déterminer une multiplicité d'individus. Ne pourrait-on pas dire que le corps, — *tel* corps, — qui n'existe plus dans la durée, reste encore compris par son essence formelle dans l'attribut éternel de l'étendue comme dans le cercle le rapport particulier entre deux sécantes qui se coupent ? En faudrait-il davantage pour concevoir non pas sans doute une *subsistance de l'homme* à travers des siècles infinis, *sæcula sæculorum*, non pas non plus seulement *l'éternité* des âmes, mais quelque chose de plus, d'une certaine façon *l'immortalité de la personne* en dehors du temps ?

Et ce n'est pas un de nos moindres regrets entre tant d'autres, que ce *Spinoza* si longuement et si intimement médité, professé avec éclat en 1898, une dernière fois encore en 1903, soit, plus complètement même que le *Descartes*, perdu pour le public, et qu'on n'en ait retrouvé que les premières pages d'une étude de grande allure, mais à peine ébauchée. Sous sa forme première, tel qu'il avait été recueilli par ses élèves, il a circulé en province et à Paris, parmi les candidats à l'agrégation. Dans les dernières années, quand le pauvre infirme prévoyait que pour lui le temps des longs projets était passé, et qu'au lieu de livres écrits à loisir, il ne lui restait de force que pour dépêcher péniblement des morceaux raccourcis, je l'ai entendu regretter de n'avoir pas donné, telles quelles, ces leçons qu'il savait bonnes, à la *Revue des Cours*. Il n'aurait pas voulu partir sans avoir dit tout haut quelque chose de ce que Spinoza lui avait fourni pour sa vie à lui et pour sa pensée, et de ce qu'il fournira longtemps à ceux qui seront capables de l'entendre. Cette dette lui pesait. Pendant les vacances de 1903 qu'il passa en Suisse, à la Tour de Trême près Fribourg, il s'était enfin mis, écrivait-il joyeux, à « son article sur Spinoza ».

*
* *

La philosophie de Leibnitz sollicite l'historien des doctrines cartésiennes autant par les bouleversements qu'elle y a causés, que par tout ce qu'elle en a retenu en le transformant et en le fécondant. L'historien de la philosophie et l'historien des sciences chez Hannequin y trouvaient tous deux leur compte. Ils rencontraient l'un et l'autre des problèmes considérables dans l'organisation et l'évolution de cette grande pensée, que les philosophes négligent d'ordinaire parce que trop mathématiques, et les mathématiciens parce que trop philosophiques. De bonne heure Hannequin avait cru distinguer du Leibnitz classique, celui des grandes œuvres et de la *Monadologie*, un Leibnitz d'avant Descartes, d'avant le séjour à Paris. Il profita de l'un des rares livres qu'il ait pu finir, pour mettre en lumière cette curieuse philosophie d'avant 1672, où Leibnitz n'a pas seulement exposé sa première métaphysique, l'*Hypothesis physica nova*, mais où il a déjà mis le germe de la plupart de ses découvertes scientifiques et de ses hypothèses définitives, où est visiblement amorcée toute la métaphysique de l'*Harmonie préétablie*.

Le renouveau d'exégèse qui se fait, depuis quelques années, autour des textes de Leibnitz relus, mieux lus, indéfiniment accrus, avait trouvé Hannequin attentif, méfiant, plus intéressé que convaincu. Toutes ces tentatives, — aussi bien l'anglaise ou l'allemande que la française, —

de mettre au premier plan les théories logiques de Leibnitz, de ne plus voir dans sa métaphysique qu'une sorte de *panlogisme*, l'inquiétaient et l'agaçaient un peu. Oh ! non pas, observait-il, qu'on ne puisse avec quelque dextérité dialectique *transposer* la métaphysique de Leibnitz en un *formulaire* logique, que certains passages n'invitent à cette tentative, que Leibnitz lui-même n'y ait songé de temps à autre, et sans y avoir jamais tout à fait renoncé jusqu'à la fin de sa vie. Mais qu'on mette là sa véritable origine, sa signification profonde et première, « que le principe de la raison suffisante ne soit rien de plus ni rien d'autre que la réciprocité du principe d'identité, que toute vérité soit analytique », qu'il n'y ait dans la *Monadologie* qu'un développement logique de l'*omne prædicatum inest subjecto*, c'est peut-être un brillant paradoxe, mais ce n'est sûrement pas autre chose. Et l'un des derniers livres qu'il ait entrepris, — dont il n'y a eu d'écrit que les premiers chapitres, — *La philosophie de Leibnitz et les lois du mouvement*, c'est contre les tendances de la nouvelle école qu'il l'avait d'abord conçu, et à propos de l'un de ses plus éloquents manifestes : « On a élevé à sa Logique un monument qui laisse dans l'ombre des parties de l'œuvre de Leibnitz que nous persistons à regarder comme essentielles ; nous voudrions les replacer à leur rang et montrer que sans elles les doctrines de Leibnitz sur l'activité foncière des monades, sur la matière et la masse, sur l'idéalité de l'espace et du temps, enfin sur ce monde des corps ou *mundus phénomenon* opposé si nettement par Leibnitz au monde des substances, resteraient inexpliquées. »

Des deux tendances qui dominent l'organisation de la pensée de Leibnitz, dont la première est de soumettre toute véritable connaissance « aux lois d'un enchaînement rigoureux à partir de principes incontestables, bref aux lois d'une logique et d'une mathématique universelles », et dont la seconde dérive de la conviction née de bonne heure chez lui « que tout se fait mécaniquement dans la nature, mais que le mécanisme, qui suffit à tout dans la nature, ne se suffit pas à lui-même et ne trouve en définitive son principe que dans la réalité de l'esprit et de Dieu », l'une vient de la philosophie de Descartes qui est une « philosophie synthétique », de la science qui ne vit que de synthèses sans cesse défaites et refaites au profit de synthèses nouvelles, l'autre est un ressouvenir des formalismes et des caractéristiques scolastiques. Le tort des nouveaux exégètes est d'avoir trop négligé la tendance féconde, distinctive, des philosophies cartésiennes, pour la tendance stérile, retenue des exercices syllogistiques du jeune Leibnitz ; — de s'être abusés sur la valeur des deux sources du leibnitzianisme, celle d'où il paraît venir, par où on peut artificiellement le faire passer, et celle d'où il a vraiment jailli et sans laquelle le large fleuve n'aurait jamais coulé.

Méprise curieuse, un moment troublante et qui semble être le fait d'une double erreur : l'une à la charge des commentateurs qui n'ont fait commencer la philosophie de Leibnitz en 1684-1686, date des grands manifestes, *Logique*, *Mécanique* et *Métaphysique*, que parce qu'ils ont délibérément ignoré la philosophie d'avant 1672, qu'ils n'ont pas vu qu'elle est déjà une géométrie, une mécanique, une métaphysique, — trois moments liés et progressifs d'une même pensée, — et qu'on trouve tout au long dans cette première philosophie de l'espace, du mouvement et de l'esprit, le concept de la différentielle, le principe de la raison, et les thèses constitutives de la *Monadologie*. Et l'autre, dont la responsabilité remonte à Leibnitz en personne qu'une dissertation d'école (*de arte combinatoria*) a égaré sur une fausse piste où il a couru cinquante ans, remarquait Hannequin, non pas tout à fait sans rien trouver, mais sans trouver assurément ce qu'il cherchait, et qui a eu l'air d'oublier lui aussi que si la *Combinatoire* produit les combinaisons, elle ne produit pas les *termes* sur lesquels elle opère, les *données* à combiner. Leibnitz avait compris à l'école de Descartes que ce qui doit prédominer dans la science, c'est la logique, *ce qui vient de l'esprit* et non pas ce qui vient de la sensation ; qu'il faut travailler à éliminer les éléments non logiques au profit des éléments logiques, qu'en cela même consiste tout le progrès des sciences et des philosophies. Or la logique, c'est le syllogisme, si l'on veut ; mais c'est aussi autre chose, des *définitions*, des *axiomes*, des *postulats*, toutes sortes de propositions primitives sans lesquelles le syllogisme ne fonctionnerait pas, des éléments législatifs de l'esprit sources d'*a priori*, des choses en somme auxquelles le principe d'identité s'applique quand une fois elles sont données, mais qui n'ont pas été données par le principe d'identité. La connaissance n'est donc pas le simple calcul logique, *computatio logica*, que Leibnitz rêvait au sortir des universités toutes scolastiques de son pays, mal au courant lui-même des révolutions déjà opérées dans la science : elle est un système de rapports — les *respectus* de Descartes — indéfiniment créés et posés par le *Cogito*. Les résultats qu'il attendait de la logique *formelle*, la *logique* n'est en état de les fournir que si elle est la logique *transcendantale*. De la seule proposition A = A, personne n'a jamais rien tiré. Et comme Leibnitz, certes, n'est pas resté les mains vides, qu'il a réussi à se procurer de très bonne heure une des plus riches et des plus compréhensives philosophies, qui d'ailleurs est allée toujours s'enrichissant et s'élargissant, c'est évidemment que sa pratique réelle valait mieux que son programme apparent, et qu'en définitive ses inoffensives utopies d'écolier l'ont moins égaré qu'elles ne continuent d'égarer quelques-uns de ses trop subtils lecteurs d'aujourd'hui.

Pour couper court à des malentendus qui ne vont à rien moins qu'à diminuer et à obscurcir une philosophie qui lui était chère, et donner à sa protestation l'autorité d'une véritable démonstration, Hannequin se résolut bravement à reprendre l'étude de Leibnitz. Le plan du cours qui devait durer trois ans indiquait assez le but poursuivi. Il s'agissait de montrer : 1° comment les *Meditationes de cognitione, veritate et ideis*, véritable introduction à la logique de Leibnitz, résument tout le grand travail mathématique opéré dans son esprit à la suite du séjour à Paris (1672-1676), — c'est-à-dire la *mathématique* dans la pensée de Leibnitz ; 2° comment Leibnitz a réalisé l'union de la mathématique et de la physique et, en constituant sa dynamique, posé les principes d'une philosophie de la nature, — c'est-à-dire la *mécanique* de Leibnitz ; 3° comment la Monadologie s'est développée et organisée sous la double dépendance des mathématiques et de la mécanique, — c'est-à-dire la *métaphysique* dernière de Leibnitz dans la mesure où elle a été influencée par sa logique mathématique et sa logique mécanique.

*
* *

Leibnitz, même « kantianisé » autant que certains textes l'autorisent, ce n'est pas encore Kant, mais c'est le chemin qui y mène vite et droit si l'idée directrice de Leibnitz est que l'élément logique, le *construit*, doit prédominer sur l'*empirique*, que l'idéal explique le réel, que l'espace et le temps sont dans l'esprit et non dans les choses. Kant a été le maître après lequel Hannequin n'en a plus cherché d'autres. A maintes reprises il avait donné des deux *Critiques* une explication complète, très personnelle, très fouillée. Les cours de 1900-1901 et de 1901-1902 où il reprit une dernière fois la *Critique de la Raison pure* furent étincelants, — le chant du cygne, — d'une nouveauté de vues, d'une puissance de pensée, d'une clarté et d'une sûreté d'exposition que ses auditeurs n'oublieront jamais. Et ceux-là se disaient que c'était, même dans l'Université de France riche en hommes, un gaspillage de talent attristant, et que lorsque des maîtres sont montés là, il devrait y avoir pour eux d'autres chaires et d'autres auditoires.

Nul plus que lui ne se réjouissait des progrès que depuis trente ans l'intelligence des textes de Kant a faits chez nous. Une de ses joies de la fin fut, au printemps de 1905, la publication par deux jeunes de ses amis d'une nouvelle et remarquable traduction de la *Critique de la Raison pure*, « le livre qui est plus qu'aucun autre, quoiqu'il date de plus d'un siècle, le livre des temps nouveaux, le plus beau monument qui ait été élevé à la Raison par la philosophie ». Ce n'est pas assez de dire que Hannequin avait étudié Kant longuement et avec amour. La vérité est qu'il a voulu être *Kantiste*, d'un kantisme intégral, très orthodoxe sur les quatre ou cinq points où la doctrine a offert prise aux hérésies et aux schismes.

1° *Hétérogénéité de la sensibilité et de l'entendement.* — Lorsque Kant a écrit : « Par la première les objets nous sont *donnés*, mais par la seconde ils sont *pensés* », il a posé, pour expliquer notre connaissance, la nécessité de deux facultés non pas seulement différentes, mais *hétérogènes*, obéissant chacune à des lois organiques particulières, toutes deux constitutives de l'esprit humain, mais d'inégale façon et à un inégal degré, l'une caractéristique de *toute* pensée, l'autre peut-être seulement de *notre* pensée. Le temps et l'espace, c'est notre manière, en tant qu'hommes, de voir les choses, le milieu pour ainsi dire où les choses se rapprochent de nous et nous affectent. Les catégories, c'est notre manière de penser, en tant que pensée finie, ce que nous voyons ; d'organiser à l'aide de synthèses spéciales les données de l'intuition. Ce n'est pas là seulement l'une d'entre les thèses du criticisme, c'en est d'une certaine manière la thèse essentielle, celle qui détermine la forme de l'idéalisme de Kant, l'*idéalisme transcendantal*. En substituant aux formes de l'Espace et du Temps de simples « lois de position et de succession », en mettant « sur un même plan et les *intuitions pures* de l'Espace et du Temps, et les catégories », Renouvier a trahi la critique plus encore qu'il ne l'a réformée. On peut toujours parler de catégories : ces catégories continuent, si l'on veut, de lier *a priori* les sensations, mais c'est une liaison « qui pose entre les termes des relations extérieures, qui les unit sans les déterminer » : c'est rétrograder vers Hume plutôt que dépasser Kant. Nous n'avons plus là les véritables Catégories, « synthèses puissantes de la logique kantienne qui poussent si avant leur détermination dans l'intuition sensible, qu'elles la pénètrent tout entière et qu'elles la transforment d'une manière radicale en en faisant la connaissance ». Et sur quoi dès lors sera fondée l'objectivité de notre expérience, de notre science ? Quelle va être la nature, la valeur, les limites de notre connaissance ? Fidèle à la lettre et à l'esprit du kantisme, Hannequin a continué, après toutes les discussions qu'on sait, de croire que « les principes et les démonstrations des Mathématiques sont vraiment synthétiques [1] », et d'affirmer leur *spécificité*, se refusant absolument pour sa part à suivre les *mathématiciens logiciens* qui travaillent, avec un bon vouloir touchant, à la plus chimérique des reconstructions, la « reconstruction logique de toute la Mathématique [2] ».

2° *La Critique et la chose en soi*. — Le Kantisme, même celui de la première édition de la *Critique de la Raison pure*, est un *réalisme*. Combien pourtant oublient cela ! Il y a des *choses en soi* pour Kant. Il l'a dit cent fois et tout de suite et jusqu'à la fin. Ne l'eût-il jamais dit que le système tout entier l'aurait dit d'avance pour lui. La chose en soi, c'est pour nous *l'impuissance de nous considérer comme la cause plénière et absolue de notre connaissance*. Notre pensée est si loin de tout tirer d'elle-même qu'elle ne tire même rien du tout. La Catégorie n'est pas pleine, elle est vide, elle est une forme. Puissance de poser des rapports, des synthèses, elle détermine, dès qu'elle l'atteint, la matière de la connaissance ; mais sans cette matière elle ne déterminerait rien. Ni les objets de notre expérience, ni les idées de notre connaissance ne sont des choses en soi. Les choses en soi, nous ne savons ce qu'elles sont, nous savons seulement d'elles ce que nous sommes capables d'en faire, et nous en faisons des *phénomènes*. On objecte que la chose en soi n'est plus alors une chose en soi, qu'elle rentre dans la connaissance. *Oui et non*. Elle y rentre d'une manière ; mais d'une manière aussi elle n'y rentre pas, elle reste *dehors*, elle reste une chose en

---

1. Couturat, *Revue de Métaphysique*, 1904, p. 335.
2. *Id.*, p. 22.

soi, car, ne nous trompons pas sur son rôle : elle n'a qu'une action *excitatrice*. La diversité sensible ne devient jamais un élément de concept. L'œuvre de la connaissance ne consiste pas à *capter* le sensible, mais à l'*organiser* toujours davantage, à faire pénétrer pour ainsi dire des concepts de plus en plus complexes, de plus en plus nombreux, de plus en plus unifiés, dans le sensible, mais sans que ces concepts retiennent rien de sensible : tel par exemple, observait Hannequin, un physicien *aveugle* qui fait la théorie de la *lumière*. La chose en soi est dans la connaissance, mais *à la limite de la connaissance*. Et c'est parce que, de sa nature même, une limite est telle qu'on ne l'atteint jamais, que la connaissance peut s'en approcher indéfiniment. Elle *collabore* avec les catégories, mais cette collaboration n'est pas du genre de celle qu'exprime la formule intellectualiste de la connaissance, *adæquatio rei et intellectus*. Il n'y a pas une idée dans notre esprit qui *corresponde* à une chose. Nos idées résultent du travail de l'esprit au contact de la chose. Elles sont des constructions de l'*Unité de l'aperception transcendantale* à propos d'un donné qu'elles ne représentent en rien. La vérité est tout entière notre œuvre, rien ne s'y mêle d'étranger. La seule *adæquatio* que nous puissions comprendre va non pas d'une idée à une chose, mais d'une idée à une autre idée. C'est qu'au fond il n'y a pas de concept qui soit vraiment une nature simple. Descartes, qui en cherchait et qui croyait en trouver, n'y réussissait point. Le plus humble d'entre eux est déjà fait de plusieurs rapports. Une notion ne subsiste pas par elle-même, elle subsiste par d'autres notions. Et c'est par cette solidarité vivante à l'intérieur de la conscience que les notions se soutiennent, se déterminent, prennent leur signification. La connaissance ne nous apparaît pas comme une *harmonie* entre notre représentation et la chose en soi, mais plutôt comme une *organisation* continue et progressive, qui unit les termes les uns aux autres comme un ensemble indéfini de *relations cycliques*, de *cycles de notions* appuyées les unes sur les autres et dont la systématisation fait justement l'objectivité. C'est donc bien à tort qu'on a voulu montrer combien la chose en soi est contraire au criticisme, et qu'entre elle et lui il faut opter. Hannequin estimait que le *chosisme* n'est pas seulement l'un des ingrédients les moins contestables de la philosophie de Kant, mais qu'il en est surtout, en même temps que l'un des plus étrangement méconnus, le plus riche et le plus fécond pour le criticisme de l'avenir et pour l'avenir du criticisme.

3° *L'Unité des deux Critiques.* — Combien de fois n'a-t-on pas accusé Kant d'avoir relevé illogiquement dans l'ordre de la pratique ce qu'il avait démoli et jeté bas dans l'ordre de la spéculation ! Reproche vraiment injuste et singulier, si c'est au contraire dans la *Critique de la Raison pure* et là seulement qu'il faut chercher le fondement de la *Raison pratique*. Car enfin n'est-ce pas les sciences, n'est-ce pas le fait qu'il existe une mathématique, une physique, qui nous garantit l'existence d'un ordre moral, en révélant qu'il y a en nous une Raison, une raison pure, une spontanéité, une Liberté source de tout déterminisme ? *Raison pure* et *Raison pratique*, deux sœurs ennemies, dit-on. Sont-elles si ennemies? Sont-elles *deux* seulement ? N'est-ce pas l'un des résultats de la *Critique* de montrer que la conception de la diversité des usages de la Raison dans l'ordre spéculatif et dans l'ordre pratique n'exclut pas, mais au contraire implique la conception de l'unité de la Raison ? Le déterminisme qui fonde la science n'est-il pas tout entier tramé et ouvré par la spontanéité pure de la Raison — c'est-à-dire par la Liberté qui fonde la moralité ? Il n'est pas jusqu'à la science en voie de se faire qui n'accuse, par l'*invention* continue et indéfinie, les sources secrètes d'où elle émane. Par où, une fois de plus, elle établit sa parenté étroite avec la moralité, œuvre d'un génie créateur aussi, mais plus à la portée de chacun, tout pratique, humble et authentique frère pourtant du génie scientifique et artistique. En vérité ceux-là seuls pourraient contester l'unité merveilleuse des deux *Critiques* qui s'obstineraient à faire du Kantisme « un phénomène rationnel », qui rejetteraient le *noumène* où s'effectuent la rencontre et la reconnaissance d'identité de nos deux modes d'activité, dans la spontanéité indéfinissable de la Raison pure, dans l'Unité de l'aperception, génératrice commune de toute science et de toute moralité.

4° *Le Rationalisme kantien.* — Mais qu'est-ce que le Kantisme au fond ? La ruine du dogmatisme intellectualiste, si on fait de la *Dialectique* le morceau essentiel de la Critique ; une théorie de l'expérience, si c'est au contraire l'*Analytique* qu'on met au premier plan ; une variété toute nouvelle d'idéalisme, l'idéalisme transcendantal, si l'attention se porte plutôt sur l'*Esthétique* ; un moralisme enfin, si la préoccupation de Kant a été plutôt de justifier l'humble qui agit en toute sincérité et pureté de cœur, si la *Critique de la Raison pure*, apparaît comme une propédeutique à la *Critique de la Raison pratique*. Mais peut-être faut-il dire que c'est surtout un *rationalisme* : rationalisme tel qu'on n'en avait, il est vrai, encore point vu, à même de se définir et de présenter ses titres, assez sûr de son pouvoir pour n'en pas dissimuler les limites.

Le mot, appliqué à l'œuvre de Kant, ne laisse pas de surprendre. Si Kant explique bien que « toute notre connaissance commence par les sens, passe de là à l'entendement et s'achève dans la raison », il explique encore mieux que la raison ne peut être que maîtresse d'erreur et d'illusion, que sa logique est une « logique de l'apparence ». Y a-t-il lieu d'admettre une valeur *objective* de la Raison ? C'est à voir de près. Sans doute les *Idées* de la Raison ont un objet illusoire : ce ne sont pas des catégories ; elles ne peuvent être ni *déterminatrices* ni *constitutives*, elles ne sont que *régulatrices*. L'Entendement seul a pouvoir de constituer des séries phénoménales. La Raison n'est pas outillée pour ajouter à ces séries d'autres séries ; ce seraient des séries imaginaires. Mais les séries de l'Entendement sont nécessairement fragmentaires, isolées, ouvertes pour ainsi dire sur les deux bouts ; et c'est alors qu'intervient la Raison. Elle oblige à mettre de l'ordre et de l'unité dans les séries constituées, toujours plus d'ordre et d'unité ; et c'est ce mouvement, on ne l'a pas assez remarqué, qui fait découvrir de nouvelles lois et assure la fécondité illimitée de la recherche scientifique. La science en elle-même n'est d'ailleurs qu'*unification*, *spécification*, *affinité* et *continuité* des formes et des espèces : toutes choses qui accusent l'œuvre de la Raison. Et n'est-ce pas encore de la Raison que relèvent les deux principes de la méthode inductive, à savoir l'*hypothèse* et l'*analogie*, instruments ordinaires des nouvelles systématisations de concepts ? Si donc la Raison n'a pas directement et par elle-même de valeur objective, il semble bien qu'elle en ait pourtant une et très considérable indirectement, puisque enfin, elle est cause que l'Entendement détermine des objets qu'il n'aurait pas déterminés sans elle. La science ne serait pas tout ce qu'elle est, en un sens elle ne serait même pas du tout si la Raison ne lui donnait le coup de fouet. C'est parce qu'il y a une Raison que la science a des *bornes* sans avoir de *limites*, que la matière n'est pas *organisée*, mais qu'elle est *organisable* à l'infini. Au fond de l'Expérience, dans la construction d'une Nature, qui regarde bien, c'est l'Entendement et la Sensibilité qu'il voit à l'œuvre, mais c'est la Raison qui les y a mis et qui les y tient.

D'autre part, Kant n'avait pas à revenir sur l'interdit signifié à la Raison de démontrer la liberté, l'immortalité, Dieu. La sensibilité restreint rigoureusement la portée de la connaissance par catégorie. Nous ne connaissons que les phénomènes, c'est vrai. Mais l'Entendement à son tour et par là même ramène la connaissance sensible à ses limites infranchissables. Si la sensibilité restreint la portée de la connaissance par catégorie, c'est la faute de la sensibilité, et non pas le fait de la catégorie. Avec d'autres formes que l'Espace et le Temps, nous penserions encore un objet, et ce serait un objet tout différent de l'objet que nous pensons. Par elle-même la catégorie peut plus que ne laisse voir sa collaboration avec la sensibilité : elle est puissance de penser un objet *überhaupt*. C'est donc que l'objet phénoménal n'est pas tout l'objet. Il y a place pour d'autres objets que ceux de notre expérience, — pour des objets qui ne seraient pas des *phénomènes*, qui seraient des *intelligibilia*, des *noumènes*. De tels objets, le fonctionnement humain de l'Entendement, — un entendement lié à une sensibilité, — m'empêche de les *connaître*, mais j'ai tout de même puissance de les *penser*. Et si par ailleurs j'ai des motifs de *croire* qu'ils sont, de les *affirmer*, par qui ou par quoi en serais-je empêché ? La Raison se découvrait tout à l'heure comme le moteur invisible de toute activité scientifique ; nous l'entrevoyons maintenant comme l'unique et mystérieuse ouvrière de moralité et de croyance.

Dénoncée d'abord comme une faculté d'illusion et de mensonge, la Raison, peu à peu, à mesure que son œuvre nous est mieux connue, apparaît comme le fond et le tout de l'esprit, comme l'unité vivante du *Cogito* dont les éléments *a priori*, idées, catégories, intuitions, ne sont que des déterminations singulières. La Raison, c'est moi. C'est peut-être même quelque chose de plus ; elle me dépasse, il y a en elle de l'universel. Je participe à une Raison qui dépasse tous les hommes, — une *Raison divine*. Je peux *croire* que c'est Dieu — « un *Dieu formel*[1] » — qui parle dans ce *Cogito* à la fois humain et divin. Kant s'en tient là — à une croyance pratique. Impossible de *démontrer* que cette Raison est Dieu : il y faudrait une *théologie*, et nous ne sommes pas plus capables d'une théologie panthéiste que d'une autre. Il n'y a pas, sur les rapports du divin et de l'humain dans la Raison, de solution rigoureusement dialec-

---

1. L'expression est de M. Bergson, *L'Évolution Créatrice*, p. 386.

tique; c'est affaire de vie intérieure, de pratique et de croyance. Mais il ne paraît pas niable, — le rationalisme kantien va jusque là, — que d'une certaine manière, la Raison dans l'homme est l'expression d'une Raison divine. D'où viendrait autrement que la marque caractéristique du rationnel, c'est l'universalité et la nécessité? Et qu'est-ce donc qui aurait décidé un jour le philosophe de la Raison pure à écrire tout un gros livre sur la Religion?

5° *La Critique et la physique contemporaine.* — Justifier la *science* de son temps, c'est-à-dire chercher ses *conditions d'intelligibilité*, la Critique de Kant n'avait pas d'autre objectif, et la Critique en soi n'en saurait avoir qui de près ou de loin ne se ramène à celui-ci. Mais l'analyse du philosophe a été si précise et si pénétrante que les résultats de sa Critique suffisent encore à rendre raison de notre science à nous, hommes du XX° siècle commençant. Au moment même où des mathématiciens pressés portent contre la théorie kantienne de la connaissance une condamnation hautaine, mais qui n'est pas sans appel, voilà que la science en qui s'exprime le mieux notre effort scientifique, — la physique, — vient déposer en sa faveur d'une façon vraiment impressionnante et inattendue. On sait ce que Kant nomme les *analogies de l'expérience*, les trois principes, déduits des catégories de la relation et schématisés dans le Temps, de *substantialité*, de *causalité* et de *communauté d'action* : « Par le premier, l'entendement ne saurait connaître une Nature sans imposer *a priori* la condition d'une *constance* ou d'une *invariance* qui lui donne le caractère *substantiel* de la *matérialité*; par le second, l'entendement impose à cette substance *permanente* ou à cet *invariant* une variation actuelle qui en respecte l'invariance, en ce sens que le changement est l'état même de la substance et s'effectue dans les limites qui lui sont assignées par la loi fondamentale de permanence ou de *conservation*; enfin par le troisième, l'entendement requiert entre les substances matérielles ou la matière des différents corps une *action réciproque* où se trouve rigoureusement réalisée la double loi de l'invariance quantitative de la matière et de son infinie variabilité. » Ces conditions, Kant les trouvait de son temps réalisées « dans le principe de la conservation de la masse, dans celui de la continuité du mouvement soumis lui-même à des lois de conservation, enfin dans l'attraction réciproque de toutes les masses distinctes de l'univers ou dans la gravitation universelle ».

Dieu sait si de Newton à nos physiciens la physique a évolué ; et voilà cependant que d'autre façon et de façon plus exacte nous les retrouvons, nous encore, ces « principes suprêmes d'intelligibilité » dictés par le génie de Kant à la science de son temps, tous trois vérifiés par les grandes lois de l'Energétique moderne : « la loi de la conservation de l'énergie ; la loi de Clausius qui affirme le changement continu des phénomènes, en nie la réversibilité, et en conséquence lui oppose un *sens* dans la durée ; enfin la loi de l'interaction des formes diverses de l'énergie, et, selon l'expression d'Ostwald, de leurs *Verbindungen* ou de leurs liaisons. N'est-il pas tout à fait remarquable, concluait Hannequin triomphant, que *les trois analogies de l'expérience* conçues assurément par l'auteur de la *Critique* sans la moindre notion de progrès lointains et impossibles à prévoir, aient trouvé leur expression la plus parfaite non dans la science newtonienne qui les avait inspirées, mais dans les trois lois de la thermodynamique qui sont à l'heure actuelle les principes suprêmes de la physique tout entière ? » Et n'avons-nous pas droit de penser que si la physique de demain, celle qui va remplacer tout à l'heure l'Energétique, aboutit à d'autres lois, à d'autres *Hauptsätze*, ces nouveaux *Hauptsätze* différents sans doute des deux que l'Energétique a déjà formulés, du troisième qu'elle pressent, continueront encore de vérifier les *Grundsätze* du vieux Kant, — le *Grundsatz* qui n'est pas une loi scientifique, qui reste une forme *a priori* indépendante de tout élément empirique, se retrouvant toujours impliqué dans le *Hauptsatz*, quel qu'il soit ?

Aucun des quatre ou cinq fondateurs de la philosophie moderne auxquels Hannequin a donné le meilleur de ses méditations et de son enseignement, ne l'avait conquis aussi complètement que Kant. La vérité, il estimait sans doute que c'était pour une part, dans l'ordre de l'existence, la *monade* de Leibnitz, ou une monade qui en est proche parente ; mais, dans l'ordre de la connaissance, il répétait avec une assurance tranquille que « c'est l'idéalisme transcendantal ». Il l'aimait, cette philosophie, d'aspect sévère, pour ses parties transparentes et faciles qui ne sont pas aussi rares qu'on dit ; pour ses parties profondes et embarrassées, chargées de pensée neuve et subtile où l'esprit du lecteur doit chercher, où le sien faisait de précieuses trouvailles ; pour la place qu'elle tient dans les méthodes et les problèmes de la spéculation contemporaine ; pour la transformation de toute l'épistémologie et de toute la métaphysique classique ; peut-être aussi pour la différence qu'elle a fait voir entre la spéculation et la pratique, entre le savoir et le devoir, — et sûrement pour les services incomparables qu'elle nous rendrait, à cette heure trouble, si elle devait nous aider à traverser plus confiants la crise redoutable de nos croyances morales et religieuses, à en sortir plus tôt, moins meurtris, moins apeurés, à dissiper les préjugés des « hommes de science » et le mauvais vouloir des « hommes de croyance », à nous recueillir enfin « dans le culte des hautes spéculations, le plus sûr garant de la paix et en même temps de la vie des consciences ». Longtemps après qu'il avait dû renoncer à rédiger la grande étude projetée sur *la philosophie théorique* de Kant, pendant de celle qu'un de ses amis plus heureux a pu consacrer à la *philosophie pratique*, il gardait encore l'espérance de publier un ou deux volumes d'*Etudes kantiennes*. De ce qu'il avait rêvé de faire pour l'intelligence d'une philosophie qui lui a été chère plus que toute autre, il ne reste que deux courts morceaux, un article très remarqué publié dans la *Revue de Métaphysique* en 1904, et la « forte et lumineuse [1] » préface de la nouvelle traduction de la *Critique de la Raison pure*, les avant-dernières pages qu'il ait écrites : elles sont de mars 1905.

II

L'HISTORIEN DES SCIENCES

Si les sciences avaient de bonne heure attiré l'attention de Hannequin, c'était moins pour elles-mêmes que pour les services qu'elles ont rendus à toutes les philosophies, à celle d'Aristote comme à celle de Descartes, qu'elles peuvent rendre non seulement à qui ambitionne d'écrire une *métaphysique de la nature*, mais aussi à qui veut faire une simple *critique de la raison pure*. Nul moins que lui n'avait la superstition de la Science, et ne l'imaginait destinée à absorber un jour la philosophie : les positivismes anciens ou nouveaux lui semblaient des doctrines vraiment bien courtes et peu consistantes. Mais nul non plus n'estimait son concours à plus haut prix, si la philosophie qui compte n'a jamais été que la *science prenant conscience d'elle-*

---

1. E. Boutroux, *Académie des Sciences morales*, 17 juin 1905.

même, ou encore « l'esprit de la science », la « science des sciences[1] » ; si c'est, comme on l'a dit, notre conscience même de l'esprit qui est impliquée dans l'organisation et le développement de la science, si « tout progrès de la science est ainsi l'occasion d'une conquête réelle pour la philosophie[2] », et si « la valeur positive et la fécondité de l'une est le gage de la valeur positive et de la fécondité de l'autre ».

Dès son arrivée à Lyon, en 1884, il avait inscrit à son programme un cours sur la *Critique des principes des sciences mathématiques* ; et, à cette date, le sujet ne laissait pas d'être moins commun qu'il ne serait aujourd'hui. Les années suivantes il explora systématiquement l'histoire des sciences, *l'histoire de la science antique*, *l'histoire des sciences au moyen âge*, *l'histoire de la physique de Galilée à nos jours*, *l'histoire de la chimie*, *l'histoire de l'atomisme chez les anciens et chez les modernes*, convaincu qu'une *histoire* des sciences ne peut livrer ses secrets qu'autant qu'elle est une histoire *générale* des sciences. En 1891 la Faculté de médecine de Lyon prit l'initiative d'un cours *d'histoire des sciences* qui finit, après quelque temps, par trouver sa place naturelle à la Faculté des Lettres. On le confia à Hannequin. La leçon d'ouverture, publiée dans la *Revue scientifique*, amena le jeune professeur à synthétiser quelques-unes des conclusions auxquelles ses études antérieures l'avaient conduit. En 1903, au moment de sa candidature à la chaire de Pierre Laffite, il crut devoir adresser aux électeurs, professeurs du Collège de France et membres de l'Académie des Sciences, une lettre-programme où il indiquait la raison d'être et la signification d'un pareil enseignement confié à un philosophe. Ces deux brefs écrits joints à la première partie de son livre sur l'*Hypothèse des atomes*, à quelques études critiques, et aussi à un fragment de chapitre sur *les sciences mathématiques et physiques au XIXᵉ siècle*, sont, je crois, tout ce qui subsiste de l'historien des sciences. Ses liasses de notes, par l'ampleur et le détail des recherches dont elles témoignent, par les formules originales et heureuses qui éclatent à chaque page, font infiniment regretter que rien n'en soit sans doute utilisable sous la forme où il les a laissées.

D'où vient qu'on sente depuis longtemps l'utilité d'une *histoire de la philosophie*, et qu'on se montre généralement

---

[1]. Renouvier, *Premier essai*, t. I, XI.
[2]. L. Brunschvicg, *Bibliothèque du Congrès international de philosophie*, t. I, p. 51.

si peu curieux d'une *histoire des sciences* ? Mais, répond-on, justement de ce que la philosophie n'est pas une science, c'est-à-dire « un système de vérités rigoureusement démontrées et certaines », de ce que chaque grande construction d'idées « reste à travers les temps marquée au sceau du génie individuel qui en fut le créateur : l'incertitude de la philosophie sauvegarde son histoire ». La science, au contraire, si, comme la philosophie, elle est à un moment personnelle, subjective, c'est qu'elle ne fait alors que commencer, elle n'est pas encore elle-même. Mais à mesure que pour le *théorème* du mathématicien viendra « l'heure de la démonstration rigoureuse et parfaite », pour la loi du physicien « l'heure des expériences décisives qui en assurent la vérification », théorème et loi « se détacheront de la pensée qui les conçut et tendront à perdre, en s'universalisant, jusqu'aux dernières traces de leur origine : nous ne savons plus le nom du premier géomètre qui démontra les propriétés du triangle isocèle ». Et pourquoi nous en souviendrions-nous, pourvu que nous nous souvenions de la démonstration ? Si la science n'est rien de plus ni de mieux « qu'un trésor de vérités immuables conquises sur l'ignorance primitive, puis recueillies et transmises à de nouvelles générations qui en augmentent le nombre », à quoi aiderait son histoire sinon à nous encombrer, parmi les tentatives avortées ou réussies, de celles qui n'ont jamais réussi, et de celles qui ont réussi à leur heure, et qui justement ne peuvent plus réussir à notre heure et n'ont donc qu'un intérêt de curiosité stérile ?

C'est évidemment cette conception elle-même de la science qui est superficielle et fausse. Mais sans aller si loin, et déjà de cet étroit point de vue utilitaire, il ne faudrait pas oublier que « la science d'aujourd'hui est fille de la science d'hier, et que ce serait omettre quelque chose de la science que d'ignorer la lente évolution d'où est sortie sa vie présente, et d'où n'ont pu que lui rester, comme aux plus parfaits des organismes celles des formes ancestrales, d'ineffaçables empreintes ». Le *présent* ne s'isole pas aussi radicalement du *passé* qu'une psychologie abstraite et toute nominale l'a fait imaginer. Hannequin aimait à citer l'exemple de Descartes retrouvant, au moment où il invente l'analyse, dans Diophante et dans Pappus, les germes encore vivants de la nouvelle science, ou encore de Michel Chasles cherchant dans les géométries des anciens les moyens de restaurer au XIXe siècle la géométrie pure : preuve que « la fécondité des inventions premières, bien loin d'être épuisée, est assez grande encore, à plusieurs siècles de distance, pour engendrer et pour soutenir les développements les plus divers et parfois opposés d'une même science ».

Et puis il y a autre chose. Si dans la science non plus l'histoire n'est pas la *dialectique* que Hégel croyait, si « la part des circonstances imprévues, des observations dues à ce que nous appelons le hasard, la part enfin des inspirations heureuses » ne permettent guère de soutenir, dans la suite des recherches et des trouvailles, « l'étroite correspondance de l'ordre actuel et pour ainsi dire interne de ses concepts, et de l'ordre historique de leur apparition », il n'est pas niable pourtant que, dans les mathématiques, les « théorèmes essentiels qui sont comme les idées directrices de la science ont dû apparaître dans l'ordre même de leur subordination théorique » ; et que, même dans les sciences physiques, les concepts fondamentaux dont « la force évolutive entraîne et coordonne les mouvements de la science » commandent la plupart des découvertes où la part de l'imprévu est d'autant réduite, et se commandent eux-mêmes les uns les autres. Or « ces liens puissants qui, sous la dispersion apparente des observations isolées, des lois particulières et du nombre toujours croissant des découvertes de détail, assurent aux sciences de la nature la régularité et la continuité de leurs développements », — ces *lois d'évolution de la science*, n'est-ce pas à l'histoire des sciences, dans l'intérêt même de la science, qu'il appartient de les trouver et de les formuler ? Hannequin allait jusqu'à se demander si de l'histoire ainsi faite ne se dégagerait pas « une sorte d'*enseignement des mathématiques* ». Car enfin la démonstration « exige que nous allions par ordre et par degré, comme disait Descartes, des propriétés les plus simples et vraiment évidentes ou postulées comme telles, aux propriétés de plus en plus complexes, qui supposent les simples..., et la règle de la démonstration progressive et graduelle qui, en chacun de nous, s'impose à notre intelligence, a donc dû s'imposer, avec non moins de force, à l'esprit de l'humanité ».

Cela même d'ailleurs qui paraît contrarier et bouleverser le développement logique du devenir des sciences, et empêcher que le déterminisme ne soit aussi rigoureux dans l'évolution de leurs méthodes et de leurs problèmes que dans l'évolution cosmologique ou biologique, à savoir la part des inventeurs de concepts et le rôle des concepts inventés, par exemple l'intuition de Galilée que les *phénomènes de la nature peuvent et doivent être mesurés*, le *mécanisme universel* de Descartes, les formules que Newton en a appliquées aux *grandes masses*, Huyghens, Poisson et Cauchy aux *infiniment petits*, les principes de la *thermomécanique* et ceux de la *thermodynamique* et de *l'énergétique*, ou encore, dans d'autres domaines, la loi des *proportions définies*, l'idée de *transformisme*, autant de choses qui ont soudainement modifié le développement de telle science donnée, c'est encore, puisque le savant en tant que *savant* s'en désintéresse, à *l'historien des sciences* qu'il appartient de les discerner, de les signaler, de mesurer « leur valeur respective et leur fécondité ». Grand service, — assez analogue à celui que nous devons « à la méthode pathologique en physiologie ou en psychologie », — si nous profitons « de la *dissociation* historique des concepts pour étudier chacun d'eux dans sa pensée, dans ses ressources théoriques et dans toute sa portée », pour retrouver « tout ce qu'il eut, à son époque, de vie indépendante et de force originale », — pour « revivre la vie de toutes nos méthodes ».

※

Mais l'historien des sciences a une tout autre tâche encore, d'un profit plus rare et plus haut, et dont nous n'avons pris conscience que depuis le jour où nous avons connu la véritable nature du processus scientifique, — son orientation vers la pratique, sa subjectivité, sa *relativité* foncière. Nous ne pouvons plus croire à l'existence d' « une vérité éternelle, sorte d'énigme à déchiffrer ici-bas, mais entièrement résolue dans un monde transcendant », dont notre vérité humaine se rapprocherait par un progrès indéfini. Il n'y a de vérité que dans la mesure où elle est vérifiable et vérifiée. La science ne collectionne pas des faits et des lois qui existeraient tels quels indépendamment de notre esprit; elle n'entre pas toute faite dans l'intelligence : « L'observation pure, l'observation passive ne la donne jamais. » Elle est au contraire notre œuvre personnelle, le produit du *Cogito*. Plus encore que sur les choses, elle est apte à nous renseigner sur nous-même. Il n'est pas exact du tout de soutenir, comme on le fait si communément, « que parmi les acquisitions successives de la connaissance scientifique, les unes sont vraies, et les autres fausses ». On dit : Le système de Ptolémée est faux; le système de Copernic est vrai. Eh bien non ! ce n'est pas du tout aussi simple ; ni l'un n'est vrai, ni l'autre n'est faux, au sens qu'on entend. « La vérité, observait Hannequin, est que l'astronomie de Ptolémée était un *système*, et que, dans un système, la subordination mutuelle et la corrélation des éléments constitutifs est telle que tous s'y élèvent ou s'y abaissent avec l'ensemble, toute proportion gardée et tout compte tenu de leur rang dans cet ensemble... La vérité est que Copernic, en déplaçant le point de vue de Ptolémée, créa un *système nouveau*, incomparablement supérieur à l'ancien ; mais il n'abolit point la science de Ptolémée et de ses successeurs et, tout au contraire, il lui rendit dans son propre système, en l'élevant à une unité supérieure, une vitalité nouvelle. » Nos *connaissances vraies*, nos *vérités* d'à présent sont des connaissances incessamment réorganisées et réarrangées « sous la double influence des faits nouveaux et des réflexions qu'ils provoquent de la part de l'esprit ». C'est qu'au fond la science ne diffère pas tellement de la philosophie, si vraiment elle est comme celle-ci, quoique d'autre façon et sur un plan différent, « exclusivement un système de concepts, concepts dont pas un, fût-il le plus humble et le plus empirique, n'est proprement et simplement la copie d'une chose brute, qui serait indépendante on ne sait comment de notre manière de le percevoir et tout au moins de le mesurer, dont pas un non plus, fût-il le plus théorique et le plus hypothétique, n'est purement arbitraire ni purement inventé par un caprice de l'esprit, mais dont l'*objectivité* apparaît beaucoup plus comme une fonction des relations de l'ensemble, de l'ordre fondamental du système et des principes qui l'organisent que comme une dépendance d'un savoir en quelque sorte extérieur à l'esprit, et passant en lui du dehors avec sa part, accidentelle et fatale à la fois, de vérité et d'erreur ».

Où le savant, dans l'œuvre scientifique, ne regarde qu'à la rigueur de la démonstration et à son résultat direct qui est une maîtrise toujours plus grande de la nature, l'historien des sciences, lui, s'inquiète avant tout de saisir sur le vif le travail, intéressant par lui-même, de la pensée ingénieuse et conquérante, — les efforts multiples et successifs, innombrables et inexprimables, de tous ceux qui ont collaboré à cette merveilleuse création et, dans chacun de ces efforts la plupart emmêlés, oubliés, recouverts, « la richesse presque infinie de sa puissance et de ses ressources, telles qu'il les a manifestées dans la suite des temps. Nulle fantaisie ni nulle dialectique, si puissantes fussent-elles, n'imagineraient jamais la plus petite partie de ce que l'esprit humain, à travers les siècles, a inventé de moyens et déployé de ressources pour résoudre à mesure les problèmes qui successivement se posaient devant lui ». Par là l'*histoire des sciences* mène vraiment à une *philosophie des sciences* qui est solidaire de la science, mais qui est autre chose que la science, et qui relève forcément du philosophe puisque l'homme de science n'y prend pas garde, et qu'il n'en a ordinairement ni le goût ni le loisir.

Le savant, à l'aide d'un procédé très simple, d'ailleurs toujours le même, au fond, — l'*analogie*, — organise le savoir, brisant les vieux concepts inutilisables, en refaçonnant d'autres, ceux dont il a besoin, à mesure qu'il en a besoin, que l'observation et l'expérience l'y sollicitent, et l'obligent à des corrections jamais finies, à des adaptations toujours nouvelles, s'appliquant à faire de chaque relation une fois trouvée et formulée une relation universelle, l'essayant et l'étendant pour ainsi dire en tous sens. L'historien des sciences s'arrête à côté de lui, et le regarde faire ; il *réfléchit* à la façon dont ce travail se poursuit instinctivement et uniformément, dont ces concepts mouvants se font et se défont, (pourquoi et comment) ; à quoi tient leur fécondité, leur utilité ; d'où vient aussi qu'ils s'usent rapidement, et qu'il faille remanier et transformer au bout de quelques années les théories qui naguère paraissaient les plus définitives. Rappelons-nous les difficultés que rencontra tout à coup, vers le milieu du dernier siècle, la théorie mécanique de la chaleur, et comment des corrections de toutes sortes s'imposèrent : « On corrigea d'abord les concepts de force, de travail, d'énergie ; on introduisit les concepts nouveaux de potentiel, de réversibilité et d'entropie ; on reprit un à un les éléments de la science de la chaleur, et à la thermomécanique on substitua, en la transformant, la thermodynamique. Et le spectacle le plus instructif, ajoutait Hannequin, auquel nous assistons à l'heure présente nous est donné par ce merveilleux effort de la physique moderne qui, d'une science presque parfaite en son domaine restreint, tend à faire par analogie l'unique science physique, en transportant à la science de l'électricité, de l'électro-magnétisme et par conséquent de l'optique, ainsi qu'à la chimie tout entière, ce système de concepts érigé pour ainsi dire en méthode universelle, que résume le mot de thermodynamique. » Il faut bien voir, ne rien oublier, ne rien mépriser : de tous ces moyens, de tous ces concepts que la science utilise sous nos yeux, qu'elle a utilisés le long des siècles, « l'historien nous semble avoir le droit de soutenir qu'aucun ne fut absolument vain, qu'aucun ne fut absolument perdu... Si les plus vigoureux et les plus féconds d'entre eux ont seuls survécu, comme dans la nature les espèces les mieux douées et les mieux armées pour l'existence, n'oublions pas qu'ici, comme chez les vivants, les survivants ne sont pas seulement les témoins, mais qu'ils sont aussi les héritiers des espèces disparues. » On a parfois reproché à l'*Expérience* sur laquelle Avenarius a voulu fonder sa philosophie d'être déjà le produit tardif d'une longue et complexe évolution de concepts, une expérience *construite*, de n'être aucunement la *pure* expérience. Mais y a-t-il une *pure* expérience, — des « données immédiates »? Où la trouver, par quel effort d'analyse ou d'intuition ? Peut-être le mieux serait-il tout simplement pour le philosophe qui entrera dans cette voie, de demander à l'*histoire des sciences*, quand elle aura été faite et bien faite, la seule expérience dont nous puissions parler, la plus précise en tout cas, la plus objective et la plus riche, pour constituer une véritable *Critique de l'expérience*, c'est-à-dire une théorie des « formes inventées par l'esprit pour l'explication de la nature ».

III

LE MÉTAPHYSICIEN

Une voix amie [1] a rappelé au bord de sa tombe ce témoignage d'un homme « qui était bon juge et qui ne mettait aucune complaisance dans ses jugements » — Emile Charles, — et qui proclamait Hannequin « un des tout premiers, sinon le premier des métaphysiciens de notre temps ». D'autres ont redit cela depuis. C'est le mot juste sur l'homme et sur l'œuvre. L'historien de la philosophie et l'historien des sciences n'aura été connu que de ses élèves. Le livre le plus complet qu'il ait achevé, — aussi bien presque le seul, — sa thèse de 1895, est en effet un livre de métaphysique et de métaphysicien.

Et c'était déjà une originalité de n'avoir pas désespéré de la métaphysique ni après Kant ni après Comte, de continuer à croire à la fin du XIXe siècle, et juste au moment où trois de

---

[1]. M. Clédat, doyen de la Faculté des lettres de Lyon

ses plus brillants camarades d'agrégation s'empressaient vers les nouvelles terres de la *psychologie pathologique*, de la *sociologie* et des *philosophies médiévales*, qu'il valait encore la peine d'être simplement *philosophe* et de n'être que cela, de s'intéresser, comme Descartes et Leibnitz, à tout ce que la réflexion critique réussit à savoir de l'esprit qui pense et des choses qui sont pensées. De son commerce prolongé avec les Cartésiens, Hannequin avait aussi rapporté cette idée, longtemps oubliée en France, que la science de la nature offre d'abord « un premier appui, une première assise indispensable pour la réflexion... qu'il n'est pas bon, par conséquent, que la métaphysique vienne avant son heure ». Il était de ces générations pas très anciennes, où le diplôme du baccalauréat ès sciences demandé aux agrégés de philosophie indiquait la mesure de ce qu'il devait entrer officiellement de culture scientifique dans la tête d'un philosophe. A Amiens, et plus tard à Lyon, il se remit bravement aux mathématiques et aux sciences physiques. On peut lire avec confiance, et aussi avec admiration, la première moitié de son livre où il s'est appliqué à exposer et à tirer au clair — au prix de quel travail ! — quelques-unes des plus abstruses théories de l'analyse, de la géométrie, de la mécanique, de la physique et de la chimie d'aujourd'hui : dans l'ensemble, le tableau, s'il n'est plus peut-être tout à fait au point pour un spécialiste, reste encore pourtant exact et utile.

Amené sur un bon terrain, outillé d'une bonne méthode, Hannequin eut la fortune de tomber tout de suite sur un joli problème. Encore élève au lycée de Reims (je tiens ce détail de lui-même), il avait été soudainement frappé dans une vision d'adolescence, pendant une classe de physique, par la beauté de la *conception mécanique* du monde. De cette heure et d'une émotion inoubliée a vraisemblablement daté l'idée de son livre. Le mécanisme, étudié dans ses fondements, lui parut peu à peu postuler une autre conception qu'on n'a pas toujours aperçue, — *l'hypothèse des atomes*. *Cinétisme* et *atomisme* seraient choses inséparables : « Notre science réduit tout à l'atome, comme elle avait déjà réduit tout au mouvement. » C'était là au début une pure vue de l'esprit, suggérée par certains faits, impliquée dans certaines théories ; on pouvait l'emprunter à la chimie, et aussi à quelqu'une des cosmologies rudimentaires des Grecs. Qu'est-ce qu'elle valait au fond ? Pour répondre, il fallait d'abord interroger les sciences et les savants, leur faire entendre de quoi il était question, les amener enfin à se prononcer — à *confirmer* ou à *infirmer* l'hypothèse.

Hannequin a ainsi résumé lui-même les résultats les plus généraux de sa patiente et complexe recherche :

1° « On peut encore se demander de nos jours si l'atomisme est l'hypothèse sur laquelle repose la physique tout entière, ou s'il n'en serait pas plutôt le résultat ; ...on ne peut plus douter qu'il ne soit l'expression la plus haute et comme l'âme de notre science de la nature, l'expression adéquate du mécanisme scientifique. »

2° L'hypothèse des atomes n'est pas seulement commode et féconde ; « elle est une hypothèse nécessaire. Si la science humaine n'est, en définitive, que la détermination par la pensée des objets donnés dans l'Espace et dans le Temps, et si la détermination scientifique des choses n'est, comme nous le croyons, que la mesure de leurs rapports dans l'étendue et dans le mouvement, si le nombre, enfin, est le seul instrument qui nous permette d'accomplir cette détermination et cette mesure, alors l'atomisme s'impose avec la même nécessité que l'explication mathématique de l'univers ; et ses racines vont se confondre avec celles de la science et de la connaissance humaines. »

3° Pourtant « l'hypothèse des atomes enveloppe des contradictions » que le progrès de notre science et de notre critique fait éclater chaque jour plus nombreuses, et qui proviennent toutes de cette conception étrange d'un atome à la fois homogène et hétérogène, indivisible et divisible, dur et élastique, en nombre infini et en nombre fini. Elles accusent les unes et les autres une contradiction originelle et radicale, celle-là même qu'on a introduite au cœur de l'algèbre et du calcul de l'infini, de la géométrie et par suite de la mécanique, « géométrie et mouvement », et qu'on n'a pas pu ne pas y introduire, puisqu'elle est génératrice de la mathématique et, par la mathématique, de toute la science : *la mesure du continu par le discontinu*, de *l'espace* par le *nombre* ; contradiction qu'on répète et qu'on redouble « chaque fois que l'hypothèse mécaniste doit franchir un nouveau degré, aller des faits physiques aux propriétés chimiques, de ces dernières aux fonctions biologiques, et de celles-ci enfin, comme elle tente parfois d'y réussir, aux phénomènes du sentiment et de la conscience ».

4° Mais de quelque contradiction qu'elle soit irrémédiablement frappée, et avec elle toute la connaissance scientifique, l'hypothèse des atomes ne laisse pas cependant de réussir ;

les choses ne lui infligent pas de démenti, la science se fait. L'atome n'est donc pas un absolu existant dans la réalité, il n'est pas non plus un concept arbitraire et fictif. Le monde n'est pas construit d'atomes, c'est entendu ; « l'atome est un concept et non une chose en soi » ; mais encore est-il que l'atome tient aux choses, que ce concept est fondé. Le réel n'est pas seulement ni premièrement *quantité*, il est avant tout et essentiellement *qualité* ; et cette qualité, malgré la souplesse et l'infinité du nombre, reste inépuisable pour la quantité. « La *physique* laisse place à une *métaphysique*. Elle fait plus, elle la dessine d'avance. Comme il faut bien que la quantité *symbolise*, c'est-à-dire exprime de quelque façon la qualité, — sans quoi c'est la fécondité du processus scientifique qui serait le mystère des mystères, — l'atome, simple concept mathématique, « nous conduira peut-être, au-dessus de l'Espace et au-dessus du Temps, à l'unité d'un être qui sans cesse se fait et s'achève soi-même, en projetant dans la durée l'ombre de son action déterminante et créatrice, et dans l'étendue l'ombre des résultats réalisés, fixés, déjà passés et comme morts ».

Lors même que Hannequin se serait exagéré le rôle des atomes dans la science d'hier et surtout dans celle d'aujourd'hui, sa construction, ingénieuse et fine, mériterait encore de survivre aux données de l'histoire des sciences qui l'ont inspirée. Mais jusqu'au bout il est resté convaincu, lui, qu'il n'avait rien exagéré du tout, que ses critiques ne l'avaient critiqué que pour s'être mépris sur sa conception personnelle de l'atome et de l'atomisme, et que cet atomisme en particulier restait parfaitement indemne des révolutions de la physique contemporaine. La merveilleuse théorie des *électrons* que ni lui ni personne ne prévoyaient alors dans le monde des philosophes, l'avait réjoui sans le surprendre. Il était tranquille et savait que, d'une manière ou de l'autre, l'atome réapparaîtrait bientôt, et que sa déroute, célébrée un peu bruyamment par Ostwald, était plus apparente que réelle. Il continuait d'ailleurs de le retrouver très distinctement dans les formules de la thermodynamique où ceux-là seuls ne le voient pas, qui ne savent ou ne veulent pas regarder. Dans une série de leçons sur la *Matière* faites en 1902, il eut une fois de plus l'occasion d'éprouver son hypothèse des atomes au contact des doctrines encore triomphantes de l'Energétique. Il se crut autorisé par les faits et par leur interprétation à maintenir toutes ses conclusions essentielles, à savoir :

a) D'abord que le mécanisme, c'est-à-dire la conception de Descartes et de Leibnitz, de Newton et de Kant, n'est pas aussi ruiné que l'ont répété certains savants qui confondent l'idée maîtresse de ce mode d'explication avec les principes et les formules dont l'insuffisance ou la fausseté ont été reconnues depuis ; qu'il est au fond aussi solide et aussi durable que la science. Après les succès qu'on sait et qui ont donné un moment l'illusion d'une sorte de *vérification* expérimentale, analyse chimique, théorie cinétique des gaz, théorie de la lumière, électrolyse, etc., il y a eu des échecs, des espérances trompées ; toutes sortes de difficultés ont surgi ; des calculs faits et bien faits et qu'on avait le droit de faire, ont donné des résultats chiffrés si prodigieux, à la fois précis et fantastiques, qu'on a fini par se demander, en face de l'extraordinaire petitesse des molécules, de la grandeur non moins extraordinaire de leurs intervalles, des vitesses et des complexités de leurs mouvements, si pareille hypothèse n'était pas tout imaginative. Une nouvelle conception s'est peu à peu proposée et imposée, l'*Energétique*. C'est vrai, mais n'oublions pas que l'Energétique elle-même est tout entière d'origine mécanique : ses fondateurs, Helmholtz, Clausius, lord Kelvin sont des mécanistes ; la plus simple et la première forme d'énergie connue, — l'énergie *type*, — est l'énergie mécanique. L'Energétique qui raille le mécanisme, c'est donc, répétait Hannequin, l'enfant dru et fort qui bat sa nourrice. Ceux qui ont vu là un retour de Descartes à Aristote n'ont évidemment pas remarqué que si on remplace le τὸ Ποσόν par le τὸ Ποῖον, c'est à condition que cette qualité, ces formes, ces énergies spécifiques restent pourtant sujettes à la mesure, qu'on en puisse faire l'*objet d'une mathématique*, qu'elles donnent lieu à des *équations* d'équivalences et de transformations. Et qui donc nous a appris cela, Aristote et saint Thomas, ou bien Galilée et Descartes ? Prendre les phénomènes de la nature comme des grandeurs mesurables et mesurées, — la *mesure*, — il n'y a pas autre chose d'essentiel au fond dans le mécanisme, et il y a aussi, et avant tout, cela et tout cela dans l'Energétique.

b) Et aussi, que l'atomisme, en ce qu'il a de caractéristique, a partie liée avec le mécanisme, qu'il vaut ce que vaut celui-ci et qu'il durera autant que lui, s'il est vrai que le mécanisme ne peut admettre dans la nature que des grandeurs occupant un espace, mais des grandeurs intensives, des masses dont il reste à déterminer les trajectoires, les directions, les vitesses, les chocs ; si la masse est inséparable de la conception du mouvement, et si l'atome au fond, c'est la masse, mais invisible, infinitésimale, divisée en autant de parties que cela est requis pour l'explication des phénomènes donnés ; si en fait tous les mécanismes connus ont admis une sorte de matière discontinue, moléculaire, grenue, et sont devenus des variétés d'atomismes.

c) Et encore, que *l'atomisme critique*, c'est-à-dire tout autre chose que *l'atomisme dogmatique*, est sans doute une *analyse* et une *méthode* beaucoup plus qu'il n'est une science et une doctrine de l'être ; mais que cette méthode et cette analyse sont liées au fonctionnement de l'esprit, à l'organisation et au développement de la pensée scientifique par cela seul que le *nombre* est nécessaire pour que nous prenions du continu de l'étendu, simple intuition tout d'abord, une connaissance déterminée, — et que l'individualité idéale de l'infiniment petit géométrique introduite par le nombre ne peut pas, une fois la géométrie transportée dans la réalité, ne pas se réaliser à son tour sous les diverses dénominations de différentielles, de molécules ou d'*atomes*[1].

*

Les réflexions qu'impose le concept de l'atome, à la fois nécessaire et contradictoire, avaient insensiblement conduit Hannequin à esquisser une double théorie de la *connaissance* et de l'*existence*, germe de toute une *métaphysique*, et dont la valeur resterait d'ailleurs indépendante du problème très spécial de l'histoire des sciences qui l'a provoquée.

---

1. Hannequin avait vu juste ; physiciens et philosophes reviennent ouvertement témoigner en faveur de l'atomisme. M. Becquerel convenait hier *(Séance publique annuelle des cinq Académies*, 1907) que « depuis plus de deux mille ans, chaque fois que l'homme, soit par l'effort de sa seule pensée, soit par les artifices de ses expériences, tente de sonder le mystère des corps, toujours au fond de toutes choses, il entrevoit la même image (l'*atome*) » ; et un jeune philosophe, qui vient de faire une pénétrante enquête à travers les théories physiques, a pu conclure que « de l'énergétique et du mécanisme, c'est, malgré ses hypothèses et ses anticipations sur les perceptions virtuelles, le mécanisme qui reste le plus constamment et le plus étroitement fidèle à l'expérience ». (Rey, *Revue philosophique*, novembre 1907, p. 514.)

Théorie de la Connaissance

Nous ne connaissons pas moins de quatre sortes d'objets, et par quatre processus différents : l'*expérience*, la *science*, la *métaphysique* et la *croyance*.

1° *L'Expérience*.

L'activité de la pensée se meut entre deux pôles, de l'*unité* de l'aperception à la *multiplicité* des éléments de l'intuition sensible. Elle est ce que Descartes avait vu, une puissance de juger, d'opérer des synthèses, de lier, d'unifier, mais « une puissance vide, une *forme*, comme disait Kant, riche autant qu'on voudra de déterminations à venir, mais une *forme* pourtant et qui n'a point en l'homme une vertu créatrice » ; et c'est justement parce qu'il est forme et unité que l'esprit nous paraît en dehors de l'espace. *Puissance* de pensée, non pas *pensée* ; car la pensée de l'homme n'est pas la pensée de Dieu. Dans l'homme, « au *je pense*, il faut un donné qui le fasse sortir de la virtualité qui le provoque à l'acte, et qui du même coup subisse son action ».

Ce *donné* « qui se prête à l'action de la pensée sans qu'il soit déjà une pensée », sorte de *matière*, si on peut ainsi l'appeler « faute d'une expression meilleure », sur quoi travaille le *je pense* formel, c'est la sensation. Ce qu'est en soi la sensation, nous n'en savons rien ; nous savons seulement, par le rôle qu'elle joue dans la connaissance, qu'elle est, qu'elle ne peut pas ne pas être une *variété indéfinie* ; « *variété*, parce qu'au fond, comment y concevoir l'ébauche, si grossière soit-elle, la trace, l'ombre même d'une suite quelconque, d'une limitation et d'une apparition, si elle n'était au moins une multiplicité et une diversité ? — et une variété *indéfinie*, au sens où les limites des concepts futurs ne sont point préformés, ne sont point même marqués dans le fonds intuitif de l'obscure conscience ». Nous ne comprenons pas très bien, il est vrai, la nature des traits qui donnent au sentir cette étonnante diversité, ni non plus la richesse de ressources et la souplesse qu'il faut au *je pense* pour s'adapter « sans heurt et sans bouleversement à la diversité de l'intuition sensible ». Mais les faits sont là, il y a une Expérience ; et que le sujet soit une action unifiante, cela implique que l'objet est une diversité, une multiplicité unifiée.

Quant au mécanisme des opérations par lesquelles les *choses* deviennent des *objets*, qui produisent la trame de nos concepts, de nos images, de nos perceptions, c'est aux psychologues de le découvrir : Hannequin lui-même avait préparé une *Psychologie* dont seule l'*Introduction* a été publiée [1]. Mais il estimait que ce qu'ils en ont découvert jusqu'ici peut tenir aisément dans les cadres encore solides et très larges de la *Kantische Maschinerei*; et qu'à Kant nous devrons toujours au moins d'avoir reconnu « le *véritable mouvement de l'esprit* », — celui qui va « du *je pense* et des catégories, d'abord aux formes homogènes de l'Espace et du Temps, et ensuite, dans ces formes, aux intuitions empiriques qu'elles atteignent enfin, et dont elles font des unités ou des synthèses dans l'étendue et la durée », de telle façon que « l'*Urtheilskraft* originaire s'engage de plus en plus dans le champ de l'intuition ».

2° *La Science.*

« Le besoin d'où est sortie la science, c'est de rendre intelligibles tous les phénomènes ; et c'est, dès lors, de les construire d'une manière adéquate à l'aide d'éléments empruntés à l'esprit : car c'est la destinée de notre esprit, selon la pensée de Descartes, de ne saisir et de ne comprendre que ce qui vient de lui... Il ne sait des choses que ce qu'il y retrouve de sa propre substance, que ce qu'il y projette ; il ne connaît pleinement que ce qu'il crée. » Le monde de l'expérience, notre première œuvre, reste trouble pour nous. Nous ne nous y retrouvons ni tout de suite ni tout entier. C'est que *notre* œuvre, il l'est sans doute, mais il ne l'est que pour une *moitié*; les *choses* ont collaboré avec le *Cogito*, il nous est *donné* autant qu'il est *pensé*. Le monde de la science veut être, *voudrait* être plus clair, tout à fait transparent, œuvre propre de l'esprit tel qu'il s'y reconnaisse, qu'il y retrouve les lois prescrites par lui-même à la nature. Rendre les choses *intelligibles*, ce serait les recréer avec des matériaux tirés de notre propre fonds, substituer par exemple le mouvement au phénomène, fabriquer dans l'Espace et dans le Temps, un monde figuré, mobile, nombrable.

L'idéal de la science serait ainsi d'éliminer l'expérience ; l'expérience, c'est l'obscur, le donné, le *non-construit*. Mais cet idéal, elle y tend, sans qu'elle puisse l'atteindre. Deux fois au moins les phénomènes lui opposent un obstacle invin-

---

[1]. *Introduction à l'étude de la Psychologie* (in-12, 138 p., Paris, Masson, 1890) : « Petit chef-d'œuvre de méthode et de critique », G. Dwelshauvers, *La Revue du Mois*, septembre 1907, p. 336.

cible, dans leur *être* en tant que *sensation*, et dans leur *acte* en tant que *cause*. Elle ne parvient à en prendre « que les figures qu'ils tracent, les déterminations qui suivent de leur réalité dans l'Espace et dans le Temps, en un mot leurs contours, leur symbole et leur schème ». Et c'est heureux pour elle, si c'est à cela qu'elle doit d'être, au lieu d'un pur jeu dialectique, une chose sérieuse, — une « apparence », mais une « apparence bien fondée ». Hannequin admirait médiocrement certaines subtilités nominalistes. Il tenait franchement pour l'*objectivité* de la science, qui seule aussi bien en explique la fécondité. Il excellait d'ailleurs à découvrir les liens, invisibles à beaucoup, qui rattachent les éléments de la science les plus fondamentaux, partant les plus abstraits, au réel, au donné : l'*Espace* d'abord qui, en tant que forme de la sensibilité, est « proportionnel à nous », mais qui est aussi « proportionnel aux choses, ou, ce qui est tout un, à leur durée réelle ou au temps véritable » ; les *figures* « qu'à coup sûr je suis seul à produire... mais figures liées pourtant à ces choses en soi, dont j'y saisis aussi en un sens les relations et les états réels, puisque ce n'est en somme qu'en répondant à l'acte par lequel elles m'affectent que j'accomplis le parcours et produis ces synthèses d'où immédiatement procède la figure » ; et pareillement la *quantité*, la *grandeur*, le *mouvement*, le *nombre*, les rapports de *distance* et de *situation*, etc., qui sont bien notre œuvre, mais non pas une œuvre arbitraire, qui ne sont ni des choses ni dans les choses, mais qui *symbolisent* avec les choses, qui les expriment à leur façon, très précisément et de la seule façon que nous les puissions exprimer, qui sont des modes et qui nous appartiennent, « mais qui pourtant aussi dérivent des choses et ne sont ce qu'ils sont qu'en fonction de ce qu'elles sont elles-mêmes au moment où s'exerce sur nous leur influence ». Et justement parce que l'esprit qui fait la science ne réussit pas à réduire ou à subtiliser le donné sur lequel il travaille, c'est la science elle-même qui nous pousse plus loin, qui oblige d'entrevoir derrière la science autre chose que la science, chose peut-être plus considérable et aussi certaine, — c'est la *physique* qui pose la *métaphysique*.

3° *La Métaphysique.*

Nous ne distribuons plus les choses en deux parts : *phénomènes* et *substances*, l'une pour le métaphysicien, l'autre pour le savant. L'idée même de substance qui a si longtemps alimenté tant de spéculations, nous la tenons de plus en plus pour une *pseudo-idée*, « l'idée de l'un qui se multiplie et de l'inaltérable qui sans cesse s'altère et projette dans le Temps ses états successifs ». En nous, comme autour de nous, il n'y a que des phénomènes, le *Devenir*, évolution sans arrêt de tout ce qui est, chose et esprit. C'est de ce devenir, de l'écoulement radical des êtres, du flux des phénomènes que s'occupent à la fois savant et métaphysicien, — pas de la même manière cependant. Du phénomène « dépouillé de son être, de son activité et de sa vie », le savant n'étudie que « la projection dans l'Espace et dans le Temps » ; le métaphysicien au contraire cherche à l'étudier en lui-même, du dedans, en sa réalité vécue, c'est-à-dire en ce que la science n'arrive pas à emprisonner dans ses figures et ses formules.

Mais comment ? — La réponse de Hannequin n'a peut-être pas été toujours tout à fait la même. Sa pensée, je crois, a varié selon qu'elle a, manifestement, incliné, de plus en plus, de Leibnitz vers Kant ; après s'être intéressée au cartésianisme et au leibnitzianisme de Kant, c'est dans les dernières années au kantisme de Leibnitz et de Descartes qu'elle était surtout devenue attentive. Il a dit d'abord ou à peu près : Nous ne connaissons pas les choses en soi. Mais nous savons, — puisqu'il y a une expérience, une science, — que ces choses en soi, inépuisables et insaisissables en leur fond par la science, il faut pourtant qu'elles aient en elles-mêmes de quoi se prêter aux formes de la sensibilité et aux catégories de l'entendement. Cela ne nous apprendra pas tout ce qu'elles sont ; cela nous apprendra toujours quelque chose de ce qu'elles sont, de ce qu'il est nécessaire qu'elles soient en elles-mêmes pour qu'elles soient pour nous. Si d'ailleurs de tous les *rapports* engagés dans le donné de l'intuition, il en était un qui apparût comme le rapport fondamental, puisque sans lui l'idée même du devenir serait impossible, le rapport aussi le plus caractéristique du réel, puisqu'il demeure jusqu'au bout une sorte de scandale pour l'esprit, le rapport enfin le plus négligé par la science, puisqu'elle y substitue une relation d'un genre tout différent, ne serait-ce pas celui auquel, entre tous les autres, la réflexion critique devrait s'attacher ? Or il existe, ce rapport, c'est le rapport de *causalité* : la causalité, voilà « la loi des lois de la nature réelle ». *La métaphysique sera* « *une sorte de science de la causalité.* » Et de cette science qui tenterait « d'être à l'activité essentielle des choses, à l'énergie cachée de leurs états réels, et au devenir même où celle-ci se déploie, ce qu'est aux mouvements de la nature physique, réels ou imaginaires, notre mathématique, ...nous est-il interdit d'attendre sur l'orientation générale du changement, ses conditions et son principe, des vues qui nous mettraient aussi près du réel que le pur mécanisme nous en tient éloignés ? »

Il a dit ensuite, sous l'impression toujours plus forte de la *Critique de la Raison pure* : La *Nature*, si elle est cette organisation d'objets que détermine l'esprit en appliquant les catégories à une matière sensible, proclame très haut qu'elle ne suffit pas, qu'elle postule une *surnature*. Il y a lieu de faire une métaphysique parce qu'il y a une surnature: *La métaphysique est la science de la surnature*. Mais cette surnature, nous n'avons plus la prétention de la connaître immédiatement, intuitivement. Nous avons mesuré les limites de notre pensée, elles sont assez étroites. La science de la surnature sera donc tout immanente et relative. Les philosophes dogmatistes se croyaient en droit de voir dans la métaphysique la science de *l'être en tant qu'être*. Au temps de la *Thèse*, Hannequin l'aurait définie : la science de *l'être en tant que l'être est connaissable et connu*; plus tard, dans les dernières années, plus circonspect, il la définissait : la science *des lois du connaître* — des *lois universelles*, de celles qui s'imposent à toute pensée, sans lesquelles il n'y aurait ni expérience ni pensée. Les deux conceptions évidemment ne sont pas contraires : elles se continuent ; il y a pourtant de l'une à l'autre beaucoup plus qu'une nuance.

4° La Croyance.

La seule métaphysique désormais possible, — celle que nous venons de dire, — est-elle en état de résoudre, ou seulement d'aborder les plus considérables problèmes de l'ancienne métaphysique, Dieu, l'âme, le devoir, la liberté ?

Ce sont choses néanmoins qui ne laissent pas de s'imposer à la plupart des esprits, d'inquiéter beaucoup de vies. Hannequin n'était pas de ces hommes à vision myope qui s'imaginent que le positivisme ingénu de nos *scientistes*, même le matérialisme épais où les masses populaires glissent rapidement, va les faire évanouir sitôt des horizons humains, et que « notre temps a devant lui la vision parfaitement nette du zéro religieux ». Mais il était convaincu que s'il y a des vérités de l'ordre moral et religieux, si nous y atteignons, c'est par un genre de connaissance très spécial : Kant lui a donné un nom, et un nom qui lui restera, la *croyance*. « Entre la science et la croyance, Kant a établi une ligne de démarcation qu'il est interdit à l'une comme à l'autre de franchir, à la croyance pour ne point troubler la connaissance dans ses possessions légitimes, à la connaissance pour ne point introduire dans le champ de la croyance les restrictions et les limites qui ne conviennent qu'à la nature et à l'expérience... Mais il s'est réservé le droit, en dérivant l'une et l'autre d'une même pensée et d'une même raison, d'assurer à l'une et à l'autre un développement légitime et harmonieux en toute vie humaine. La philosophie de Kant n'a pas eu, comme d'autres philosophies, à fonder d'abord la connaissance sur les ruines de la croyance, pour justifier ensuite la croyance par l'insuffisance de la science. Nul au contraire n'a proclamé plus hautement que lui la *suffisance absolue* de la science, en quoi son « positivisme » échappe à toute atteinte ; mais nul non plus n'a plus légitimement réservé les droits de la croyance, pour un esprit qui par l'*a priori* touche à l'intelligible, le pressent, et y tend comme à un monde où il doit trouver la satisfaction de ses aspirations morales et le sens, décidément indéchiffrable pour la pure connaissance, de ses aspirations religieuses. »

Il y a donc place dans l'homme à une *croyance*. Nous ne sommes pas les dupes d'un mot. La science prenant conscience d'elle-même nous invite « à franchir par un acte de foi morale les bornes de la pensée en même temps que celles de la nature[1] ». D'une part, nous sommes assurés que jamais ni la science ni la critique ne ruineront l'objet de notre croyance, — si toutefois c'est vraiment un *objet de croyance*. D'autre part, il y a en nous un ensemble confus et vivace d' « aspirations morales » et d' « aspirations religieuses », — dont l'étude devrait être le côté positif d'une théorie de la croyance, — qu'il dépend de chacun de nous de rendre plus réelles encore, plus déterminantes de notre existence, et dont jusqu'ici les psychologies et les sociologies n'ont expliqué que les entours et les formes contingentes. C'est de ces lointains et de ces profondeurs que s'échappent les sources jamais taries de nos véritables croyances, « les sources pratiques », le mot est de Kant ;

---

1. Lachelier, *Du fondement de l'Induction*, p. 102.

c'est par là que chacun de nous touche, dans la nuit sainte, aux « portes obscures qui mènent à Dieu¹ ».

Prenons garde seulement, cette croyance, de la renfermer avec soin dans les limites où elle est chez elle ; de ne pas l'exposer hors de son domaine propre à des rencontres avec la science, désagréables et meurtrières, et d'où la science, par cela seul qu'elle serait à sa place et que la croyance ne serait plus à la sienne, sortirait nécessairement victorieuse. Toute théologie par exemple qui cédera à la facile tentation de maintenir à coups d'autorité des faits contredits par l'histoire, des interprétations condamnées par l'exégèse, des idées désagrégées par la science des religions ou par la critique philosophique, est d'avance condamnée aux plus lamentables insuccès. — Prenons garde encore d'éviter un péril dialectique signalé fortement par Kant, dont cependant Renouvier, — le Renouvier de la fin surtout, — n'a pas su se garder, et qu'on peut appeler « les illusions de la méthode des postulats moraux ». Toute supposition établie sur des motifs moraux ne vaut qu'à titre de croyance pour la conscience morale, et pourvu qu'on n'ait pas la prétention de la répandre en corollaires », qu'on se fasse scrupule « de rendre à la spéculation ce qui appartient à la spéculation, et à la foi ce qui appartient à la foi » : elle fournit des secours pour les besoins de la pratique, elle n'apporte pas de solutions théoriques ; elle peut bien aider à *vivre*, elle ne dispense personne de l'effort de *penser*.

***

Théorie de l'Existence

Au rebours de ce que les philosophes antiques ont enseigné, l'être, pour nous, est fonction de la pensée : c'est dans la pensée et par la pensée que nous cherchons à le définir. La première réalité de l'objet que nous affirmons, c'est de son *intelligibilité* qu'il la tient. Nos *objets* ne sont pas des *objets-choses*, ce sont des *objets-concepts*. « Tout acte de pensée enveloppe à sa manière une valeur objective... C'est qu'en effet l'acte primordial de notre entendement, l'acte en qui tous les autres cherchent leur origine, se résument et s'achèvent, est l'acte de juger ; et le jugement implique, dans tous les cas possibles, des liaisons qui le dépassent,

---

1. Fogazzaro, *Il Santo*.

des affinités aperçues ou cachées, prochaines ou lointaines, qui le prolongent au-delà de la conscience présente, et qui le retiennent ainsi dans le tout solidaire de notre connaissance. » Mais que l'objet tienne sa réalité, — à un premier moment du processus dialectique, — de notre pensée, ce n'est pas qu'il ne la puisse tenir d'ailleurs et à d'autres titres. Que la vérité réalise d'abord « l'accord à travers la durée de l'esprit avec soi... l'accord entre tous les esprits », ce n'est pas qu'elle ne puisse réaliser d'une *certaine* façon, — d'autre façon que le dogmatisme l'a entendu, — « l'accord de l'esprit et des choses ».

On ne remarque pas deux des caractères de nos sensations, à savoir qu'elles sont et qu'elles restent, malgré tous nos efforts, à la fois *confuses* et *obscures*. Ce qui ne vient que de la pensée est nécessairement clair pour la pensée. Puis donc qu'elle reste trouble et énigmatique, la plus humble sensation témoigne assez haut qu'elle tire quelque chose de la pensée, sans quoi elle ne serait pas *nôtre*, mais qu'elle tire aussi quelque chose d'ailleurs, sans quoi elle ne serait pas *sensation*. On reconnaît volontiers le besoin que la *science* a de l'expérience ; mais on méconnaît ce que cela signifie, à savoir que la science révèle l'action du *Cogito*, mais qu'elle trahit un autre concours encore, puisque le *Cogito* fonctionnant tout seul ne produirait rien. Les choses sont déjà *réelles* par cela seul que nous les pensons, mais elles sont *réelles* aussi parce que *nous ne pouvons pas ne pas les penser*, parce qu'elles s'imposent à notre pensée, qu'elles la conditionnent dans chacune de ses démarches, — qu'elles ne pénètrent pas en nous sans doute, que nous ne pénétrons pas en elles non plus, mais qu'elles nous *actionnent* pourtant d'une manière continue jusqu'au fond de nous-même.

Ç'a peut-être été la faute de Kant de s'en tenir là, d'arrêter court des inductions parfaitement légitimes. Puisque les choses nous affectent, c'est donc que tout de même nous les connaissons, — *par la manière même dont elles nous affectent* ; qu'il ne nous est pas interdit d'étudier l'empreinte qu'elles laissent sur nous, « et en tout cas d'y déchiffrer certains traits généraux appropriés sans doute à la nature des choses, non moins qu'à la nature de l'être qui les reflète ». Puisqu'il y a *perception* par exemple, il faut bien que ces choses en soi, — inconnues et inconnaissables, — aient en elles de quoi se prêter aux *formes* de notre sensibilité ; et, puisqu'il y a *jugement*, il faut aussi qu'elles aient de quoi se prêter aux *catégories* de notre entendement. Nous savons ainsi tout de suite qu'elles sont d'abord une *coexistence d'éléments multiples, infiniment variés et divers* : la divisibilité et la continuité de l'Espace postule cela rigoureusement ; qu'elles sont aussi *en devenir et en transformation incessants* : la divisibilité et la continuité du Temps suffit en effet à établir l'universalité de la loi du changement.

Mais qu'est-ce qui empêcherait de voir dans ce devenir les modalités d'une substance unique, et de conclure à une sorte de *monisme* panthéiste ou naturaliste ? Ce sont les choses en soi qui empêchent cela, qui proclament elles-mêmes qu'elles sont des *individualités*, des unités métaphysiques, des *monades*, — et par cela seul qu'elles *changent*. Hannequin avait analysé de très près l'idée de changement, et ce qu'elle implique. *Le monisme n'explique pas qu'il puisse y avoir du changement ; le monadisme, au contraire, l'explique* : toute son argumentation est là. C'est qu'en effet une théorie, mais une seule théorie permet de rendre raison du changement, en différenciant la *cause* de l'*effet* : la théorie de l'*action réciproque*. Soit a cause de b : la chose n'a de sens que pour qui admet en retour la causalité de b sur a : « Supposons que la nature de b soit précisément telle que a, par ce seul fait de la présence de b, en reçoive une détermination qu'il ne posséderait point, et qui, en conséquence, le transforme en a^1. Mais de là même il suit, si l'influence de b dérive tout à la fois de la nature de b et de celle de a, donc d'une relation où ils entrent ensemble en vertu même de leur définition, que le fait pour a d'être affecté par b a pour contre-partie cet autre fait que b est affecté par a, et qu'il devient b^1 sous l'action de a, comme a devient a^1, sous l'action de b. » — Oui, mais cela implique qu'entre a et b, entre l'état *cause* et l'état *effet*, il y ait des limites qualitatives, telles que les deux états ne puissent pas se confondre en un seul, qu'a et b, par conséquent, constituent des *individualités* ; que le monde soit à chaque instant « comme la réunion d'un nombre infini d'états individuels, tels, par exemple, toutes proportions gardées, qu'est à l'heure présente l'état de toute conscience, où il faut bien, en somme, que s'exprime actuellement tout l'être de son être, quel que soit son passé et quel que puisse être tout à l'heure son avenir ».

Voici, il est vrai, une autre grosse difficulté : des *individualités* qui *changent*, qui surtout *sont changées*, n'est-ce pas contradiction même ? L'*individu*, n'est-ce pas l'être organisé de telle manière qu'il ne puisse rien perdre de ce qu'il est, et que rien ne puisse s'introduire en lui de ce qu'il n'est pas ? C'est juste. Mais des deux formes d'identité, l'identité *logique* et l'identité *réelle*, la seconde seule, au fond, intéresse l'individu ; et cette identité est la seule aussi que l'action réciproque ne menace pas. Car s'il est un côté par où l'individu apparaît comme une somme de déterminations venues d'ailleurs, il en est un aussi par où il se retrouve perpétuellement lui-même à travers la perpétuité de son changement. Par exemple a, quoiqu'il ne puisse exister sans b, n'est cependant, sous l'action de b, qu'un développement de a, car b n'agit point sur a sans que a réagisse ; « et rien d'autre, après tout, ne répond en a à l'action de b, que l'action même de a, comme rien ne répond en b à l'action de a que l'action de b ». Pâtir, c'est encore et toujours agir. Subir l'action qui s'exerce sur lui, c'est, pour l'individu, trouver l'occasion de se ressaisir lui-même, de développer de plus en plus ses virtualités, de se réaliser davantage. L'*action au contact* comme l'*action à distance* ne sont toutes deux que de grossiers symboles. On n'agit jamais au fond qu'en soi et sur soi.

Un dernier obstacle : d'où vient alors l'*unité* des choses, et que de ces multiplicités évoluant indéfiniment chacune pour soi, de ce fourmillement d'individualités closes, résulte un *tout*, un Monde ? Ce n'est pas seulement, au témoignage de Hannequin, une hypothèse gratuite que celle de l'harmonie *préétablie*. C'est aussi, c'est surtout une hypothèse meurtrière de la notion même d'individualité. Les monades suffisent pleinement, par leur propre spontanéité, à *s'harmoniser* elles-mêmes, et à constituer un *Cosmos*. Loin que les autres individualités soient une gêne pour mon autonomie personnelle, c'est à leur concours que je dois d'être ce que je suis, de devenir ce que je deviendrai. « Pour l'existence réelle et pour l'indépendance de l'individu, la condition requise et vraiment essentielle n'est donc point qu'il échappe à toute action directe et à toute influence des choses sur lui ; c'est, au contraire, qu'il en soit solidaire, si, d'une part, il ne peut être un individu qu'autant qu'il ne relève en un sens que de soi, et si, de l'autre, il faut cependant renoncer à y voir l'analogue d'une pensée créatrice. » Les autres, pour ainsi dire, sont la diversité sensible dont j'ai besoin pour penser, comme je suis pour eux la matière nécessaire à l'action de leur *Cogito*.

Hannequin retrouvait ainsi dans sa *théorie de l'existence* la vérification et la confirmation de sa *théorie de la connais-*

sance, — la meilleure preuve en somme de la *consistance* de sa pensée philosophique. Il y trouvait aussi d'autres choses qui ne lui tenaient pas moins à cœur. La grande inquiétude de notre génération est sans doute de savoir si le *Dieu* des théodicées traditionnelles n'est pas encore « la dernière idole »; et si la loi *morale*, objet sacré, pour Kant, « d'une admiration et d'une vénération toujours nouvelles et toujours croissantes », n'est pas tout simplement un certain « clivage » des faits sociaux destiné prochainement à être remplacé par un autre. Mais c'est surtout de savoir *ce que vaut la pensée*, notre pensée, si elle n'est qu'une fonction du système nerveux, l'*épiphénomène* qu'on a dit, « l'ombre projetée accompagnant les pas du voyageur », le produit d'un organisme biologique un peu plus différencié que les organismes des autres animaux connus ; — ou si, au contraire, selon le mot de Pascal, « l'homme est visiblement fait pour penser, si toute notre dignité consiste dans la pensée, si c'est de là qu'il faut nous relever et non de la durée et de l'espace », si les apparences, c'est le corps et la matière et les lois du mécanisme, si l'esprit et le règne de la moralité et des fins sont les véritables et uniques réalités. La théorie de l'être que j'ai résumée aiderait singulièrement à résoudre l'angoissant problème. Elle irait rejoindre et compléter les enseignements les plus élevés des maîtres français du spiritualisme post-kantien, « la haute doctrine qui enseigne que la matière n'est que le dernier degré et comme l'ombre de l'existence ; que l'existence véritable, dont tout autre n'est qu'une imparfaite ébauche, est celle de l'âme; que, en réalité, être c'est vivre, et vivre, c'est penser et vouloir ; que le bien, que la beauté, expliquent seuls l'univers et son auteur lui-même ; que l'infini et l'absolu, dont la nature ne nous présente que des limitations, consistent dans la liberté spirituelle, que la liberté est ainsi le dernier mot des choses, et que, sous les désordres et les antagonismes qui agitent cette surface où se passent les phénomènes, au fond, dans l'éternelle et essentielle vérité, tout est grâce, amour et harmonie[1]. »

L'originalité de Hannequin serait de s'élever à cette grande perspective par le chemin long et encombré de la science, — le chemin royal pourtant de toutes les métaphysiques ; celui-là qu'Aristote déjà connaissait, et qu'ont rouvert les organisateurs de la pensée moderne, Descartes, Leibnitz, Kant. Et

---

[1]. Ravaisson, *La Philosophie en France au XIX° siècle*, p. 282.

c'est parce qu'elles sont littéralement une *méta-physique*, que ces conclusions de philosophie générale pourront encore intéresser les esprits les plus positifs de notre temps ; et qu'elles doivent en tout cas de valoir ce que vaut la réflexion la plus critique appliquée aux sciences les plus maîtresses de leurs méthodes et de leurs résultats. Mais leur marque la plus caractéristique est, sans doute, la place qu'elles font à l'*Espace*, forme commune de nos sensations en tant que représentatives, organe fondamental de notre sensibilité, la valeur singulière qu'elles lui prêtent, le sens profond qu'elles en donnent. Quel lecteur de Kant, par exemple, ne s'est demandé : d'où vient, enfin, qu'entre le *je pense* et les *choses en soi*, il y a cette sorte d'*écran* qu'est l'Espace ? Eh bien on fournit au moins quelques-uns des éléments de la réponse en montrant dans l'Espace l'instrument essentiel de notre connaissance, le premier outil dont nous ayons besoin, l'unique moyen qui permet à notre monade d'entrer en relation avec les autres, de les actionner et d'en être elle-même actionnée, de leur devenir pour ainsi dire *proportionnelle*. Assurément, « la nature de l'Espace défie par le fait même tout effort de réflexion pour en accomplir la déduction ». Mais rien ne nous interdit de voir « qu'il offre précisément les conditions requises pour mettre la conscience à même d'y définir tous les modes sous lesquels peuvent l'atteindre les choses ». C'est lui qui véhicule jusqu'à nous tout ce qui nous arrive de ce qui n'est pas nous ; il est une façon de langage merveilleusement riche, souple et transparent, où les choses se traduisent intelligiblement pour la conscience et pour la réflexion du philosophe : elles ne nous y disent pas seulement leur état actuel, leur vie présente infiniment complexe et mouvante, mais aussi leur histoire passée, et presque leur destinée future. Je ne sais plus qui a nommé M. Bergson, le métaphysicien de l'idée de *Durée* ; il faudrait peut-être dire de Hannequin qu'il aura été, à un rang moins en vue, le métaphysicien de l'idée d'*Espace*.

*
* *

Plusieurs années après son *Hypothèse des atomes*, il se décida, sur la demande de l'un de ses élèves, à entreprendre tout un *Cours de métaphysique*, à l'usage de l'enseignement supérieur. Ce cours, pas plus que tant d'autres, n'a pu être écrit, mais il a été professé presque tout entier : le problème réservé pour la fin, — le *problème esthétique*, — seul est resté en suspens ; et il a le grand mérite de représenter, dans la rédaction très fidèle et très intelligente qui en a été faite, et qui m'a été si obligeamment communiquée, la dernière pensée philosophique de Hannequin.

MÉTAPHYSIQUE DE LA NATURE

A. — *La matière brute*.

Déjà, chez les Grecs, quoi qu'on dise, le problème était clairement posé ; c'est l'exigence même de la pensée qui le pose : trouver un *principe d'unité* qui puisse rendre compte de la multiplicité et du devenir. Mais ce principe d'unité, ce *permanent*, les Grecs, s'ils l'ont cherché, l'ont mal cherché. Ils l'ont demandé à la *qualité* et non à la *quantité*. C'est la physique et la mécanique de Galilée qui plus tard devaient mettre sur le chemin ; et les Cartésiens seraient arrivés tout de suite, s'ils ne s'étaient embarrassés dans la conception d'une *matière-chose*, antagoniste de l'esprit, sur le même rang que lui, existant par elle-même et comme si le *Cogito* n'était pour rien dans ses déterminations essentielles. Pour déblayer l'obstacle et avancer, il ne fallut pas moins que le génie de Kant. C'est lui qui a fait voir, d'une part, qu'il ne peut y avoir de science de la Nature, s'il n'y a pas dans le Temps (forme de toutes nos représentations, donc aussi des phénomènes extérieurs) et dans l'Espace une *constante*, c'est-à-dire quelque chose qui subsiste sous les changements, qui les limite, qu'on soit sûr de pouvoir retrouver ; et, d'autre part, que la succession des phénomènes doit pourtant être continue, incessante, infinie, qu'une Nature donc qui ne *varierait* pas dans son ensemble, dans chacune de ses parties, dans ses fragments les plus infinitésimaux, ne pourrait pas être l'objet d'une représentation. N'allons pas d'ailleurs imaginer un noyau permanent sous une diversité qui change ; le permanent n'est pas d'un côté et le changement de l'autre. C'est le permanent lui-même qu'il faut qui soit changeant ; ce sont les variations elles-mêmes qu'il faut qui soient réductibles à une constante.

Dès lors, qu'est-ce que la *matière* ? Mais tout simplement le subsistant qu'on vient de dire, un permanent toujours changeant, un invariant indéfiniment variable, « une substance en état de perpétuel changement » — *substance* non pas au sens scolastique, mais au sens kantien, non pas du tout une chose en soi, une réalité objective, mais seulement un objet de connaissance, un concept, une œuvre de l'esprit travaillant selon sa constitution et les lois de la représentation, la *constante* enfin et la *fonction* dont la pensée a besoin pour penser.

Et c'est vers cette théorie, — la théorie qui fait de la matière *la première des lois que la pensée impose au réel pour le rendre pensable*, — que convergent aussi par une marche un peu sinueuse, mais au fond toute logique et toute nécessaire, les principaux développements de la physique moderne, de Galilée, — par Descartes, Huyghens, Leibnitz, Newton, Helmholtz, — à Ostwald et aux théoriciens de l'Energétique. Hannequin avait consacré à cette démonstration tout un ensemble de leçons très neuves et très serrées. Constance de la quantité d'énergie, quelles que soient ses transformations ; mais aussi nécessité et continuité et détermination du sens de chacune de ces transformations, ce sont bien des physiciens et non des philosophes qui nous ont appris cela. Mais c'est la philosophie, c'est la *Critique* de Kant qui, si elle ne suffit pas à révéler les formules, — contingentes d'ailleurs et destinées prochainement à être remplacées par d'autres, — nous en a fait saisir le grand sens, le sens profond et éternel, et qui nous rappelle que « la mobilité et la relativité mêmes de la science ne deviennent légitimes, en laissant sauve sa certitude, que par la reconnaissance des lois fondamentales de l'esprit qui règlent ces mouvements et les contiennent, malgré tout, en des limites précises ».

B. — *La matière vivante.*

Considérer les objets comme *matière*, c'est les réduire aux lois du déterminisme. Matériellement, *omnia mechanice fiunt*. Si donc tous les phénomènes de la *matière vivante* sont explicables par le déterminisme, c'est que la manière vivante se ramène à la *matière brute*. Mais aussi, par contre, dans la mesure où le déterminisme échouerait à fournir cette explication, c'est que la vie impliquerait un autre principe ; qu'avec elle, nous entrerions, semble-t-il, dans un nouveau monde.

C'est un des enseignements de la biologie contemporaine qu'il n'y a chez le vivant que des phénomènes physico-chimiques. On a fait déjà l'analyse de la plupart des matières organisées et même la synthèse de plusieurs d'entre elles ; et là où on n'a pas encore réussi, dans le cas des ferments solubles par exemple, il est probable que le succès n'est plus qu'une affaire de temps, de méthode et aussi de chance.

Soit. Mais ces phénomènes, cependant, ne laissent pas d'offrir des suites, des liaisons, des coordinations extraordinaires. Ils ne se produisent pas dans le vivant comme dans le laboratoire du savant. Il y a dans les réactions comme un pouvoir de choix, des temps d'arrêt étranges, des dispositifs d'économie et de prévoyance qui confondent nos plus habiles constructeurs. C'est l'*idée directrice* de C. Bernard. Les choses se passent comme si elles n'étaient pas abandonnées à elles-mêmes. A première vue, les deux lois de l'Energétique qui régissent la matière brute paraissent régir aussi la matière vivante. L'organisme ni ne crée ni ne détruit d'énergie ; et, par ailleurs, l'énergie biologique est soumise à la loi de dégradation. Mais de près ce n'est pas du tout cela. Le permanent de la matière vivante n'est pas le permanent de la matière brute. Ce n'est pas un permanent de grandeur et de quantité, poids ou masse : ce permanent qu'il devrait avoir, le vivant justement ne l'a pas. C'est un permanent de qualité qu'il a, d'οὐσία : il est une *individualité*, non une *substantialité*. Même déformation et transformation dans la loi de Carnot. Le vivant, s'il dépense bien son énergie comme le non-vivant, jouit seul d'une étrange faculté, celle de restaurer l'énergie perdue, de la restaurer lui-même indéfiniment, pour ainsi dire, et dans des conditions d'économie et de travail qui en font une machine infiniment supérieure aux meilleures machines. C'est une lampe, a-t-on dit, où la dépense règle automatiquement la montée de l'huile, mais c'est une lampe qui réussit à se procurer elle-même l'huile dont elle a besoin : potentialité extraordinaire, déconcertante, qui se relève toujours et réussit à se maintenir au même niveau.

Aussi longtemps que de la *nutrition* et de la *génération* en particulier, les biologistes n'auront pas trouvé l'explication physico-chimique adéquate, souvent promise et encore attendue, la question au moins restera ouverte ; et le métaphysicien ne fera que traduire exactement les faits observés, en disant que le vivant est un organisme, une finalité, un tout qui, en tant qu'il se subordonne ses parties, doit donc, d'une manière ou de l'autre, leur préexister. Mais loin de pouvoir expliquer la *vie*, le *monisme mécaniste* n'arrive pas même à expliquer la *matière*. Le vivant est finalité, unité métaphysique ; mais la matière aussi n'est-elle pas déjà cela ? N'y a-t-il pas, même en chimie, des sortes d'*individualités*, dont les lois chimiques ne rendent pas compte ? Ne rencontrons-nous pas, en physique, des *groupements de formes d'énergies*, toujours en fait inséparables, sans que d'ailleurs aucune loi connue de l'Energétique révèle le pourquoi de ces nécessaires associations ? Les lois de la *matière* expliquent, si l'on veut, *la substance*; elles n'expliquent pas *les substances*; elles n'expliquent pas même les groupements élémentaires de la molécule et de l'atome, de l'ion et de l'électron.

Il ne s'agit pas d'ailleurs de revenir à des hypothèses néo-vitalistes ou néo-animistes, dont le moindre défaut est d'être, comme chacun sait, toutes verbales, hors d'état même de fonder le réel déterminisme des phénomènes biologiques. Le vivant n'est pas une chose en soi ; c'est un phénomène, un objet, un construit. Un ensemble de caractères dûment vérifiés nous fait conclure à un *principe d'unité et d'organisation*. Ce principe, nous ne le trouvons pas dans le monde phénoménal. D'accord ; mais ce n'est pas qu'il n'existe pas, c'est simplement qu'il n'est pas là, qu'il faut le chercher ailleurs, — dans le monde des choses en soi. Par chacune de ses manifestations, le vivant fait bien partie du déterminisme de la Nature ; mais par son principe, il fait partie de cette surnature dont les phénomènes proclament l'existence. L'unité du système est au-dessus et en dehors du système, et d'autre ordre ; mais si elle n'était pas cela justement, serait-elle encore l'unité ? Oui bien, le déterminisme biologique échoue à expliquer le principe du vivant ; mais ce n'est pas nécessairement qu'il n'y en ait point, que le mécanisme suffise à tout, que la finalité soit seulement apparente, c'est peut-être que ce principe est situé dans un autre domaine, et qu'il relève d'un autre mode de connaissance.

C — *La matière pensante.*

Nouvelle forme d'existence, — celle-là, — plus singulière encore que les deux précédentes, s'il est vrai qu'elle est à la fois la forme d'existence par laquelle toute autre existence se révèle à nous, et en même temps une forme d'existence si essentiellement individuelle et fermée qu'aucun effort ni de nous-même ni d'autrui ne peut l'exprimer dans son fond, — qu'elle est ce *par quoi nous connaissons tout* et ce *par quoi personne ne nous connaît*. En fait, la conscience n'apparaît sûrement qu'avec un *système nerveux*, c'est-à-dire quand un organisme est suffisamment différencié déjà pour qu'un appareil ait pu se constituer, capable de centraliser les impressions et sollicitations des choses et de préparer les réactions motrices, et aussi d'établir une continuité entre la coordination des sensations et la coordination des réactions. Quelle qu'elle soit en elle-même, la conscience a donc une *base physique* par où elle rentre dans la Nature et peut être considérée comme objet. Le spiritualiste le plus décidé est en droit de parler de *matière pensante*.

Quel est le rapport de ces deux faits, — le *physiologique* et le *psychologique*, — dont l'un ne va pas sans l'autre ? C'est cela le gros problème métaphysique de la psychologie. On sait les trois réponses classiques, les trois seules réponses possibles.

D'abord la vieille réponse matérialiste, que chaque génération modernise, mais qui reste très reconnaissable même dans l'*épiphénoménisme* de Maudsley et de ses continuateurs. Elle ne rend pas compte des faits, ce qui est déjà assez inquiétant. Mais ce qu'un métaphysicien lui reprocherait surtout, c'est de violer les lois mêmes de la pensée : de représenter le fait de conscience comme un fait qui échapperait aux lois de la causalité, qui serait toujours effet sans jamais pouvoir être cause, c'est-à-dire un fait qui ne serait pas un fait ; d'être au fond une théorie impensable, si le concept d'épiphénomène est une pseudo-idée dont l'analyse suffit à faire éclater les contradictions internes.

Puis la théorie de l'*action réciproque*. Le fait de conscience serait souvent *déterminé* par le fait physiologique ; parfois aussi, et à son tour, il serait *déterminant*. Ce seraient deux faits, dont l'un serait aussi *fait* que l'autre, et n'aurait pas une moindre valeur de causalité et d'efficace. Conception, celle-là, qui exprime assez exactement comment les choses se passent, suffisante par conséquent en psychologie, mais qui soulève une grosse difficulté en métaphysique. Le fait physiologique est soumis aux lois d'une Nature qui ne souffre aucune discontinuité dans une série dont tous les termes doivent être des phénomènes. Le fait psychologique, au contraire, est tel, par sa matière et sa forme, qu'il ne saurait à aucun moment faire partie d'une Nature ni se prêter à ses lois. La place qu'on lui assigne entre deux faits physiologiques, dont l'un serait sa *cause* et dont l'autre serait son *effet*, il ne saurait l'occuper à aucun moment, sans détruire toute la chaîne déterministe s'il reste ce qu'il est, et sans se détruire lui-même jusqu'au fond de son être s'il se phénoménalise et se naturalise. Cette deuxième théorie n'est donc au vrai pas beaucoup plus consistante que la première.

Il en reste une troisième : la *coexistence de deux séries* engrenant l'une dans l'autre. C'est, au fond, la doctrine classique. Oui, mais comment se fait l'*engrenage* ? Pas de fait de conscience, dit-on, qui n'ait son correspondant dans un moment du fait physiologique ; et, *vice versa*, pas de fait physiologique qui n'ait son correspondant dans un moment du fait psychologique. Bien. Mais encore de quelle nature est cette *correspondance* ? Car les deux séries ne se ressemblent pas : la série physiologique est *spatialisée* et soumise aux lois de l'Energétique ; la série psychologique est *temporelle* seulement et échappe aux lois qui régissent la Nature, aussi bien à celle de *permanence* qu'à celle de *causalité*, et y a-t-il même, dès lors, de véritables lois en psychologie ?

Une doctrine s'est formulée si voisine apparemment des données, qu'on ne l'en distingue d'abord qu'avec peine, mais qui, en réalité, les dépasse singulièrement et les déforme, la doctrine du *parallélisme*. Nous avons constaté une manière de *correspondance*. Nous demandons quel en est le sens. On nous répond, c'est un parallélisme : « Un état cérébral étant posé, un état psychologique déterminé s'ensuit »; ou encore, entre les deux faits de chaque série, il y a « équivalence [1] », — équivalence telle qu'« une intelligence surhumaine qui assisterait au chassé-croisé des atomes dont le cerveau humain est fait et qui aurait la clef de la psycho-physiologie, pourrait lire, dans un cerveau qui travaille, tout ce qui se passe dans la conscience correspondante ».

Avant le mémoire fameux où M. Bergson a démontré que cette thèse si facilement reçue, toute classique, n'est pourtant qu'un « paralogisme », qu'elle provient du mélange illégitime de deux légitimes notations des objets, la notation *idéaliste* et la notation *réaliste*, que ceux qui l'énoncent n'énoncent qu'un mot vide de tout sens, Hannequin avait déjà trouvé une solution peut-être plus directement en harmonie avec l'ensemble de cette philosophie critique qu'il faisait sienne. Il y a, observait-il, *deux aspects* des choses qu'il suffit de ne pas emmêler pour faire apparaître aussitôt le lien qui les rattache l'un à l'autre, et qui répondent assez bien à ce qu'on pourrait appeler la connaissance *psychologique* et la connaissance *logique*. 1er aspect : celui sous lequel les phéno-

---

[1]. Bergson. *Revue de Métaphysique*, 1901, p. 895.

mènes qui ne sont que dans le Temps, les phénomènes de conscience, apparaissent comme fonction des phénomènes qui sont dans l'Espace, les objets de l'Expérience. Ils sont des *représentations*. Or la *représentation*, en tant que telle, — cette représentation et non pas cette autre, — ne s'explique pas par les lois qui expliquent l'*objet* de la représentation ; elle dépend tout entière de l'objet lui-même ; elle n'est que par lui, sans lui elle ne serait pas. En ce sens, le phénomène de conscience est tellement lié, assujetti au phénomène externe, que toutes ses déterminations assignables lui viennent de l'objet dont il est la représentation. — 2° aspect : celui sous lequel les phénomènes qui sont dans l'Espace apparaissent comme fonction des phénomènes qui sont dans le Temps, non pas seulement au sens un peu superficiel de l'idéalisme berkeleyen où tout objet est donné dans une représentation et y a son existence, où ce n'est que dans la conscience qu'il y a des représentations d'objet ; mais au sens autrement profond de l'idéalisme transcendantal où les choses sont des objets, et où les objets, en tant que Nature, se subordonnent à la conscience, à ses lois, à ses principes, où ce n'est que par la conscience et l'activité du *je pense* qu'il y a des objets.

Ainsi s'expliquerait qu'il y ait *deux* séries, à la fois entièrement autonomes et entièrement liées l'une à l'autre, qui ne sont pourtant aucunement *parallèles*, qui néanmoins se conditionnent rigoureusement, parce qu'elles expriment chacune, *à deux moments respectifs*, la collaboration du *Cogito* et des choses en soi dans la production d'une Nature et d'une Pensée. Mais la dépendance où est la *conscience empirique* vis-à-vis des objets n'a plus rien d'inquiétant ni d'obscur pour une philosophie spiritualiste, si nous nous souvenons que les objets de l'Expérience résultent eux-mêmes de l'action primitive de la *conscience pure*. Et, parce que la conscience est ce par quoi il y a une Nature, qui n'est pas dans l'esprit, mais qui est une construction de l'esprit, qui est tout entière fonction des lois de la pensée, le matérialisme, concluait Hannequin, est bien la meilleure et à dire vrai la seule scientifique des *méthodes*, mais c'est aussi la plus courte et la plus puérile et la plus désespérée des *philosophies*.

C'est par la Nature que nous avons dû dialectiquement aborder le problème de la pensée ; mais la pensée n'est pas dans la Nature. Pour atteindre jusqu'à elle, il nous faut sortir de la Nature où il y a des lois, un déterminisme, et nous élever à quelque chose qui soumet la Nature à des lois, qui crée le déterminisme, qui est une *Liberté*. Une *métaphysique de la Nature* ne se suffit pas, elle nous achemine de partout à une métaphysique de la *surnature* ; et, parce que la Nature est essentiellement un déterminisme, la métaphysique de la surnature se présente donc tout d'abord à nous comme une *métaphysique de la Liberté*.

* * *

MÉTAPHYSIQUE DE LA LIBERTÉ

A. — *Le problème moral.*

Si la pensée est l'ensemble des éléments *a priori* qui ont permis de construire la Nature, ou mieux encore l'unité profonde d'où ils procèdent, et dont toutes nos catégories ne sont qu'autant de spécifications, par cela seul que le déterminisme est l'œuvre des catégories, la pensée ne saurait évidemment y être soumise : elle est donc une *Liberté*. Comme, d'une part, les catégories sont des formes de liaisons et de synthèses, des actions, la pensée est aussi *Action*, principe d'action, *Handlung*. Et, comme d'autre part, elle est à la fois *individuelle*, par les particularités et les différences d'une sensibilité qui lui fournit sa matière, et *universelle*, parce que la Nature qu'elle édifie vaut pour tous les hommes, elle est encore une *Raison*. Action et Raison, c'est Volonté. Pensée pure, Liberté, Action, Raison, Volonté, voilà tous les éléments de la moralité. On peut encore très bien les assembler à la façon de Kant, qui du reste ne les a peut-être pas toujours assemblés de la même façon, ou autrement. Ce qu'il faut maintenir et ce qu'il est assez de maintenir, c'est que, sans qu'il soit besoin de recourir aux religions ou aux sociologies, ces seules données suffisent à fonder dialectiquement les deux ou trois conceptions maîtresses de notre morale, celle d'*obligation*, celle de *bonne volonté*, celle enfin d'*autonomie ;* et c'est aussi qu'elles-mêmes sont impliquées et postulées par tout l'ensemble de notre connaissance. Fallait-il vraiment se demander, avec l'insistance qu'on y a mise encore récemment, si Kant a établi l'existence du devoir ! « La seule question, disait Hannequin, est de savoir si nous avons une Raison, et, en définitive, une Liberté, Liberté et Raison, et Liberté et Pensée ne faisant manifestement qu'un... et ce qui rend témoignage de l'existence d'une Raison, c'est la

Science, en sorte que la Science devient la garantie de fait de l'existence du Devoir. »

Nous comprenons aisément comment la Raison agit sur les données de la sensibilité pour déterminer une Nature ; mais comment et sur quoi va-t-elle agir pour déterminer notre conduite ? Où est ici le *donné*, la matière sur laquelle la Raison travaillera pour en faire la moralité ? Mais d'une certaine façon dans nos peines et nos plaisirs, nos inclinations et nos passions, dans cette suite surtout d'exemples, de traditions, d'habitudes, d'expériences individuelles et sociales, — *le contenu de la conscience empirique*, ce qu'on a justement appelé les *données de la science des mœurs*. Ce n'est pas du tout la morale, cela, et l'homme qui s'en tiendrait à ces suggestions et à ces poussées resterait rigoureusement en dehors de la moralité ; mais c'en est la *matière*. Ce qui fait la moralité, c'est un appel des données de la conscience empirique à la Raison, à un *je pense* désindividualisé, pour ainsi dire, et rendu à son universalité propre. *Ni les hommes ni les choses ne doivent juger pour nous.* La moralité est à ce prix. Il faut que nous ramenions à notre raison le jugement d'où sortira l'action, que nous en appelions d'un moi temporel et individuel à un moi absolu et universel, que nous nous affranchissions de ce qu'il y a de particulier en nous pour nous attacher à ce qui doit valoir pour tous les hommes. Car l'individuel n'exclut pas l'universel, il l'implique au contraire puisqu'il est par lui et que sans lui il ne serait pas ; seulement pour le retrouver et lui rendre sa place, il faut un effort. Cet effort est précisément l'effort moral. Il est fait surtout de sérieux, d'attention, de sincérité ; il nous remet constamment en face de ce qu'il faut que nous soyons, si nous sommes Raison et Liberté, de ce que nous voulons être dans notre volonté pure, malgré les démentis et les défaillances de la volonté empirique.

Si c'est l'œuvre de la moralité de dégager, dans les actions qui se proposent à nous, ce qu'il y a d'*humain* d'avec ce qu'il y a d'*individuel*, de bien faire notre métier d'homme, de ne pas *être agi*, mais d'*agir* dans ce que notre moi a de commun avec tous les moi, on comprend que l'idéal moral ne puisse être fixé une fois pour toutes. Il se fait : il évolue, se transforme, s'enrichit, s'affine ; il est invention continue, création de chaque instant et pour chaque cas donné. C'est le devoir de le réaliser, mais *c'en est déjà un, et non le moindre, de le chercher et de le trouver* : « La loi véritable est celle que, par un acte d'invention morale, nous nous donnons chaque fois qu'il faut agir. Si en toute occasion nous savions nos devoirs, nous les accomplirions à peu près à coup sûr ; mais nous ne les savons pas ; et c'est notre mérite, dans une décision qui est une création et qui n'est sérieuse qu'autant qu'elle s'exécute, de les déterminer. Et c'est cette décision, incessamment renouvelée, qui fait la vie morale, et qui prépare les codes de la moralité, comme l'effort renouvelé du savant fait la science. »

Reste une dernière et grosse question : la morale n'est-elle pas un *jeu*, une illusion sans suite et sans conséquences ? La moralité que nous *concevons*, sommes-nous vraiment capables de la *réaliser* ? La Nature ne s'y oppose-t-elle pas ? Assurément, le déterminisme de la Nature est tel qu'il ne faut pas songer, sous peine de le détruire, et avec lui la pensée, à y introduire une discontinuité quelconque : la Liberté n'y saurait faire de trou. Si c'était là un déterminisme des choses en soi, toute issue serait bien fermée ; et il ne resterait qu'à faire un choix entre la Liberté et la Science. Mais le déterminisme dont il s'agit, ne l'oublions pas, est tout phénoménal ; c'est l'action des catégories et de la Raison qui le pose. *Chaque démarche de la Raison vient donc s'y traduire :* le déterminisme, loin d'en être l'ennemi, est le serviteur le plus respectueux et le plus fidèle de la moralité. Nous concevons que la Liberté, placée là seulement où il faut que nous la placions, dans une surnature, et par cela qu'elle ne saurait être prisonnière de la Nature, doit trouver son expression dans le déterminisme même de cette Nature. Nous ne pouvons dire le *comment*, mais nous concevons la chose. Il y a vraiment dans le monde des *fils* de la *Liberté* qui sont tout entiers par nous, et qui aussi bien auraient pu ne pas être ; mais parce qu'ils sont et dès qu'ils sont, c'est leur condition humaine qu'ils n'apparaissent que sous la livrée du déterminisme. C'est à nous pourtant de ne pas nous y tromper, et de savoir reconnaître, sous ce qu'ils ont l'air d'être, ce qu'ils sont véritablement.

B. — *Le problème religieux.*

Du problème moral, Hannequin disait avec raison qu'il « nous reporte à ce qu'il y a en nous à la fois de plus profond, de plus mystérieux et vraiment de divin » : il pose inévitablement le problème religieux. Et c'était l'un de ses souhaits que la philosophie française se résolût, à l'imitation de ce qu'on fait dans les pays de langue anglaise et allemande, à constituer enfin une *Religionsphilosophie* ; à l'aborder, ce problème religieux, de front, avec dignité et franchise. Il en avait lui-même donné l'exemple en quelques leçons de son grand *Cours de métaphysique* de 1902, 1903, 1904, à la fois très libres et très sympathiques.

L'*universalité de fait* des idées et des pratiques religieuses suffirait à indiquer qu'il doit exister une *universalité de droit*, que c'est aux philosophes de la chercher, que la religion n'est donc pas le monopole des théologies, que toute métaphysique qui consent systématiquement à l'exclure se diminue elle-même. Mais dans cette partie de la philosophie comme dans les autres, c'est à la science, — dans l'espèce à une *phénoménologie* de la Religion, — que la métaphysique doit demander ses matériaux. Pour tirer parti des trésors déjà amassés par les sociologues d'un côté et les psychologues de l'autre, il serait peut-être bon de poser ces deux principes qui aideraient au moins à organiser les faits et les expériences : 1º que les différences énormes et d'abord déconcertantes des multiples formes religieuses, telles qu'elles se laissent voir dans le temps et l'espace, ne doivent pas nous décourager de trouver l'élément commun par où elles sont toutes des *religions ;* 2º que l'état actuel des sociétés religieuses les plus évoluées et aussi les plus accessibles à notre connaissance est le plus intéressant à étudier, le plus significatif, parce qu'on a droit de se demander, comme dans toutes les questions d'évolution, si l'élément qui se dégage et qui domine n'est pas celui qui a entraîné le développement des formes les plus primitives et les plus grossières. Cet élément essentiel de la vie religieuse qui transparaît au fond de toutes les religions, Schleiermacher a montré que, contrairement à l'opinion commune, il n'est ni *spéculatif* ni *moral* ; il est *affectif*, c'est un sentiment, c'est la *piété*. Il se complique, il est vrai, et se recouvre de toutes sortes d'éléments philosophiques et éthiques, d'apports rituels et traditionnels, d'idées et de faits historiques et scientifiques. Mais en lui-même il est autre chose. *L'homme religieux se sent en relation personnelle avec Dieu*. Il lui faut un Dieu très proche de lui, avec lequel il passe par des alternances de peur et de confiance, de crainte et d'amour. L'*anthropomorphisme* est inséparable de la vie religieuse. Le *Pater* du chrétien est assurément la forme la plus haute et la plus pure à laquelle la piété se soit élevée ; mais c'est déjà vers elle que convergent les religions les plus grossières et les plus extérieures.

Faire le compte, établir la genèse de tout ce qui entre dans le sentiment religieux, c'est la tâche du psychologue, du sociologue, de l'historien des religions. Celle toute différente du métaphysicien est de chercher *si et dans quelle mesure la philosophie peut justifier le sentiment religieux* tel qu'il se présente historiquement, si les états de toutes sortes que l'analyse y découvre, ont un *fondement d'objectivité*. Le problème religieux, comme aussi bien tous les problèmes d'une métaphysique, relève donc en dernier lieu de *la théorie de la connaissance*.

Or, si le phénomène essentiel qu'on retrouve dans toutes les religions les plus grossières et les plus extérieures, aussi bien que dans les plus hautes et les plus spiritualisées, est le *sentiment d'une toute-puissance qui commande notre vie et d'où nous relevons par tout ce que nous sommes*, c'est qu'il implique au fond, obscurément si l'on veut, éprouvé et vécu longtemps avant d'être connu, le contraste d'une *Nature* et d'une *surnature*, d'une Nature qui est tout ce que nous expérimentons, et d'une surnature qui est tout ce qui la dépasse et l'explique, le contraste de l'Invisible et du visible, de l'Infini et du fini, de Dieu et du monde. Une philosophie qui irait comme celle de Comte à la négation d'une surnature serait vite meurtrière de toute vie religieuse; et il n'a pas fallu moins que l'intrépidité dialectique de Brunetière et les fantaisies de son exégèse, pour faire du positivisme une étape « sur les chemins de la croyance ».

On s'est étonné du succès que le Kantisme a obtenu dans certains milieux *Jeunes-Catholiques* préoccupés des difficultés grandissantes auxquelles se heurte de partout l'idée chrétienne. Ces catholiques ont probablement vu plus loin et plus juste que leurs remuants détracteurs, si Kant n'est pas seulement, selon un mot qui n'est peut-être qu'un mot, « le plus sublime et le dernier des Pères de l'Église [1] », mais si c'est bien le Kantisme lui-même qui est encore d'une certaine façon « la forme la plus haute et la plus subtile du christianisme [2] ». En établissant, comme aucune philosophie ne l'avait jamais fait, que s'il y a une Nature, c'est parce qu'il y a une surnature dont l'action, pour obscure et inconsciente qu'elle soit, s'accuse dans chaque phénomène de l'Expérience, dans chaque démarche de la science et de la pensée, dans chaque progrès de la vie et de la moralité, la philosophie critique n'a pas seulement garanti la possibilité d'une vie religieuse,

---

[1]. Fouillée. *Critique des systèmes de morale contemporains*, p. 404.
[2]. *Id.*, p. 27.

elle en a légitimé et fondé à tout jamais l'inspiration maîtresse. Et c'est un service, cela, dont les intéressés pourraient facilement être plus reconnaissants. « Comment, disait Hannequin, les théologiens ne se rendent-ils point compte que toute philosophie qui fonde le sentiment religieux non pas seulement sur des événements historiques, si imposante qu'en soit la suite à travers les temps, ni sur les systèmes ruineux de métaphysiques abolies, mais sur une Raison qui lui confère une autonomie et par là même une valeur intangible, est une alliée et non point une ennemie ? Et comment est-il possible qu'on n'entende le plus souvent éclater, dès que le nom de Kant est prononcé devant eux, que leurs malédictions ? »

D'autre part, nous n'avons pas le droit d'oublier cet enseignement également certain que la surnature ne saurait pourtant, en aucun cas, devenir objet de *connaissance*. Les catégories n'ont « judicature », pour ainsi dire, que sur les phénomènes. Le reste est affaire de *croyance*. Une étude prolongée de l'idée de Dieu chez les Cartésiens avait de bonne heure appris à Hannequin qu'il n'y a jamais eu au vrai qu'une seule tentative sérieuse de *démonstration de l'existence de Dieu* ; et que de cette démonstration aux formes multiples, et aux appellations différentes, l'argument ontologique est tout le nerf. Argument que saint Thomas n'a pas seulement eu le tort de condamner un peu sommairement, en condamnant le raisonnement de saint Anselme qui sûrement a dit et voulu dire tout autre chose que la puérilité logique qu'on lui prête ; mais qu'il a eu le tort plus grave de ne pas savoir reconnaître dans la preuve par la *causalité* et la *contingence*, dans la nécessité invoquée de remonter, de chaînon en chaînon, à un premier terme *plena ratio* de soi et de tout le reste.

A Descartes mieux inspiré, — inspiré par les mathématiques, — il n'avait pas échappé que l'âme de l'argument ontologique, c'est bien l'idée de l'Infini et du Parfait ; et que, de l'*essence* à l'*existence*, le passage n'est pas d'ordre analytique, mais d'ordre synthétique. L'existence n'est pas un prédicat, une perfection ; elle n'ajoute rien, elle est une simple *position*. « La raison d'être d'un possible est tout entière en lui et ne peut être qu'en lui... C'est dire qu'il tend à être par ce qu'il y a en lui de perfection positive, relativement seulement, quand elle est relative, absolument et sans restriction, quand elle est absolue. » La nécessité de l'Être infini apparaît « comme celle d'un être qui, ayant en lui-même toutes les raisons d'être, sans une seule hors de lui ni en lui de ne pas être, est par la force même de sa tendance à être ou par la plénitude de sa perfection ». Bossuet, pareillement, disait dans sa langue superbe [1] : « L'impie demande : Pourquoi Dieu est-il ? Je lui réponds : Pourquoi Dieu ne serait-il pas ? Est-ce à cause qu'il est parfait : et la perfection est-elle un obstacle à l'être ? Erreur insensée : au contraire, la perfection est la raison d'être. »

Voilà qui est acquis. Mais ce qui peut-être n'est pas moins acquis, c'est la critique que Kant a faite de toute cette puissante argumentation quand il a dénoncé l'origine et la signification de l'*Omnitudo Realitatis*. Nous hypostasions sans y prendre garde une opération de l'esprit indéfiniment progressive ; inachevable de sa nature, nous ne laissons pas de la supposer achevée dans la détermination d'une Intelligence suprême. Nous *réalisons* l'Idéal de la Raison pure, l'Inconditionnel en qui nous cherchons la condition d'existence de tout le reste. Les Cartésiens avaient une théorie de la connaissance qui les autorisait à regarder comme légitime cette démarche de la pensée : ils faisaient de la Vérité une chose absolue et éternelle qui domine notre conscience et soutient notre vérité humaine. Mais nous autres, disciples de Kant, nous avons changé tout cela : pour eux, *c'était l'Intelligible qui expliquait l'intelligence*, pour nous, *c'est l'intelligence qui explique l'Intelligible*. Et c'est là sans doute une révolution non pas du tout dans la *religion*, mais bien tout de même dans la *science* de la religion, dans les théologies et les apologétiques. Il faut nous convaincre d'ailleurs que c'est parce que nous ne pouvons pas *démontrer*, — au sens fort du mot, — que Dieu existe, que nous sommes dûment autorisés à *croire* qu'il existe : « La vertu des choses morales et religieuses est justement qu'on ne les démontre pas, et qu'elles exigent avant tout l'acquiescement, le consentement, le don gratuit et complet de l'esprit. Pascal, en ces choses, voyait profondément quand il disait : Il faut à la religion, non des preuves de raison, mais des preuves qui confondent la raison. »

Mais tout de même ceux qui *croient*, c'est bien que certains faits, certaines idées, certains besoins servent de point de départ et de point d'appui à leur croyance. Voici, il me semble, les deux ou trois choses dont la croyance personnelle de Hannequin se serait volontiers réclamée. D'abord il y a la *Raison*, tout l'ensemble d'éléments *a priori* que l'Expérience n'explique pas, qui au contraire expliquent l'Expé-

1. *Élévations sur les mystères*, première semaine, première élévation.

rience. Limitée en fait à la connaissance sensible, en droit nous savons qu'elle a de quoi la dépasser. Notre puissance de *penser* est plus étendue que notre pouvoir de *connaître*. La Raison nous interdit sûrement de faire de l'ensemble ou du substrat des choses, l'*être nécessaire* que le matérialisme y veut voir ; elle proclame avec une autorité incomparable la possibilité et le fait d'un *Inconnaissable*. Et en tant qu'elle « vaut pour tous les êtres raisonnables », elle suggère au moins qu'elle participe à cet Inconnaissable ; que, sans ce qu'elle en tient, elle-même ne serait pas ce qu'elle est. — Il y a aussi la *Moralité vécue et pensée*, — ce que Pascal appelle « l'intelligence des mots de *bien* et de *mal* », — avec les caractères qu'on sait et qui paraissent toujours irréductibles, inexplicables en somme, dans le seul monde de l'Expérience et de la Science. Le Devoir ne soulève aucun des voiles épais et lourds qui enveloppent le mystère de la destinée ; mais, dans ses impératifs les plus austères, n'est-ce pas déjà comme des voix d'outre-monde qui arrivent jusqu'à nous ? Hannequin, qui connaissait de très près la *Science de la Morale* de Renouvier, avait médité sans doute cet admirable texte que Dieu, c'est pour nous « l'extension de la loi morale au monde, la croyance en une nature et en un ordre tel des choses que, sans pouvoir ni sonder l'origine de l'univers ni le comprendre comme un tout, on puisse affirmer qu'il subit la souveraineté du bien et que les conséquences de ses lois sont d'accord avec les fins de la morale [1] ». — Il y avait pour lui surtout la *Monade*. Il savait la portée de son étude sur les atomes. Si la mieux conduite des inductions amène à penser que l'Être, en nous et en dehors de nous, est individualité, unité métaphysique, synthèse vivante, acte « par lequel il lie, en en faisant son état intérieur, cette diversité sous laquelle l'affectent les choses... fugitive et instable *perception*, soutenue et emportée par la continuité de l'acte que Leibnitz appelait *appétition* », cela n'est pas de nature à nous rendre l'intuition intellectuelle de l'âme et de Dieu, dont la Critique a démontré qu'elle n'a jamais été que pure illusion. Mais on conviendra pourtant que de toutes les philosophies, aucune ne mérite mieux le nom de *spiritualisme*, que celle qui fonde si solidement l'idée de personnalité, qui laisse pressentir dans la plus humble des choses « l'approche de l'âme [2] », et qui ramène toutes les réalités « au type de l'être que nous sommes ».

---

1. *Science de la Morale*, t. I, p. 291 (F. Alcan).
2. Ravaisson, *La Philosophie en France au XIXe siècle*, p. 250.

Il est vrai d'ailleurs que, d'entre les postulats de Kant, la volonté pure, la liberté, — « le principe intérieur d'où tout en nous dépend, et qui ne dépend de rien », occupe un rang à part, privilégié ; la réflexion qu'il faut à la Raison pour se connaître comme Raison *pure* suffit, semble-t-il, pour qu'on ne puisse pas ne pas l'affirmer : « L'homme qui pense est plus haut que sa propre pensée ; sa pensée est par lui, non lui par sa pensée ; et chaque acte de pensée, même le plus ordinaire et le plus insignifiant, mais surtout le plus haut et le plus réfléchi, est une libération et un affranchissement. » Les deux autres surgissent plus lointains, moins vite, moins éclairés. Il faut pour arriver jusqu'à eux un effort plus grand, plus risqué, peut-être un effort, comme on l'a dit, qui intéresse tout l'homme et toute la vie. Mais encore est-il qu'on y arrive par la même voie, en remontant des objets de l'Expérience vers la Raison qui organise l'Expérience, en retrouvant le sentiment de notre initiative et de notre responsabilité. Hannequin parlait rarement en public, mais chaque fois avec émotion, de « la fécondité de ces retours sur soi, où les grands moralistes ont vu dans tous les temps la source par excellence de toute vie morale et de toute vie religieuse ». Il croyait avec Pascal que « Dieu sensible au cœur, telle est bien la formule suprême de la raison : Dieu qui ne se donne à nous qu'autant que nous le cherchons ; Dieu qui nous affranchit d'une part et qui nous sauve, et dont le règne d'autre part se réalise en nous et par nous dans le monde ». Cette « présence de Dieu en nous, cherchée et retrouvée, comme notre bien unique et notre unique consolation, dans les grandes douleurs ou les grandes crises morales », c'est en nous détachant des objets extérieurs, des passions toujours prêtes à nous envahir et à nous disperser, que nous l'appréhendons. C'est aussi à coups de vouloirs plus fermes, de sincérité plus entière, de générosité plus totale, de sacrifices et de renonciations de chaque instant, pour reprendre et garder en main la maîtrise et la direction de notre Raison dans l'œuvre de la création scientifique et esthétique. La voix qu'a entendue un jour Pascal parle encore à tout homme venu en ce monde : « Console-toi, tu ne me chercherais pas, si tu ne m'avais trouvé. » Saints et héros sans doute, mais aussi artistes et savants, faiseurs de bien, chercheurs de vérités et de beautés, tous ceux-là qui croient à l'ordre des choses, au sérieux de l'existence, ils l'ont depuis longtemps trouvé ; et ils n'ont pas eu à le chercher bien loin, s'il est sans doute le terme de notre moralité, mais s'il est déjà l' « idée de nos idées, la raison de notre raison [1] ».

Quelque consistantes et légitimes que soient ces grandes vérités — et Kant allait jusqu'à dire qu'elles sont « infaillibles », — Dieu et l'âme restent pourtant des *croyances*. Philosophes, n'oublions déjà pas cela. Les croyances positives dont les religions se réclament, plus nombreuses, plus précises, plus consolantes si l'on veut, par cela même qu'elles sont situées dans un domaine encore plus écarté et où la connaissance ne réussit même plus à faire arriver la projection de ses postulats, seront donc, qu'on le veuille ou non, des croyances au second degré, *des croyances de croyances*. Que les hommes qui ont une foi religieuse à faire vivre du dedans, ou à défendre du dehors, se le disent. Non pas du tout que la foi des Églises soit jamais création spontanée, pur mysticisme, chose tout en l'air ; elle invoque, elle peut invoquer certaine orientation de notre pensée, des besoins pressants de la vie, des expériences individuelles ou sociales, des témoignages de l'histoire, des inspirations, des vérifications de toutes sortes qui n'ont peut-être de pleine valeur que pour le croyant, mais qui en ont une très réelle et très suffisante pour lui. L'élan qui emporte l'âme religieuse reste parfaitement défendable, même quand il dépasse prodigieusement les inductions philosophiques les plus hardies. La surnature ne mène pas d'elle-même à un surnaturel, mais elle empêche encore moins d'y aller. Seulement à ceux-là, — Hannequin n'en était pas, — qui se décident à une pareille démarche, on a le droit de rappeler que ce n'est pas en se réclamant uniquement d'une démonstration scientifique. L'apologiste qui s'attarde à la *démonstration* d'une religion perd son temps. Kant avait bien réfléchi au problème quand il proclamait la nécessité, en ces matières, de « supprimer le *savoir* pour y substituer la *croyance* ».

Cette solution du problème religieux atténuerait momentanément le conflit entre ceux qui croient et ceux qui ne croient plus. L'homme de science qui ne croit pas, — et dont l'attitude reste encore, même aux yeux du croyant, respectable et rationnelle, — qu'il sache pourtant à l'occasion que ce n'est pas sa science seule qui l'a décidé à prendre parti, et qu'elle ne l'autorise aucunement en tout cas à juger de la croyance d'autrui. Le médecin, disait Hannequin, qui cherche à expliquer une guérison de Lourdes est dans son *droit*

---

1. Ravaisson, *op. cit.*, p. 260.

de savant et fait œuvre excellente ; mais le chrétien qui veut et qui croit voir là un miracle, pourquoi ne serait-il pas dans son *droit de croyant* lui aussi ? Et quel mal y a-t-il à ce que *le monde se prête à une double interprétation ?* Celui qui opte décidément pour l'une, des *considérations* d'ordre intellectuel motivent par devant sa raison cette option, mais la foi et la science étant respectivement ce que Kant a démontré qu'elles sont, ces considérations à elles seules n'auraient certainement pas suffi.

On dissiperait aussi des illusions fâcheuses chez quelques-uns de ceux qui croient et qui, pour croire plus triomphalement, spéculent au hasard, un peu bruyamment, tantôt sur la faillite de la science, tantôt sur les défaillances de la morale philosophique. Il faudra de plus en plus laisser cela. La science est très solide, beaucoup plus solide en tout cas que les croyances qu'on se réjouit de pouvoir édifier sur ses ruines ; et si, quelque jour, elle devait crouler, elle entraînerait d'abord dans la formidable catastrophe tous les éléments intellectuels de la conscience religieuse. Une foi avisée, consciente de ses tenants et aboutissants, travaillerait donc à chercher dans le développement de la vérité scientifique, plutôt des motifs d'édification que des pierres de scandale. Quant à ceux-là qui assurent que l'épanouissement de la morale n'est complet que sous la forme que prend la morale dans une conscience religieuse, c'est là un dire assez ordinaire et qui serait assurément très grave. Mais en est-il ainsi vraiment ? La conscience religieuse *transfigure* bien la moralité. Y ajoute-t-elle ? Elle y ajoute des figurations objectives et concrètes. Cette imagerie a-t-elle une valeur morale ? Il se pourrait, il se peut qu'elle ait pour longtemps ou pour toujours et sur beaucoup d'esprits, une réelle valeur de conviction et d'efficacité ; mais ce qu'il faut cependant maintenir, c'est que *l'effort moral* en lui-même est autre chose, s'il est avant tout et au fond une *œuvre d'affranchissement et de libération par la Raison.*

IV

L'HOMME

Voilà achevé le tour des principaux problèmes abordés par Hannequin. Il restera de lui un livre robuste, d'une grande richesse de pensées et d'une grande force dialectique, où il s'était proposé à la fois d'établir la *vérité* du Kantisme, *métaphysique* de la *physique* de Newton, et aujourd'hui encore utilisable pour la physique d'Ostwald et la mathématique de Poincaré ; et aussi, en montrant dans la Monade de Leibnitz et les Catégories de Kant la solidarité profonde qui en fait comme les deux parties d'un même tout, de rétablir la *métaphysique* sur le fondement même de la *critique*. Les philosophes d'éducation littéraire y trouveront un substantiel et lumineux résumé de l'état des sciences vers la fin du XIXe siècle ; et nos étudiants pourront lui demander un commentaire autorisé et pénétrant de quelques-uns des textes les plus riches et les plus caractéristiques de la philosophie moderne. Ils en retiendront surtout, avec l'étude si curieuse et si forte de l'*atome* et de l'*atomisme*, une analyse du *Devenir*, une conception de l'*Espace* et une théorie de l'*Être* qui sont d'entre les rares choses originales de la métaphysique contemporaine en France.

Après cela, il serait injuste d'oublier que le meilleur de sa pensée et de son action est assurément resté dans son enseignement de chaque jour, dans ces suites de leçons amples et limpides, puissamment charpentées, très préparées et jamais écrites, parlées à voix haute, chaude, éclatante, dans cet élan de tout son être physique et cette joie exubérante de tendre son intelligence, de remuer des idées, d'agencer des systèmes, de soulever les problèmes attirants et insolubles des métaphysiques, qui excitait si vivement la petite bande des étudiants de philosophie et faisait accourir à certains moments les élèves de l'École de santé militaire et de la Faculté de médecine, ceux des Sciences et du Droit, et qui attirait souvent et retenait longtemps parfois des auditeurs de tout âge et de toute condition. Comme beaucoup, lui non plus n'a pas publié les plus beaux de ses livres : la vie lui a cruellement manqué. Il avait réuni, entre autres, les matériaux de deux grands ouvrages, une *Histoire des doctrines métaphysiques du XVIIe et du XVIIIe siècle*, et une *Histoire philosophique des sciences* qui sont toujours à faire chez nous. Il avait projeté, préparé et professé ce *Cours complet de métaphysique* qu'on nous promet seulement de temps à autre, et dont les plus hardis ne donnent guère que des *introductions*.

Mais même si l'on prolongeait l'œuvre achevée, si courte, par l'œuvre ébauchée, si fragmentaire, on n'aurait pas dit encore ce qui attirait le plus vers lui, et ce qui retenait si fort les jeunes gens qui l'avaient une fois approché. De sa maison de la Caille, tout en haut de Lyon, posée sur le sable de Saône, le long de la rivière dormeuse, à l'ombre des grandes masses d'arbres qui descendent de Caluire, il aimait, pour eux et avec eux, à regarder vers les choses et les hommes de ces années troublées et fécondes, vers ceux qui sentent leur conscience morale peu à peu s'obscurcir et se désagréger, vers nos civilisations embarrassées de problèmes chaque jour plus obstruants et plus redoutables, vers tant d'âmes qui, secrètement, souffrent d'avoir perdu, avec la foi de leur enfance, le sens de la vie. « Il est incontestable, écrivait-il, que nos croyances sont troublées, non seulement religieuses, mais sociales et morales : sur ce fait qui date de loin, personne ne peut rien, et nul ne remontera le courant. » Et ce serait le diminuer que de ne rien dire ici de ses attitudes de franchise, de générosité, de virilité intellectuelle, dans les grandes crises de l'heure présente, *morale, sociale, religieuse*.

Il se préoccupait vivement de « notre détresse morale », détresse que dénotent tant de symptômes de la vie individuelle et sociale, qui tient à tant de causes, les unes accidentelles et passagères, les autres profondes, nécessaires, mais à aucune sans doute autant qu'à la dissolution des vieux *Credo* de l'humanité, à l'effondrement formidable des traditions séculaires, au progrès irrésistible de l'*esprit critique*. Nous sommes entrés pour longtemps dans une période de bouleversements et de renouvellements : il y a des révolutions prochaines à tous les horizons. Nous y sommes entrés, comme on y entre toujours, « par l'esprit qui nous a affranchis des traditions antiques... par la Critique qui, depuis le XVIIe siècle, nous a donné la science, mais qui successivement devait s'étendre à tout, au dogme, à la religion, à la philosophie, aux assises historiques de la conscience elle-même, aux notions du droit, du devoir, de la justice, de l'État, de la famille et de la patrie, ébranlant la confiance des hommes dans le caractère éternel et sacré de tout ce qui, jusque-là, les faisait vivre dans une paix relative, rompant le charme des croyances tranquilles, et jetant la suspicion des esprits, mis en éveil, sur ce qu'on ne pratique plus d'une manière assurée, dès qu'on l'a discuté, fût-ce théoriquement, et révoqué en doute ».

Et si les nouveautés qu'on sait, — le retour de la *morale moderne* à la *morale ancienne*, la substitution d'une *science des mœurs* à la *morale*, la *morale du devoir* faisant place à la *morale matérielle*, le témoignage de la *conscience* remplacé par la *technique* de l'ingénieur social, — ne l'avaient ni séduit, ni conquis, ce n'était pas qu'il eût des timidités de pensée. Car peu d'hommes peut-être, en cet âge de réaction anti-intellectualiste, de philosophies de la volonté, de pragmatismes de tous pays et de toutes inspirations, ont eu une foi plus robuste à la souveraineté de la raison, aux bienfaits de la critique. C'est seulement qu'il soupçonnait, chez plusieurs de ces novateurs, des confusions et des irréflexions, chez les sociologues, par exemple, qui se flattent de ramener au déterminisme d'une science positive « la spontanéité profonde et l'initiative morale sans lesquelles l'homme ne réagirait plus, même sur la vie sociale, que comme une chose inerte et comme un mécanisme ». Ils oublient au moins, disait-il, que « si la science et l'action sont des suites de la raison », nous ne devons donc point demander « à la science de nous faire connaître ce qui, étant au-dessus des catégories scientifiques, ne saurait s'y soumettre sans une intervention des vrais rapports des choses », ni non plus « à l'action de déchoir de son rang, qui est le premier, pour tomber sous les prises d'un déterminisme qui resterait indémontrable, s'il devait se présenter comme autre chose que comme une conséquence de l'application des lois de notre connaissance à la Nature et à l'expérience. » Quelque magnifiques et imprévues que soient jamais les trouvailles des sociologies à venir, l'idée de devoir et la vieille morale resteront encore en dehors et au-dessus de toutes les attaques, aussi longtemps du moins qu'on se refusera à confondre l'*histoire* et le *développement* de la moralité avec les *lois* et le *fait* même de la moralité, — à « vouloir tirer, disait Kant, de ce qui se *fait* les lois de ce que je *dois* faire ».

Hannequin tenait qu'il y a *une question sociale* qui est bien sans doute *une question morale*, mais qui est encore autre chose ; qu'elle est très exactement nommée, et qu'elle se pose à toute une société insuffisamment adaptée aux besoins matériels et aux besoins de justice de ceux qui en font partie, et qu'elle va prochainement exiger la refonte de nos grands organismes économiques et juridiques. Il était bravement reconnaissant aux socialistes de l'avoir imposée à l'égoïsme des uns et à l'inattention des autres avec une telle insistance, un tel grondement de voix, qu'aucune force humaine, aucune habileté de politicien, ne réussirait désormais à l'écarter ou à la subtiliser. A la demande anxieuse du poète :

> «... Vers plus de justice et de fraternité
> Sommes-nous sûrs d'aller ? »

il répondait : Mais oui ! — Il sympathisait avec les jeunes de la nouvelle Université. Il confessait que les générations d'avant, et la sienne aussi, avaient été dupes d'un libéralisme un peu verbal ; que le vrai libéralisme n'a pas à se désintéresser de l'évolution des idées et des institutions, qu'il doit travailler à préparer activement pour les hommes de demain plus de vérité, de bien-être, de sécurité, de dignité de vie ; qu'il se confond pour ainsi dire avec l'Esprit créateur de la science et de la morale. Il faisait sienne cette belle parole d'un ouvrier anglais, Albert Stanley : « Il faut qu'après nous, après notre mort, le monde soit un peu meilleur. » Un droit nouveau commence à poindre ; que par chacun de nous, par toutes nos pensées et toutes nos activités, il monte plus pur, et rayonne plus vite et plus réparateur ! Il était fier, — fils lui-même d'un humble maître d'école, — de l'immense et admirable effort concerté, en ces trente dernières années, pour mettre en culture prometteuse de riches moissons, par l'école primaire gratuite et obligatoire, par les Universités populaires, par les œuvres post-scolaires, par l'enseignement supérieur revivifié, par l'enseignement secondaire modernisé, rajeuni, tout à l'heure plus largement ouvert, toute la bonne terre intellectuelle de France. Il était franchement *démocrate* au sens plein et grand du mot. Il ne se dissimulait pas quelques-unes des fautes de notre démocratie d'aujourd'hui, les craintes fondées grandissantes qu'elle fait par moment concevoir à des esprits qui n'ont pourtant pas l'habitude de regarder en arrière. Mais il lui faisait crédit, — oh ! un large crédit ; il l'aimait pour elle-même, pour ce qu'elle est, pour ce qu'elle sera, pour ce qu'elle a coûté, pour les luttes ardentes dont elle est sortie et que les hommes de 1880 n'ont pas encore oubliées. Il lui murmurait tout bas, amoureux et enthousiaste, croyant noblement à tous les biens et à tous les mieux, cette parole de Novalis à la Nuit : « Que caches-tu sous ton manteau qui, quoique invisible aux yeux, me va si puissamment à l'âme ? »

Convaincu personnellement par tout le fond de sa philosophie que l'homme sera *religieux* à l'avenir comme il l'a été dans le passé, si la Critique fait voir qu'il l'est par la nature même de l'esprit et de son fonctionnement, et aussi sans doute que, pour longtemps et pour beaucoup, « le christianisme reste le lit du grand fleuve religieux de l'humanité[1] », Hannequin suivait du dehors, mais avec attention,

1. Renan, *Marc-Aurèle*, p. 642.

l'effort curieux et presque tragique que fait, depuis quelques années, la croyance chrétienne, en France et ailleurs, pour s'arracher au poids lourd des philosophies désuètes et des sciences périmées, pour se renouveler, s'adapter, se penser en fonction de la pensée contemporaine. Une de ces philosophies religieuses, trop rares chez nous et qu'il appelait de ses vœux, semble avoir trouvé enfin dans l'*Action* un point de jonction entre la *Science* et la *Croyance*. Elle ne prétend à rien moins qu'à reprendre tout le problème de Kant : chercher « la relation du connaître, du faire et de l'être[1] » ; et à le résoudre, non pas du tout en dehors de l'esprit du criticisme, mais dans une nouvelle et plus intégrale critique, « une critique de la vie ». Hannequin s'intéressait à cette tentative hardie, et à la fois s'en méfiait un peu ; des formules riches, subtiles, fuyantes, inquiétaient son intellectualisme à lui, robuste et limpide. « La vie de l'esprit solidaire de la vie de l'être », ou encore « l'équation de la connaissance et de l'existence », voilà qui est juste et profond, disait-il. Mais il faut veiller de près aux développements d'une dialectique vraiment aussi délicate qui évolue tout entière dans l'ombre, et qui mènerait vite chacun où il veut aller. Nos idées, pour une part, sont des extraits de nos sentiments, de nos tendances, de nos décisions, c'est entendu : la connaissance, avant de retourner à l'action, en dérive d'abord. Nous sommes nos idées. Échos fidèles, elles nous renvoient le son de notre vie telle que nous la vivons ; elles épellent tout haut, comme on l'écrivait récemment, « lettre par lettre le livre de vie qui s'écrit en nous ». Ce qu'on vit a pour celui qui le vit une valeur intérieure que nul ne peut apprécier ni contester justement du dehors. Évidemment ; et une foi n'aura jamais de plus solide argument ni de plus immédiat à faire valoir. Seulement, semble-t-il, il y a un point faible. C'est que, malgré qu'on en ait, on ne peut pourtant pas vivre toutes les vies, faire toutes les expériences ni surtout des expériences contradictoires ; c'est que, l'expérience unique qu'on invoque, ceux-là contre qui on l'invoque auraient le droit et le devoir de se demander si elle n'a pas, dès le début, été « pipée ». Les *croyants de toutes les fois*, et aussi bien les *incroyants de toute foi* ne pourront-ils pas se réclamer, avec une égale autorité, d'expériences pratiques de même ordre et de valeur pareille ?

Ce qu'il y au fond de tout cela, dans le problème des

---

[1]. Blondel. *L'Action*, p. 490

connexions de l'être et du connaître, observait-il, pour un philosophe, n'est-ce pas tout simplement la question du rapport de la *Vérité religieuse* à la *vérité scientifique* ? Ce qu'il semble bien qu'on veuille démontrer, c'est qu'en face de la vérité religieuse, — du *surnaturel possible*, — une attitude s'impose à l'Esprit, très spéciale, unique, tout à fait différente de l'attitude que nous avons le droit de prendre vis-à-vis des autres sortes de vérités ; que nous sommes tenus d'apporter à ce débat singulier une façon d'*humilité intellectuelle* qui ne serait sans doute pas de mise ailleurs. Si, dit-on, nous commençons par nous renfermer dans notre pensée raisonneuse, méfiante, si nous ne nous prêtons pas, si nous attendons derrière l'appareil hostile de la Critique, que le surnaturel *vienne à nous sans nous*, s'impose à nous malgré nous, il est bien vrai que rien ni personne ne nous forcera dans nos retranchements. Mais aussi, cette attitude d'apparente neutralité, en fait d'indifférence déjà agressive, que nous sommes peut-être autorisés à prendre à l'égard de toute idée nouvelle qui demande à s'introduire en nous, c'est la thèse même de l'*Action* qu'il faut précisément en excepter au moins une vérité, la *vérité chrétienne ;* que nous n'avons pas le droit de la prendre à l'égard du *seul surnaturel*, que nous avons par devant nous et par devant l'invisible et possible visiteur qu'est Dieu, le Dieu d'une Révélation, le devoir non pas seulement moral, mais *intellectuel*, d'en prendre une toute différente. Et c'est ce que Hannequin, lui, refusait absolument d'accorder. Il maintenait que notre intelligence, la *Raison humaine*, n'a aucune *complaisance* à avoir, aucune *abdication* à consentir en face de quoi que ce soit et en faveur de qui que ce soit ; qu'elle a le droit d'être aussi sévère, aussi critique, aussi détachée, à l'égard des croyances chrétiennes qu'à l'égard de toute autre croyance ; qu'elle a peut-être le devoir de l'être davantage, de se tenir plus jalousement sur ses gardes, en face de données historiques qui, de l'aveu de tous, s'accordent assez mal avec l'histoire scientifique, et de données dogmatiques à tout le moins étranges, et qui se heurtent violemment et de plus en plus à l'ensemble de notre science et de notre pensée. Si « *C'est* », si le surnaturel existe, concluait-il, s'il veut me conquérir, s'il est fait pour moi et si je suis fait pour lui, qu'il présente ses titres : j'écoute, j'attends ; mais qu'il ne me demande pas de fermer les yeux, ou de regarder moins bien et moins longtemps. Dieu ne saurait vraiment avoir besoin de nos indulgences de chercheurs, de nos partialités d'examinateurs, — de nos manquements enfin à notre conscience scientifique !

Et c'était là une des raisons de l'admiration, aussi sincère et beaucoup moins inquiète, qu'il éprouvait tout haut, en ces derniers temps, pour un autre grand *philosophe* religieux, l'abbé Loisy. Il lui savait gré, autant que de sa « pure soif de vérité[1] », de l'*idée* même qu'il se faisait de la vérité — qui était aussi la sienne et qui sera de plus en plus celle de tous les hommes, — « une vérité ayant les suprêmes droits », et non pas « une vérité ayant des droits secondaires, c'est-à-dire nuls, une vérité subordonnée, assujettie à des conditions étrangères, destructives de toute science véritable, et, ce qui est plus grave, à des croyances qui ne permettent plus qu'on remonte à leur source, parce qu'on les trouve, à tort ou à raison, insuffisamment justifiées et garanties par cette source même. » L'illustre exégète n'était pas d'ailleurs un inconnu pour lui. Il aimait à se rappeler un frêle et gentillet camarade du collège de Vitry-le-François qu'on appelait « le petit Loisy ». On l'appelait alors, lui, « le grand Hannequin ». Ils faisaient leur *sixième* ensemble, vers 1870. La vie les avait séparés de bonne heure. Mais il jouissait, comme d'un succès personnel, de retrouver son jeune ami d'autrefois monté très haut, devenu très grand, jeté en pleine lumière autant par son caractère et sa dignité que par son immense talent, et les redoutables problèmes que son œuvre vient de poser à la pensée catholique : « L'attitude de l'abbé Loisy, écrivait-il à l'un de ses élèves très ému des décisions romaines du 16 décembre 1903, non pas tout de suite devant sa condamnation, mais plus tard s'il continue à publier ses travaux, et celle de tous ceux qui vivent en communauté d'idées avec lui, va être décisive ; elle montrera si l'Eglise est quelque chose comme une institution irréformable, incapable de vivre dans les temps nouveaux, ou si l'élément jeune et vraiment nouveau qu'elle renferme, et que vous avez été le premier à me révéler en elle est assez vigoureux pour la porter à de nouvelles destinées. » A l'occasion de tous ces lamentables et ruineux conflits sur le terrain scientifique et politique, il ajoutait : « Comme tout le prix du christianisme et de ce qu'il y a de religieux dans la religion catholique est dans la libération et dans l'affranchissement des âmes ! Si on ne va pas là, et si l'on va au contraire à leur asservissement, c'est la divine lumière du Christ

---

1. P. Desjardins. *Catholicisme et Critique*, p. 42.

qui s'éteint... Non, la religion n'a pas pour mission de mettre la main sur le pouvoir, ni même sur les âmes, mais de s'offrir à elles, de les garder et de les orienter, de ne leur faire nulle violence, de ne leur voiler ou refuser nulle lumière ; et le jour où l'autorité catholique ne poursuivrait plus d'autres fins, toutes nos querelles seraient près de leurs termes... Je crois que l'avenir est pour le christianisme dans l'exaltation de ce qu'il contient de purement religieux. Je crois que vous êtes dans la voie de la vérité et de la vie. Un jour viendra où on vous remerciera si on ne veut pas ensevelir à jamais la pensée chrétienne chez les catholiques. »

*
* *

Il avait appris de l'un des maîtres de sa vie spirituelle, le doux et serein Spinoza, à *comprendre* la vie, à l'aimer en elle-même, telle qu'elle est, pour ce qu'elle nous donne et pour ce qu'elle nous refuse, à n'y pas voir qu'une préparation mystique et apeurée aux au-delà de la mort, *Homo liber mortis metu non ducitur... ejus sapientia vitæ est meditatio* [1]. Si la tristesse est l'état naturel du chrétien, comme le proclame le christianisme austère de Bossuet, c'est la joie paisible, confiante et consciente, qui doit être l'état naturel du philosophe, de celui *qui ex solo Rationis dictamine vivit*. De cette vie, Hannequin attendait sans impatience ce qu'une volonté forte peut en obtenir quand les circonstances ne trahissent pas trop son effort. Il ne lui demandait d'ailleurs que des plaisirs simples, sains, et à la portée de toutes les existences, *rebus uti, et iis delectari, viri sapientis*.

Quelques-unes de ses meilleures heures, dont le ressouvenir mettait jusqu'à la fin un bon sourire à sa figure pâlie et torturée par le mal, étaient celles qu'il avait données à la pêche et à la chasse, dès le matin, le long de la petite rivière de chez lui, la Saulx, dan' 'es grandes herbes mouillées, et tout le jour, à travers champs et bois, menant pendant ses vacances de Pargny « une vie de sauvage ». A la poésie des livres et des mots, il préférait la poésie des paysages, un coin des Vosges, du Jura ou des Alpes, un nid d'été pour quelques semaines dans les monts de la Loire ou du Charolais, le

---

1. *Éthique*, 4ᵉ partie, prop. LXVII.

revoir des grandes plaines et des hautes futaies champenoises où ses souvenirs d'enfant accouraient au devant de lui, radieux et ensoleillés, où les caresses de sa vieille maman, gardienne du cher foyer natal, se faisaient plus maternelles encore au soir de la vie : « Que c'est bon ! » disait-il. A Lyon, il lui restait ses grands amis les philosophes, et son piano : les sonates de Beethoven lui semblaient aussi belles et aussi vraies que la *Critique de la Raison pure*. Adroit, ingénieux, attentif aux détails de la vie pratique, l'esprit à la Descartes, il s'intéressait aux « arts mécaniques » autant qu'aux « beaux arts » : il avait des curiosités et des émotions d'ingénieur. Dans les derniers temps, aux heures où il lui devenait difficile de s'arracher à sa chaise longue de malade, sans plainte ni regret, il attirait à lui sa bonne pipe jaunie et, comme Baruch Spinoza, à la veille de mourir, fumait tranquille et solitaire, l'âme en paix, le regard au loin, l'œil songeur et très doux.

En revoyant les années passées, il les voyait telles qu'il les avait souhaitées, dès vingt ans, fier, fort et droit. Jeune, au départ de la vie, il s'était fait du *devoir* une idée simple et consistante qui ne lui avait jamais manqué, à laquelle lui non plus n'avait pas manqué. De Kant déjà il avait appris à identifier le Devoir et la Raison. Une *raison pratique*, au double sens où Descartes et Kant l'ont entendu, c'était toute la formule de sa vie morale. Le plus haut éloge de ceux qu'il avait formés était de leur reconnaître un « esprit dépouillé ». Nous dépouiller l'esprit des préjugés qui s'insinuent en nous de partout, qui nous *asservissent*, qui nous *matérialisent*, qui nous cachent à nous-même ce que nous sommes, ce que nous avons droit d'être, ce qu'il faut que nous soyons ; — et puisque « l'homme est visiblement fait pour penser, que c'est toute sa dignité et tout son mérite, et que tout son devoir est de penser comme il faut[1] », « éviter soigneusement la précipitation et la prévention », disait Descartes, « travailler donc à bien penser », répétait Pascal, voilà aussi notre vrai métier d'homme, l'œuvre difficile de tous les jours et de toute la vie à laquelle il voulait que chacun se donnât sans se lasser, à laquelle il s'est appliqué lui-même jusqu'au bout. La première ainsi de nos vertus, c'est d'avoir l'*esprit critique*, de devenir raisonnable, *sapere aude*. Car nous ne naissons pas du tout raisonnable ; c'est notre devoir de le devenir — lentement, malaisément, en nous *affranchissant*

---

[1]. Pascal. *Pensées*, édit Brunschvicg, 146.

au long des années qui passent, en nous retrouvant sous l'amas des passions, des erreurs, des croyances héréditaires et irréfléchies, Raison et Liberté, Volonté pure et bonne volonté.

Et même, pour l'humble pratique de chaque jour, les maximes de Kant restent encore les plus sages et les plus sûres conseillères du bien faire et du mieux faire. Avec quelle conscience, et souvent aussi au prix de quelles souffrances, il pratiquait, lui, son devoir de professeur, de tuteur de jeunes gens, de directeur de conscience intellectuelle ! Exquise était sa serviabilité, et sans bornes, comme d'un grand frère aîné : ses élèves pensaient-ils à s'excuser de la peine trop visible qu'il s'imposait, du temps qu'il prenait pour eux sur son peu de temps utilisable, c'est presque lui, enjoué, qui les remerciait : « Pour qui donc serions-nous faits si ce n'était pas pour vous ? » répondait-il. Quand il lui arrivait de ne pouvoir se traîner, fiévreux et haletant, à la Faculté, il s'inquiétait vite des suites que cela pouvait avoir pour ses étudiants ; il s'ingéniait à les dédommager, dans son cabinet de travail transformé en salle de conférences, par un enseignement plus intime, par des causeries profondes et charmantes aussi longtemps prolongées que ses pauvres forces le lui permettaient. Ceux qui pénétraient le matin dans sa chambre d'infirme le trouvaient au lit, à peine remis d'une de ces terribles crises, la figure encore contractée d'une atroce souffrance, occupé à lire, à annoter des copies, à préparer ses textes.

Ce qu'il mettait de raison et de formalisme moral dans sa vie ne diminuait en rien chez lui sa capacité de tendresse qui était très délicate, très fidèle, vraiment inépuisable : « il rayonnait la confiance et la sympathie... il ne pouvait faire de peine à qui que ce fût. » Il a beaucoup aimé, il aimait à aimer. Il se donnait à tous ceux qui l'approchaient ; il prenait sa part des tristesses et des détresses qu'on lui disait, que son journal lui apportait, que sa femme lui racontait, tout émue, au retour d'une course de bienfaisance dans le monde des petits et des miséreux, ayant faim et soif de justice, croyant inébranlablement à la prochaine venue du royaume de Dieu, c'est-à-dire d'une société moins veule, moins faite d'égoïsme et d'inégalité, où ceux qui souffrent ne souffriront pas autant. La terrible Affaire l'avait bouleversé et exaspéré : le jour où le verdict de Rennes l'atteignit dans un petit village de Suisse, il se sauva, pris d'un frisson de pitié et de colère, « ayant peur d'être seul ».

Mais de tous ceux qu'il aimait, c'étaient peut-être ses élèves qu'il aimait le plus, à qui il réservait la meilleure part de son cœur, de sa pensée, de ses pauvres demi-journées de fiévreux et d'alité. Il se faisait de sa responsabilité envers eux, envers ce qu'ils étaient, ce qu'il voulait les aider à être un jour, une haute et grave idée. Il les invitait à sa table de famille. Ceux qui venaient de loin trouvaient grande ouverte la riante petite chambre d'ami. Leurs études, leurs succès d'examen, la préparation d'une thèse, d'un mémoire académique, l'effort seulement pour continuer de penser et ne pas trop vite déchoir et s'enliser, étaient les plus fières de ses joies. Ceux d'entre eux qui se pressaient aux jours mauvais pour le visiter, lui faire oublier pour quelques heures le terrible mal qui l'immobilisait, l'émouvaient profondément : « Les braves gens ! disait-il, après leur départ. La gentille jeunesse ! Si vous saviez comme ils sont bons ! » Il n'a peut-être jamais su, lui, comme il avait été bon le premier, et à combien ! Il continuait de les suivre dans la vie, il n'abandonnait jamais le premier une amitié ; et ceux-là mêmes qui avaient paru l'oublier, ayant tiré de lui ce que leur ambition de carrière pouvait en attendre, et dont l'éloignement et le silence l'avaient d'abord surpris et meurtri, il les accueillait à leur retour avec la même bonté, sans plainte ni reproche.

Arthur Hannequin n'aura pas été seulement un *métaphysicien*, — de la famille des grands métaphysiciens, — original et puissant, un *historien* très sûr et très pénétrant de l'évolution et de la pensée philosophique de Descartes à Kant, un des premiers ouvriers, des plus intelligents et des mieux préparés, de la *philosophie des Sciences*. Il fut aussi un merveilleux entraîneur de jeunes gens[1], un inspirateur

[1]. On lira avec plaisir ce témoignage éloquent de l'un d'entre eux sur ce qu'a été, chez Hannequin, le philosophe et l'homme : « Non, le kantisme n'est ni une scolastique, ni une momie ; et ceux qui, en 1899 et en 1900, ont eu la chance de l'entendre exposer à Lyon par le prestigieux métaphysicien et l'incomparable penseur que fut Arthur Hannequin ; ceux de ses élèves qui subirent le frisson de cette éloquence métaphysique, et qui savent de quelles merveilleuses perspectives et de quelle profonde signification vitale s'illuminaient, sous le regard étincelant et la parole ardente du maître, les théories les plus abstruses de la Critique, ne consentiront pas volontiers à ne voir dans le kantisme qu'un catéchisme d'abstractions à l'usage des examens universitaires.

« Hannequin non seulement avait admirablement compris et définitivement adopté la philosophie de Kant, mais il l'avait pour dire humanisée en se l'incorporant ; il la vivait passionnément et la magnifiait par toutes les énergies de son être, dans son enseignement public et dans ses conversations intimes.

« L'analytique transcendantale, l'argument ontologique, la liberté nouménale et l'autonomie du vouloir étaient ses grands chevaux de bataille, en même temps qu'il les déclarait les critères suprêmes de l'esprit philosophique. Dans les intervalles de crises que lui laissait

d'idéal haut et généreux, un professeur éloquent et écouté, le meilleur et le plus aimant des maîtres. Il fut encore un *sage*, au sens antique du mot : bienveillant et doux à la vie qu'il savait devoir être courte pour lui et qui lui fut parfois dure ; bienveillant et doux à la mort qu'il attendit de bonne heure, qu'il regarda en face sans faiblesse ni forfanterie, et qui n'aura été soudaine et terrible qu'à ses amis, à ses élèves, — à ses enfants, — à ceux qui l'embrassaient à son départ en juin, ignorant que c'était la dernière fois, qu'il ne leur serait plus donné de revoir son bon et fin sourire, ses yeux « dont le regard étincelait d'une inoubliable clarté », de mettre leur main dans sa main chaude et caressante, de repasser jamais la petite porte accueillante du quai de Cuire qu'on franchissait joyeux et d'où l'on sortait toujours un peu meilleur, plus fort pour les luttes de chaque jour, plus indulgent aux hommes et aux choses, — épris de philosophie, presque philosophe.

J. GROSJEAN.

sa terrible infirmité, il les exposait triomphalement et sans effort, jouissant en artiste de sa maëstria philosophique, et donnant à ses auditeurs, par l'éclat de son style et la vigueur de ses idées, le sentiment de la souveraine puissance intellectuelle. — Dans ses conversations particulières, lors des conférences fermées que le pauvre malade nous faisait chez lui, étendu sur une chaise longue ou sur son lit de souffrance, son kantisme était peut-être plus admirable encore, car il s'exprimait alors dans l'abandon libre et touchant de l'homme à l'homme, ou plutôt du père à ses enfants, et nous admirions, dans cette nature d'élite, l'étendue de l'érudition scientifique unie à la profondeur de la conscience morale et religieuse, le sentiment du mal radical et de l'indifférence des lois de la nature faisant jaillir, dans cette âme généreuse, la foi spontanée dans le règne de la Justice et de l'Amour. Enfin et surtout, Hannequin réalisait et conciliait dans l'expérience douloureuse de son implacable maladie, comme dans son enseignement, cette antinomie dramatique et sublime d'un déterminisme brutal, qui ruinait progressivement et sûrement son organisme, et d'une volonté héroïque qui eut le dessus jusqu'à la fin. » A. Gindrier, *Le Censeur*, 30 novembre 1907, p. 395.

ÉTUDES D'HISTOIRE DES SCIENCES

COURS

SUR LA

PHILOSOPHIE DES SCIENCES

LEÇON D'OUVERTURE [1]

Messieurs,

En assistant aujourd'hui à une première leçon sur la philosophie des sciences, vous faites le plus grand honneur au cours que j'entreprends sur un sujet à la fois très vieux et très nouveau : très vieux, car c'était le sujet favori des philosophes antiques ; et je me sens tenu, en toute bonne foi et non sans quelque crainte, de confesser qu'en plus d'une occasion nous n'aurons d'autre guide que le vieil Aristote ; mais pourtant très nouveau, tant, pour des causes diverses, la séparation s'est de jour en jour produite et accentuée entre savants et philosophes : que ce soit au détriment de la science, peut-être serait-il téméraire de le dire trop haut en présence des progrès qu'elle a faits depuis seulement trois siècles qu'elle s'est affranchie peu à peu de la métaphysique ; mais que la philosophie y ait parfois perdu chez nous le sentiment vif de la réalité, qu'elle ait, à son grand dommage, selon nous, consenti à laisser échapper un domaine qui lui était propre, l'étude de la nature, on ne peut le nier, et on ne peut non plus s'empêcher de regretter qu'elle se soit ainsi laissé dépouiller et amoindrir. Ce sentiment, Messieurs, depuis longtemps les maîtres de la philosophie française l'éprouvent ; et la création dans cette Faculté d'un cours sur la

---

1. Publiée chez Leroux, Paris, 1885.

philosophie des sciences témoigne de la sollicitude et de l'esprit de progrès qui animent la direction de notre enseignement supérieur. Permettez-moi d'ajouter que notre Université Lyonnaise aurait le droit d'être fière d'avoir été choisie pour inaugurer le nouvel enseignement, si je ne sentais profondément la grandeur de la tâche et la faiblesse de celui qui l'assume : car il semble bien qu'il faudrait, à qui veut enseigner la philosophie des sciences, l'esprit d'un philosophe et les connaissances positives d'un savant. Or, ces deux conditions, qui voudrait se vanter de les réunir en soi ? qui même oserait affirmer qu'elles ne sont pas au fond exclusives l'une de l'autre ? Car, disons-le tout de suite, rien n'est, à ce sujet, moins rassurant que l'attitude hésitante, pour ne pas dire sceptique, de certains philosophes et de certains savants ; même il faut rendre à ces derniers cette justice qu'ils ne se montrent guère jaloux des attentions et des faveurs de la philosophie, et qu'ils professent à son égard, au premier pas qu'elle fait vers eux, plus de méfiance peut-être que de sympathie :

« *Timeo Danaos......* »

I

C'est que, Messieurs, pour un savant, une crainte salutaire de la métaphysique est le commencement de la sagesse : soit en effet qu'il suive de longues chaînes de raisonnements, comme les mathématiciens, soit qu'il cherche à surprendre, entre les faits, les relations constantes qui les unissent, il prétend ne se rendre qu'à la nécessité d'une démonstration ou la brutalité d'un fait. Le signe de la vérité, pour lui, c'est l'impossibilité d'admettre, sans contradiction ou sans un démenti de la nature, toute proposition ou toute loi inverses de celles qu'il a démontrées ou qu'il a vérifiées ; et son garant, c'est, prétend-il, la nature même des idées et des choses ; c'est l'expérience et la réalité. Aussi s'intitulerait-il volontiers *réaliste*, si l'on n'avait inventé pour lui un autre nom, qui le caractérise peut-être mieux encore : celui de *positif* ; car positif il est en matière de preuves, tant il est difficile à contenter, et du même coup difficile à tromper ; ennemi des entreprises aventureuses, ce n'est pas lui qu'on verra se livrer aux hasards de la généralisation ; mais, prenant hypothèque sur la réalité et sur les faits palpables, positif il est, et positif il restera.

Loin de nous, Messieurs, la pensée de l'en blâmer ; bien plutôt serions-nous prêts à l'encourager dans cette voie, s'il avait besoin de nos encouragements ; car la science, semble-t-il, est à ce prix : ce qui la constitue ou tout au moins l'achève, c'est en effet la vérification : le problème du mathématicien, l'hypothèse du physicien, du naturaliste, de l'historien, indispensables à la science, en sont les instruments et les moyens, non la fin et l'essence : ce qui est scientifique, c'est le problème vérifié par la démonstration, ou l'hypothèse vérifiée par l'expérience et devenue *loi*, si bien que l'âme de la science, c'est la vérification. Donc nous aussi nous disons volontiers : la science sera positive ou elle ne sera pas.

Vous comprenez dès lors l'accueil réservé au métaphysicien qui vient frapper à la porte de la science : sa réputation n'est pas bonne : lui qui prétend trouver, sous la réalité sensible, une réalité plus profonde, mais cachée, quel respect va-t-on croire qu'il a des faits et de l'expérience ? S'il fait mine d'en tenir compte à son départ, c'est pour les dépasser, autant dire pour les négliger, les mépriser : et comment songerait-il à retrouver les faits au terme de ses constructions systématiques, quand il est une fois sorti de leur domaine, pour n'y plus rentrer ? Donc, pour lui, point de vérification directe : un effort peut-être pour tirer à lui le monde des phénomènes, pour en donner à la hâte une explication générale, pour en déduire une présomption en faveur du système, et c'est tout : témoin Platon, chez les anciens, et témoins, de nos jours, les efforts d'un Schelling ou d'un Hegel. Quant à la prétention de construire l'univers sans tenir compte d'un fait, comme on construit la géométrie, pourtant si scientifique, sans tenir compte d'aucun solide réel, elle vaut la précédente : des déductions du géomètre, appuyé sur le terrain solide d'une définition de l'étendue, postulée et acceptée, à la dialectique du philosophe qui veut rendre raison de tout, et des principes eux-mêmes, il y a la même distance que des généralisations du métaphysicien aux lois du physicien, c'est-à-dire la distance du noumène au phénomène, de l'idéal au réel, du rêve au fait.

Voilà, Messieurs, les généralisations hâtives, les déductions hasardées, l'absence de toute vérification, que les savants redoutent d'importer chez eux en nous donnant asile. Et de fait, si le philosophe prétendait à leur méthode substituer la sienne, ce serait, il faut le dire bien haut, la négation radicale de la science : mais peut-on croire qu'il en ait le désir ? peut-on croire qu'il ait à ce point le goût du stérile et du faux pour altérer une méthode si chèrement acquise, si sûre et si féconde ? et même n'est-il pas vrai qu'en une certaine mesure la science telle qu'elle est, démonstrative et expérimentale, est l'œuvre de la philosophie ? On a soutenu que la science proprement dite s'est peu à peu et par fragments dégagée de la métaphysique [1] : on pourrait, croyons-nous, démontrer que la métaphysique y est pour quelque chose, et qu'elle-même en se développant mettait lentement hors de son domaine propre, comme étrangère et comme incompatible, la science tout absorbée dans le sensible et dans le phénomène : et si la science ne devait qu'y gagner, la métaphysique à son tour ne pouvait rien y perdre.

On commet, à l'égard de cette dernière, une injustice étrange : on l'accuse toujours, quand elle s'introduit quelque part, d'apporter avec elle des procédés d'investigation, des habitudes logiques qu'on déclare funestes à la science, ou tout au moins stériles ; et il semblerait, en revanche, que rien ne puisse, à elle-même, lui nuire, et qu'il n'y ait

1. M. Ribot, dans son *Introduction à la Psychologie anglaise contemporaine*.

aucun dommage à l'approcher de ce qui n'est pas elle, à unir ses recherches, par exemple, aux recherches scientifiques. Permettez-nous pourtant de croire que le danger n'est pas pour la science toute seule, mais qu'il existe aussi, plus grand peut-être et plus redoutable, pour la métaphysique elle-même. Aussi quand la philosophie des sciences inquiète les savants, peut-être ont-ils moins de sujets de crainte que les philosophes.

Le moindre défaut d'un savant, Messieurs, c'est de croire à la science, mais d'y croire d'une manière absolue, à l'exclusion du reste : à force de manier la démonstration, un mathématicien ne veut plus rien admettre, comme les sceptiques anciens, qui ne soit démontré, ce en quoi il se contredit lui-même ; mais la contradiction, ce n'est rien, c'est de la métaphysique ! Dans un autre domaine, le physicien et le naturaliste contractent au laboratoire d'excellentes habitudes, qu'ils veulent malheureusement appliquer à tout et transporter partout. Or, Messieurs, les séductions de la métaphysique sont plus grandes qu'on ne veut parfois l'avouer ; et tel qui se défend de les apercevoir succombe à leur attrait tout le premier : c'est le péché mignon de plus d'un homme de science ; et ce n'est pas nous qui nous en plaindrons, surtout quand nous songeons aux œuvres magistrales d'un Chasles, d'un Claude Bernard, ou d'un Berthelot, pour ne parler que d'eux.

Mais combien de fois n'est-il pas arrivé qu'on a voulu traiter l'objet de la philosophie comme l'objet d'une science, mathématique ou expérimentale ? combien de fois, par une étrange aberration, n'a-t-on pas cru pouvoir tenir l'explication du monde dans une loi scientifique, induite des phénomènes, comme si la loi n'était pas un abstrait, et comme si l'abstrait, appauvrissement de la réalité, pouvait jamais envelopper le réel et pouvait le produire ? Combien d'hommes, enfin, n'ont-ils pas cru que d'une loi pareille, traitée par le calcul, on pourrait suivre un jour les conséquences indéfinies, réalisées chacune dans chaque phénomène ? Et, à leur gré, que faudrait-il pour cela ? Rien que l'objet ordinaire de la science : les faits ; et rien que ses méthodes : l'expérimentation et le calcul. De philosophie, point, puisqu'elle n'a pas d'objet distinct ; ou, si l'on y tient, une philosophie positive, une synthèse des résultats généraux de la science, une sorte de résumé ample, intéressant et raisonné.

C'est, vous le voyez, la négation radicale et naïve de toute métaphysique, et c'est du même coup la construction la plus téméraire d'une métaphysique aventureuse entre toutes et inconsciente d'elle-même ; car il n'y a pas de plus terribles métaphysiciens que ceux qui nient toute métaphysique : demandez à M. Spencer. Le procédé est assez clair : on nie *a priori* qu'il y ait rien au delà des phénomènes ; et nier l'objet de la philosophie, c'est déjà, remarquez-le, Messieurs, philosopher : le savant, sur ce point, ne dit ni oui ni non ; il a les faits : qu'il les observe et en trouve les lois ; mais défense à lui, sous peine de philosophie, d'outrepasser cette limite.

Ce n'est pas tout : nier qu'il y ait, au-delà des phénomènes, une réalité suprasensible, à la rigueur, pour un savant, qui ne doit voir et ne voit qu'eux, ce serait peccadille ; mais prendre fond sur cette affirmation pour soutenir ensuite qu'ils sont et le sensible et le suprasensible, qu'ils sont noumène et phénomène, et que la loi qui les unit, la déduction qui les retrouve, l'abstraction qui les fige et n'en retient que le squelette, sont la source de vie où puise l'univers, c'est simplement poser, sans discussion et sans critique, que l'apparent est le réel ; c'est relever, sans même qu'on s'en doute, l'idolâtrie de la substance, identifiée au phénomène ; et c'est, pour tout dire d'un mot, ériger d'emblée la science en métaphysique, sous prétexte de détruire toute métaphysique.

Voilà la confusion totale, irrémédiable, si souvent reproduite, qu'on pourrait si souvent mettre à la charge des savants, et dont nous voudrions nous garder à tout prix. Voilà l'écueil à éviter, quand la philosophie s'occupe d'aborder la science ; et trop souvent est venu y échouer l'effort sincère des philosophes qui voulaient s'approcher de l'expérience. Voyez plutôt les psychologues de l'école allemande : pénétrés de l'idée, en elle-même excellente, qu'il faut poursuivre le phénomène psychologique jusque dans les faits physiologiques qui en déterminent la genèse ou en expriment au dehors le développement, ils se sont faits physiologistes ; mais pour un peu ils oublieraient l'originalité de la pensée ; pour un peu, séduits par les faits du dehors, d'un si grand intérêt, mais cependant d'un autre ordre, ils cesseraient d'être psychologues et croiraient le rester : car la science qui les attire voile à leurs yeux la nature de l'esprit, l'être parent de tous les êtres, par lequel on pénètre la réalité, et sans l'étude profonde duquel on n'est plus, dans le plein sens du mot, un psychologue.

Ainsi, Messieurs, notre projet n'est pas de disputer au savant le rôle qui lui est propre, et qu'il remplit si bien ; loin de nous l'ambition de toucher à la science, et d'y rien ajouter ; ce serait œuvre scientifique, et non philosophique ; et c'est œuvre philosophique que nous voudrions faire. Mais est-ce une raison pour tenir séparées ces deux formes sublimes de notre connaissance, et ne peuvent-elles se rapprocher sans se confondre, s'unir et se prêter un mutuel secours sans s'altérer l'une par l'autre et se détruire ? Il faudrait, pour le penser, nier l'unité de l'esprit. Nous croyons au contraire qu'au fond tout se retrouve et s'harmonise en lui, et que science et philosophie ne se divisent que pour mieux pénétrer le mystère du réel, et ressaisir l'unité de leur nature dans l'unité de l'effort qui les crée, et de la connaissance qui est leur fin commune.

II

L'esprit humain, Messieurs, qu'on l'accorde ou qu'on le nie, poursuit, d'une recherche infatigable, l'essence des choses : et le problème qui, sous mille formes diverses, se pose constamment devant lui, c'est le problème de l'existence. Curieux sans doute de savoir ce qui est, peut-être l'esprit l'est-il plus encore d'aller au fond de la nature et de l'être, et de s'arrêter là, comme au principe et à la fin de tout. Or, savoir ce qui est, constater l'existence d'une chose dans le présent ou dans le passé, la prévoir dans l'avenir, c'est rattacher les faits aux faits, les groupes déterminés de phénomènes à d'autres groupes déterminés ; c'est observer, supposer des liaisons constantes, c'est vérifier, déduire, et expérimenter : d'un mot, c'est l'œuvre de la science. Peut-être pourrait-on, et, diront quelques-uns, devrait-on s'en tenir là, car, à l'esprit qui connaîtrait ou posséderait les moyens de connaître tout ce qui est, que resterait-il de plus à chercher ou à savoir ? Précisément, Messieurs, ce que c'est que d'être, ce que c'est que réalité, non plus seulement quelles sont les choses, mais ce qu'elles sont en leur essence intime, et ce qu'elles signifient : cela, c'est l'objet de la métaphysique ; et, qu'il soit vain ou légitime, il est profondément entré au cœur de l'homme, l'espoir d'aborder le mystère, de l'éclaircir, et, sinon de résoudre à jamais le problème, du moins d'en serrer de si près les données, d'en suivre si patiemment les complications infinies, qu'il soit toujours plus près de céder à notre raison et s'éclaire peu à peu des lumières de l'esprit !

Il reste seulement à savoir si on le posera en l'air et dans le vide, ou, comme disait Descartes, sur l'argile et le roc : il reste à décider si, voulant saisir l'être dans sa source vive et dans son absolue réalité, l'esprit humain se prêtera toujours à le traiter comme une fiction, à l'imaginer de toutes pièces, à force de spéculations sur l'être et le non-être, ou si l'on ne croira pas bientôt le moment venu de se tourner vers les seules choses qui constituent le monde, qui soient et qui nous apparaissent, en un mot vers les phénomènes. Car le phénomène, dans l'ordre du concret, est le terme dernier que nous puissions atteindre : il est pour nous la réalité même.

Je sais bien, Messieurs, qu'une pareille proposition pourrait être comptée comme la condamnation de toute métaphysique : mais ce serait, à mon avis, au prix d'une idée fausse et d'une confusion : car c'est une idée fausse de croire qu'il faudrait, pour constituer une métaphysique, atteindre un être en soi que ne devrait pas même troubler l'acte de notre connaissance, et qui serait autre que son apparence, autre que le phénomène qui nous le représente, ou que ce que nous en savons : autant vaudrait déclarer inconnaissable ce qu'on prétend connaître, impénétrable ce qu'on s'apprête à pénétrer ! et pourquoi cette contradiction stérile, quand il serait si simple de prendre loyalement ce qui nous est donné, de le traiter comme le réel, d'autant qu'il n'y aura jamais d'autre réalité pour nous, et de faire acte de confiance en notre esprit, d'autant que sans lui nous ne pouvons rien connaître ? Acte de foi, acte arbitraire, si l'on veut ; mais acte qui s'impose à tout esprit qui veut connaître, et sans doute à l'esprit même de Dieu, si connaître soumet toujours aux lois du sujet qui connaît la connaissance de l'objet ! Et pourquoi n'aurions-nous pas foi en notre esprit ? Entre deux alternatives, celle-ci : ce que nous connaissons existe réellement, et cette autre : nous ne savons et ne pouvons rien savoir, pourquoi ne pas faire un pari, et comment ne pas parier pour la première, quand la seconde est le sophisme paresseux et ne tend à rien moins qu'à l'anéantissement d'un quiétisme intellectuel ?

Ainsi, prenons pour le réel ce qui nous est donné ; mais ne prenons que cela : ne prenons que le phénomène. Et ne nous laissons pas opposer une objection qui ne repose, après tout, que sur une confusion ; ne nous laissons pas dire qu'il ne peut plus pour nous exister de barrière entre la science et la métaphysique, allant toutes deux au même objet, au même phénomène. Car ce sont deux moyens profondément distincts de le connaître que la science, sceptique au fond et positive, et la philosophie, croyante par essence et réaliste ; l'une qui constate et simplement relie les phénomènes, en note l'existence ou la prévoit ; l'autre qui les pénètre, qui réfléchit les faits et leurs liaisons, et qui, non contente de savoir et de comprendre, remonte jusqu'à la raison qui les rend connaissables et qui les rend intelligibles.

Mais aussi, Messieurs, comment séparer ces deux efforts? comment, en tout cas, priver le second des ressources du premier? Et quelle étrange prétention, pour qui voudrait rendre raison de la nature, que de fermer les yeux au monde, aux phénomènes qui le constituent, ou à la science qui les recueille, les analyse et les connaît! Autant dire qu'il faut être aveugle pour mieux étudier la lumière : autant nier l'univers et tout ce que nous en savons au moment d'en chercher le sens et la réalité suprême! Aussi, loin de douter qu'on puisse édifier sur la science une philosophie, n'est-il pas vrai qu'on se demande comment serait possible une philosophie de la nature, qui ne serait pas la réflexion ou la philosophie des sciences?

La science est en effet pour nous, Messieurs, l'intermédiaire indispensable entre l'esprit et la nature : car s'il est vrai que la nature, comme il vient d'être dit, n'est qu'un déroulement indéfini d'un nombre indéfini de séries de phénomènes, on peut dire de la science qu'elle en est l'appréhension première et immédiate par notre intelligence. Elle s'appuie à la sensation, quoique la sensation ne puisse jamais comme telle avoir son entrée dans la science ; car l'acte de sentir est en lui-même irréductible ; il est, comme Aristote le disait du plaisir, un tout indivisible à la fois et complet : ὅλον τι, et sa réalité s'évanouit sitôt qu'on y applique l'analyse. Pourtant c'est une nécessité que la pensée, pour la connaître, brise cette unité ; car penser, c'est comparer ; et comparer deux phénomènes, c'est toujours entre eux deux surprendre quelque ressemblance et quelque distinction : or ce qu'on sait de l'un des deux, c'est ce par quoi il est semblable à l'autre, ce qu'avec l'autre il a de commun, ou ce qu'il a de général : ce n'est donc plus lui tout entier, et ce n'est dès lors plus rien de lui. On pourrait objecter qu'on sait du phénomène, outre son caractère commun, son caractère distinctif ou sa différence propre ; mais n'est-il pas trop facile de montrer que ce dernier n'est à son tour, sous un autre rapport, qu'un autre caractère commun, classant le phénomène dans un genre nouveau ?

Ainsi, nous ne savons rien que le général; du phénomène nous pouvons dire quel caractère il a ou quelle qualité; nous savons, pour parler comme Platon dans le *Timée*, qu'il est tel ou tel, de telle ou telle espèce (τοιοῦτον) [1], et c'est assez pour le reconnaître au passage ; mais nous ne savons pas ce qu'il est (τί ἐστι) : et c'est déjà une première énigme que l'existence donnée du phénomène impénétrable.

Mais, dira-t-on, si les conditions mêmes de la science posent l'énigme, comment demander à la science les moyens de la déchiffrer ? Si rien de général ne peut jamais livrer le fait particulier, de quel secours sera la science à la philosophie ?

L'objection est grave, Messieurs, mais elle est par cela même de nature à jeter une grande lumière sur le problème qui nous occupe : supposons en effet que le phénomène soit pénétrable à la pensée : croit-on qu'il puisse l'être sans que, pour ainsi dire, la pensée s'en approche ? ou croit-on que celle-ci puisse échapper parfois à ses lois propres et à sa nature pour entrer plus avant dans la réalité ? Donc il faut se résoudre ou à n'en rien savoir du tout, ou à n'en savoir tout d'abord que ce qu'en sait la science : qu'on vise à dépasser la connaissance scientifique, qu'on y appuie des inductions, qu'on l'éclaire par la réflexion, rien de mieux : mais qu'on prétende s'en passer ou qu'on la contredise, c'est s'obstiner à bâtir un système sans la pensée et sans le phénomène. Mais alors comment admettre qu'elle soit, entre le phénomène et nous, le seul intermédiaire, et qu'elle ne nous en livre rien ? Comment soutenir qu'en atteignant le général, on n'atteint rien de la réalité ? Et si le général est l'élément seul accessible et seul vivant de la réalité, qui ne voit en même temps qu'il est idée, qu'il est œuvre de la pensée, et que la science est l'instrument qui réunit la pensée que nous sommes à la pensée que réalisent les choses ?

---

1. *Timée*, 49 d.

De cela, sans doute, la science ne veut ni ne doit rien savoir : car elle serait alors la réflexion d'elle-même et deviendrait philosophie ; mais c'est pourtant son œuvre d'envelopper ainsi, sous les formes de la pensée, les manifestations de la réalité. Non que l'esprit n'y trouve, Messieurs, quelque difficulté : car il reste certain que l'idée générale est toujours un abstrait, qu'un caractère quelconque d'un phénomène donné, sous peine de n'être pas connu, est toujours général, qu'en faisant la somme de tous ceux qu'on lui sait ou même qu'il possède, on produirait l'idée d'un type et non d'un fait, d'une espèce et non d'un individu. Or ce qui est, dans le plein sens du mot, c'est l'individuel, c'est le particulier, c'est l'unité, qu'on ne multiplie pas plus qu'on ne la divise.

Telle est l'impasse dans laquelle la science engage notre esprit : telle est l'antinomie qu'elle pose sans la résoudre, et que son développement ne cesse d'accentuer. Car plus nous entrons dans l'analyse du phénomène, plus nous en connaissons les caractères et les lois, plus, en un mot, nous en avons une science complète ; et plus nous nous éloignons du concret, comme si la science nous mettait à la fois toujours plus près et toujours plus loin de la réalité.

Nulle part n'apparaît mieux, Messieurs, cette sorte de contradiction que dans les sciences inductives : à les voir commencer par une observation si patiente des faits, on se ferait, et peut-être qu'elles se font elles-mêmes l'illusion qu'elles touchent dès l'abord au cœur de la réalité et qu'elles sont assurées de n'en jamais sortir. Pourtant y a-t-il rien de plus mobile, de plus insaisissable, de moins facile à définir qu'un fait particulier ? Une rapide analyse nous montrait tout à l'heure qu'on n'en saisit jamais qu'un ou plusieurs caractères généraux, et que le fait lui-même dans sa réalité et dans son unité, glisse dans nos mains et nous échappe. Car, après tout, il n'est pour nous que sensation : et la science qui voudrait l'atteindre suivrait la multitude indéfinie des sensations, toujours nouvelles et toujours diverses, et ne pourrait éviter de s'y perdre. Savoir, c'est donc fixer le phénomène dans une forme, dans une espèce, dans une idée générale : et on peut dire de chaque phénomène qu'il est susceptible d'entrer sous une multitude de formes différentes : autant il comporte en effet de ressemblances avec les autres phénomènes, autant sont constituées d'espèces qui notent l'un de ses caractères et le renferment en le classant. De ce point de vue il est donc vraiment, comme le pensait Platon [1], un infini où viennent se perdre et où l'esprit retrouve les Idées et les genres. A la science d'y introduire la détermination et la limite, d'en définir les qualités, et d'en resserrer les caractères dans un système qui les subordonne les uns aux autres et permette à l'esprit d'en saisir l'unité. Ainsi procèdent les sciences de classification, sciences descriptives, très rapprochées des faits, qui justifient leur nom commun *d'histoire naturelle.*

Mais c'est encore, pourrait-on dire, un terrain trop mobile pour qu'on puisse y fonder une science solide : et tous les caractères ne se prêtent pas de la même manière à fixer les traits fuyants de la réalité soumise au devenir : à peine le langage, avec sa souplesse infinie, parvient-il à en modeler les mille formes toujours changeantes, et à lier au sujet les attributs qui lui conviennent. Au contraire, la science qui tend à l'unité, poursuit le persistant et le durable : des qualités du phénomène, elle laisse échapper volontiers celles qui ne sont qu'accidentelles, pour retenir celles qui toujours l'accompagnent et le déterminent. De là la recherche incessante, au sein du successif et du changeant, des qualités qui se lient dans le temps, qui se déroulent en une chaîne continue et qui, sous la richesse infinie des choses et des êtres, forment comme un réseau serré avec les liens des effets et des causes. Discerner ces liens, Messieurs, c'est découvrir les lois des choses, et c'est, vous le savez, l'objet principal de la science : mais ne croyez-vous pas qu'à mesure qu'elle s'enfonce dans la recherche des causes, elle perd nécessairement de vue la vie intense

---

1. *Philèbe*, 16 d.

qui n'existe vraiment qu'à la surface, au sein du phénomène ? Qu'est-ce, en effet, que la loi scientifique ? C'est l'expression d'une relation constante, dans la succession, entre deux faits ou deux groupes de faits, entre A et B ; et sans doute il reste toujours, dans la formule de la loi, quelque trace des A et des B, quelque attribut qui les caractérise, quelque chose enfin des phénomènes observés ; mais la constance même de la relation, cette marque et ce nerf de la causalité, qu'est-elle autre chose qu'une abstraction, insaisissable dans les faits ? Et pourtant on dirait que le progrès des sciences tend toujours à la dégager davantage, à l'isoler des termes qu'elle unit, des derniers vestiges du phénomène, et à ne lui laisser, comme un dernier support, que les termes abstraits de l'espace et du temps. A mesure en effet que la généralisation hiérarchise les lois sous un principe unique, n'est-ce pas une nécessité qu'elle appauvrisse le phénomène et qu'elle le réduise à une forme si simple, qu'ils puissent tous y entrer, au prix de leurs éléments propres et de leurs caractères individuels ? Or quelle serait cette forme commune, sinon le changement qui se retrouve en tous les phénomènes ? et qu'est, hors de nous, le changement, sinon mobilité et mouvement, sinon une fonction de la durée et de la position ? Ainsi le monde, étreint par la causalité, se resserre dans les formes de l'espace et du temps, et s'y évanouit !

Étrange destinée, Messieurs, que celle de la science, dont l'objet se dissout au moment même où elle atteint la plus grande rigueur et la plus haute certitude ! Tenir en effet le monde dans ces deux conditions de l'étendue et de la durée, n'est-ce pas le placer directement sous la prise de notre connaissance ? n'est-ce pas, s'il est étendue, donner à la géométrie le pouvoir d'en pénétrer l'essence, d'en expliquer les figures et les situations, et par celles-ci, comme s'en vante l'atomisme physique, les qualités primordiales, d'où découlent toutes les autres ? et si de plus il faut soumettre à la durée cette étendue, qu'est-ce autre chose qu'y mettre le changement ? et qu'est-ce que le changement dans la pure étendue, sinon le mouvement, dans sa toute simple et toute mathématique expression ? Aussi, quel rêve, si le monde n'était que cela, s'il n'était que mouvement ! quelle espérance d'en pénétrer le fond, avec ces instruments admirables de précision et de puissance, la mécanique et la géométrie ! Pas une qualité, si complexe soit-elle, qui ne soit un mouvement ; et pas un mouvement dont la loi ne se réduise aux plus intelligibles éléments ; si bien que d'un effort immense, en tirant de soi-même l'espace et la durée, l'esprit conçoit la grandiose espérance de retrouver l'univers en le reconstruisant, et de parcourir, en l'inondant de ses lumières, tout le chemin qui s'étendrait d'un théorème admirablement simple à l'être le plus complexe et le plus mystérieux !

Telle serait la science idéale et parfaite, algèbre merveilleuse, qui ferait d'une équation l'unique et inflexible loi du monde ; illusion suprême et décourageante, si l'homme se flattait un seul instant d'en obtenir l'explication des choses !

Et comment, Messieurs, en serait-il autrement ? Comment, sans une critique et sans une assurance préalables, avec des éléments empruntés à l'esprit, oserait-on penser qu'on touchera le réel ? Si rigoureux que soient les résultats, est-il permis à la science d'en oublier les principes ? et jamais principes eurent-ils un caractère aussi essentiellement logique ou idéal, que ceux de la géométrie ou de la mécanique ? Définir et déduire : définir l'objet d'une intuition pure, l'espace ; et de définitions diverses, rapprochées l'une de l'autre, déduire des théorèmes sans sortir jamais de l'intuition ni de la pensée ; traiter en un mot par le pur raisonnement de pures idéalités, ainsi fait la géométrie et ainsi font, comme elle, toutes les sciences mathématiques. Dès lors, s'il était vrai que la science poursuit, en leurs complications indéfinies, les formes innombrables des rapports mathématiques, et qu'avec les dernières et les plus compliquées elle croit saisir ces choses réelles que nous sentons, couleur, son, chaleur, ou, d'un seul mot, le monde en sa réalité telle qu'elle est au contact de notre sensation, n'est-il pas trop visible qu'on ne ferait qu'enchaîner des rapports et des termes abstraits, et qu'elle est sans doute rigoureuse et parfaite, la construction mathématique de l'univers, mais pourtant subjective et comme chimérique ? création sublime de l'esprit, mais, par cela même, enchaînement d'idées et de définitions, système logique de termes que l'esprit s'emprunte, et qu'un abîme sépare toujours de la réalité qui fuit devant le théorème, et qui, sphère du particulier et de l'individuel, laisse l'abstrait s'épuiser en vain pour l'atteindre !

Tel est donc, Messieurs, le résultat le plus clair de la science : un monde tout entier renfermé dans notre esprit, appuyé sur des définitions, des hypothèses et des axiomes ; une construction faite d'idées, puissante et rigoureuse comme la mathématique, subtile comme la pensée, j'allais dire illusoire et fuyante comme elle ! Et pourtant, c'est ce rêve que la pensée pour ainsi dire souffle hors d'elle-même, qu'elle objective, et qui est, après tout, de nous à la réalité, le seul intermédiaire qui nous permette de l'atteindre ou de la retrouver.

Toutefois, qui voudrait se fier, sans autre précaution, à la pensée ? Pour connaître les lois, pour prévoir les faits et pour s'en rendre maître, sans doute c'est assez d'y appliquer l'esprit, et d'en faire jaillir, comme d'un seul jet, sans l'obliger à rentrer en lui-même, les hypothèses inductives ou les principes des mathématiques : un système scientifique de théorèmes ou de lois, une fois projeté hors de l'esprit, trouve en lui-même l'accord intime qui le conserve, ou la contradiction qui le brise, quelles que soient d'ailleurs les lois et l'harmonie des choses. Mais si c'est assez pour notre intérêt immédiat, si c'est même beaucoup déjà pour notre curiosité désintéressée, que de savoir ainsi les successions des faits et que d'avoir conquis le monde, pour ainsi dire, du dehors, avouez pourtant, Messieurs, qu'il reste à le pénétrer par le dedans, et à savoir si la conquête qui le met à la merci de nos intérêts ne le laisse pas au fond indépendant de nous et indompté pour notre raison.

Voilà le problème qui se pose à propos de la science, et que la science ne peut résoudre : car sans doute elle est l'acte de l'intelligence : mais qui dira ce que vaut un tel acte, sinon l'esprit revenu sur lui-même, sondant sa nature et son être, réfléchissant son œuvre, et mesurant la distance qui le sépare des réalités ? Et il ne suffit plus de construire la science, maintenant qu'il faut juger la construction et juger l'architecte ; qui lui donne le droit de sortir de lui-même ? qui lui promet qu'il atteindra jamais ces êtres extérieurs à nous, aux innombrables qualités, aux formes si mobiles, qu'aucune loi ne saurait les fixer, qu'aucune abstraction ne saurait les atteindre ? Sans doute la réflexion, Messieurs, ou le retour sur lui-même de l'esprit, réalité première et absolue pour nous, dont on ne peut douter sans détruire ce doute même, et qui s'affirme encore dans le jugement qui la nie ; réalité suprême qui dans l'idée qui est son acte nous livrera toutes les réalités, puisque nous ne dépassons pas l'idée, et puisqu'il faut ou nous anéantir nous-mêmes ou croire en nous et en notre pensée ! Ainsi cette pensée que nous sommes cherche, à travers la science, cette pensée infiniment diverse que sont les choses : unité en nous, répétition indéfinie d'unités hors de nous, tels sont ces deux mondes du dedans et du dehors, auxquels par ses deux extrémités s'appuie la science, et qu'elle voudrait pénétrer l'un par l'autre dans l'unité de la connaissance.

Ce n'est pas tout, l'œuvre de la réflexion ne peut s'arrêter là ; ceci est l'acte de foi de l'esprit en lui-même et en l'esprit des choses ; il reste que la réflexion nous conduise lentement de l'un à l'autre, et qu'en s'étendant sans discontinuité de nous aux choses, elle soit, entre elles et nous, le lien et l'unité. Sonder l'espace et le temps ; affronter les mystères de la continuité, en elle-même inintelligible, et du nombre qui la brise, la détermine et la rend connaissable, sans qu'on puisse espérer peut-être de jamais tout comprendre ; en les synthétisant, retrouver le mouvement qui les réalise, et sous le mouvement, insaisissable comme la durée, continu comme l'espace, faire pénétrer encore la pensée par le nombre; atteindre l'unité, atome, si l'on veut, mais plutôt, comme le croyait Leibnitz, monade douée d'énergie, étendant ses effets, par le changement et le devenir, à travers le temps et l'espace ; en un mot, saisir la *force* au sein des choses, et comprendre, à ce terme dernier, par notre esprit, dont l'acte est de connaître, la force, cet esprit des choses, dont l'acte est de se déployer sous les lois du mouvement, telle est l'œuvre propre de cette philosophie, que les anciens appelaient la *Physique*, et que, pour rendre hommage à la science, qui désormais seule la rend possible, nous appelons la *Philosophie des sciences*.

Voilà quel sera, Messieurs, l'objet de nos recherches, et voilà dans quel sens nous y procéderons ; sans cesse attentifs aux données de la science, critiquant définitions, hypothèses et méthodes, appelant à notre aide calcul, géométrie, mécanique, sciences physiques et naturelles, nous nous efforcerons de pénétrer les secrets de cet infini des phénomènes, continus comme l'étendue et le mouvement qui les enveloppent, mais sortis au fond d'unités dynamiques et vivantes. La pensée des anciens l'eut bientôt pressenti ; et, s'écartant de la continuité où l'avait égarée le naturalisme des premiers philosophes, elle songea de bonne heure à soumettre le réel au nombre, à y poursuivre l'unité, et à rencontrer l'atome.

C'est ce premier effort, Messieurs, de la pensée philosophique, que nous allons étudier cette année[1] ; et à mesure que nous en suivrons les développements et les résultats, nous verrons mieux encore combien est rigoureux ce mécanisme de la science, dont nous sommes si fiers, mais combien il serait stérile, si l'esprit réfléchi n'y mettait l'énergie et la force, et ne s'y retrouvait lui-même, en le rendant intelligible.

1. Objet du cours pendant le semestre d'hiver : « L'atomisme et la science moderne. »

COURS

D'HISTOIRE DES SCIENCES

LEÇON D'OUVERTURE [1]

Messieurs,

On parle beaucoup, en France, à l'heure actuelle, des Universités ; et quoiqu'elles ne soient pas nées encore, du moins à la vie officielle, elles ont déjà, il serait inutile de le dissimuler, des adversaires nombreux et irréconciliables.

Parmi les raisons très diverses qui prolongent la lutte, il me semble qu'il faut compter avant tout l'obscurité profonde dont se trouve enveloppée, aux yeux du grand public, la notion même d'une Université. Peut-être n'y a-t-il vu jusqu'à présent qu'un prétexte à la collision d'intérêts très particuliers, où il n'a point de part, et qui, en conséquence, le laissent indifférent. Il est temps, pour le gagner à la grande cause de l'avenir de la science dans notre pays, de lui faire entendre et au besoin de lui prouver par des exemples qu'une Université doit être à l'ensemble des connaissances humaines ce qu'est l'esprit humain aux sciences qu'il a créées, à savoir un principe de coordination et d'unité. La multiplicité des efforts et ce qu'on a appelé de nos jours la spécialisation des études et du savant est, à coup sûr, la condition expresse du progrès scientifique ; mais elle risquerait de ne point porter tous ses fruits si nous devions un seul instant oublier cette pensée de Des-

---

1. Cette leçon a été publiée dans la *Revue scientifique* (*Revue Rose*) du 18 avril 1891 et chez Rey, Lyon, 1903.

cartes que notre intelligence est une à l'égard de la science comme le soleil pour les mondes qu'il éclaire, que les progrès d'une science particulière réagissent secrètement sur ceux de toutes les autres, en sorte qu'il faut accuser dans nos institutions réelles et dans notre enseignement l'unité idéale et la solidarité des sciences particulières.

C'est à ce prix que nous, qui ne sommes pas seulement les ouvriers de la science, mais qui sommes aussi chargés de la transmettre, nous donnerons à notre jeunesse et par elle à notre pays la plus haute et la plus complète culture de l'esprit, sans laquelle il n'existe point de peuple vraiment libre et vraiment généreux. Je crois rappeler en ces deux mots les deux qualités de notre caractère national auxquelles nous tenons le plus ; et si l'institution des Universités était de nature, comme je le pense, à les développer encore et à les cultiver, leur cause ne saurait manquer d'être bientôt populaire dans notre cher pays.

Si j'ai l'honneur de parler aujourd'hui dans cet amphithéâtre, c'est parce que votre grande Faculté de médecine de Lyon, qui a bien voulu m'y appeler, s'est inspirée de ces hautes pensées. Elle a cru qu'à côté des recherches patientes qui se font dans ses cliniques et ses laboratoires, qu'à côté des efforts de ses maîtres éminents pour initier les médecins de demain aux découvertes chaque jour plus nombreuses et chaque jour aussi plus absorbantes et plus exclusives, il y avait place pour un enseignement qui aurait encore la science pour objet, mais qui l'étudierait dans son histoire, dans son développement à travers le temps, et qui la montrerait vivante dans ses créations du passé comme dans celles du présent. Elle a pensé qu'il y aurait profit pour ses étudiants à laisser là pour un moment les résultats acquis, et à en chercher curieusement dans l'histoire, pour le seul plaisir de savoir, les origines et la genèse. Elle a compris enfin que d'une histoire des sciences se dégagerait, avec une vue plus nette de leur parenté intime, de leurs rapports, du sens et de la portée de leurs méthodes, une philosophie éminemment propre à en constituer ou pour mieux dire à en rappeler sans cesse l'unité essentielle.

Permettez-moi, en rendant hommage à ce qu'il y a d'élevé dans de telles intentions, d'associer dans cette œuvre à la Faculté de médecine de Lyon, qui la réalise, l'héritière lyonnaise de notre grande École de Strasbourg, qui l'a appelée de ses vœux. En inscrivant dans ses programmes l'histoire des sciences dans les temps modernes, l'École du Service de santé militaire a démontré combien elle tient à la culture générale et philosophique de ses futurs élèves, et elle ne pouvait, sur ce point, que se trouver en pleine communauté de vues et de sentiments avec la Faculté qui les fait siens et qui attache à cette même culture un si grand prix pour tous ses étudiants.

Le cours que j'ai l'honneur d'inaugurer aujourd'hui a donc une double signification. Il prouve en premier lieu que le souci des recherches spéciales, poussées si loin dans tous les sens par les maîtres de notre enseignement supérieur, n'exclut pas dans leur esprit, mais au contraire rend d'autant plus vif et plus pressant celui d'une synthèse, d'un rapprochement des savants et des sciences, d'un enseignement qui le rappelle sans cesse et qui au besoin le consacre. Il prouve en outre, une fois de plus, que nous savons unir nos efforts, combiner nos ressources, et que les barrières qui séparaient jadis les quatre Facultés, barrières trop réelles, quoiqu'elles fussent abstraites et administratives, n'empêcheront plus la libre circulation dans notre grand corps universitaire d'une même pensée, d'un même amour désintéressé pour la recherche scientifique, qui fera notre Université comme il fait, dans la réalité, l'unité de la science. Témoin les cours de M. Lacassagne à la Faculté de droit, de M. Renaut à la Faculté des sciences, de M. Depéret à la Faculté des lettres, et bientôt sans doute, à la même Faculté, de M. Raphaël Dubois.

Aussi mes remerciements vont-ils, en même temps qu'à la Faculté de médecine, qui a eu la première pensée de ce cours, à la Faculté des sciences, qui a bien voulu lui promettre ses étudiants, et avant tout à la haute Administration qui, en l'instituant, nous a donné encore une fois la preuve des idées libérales et élevées dont elle ne cesse de s'inspirer.

I

Si l'histoire de la science n'avait point d'autre objet que l'étude curieuse et peu féconde en résultats positifs des théories qui ne sont plus, je ne crois pas pour cela qu'elle serait inutile.

Rien en un sens n'est pourtant plus stérile que la connaissance du passé ; et les anciens qui voulaient voir dans l'histoire l'école indispensable des mœurs et du gouvernement des peuples se faisaient sans nul doute une grande illusion. Que l'État doive devenir nécessairement parfait le jour où les historiens seront rois ou les rois historiens, j'en doute un peu pour ma part ; et j'ai peur que la preuve n'en soit aussi difficile à faire pour eux que pour les philosophes, quoi qu'en pense Platon. En fait, les politiques qui font l'histoire et qui la font le mieux sont rarement grands clercs dans la science de l'histoire ; et il y a longtemps qu'on a dit de celle-ci, comme de l'expérience des autres, qu'elle nous donne sans doute d'admirables exemples, mais qu'elle ne sert à rien ni à personne. De même, à mon avis, ce serait se bercer d'un espoir tout à fait vain que de compter sur l'histoire de la science pour épargner une seule erreur ou une seule faute aux savants de demain.

Le XVIIe siècle, qui fut si largement inventeur dans toutes les parties de la science, avait un grand dédain pour l'histoire pure ; et il en donnait la raison : connaître une chose, disait-il, ce n'est point en assigner les causes réelles ou de fait, c'est en déterminer les causes possibles, entendez les causes idéales, ou ce que nous appellerions aujourd'hui les conditions universelles et nécessaires. Connaître un cercle, par exemple, ce n'est point savoir quelle main ou quelle craie l'a tracé sur le tableau ; c'est supposer qu'il a été engendré par le mouvement sur un plan d'une droite fixée au centre par l'une de ses extrémités et qui trace par l'autre une courbe fermée. L'histoire du cercle ne nous en apprend rien ; sa génération idéale, quoique irréelle, nous permet d'en déduire rigoureusement toutes les propriétés. Et ce qui est vrai d'une figure géométrique l'est aussi d'un phénomène de la nature : ce que nous appelons ses lois, ce n'est point le recueil des circonstances chronologiques au milieu desquelles il s'est produit, c'est l'ensemble universel et abstrait de ses conditions déterminantes ; et, si nous pouvions toujours la trouver, ce serait la condition unique d'où dérivent toutes les autres. Voilà pourquoi l'empiriste Hobbes, qui exprimait fidèlement en cela la pensée des savants de son siècle, excluait du domaine de la science l'histoire en général, précisément parce qu'il n'y voyait, chose étrange, qu'un pur empirisme, qu'une inféconde ἐμπειρία[1].

J'en appelle de ce jugement de Hobbes ; et pour un peu je dirais volontiers qu'à son inutilité même, au moins immédiate, dans la pratique de la vie, au besoin qui l'anime de savoir pour savoir, au désintéressement en un mot de ses études et de ses recherches, je reconnais le signe qui ne trompe pas, la marque sûre d'une science authentique. Loin de moi la pensée de soutenir que la science utile, la science qui aboutit à des applications, cesse d'être une science ; mais je prends à témoin les savants qui m'écoutent, et je leur demande si c'est le souci des applications, souvent si merveilleuses et bienfaisantes, ou si ce n'est pas plutôt la pure et désintéressée passion de connaître le vrai, parce qu'il est le vrai, qui donne la patience des recherches et la volupté des découvertes !

Aussi l'histoire ne serait-elle en général que la lente et curieuse observation de tous les faits passés ; n'aurait-elle d'autre objet que de dégager, sans profit pour l'avenir, les lois qui présidèrent à leur évolution ; moins encore, ne

1. Hobbes, *Computatio sive Logica*, § 1, 5 et 8, dans le tome 1ᵉʳ des *Œuvres complètes* ; Amsterdam, 1668.

devrait-elle que leur rendre leur place exacte dans la durée, leur physionomie vraie, leur valeur et leurs suites, qu'elle serait encore une science et mériterait d'être comptée au nombre des plus hautes. Si je crois peu, en effet, à la possibilité de tirer de la connaissance positive des faits historiques ou des lois générales qu'on en a dégagées des enseignements directement utiles pour l'homme d'État ou pour le diplomate, je crois beaucoup, en revanche, à l'action de l'histoire sur la culture générale de l'esprit, et, par cette voie, sur la marche ultérieure des événements et des idées.

De toutes les raisons qu'on en pourrait donner, la principale est, à mes yeux, qu'elle est, à l'égard des générations successives, ce que sont à la génération présente les institutions qui y font naître et qui y entretiennent le sentiment de la solidarité. Et, de même que l'effort isolé d'un seul homme se perdrait dans l'ensemble comme l'atome infiniment petit, sans les liens dynamiques qui le tiennent engagé dans le système du monde, de même le présent qui romprait violemment avec le passé s'exténuerait lui-même et tarirait en soi les sources du progrès. Sur la ligne indéfinie du temps, nous pouvons par une abstraction mathématique considérer le présent comme un point qui se déplace ; mais un point n'est jamais qu'une limite idéale ; et le présent de notre vie réelle est, tout au contraire, une durée véritable qui peu à peu déborde sur l'avenir et qui le détermine, mais qui retient aussi quelque chose du passé, sinon tout le passé. De là vient, dans l'évolution de la science, comme dans la vie des peuples, la force de la tradition ; et de là vient du même coup l'influence civilisatrice de l'histoire qui nous en donne le sens et qui, par là, engage nos efforts dans l'ensemble de l'œuvre de l'humanité.

De toutes les parties de l'histoire, il faut convenir cependant qu'aucune autre n'a peut-être été jusqu'à présent si négligée que l'histoire des sciences. Sans doute il est très rare qu'un savant, parvenu à la possession complète de la science qu'il étudie, n'ait point été conduit, par l'amour même qu'il a pour elle, à s'informer de son passé et de ses origines. Mais si je trouve ici la preuve d'un besoin généralement senti et satisfait, on peut dire néanmoins qu'il est individuel et que l'histoire des sciences est restée séparée de la vie de la science : témoin l'absence complète, dans notre pays, même dans nos Facultés, même au Collège de France, d'un enseignement historique régulier.

D'où vient cette sorte d'insouciance, quand notre siècle est celui de l'histoire, et quand, non loin de vous, dans le domaine de la philosophie, par exemple, qui tient à la science par tant de liens étroits, l'histoire de la philosophie occupe une si grande place ? Il n'est pas difficile, je crois, d'en saisir la raison. La philosophie n'est point en effet de nos jours, et ne sera probablement jamais un système de vérités rigoureusement démontrées et certaines. Par cela seul qu'elle a pour objet non plus les phénomènes et leurs rapports constants, qui constituent le monde étudié par la science, mais la réalité plus haute, intelligible ou non, qui se révèle et se traduit en eux sans livrer son secret, elle ne saurait compter pour ses hypothèses ni sur une vérification directe p... les faits d'expérience, son objet n'étant plus un objet d'expérience, ni sur les résultats d'une démonstration, dont les concepts vides de la raison pure seraient appelés sans doute à faire tous les frais. Est-ce à dire pour cela que ses problèmes, qui ne sont jamais posés d'une façon si pressante que par les antinomies de la pensée scientifique, soient devenus moins passionnants pour la curiosité humaine ? On ne voit pas en tout cas qu'ils soient plus délaissés, ni que les moins ardents à les résoudre soient toujours ceux qui reprochent à la philosophie et ses témérités et son incertitude. Seulement, si telle est la nature de la philosophie, comment ces hypothèses, qu'on appelle des systèmes, pourraient-elles entrer dans un système unique et constituer une science ? Qui veut les exposer doit les reprendre entières et ruinerait l'édifice idéal s'il y voulait changer les pièces qui le composent : le platonisme appartient à Platon ; l'idéalisme de Berkeley est nettement distinct de celui de Malebranche ; et ainsi chaque système reste à travers les temps marqué au sceau du génie individuel qui en fut le créateur. De là, pour la philosophie, l'importance de l'histoire ; à côté des systèmes qui naissent et se transforment restent debout, dans leur éternelle beauté, ceux qui furent avant eux et qui les inspirèrent !

Tout autrement en va-t-il de la science. Ce n'est pas qu'au début et quand il est encore à l'état de problème, le théorème futur du mathématicien ne soit la création d'un génie personnel et ne porte la marque de son invention propre ; de même l'hypothèse, qui deviendra la loi, appartient pour longtemps au physicien qui l'a conçue avant d'appartenir seulement à la physique. Mais vienne l'heure pour le premier de la démonstration rigoureuse et parfaite, pour l'autre des expériences décisives qui en assurent la vérification ; et à mesure que deviendra plus haute leur certitude, plus étroit l'enchaînement qui les retient dans la série de nos concepts théoriques, plus rapidement aussi se détacheront-ils de la pensée qui les conçut et tendront-ils à perdre, en s'universalisant, jusqu'aux dernières traces de leur origine. Nous ne savons plus le nom du premier géomètre qui démontra les propriétés du triangle isocèle ; nous ne nous sommes souvenus que de la démonstration ; et, sans remonter si haut, la façon même dont nous apprenons et dont nous savons l'optique efface peu à peu, pour des raisons semblables, les limites exactes de ce qui appartint à Huygens, puis après lui à Young et à Fresnel : en sorte qu'on pourrait soutenir, sans paradoxe, que l'incertitude même de la philosophie sauvegarde son histoire, tandis que la théorie rendrait presque inutile l'histoire de la science.

Il y a là pour cette dernière un danger très réel ; et, pour ma part, je n'explique pas autrement que l'enseignement, qui va au plus pressé, c'est-à-dire à l'exposition même et à la preuve des résultats acquis, se soit presque entièrement jusqu'ici désintéressé du passé. Nous ne saurions pourtant persister dans cette voie sans un très grand dommage pour les jeunes esprits que nous voulons former. En fait, la science d'aujourd'hui, pour reprendre un mot de Littré[1], est fille de la science d'hier ; et ce serait omettre quelque chose de la science que d'ignorer la lente évolution d'où est sortie sa vie présente, et d'où n'ont pu que lui rester, comme aux plus parfaits des organismes celles des formes ancestrales, d'ineffaçables empreintes.

La science est, en effet, l'œuvre propre de l'homme ; et on pourrait dire d'elle que bien qu'elle nous révèle, en la déterminant, peut-être en l'y projetant par ses concepts et par ses lois, la nécessité de la nature, elle est elle-même la manifestation la plus haute de notre liberté, d'où elle jaillit comme d'une source vive. Ce serait se faire une étrange illusion que de penser qu'elle entre toute faite et comme par fragments dans notre intelligence : l'observation pure, l'observation passive ne la donne jamais ; et sans nos hypothèses, sans l'anticipation d'un ordre naturel qui ne se révèle à nous et ne se vérifie qu'après que nous l'avons deviné, la science ne commencerait ni ne progresserait point. L'hypothèse en ce sens est donc une invention ; problème ou théorie, elle est la création, entre des notions ou des phénomènes sans liaison définie, d'une synthèse qui n'était point donnée ; et dût cette synthèse se retrouver dans les choses, encore porterait-elle jusqu'à la fin des temps la marque indélébile de l'esprit qui l'inventa.

Si ces remarques sont justes, nous n'irions pas jusqu'à soutenir, comme le font parfois les mathématiciens, que les données premières des sciences mathématiques, ou, en physique, les théories fondamentales, sont purement arbitraires. Nous croyons, malgré tout, à la valeur en soi du concept de la droite, sur laquelle repose toute géométrie, et nous ne doutons guère de la gravitation. Et pourtant l'hypothèse ne fut un jour que l'effort contingent d'un homme qui cherchait ; en son esprit se trouva tout d'un

---

1. Voir article de l'*Union médicale*, série II, t. XXII ; Paris, 1864, p. 93 et suiv.

coup je ne dis pas *résolu*, mais *posé* le problème, en sorte qu'il a mis quelque chose de soi jusque dans les principes et dans les théorèmes.

En ce sens, la physique a reçu de Galilée des caractères qui ne s'effaceront plus. Quelqu'un poussera le déterminisme de l'histoire jusqu'à soutenir que l'idée de soumettre à la mesure et à la quantité les phénomènes de la nature était dans l'air au xvie siècle et qu'elle devait, ici ou là, éclore dans un cerveau humain. Cette thèse revient à supposer que le génie se trouve par hasard sur le cours des idées comme les grandes villes industrielles sur le cours des grands fleuves. Mais si je vois nettement l'influence du milieu, je crois aussi, pour ma part, à la réaction propre de l'esprit, et j'y saisis l'énergie créatrice qui imprime à la science l'impulsion initiale et qui décide de sa direction. Par là notre physique moderne ne date pas seulement de Galilée ; elle est née de lui ; elle est encore et elle sera toujours empreinte de sa pensée, qui a jeté et qui retient la nôtre dans la voie si féconde de la mesure des phénomènes et de leur réduction à des modes du mouvement. Nous sommes de même tributaires de Descartes, qui a fondé solidement le mécanisme universel, de Newton, qui en a donné la formule pour le mouvement des grandes masses du monde, et des Huygens, des Poisson, des Cauchy, qui ont établi la mécanique des infiniment petits. Qui ignorerait à notre époque ces grandes étapes de la science passée, prétendrait participer à la vie de la science sans aller rien puiser aux sources de sa vie, et, en brisant tout lien qui le rattache au passé, s'anémierait et s'étiolerait dans l'isolement, comme l'enfant sans sa mère, ou comme la plante qui n'a point de racines.

Ainsi ne font point les grands savants, et je relève chez eux un trait bien précieux pour la thèse que je soutiens, à savoir le souci de revenir vers l'antique et vers les origines de la science qu'ils cultivent. Par un étrange phénomène, il semblerait qu'au moment même où ils tiennent à leur tour dans leurs mains les destinées de la science, leur effort créateur évoque dans leur esprit le génie du passé, et qu'ils en ressentent en eux la secrète influence. Dans le temps où il invente l'analyse, où, par une intuition merveilleuse, il conçoit la possibilité d'exprimer en langue géométrique l'universalité des rapports et des équations algébriques, la pensée d'un Descartes est hantée par le génie antique, et prétend retrouver dans Diophante et Pappus les germes encore vivants de la science nouvelle. Plus près de nous, Michel Chasles était amené à écrire son histoire *De l'origine et du développement des méthodes en géométrie*, par un besoin semblable de rattacher aux traditions perdues la restauration de la géométrie pure. Retenons l'enseignement qui ressort de ce double exemple : il prouve que la fécondité des inventions premières, bien loin d'être épuisée, est assez grande encore, à plusieurs siècles de distance, pour engendrer et pour soutenir les développements les plus divers et parfois opposés d'une même science : Descartes y trouvait un appui pour fonder l'analyse, et Chasles des traditions sérieuses pour défendre contre la prépondérance de l'analyse la méthode ancienne des solutions purement géométriques.

Or, la science vit de ces oppositions, elle vit des théories diverses qui s'accordent en elle dans une unité supérieure. Ce n'est pas tout, en physique ou en chimie, que les données précises des faits qui se produisent dans nos laboratoires ; ce n'est pas tout non plus, dans les sciences naturelles, que les descriptions rigoureusement exactes des animaux, des plantes ou des diverses couches de la croûte terrestre ; et à la science qui tenterait de s'y réduire manquerait en vérité l'âme même de la science. Si donc la science qui constate doit être complétée par la science qui explique, et si l'explication, comme j'ai voulu le montrer, est le fruit du labeur de tant de génies humains, n'envions à la génération présente ni la connaissance des théories actuelles qui lui sont enseignées, ni celle des théories qui les ont préparées et qu'il serait injuste de laisser dans l'oubli. Montrons-lui, à côté de Huygens et de Fresnel, la puissante influence de Newton et de Poisson, qui firent tant pour l'optique, non seulement par leurs découvertes, mais je dirais volontiers aussi par les difficultés qu'ils soulevèrent et par leurs objections. En chimie, mettons-la après Dumas et Wurtz, par l'histoire des doctrines, en état de juger de leur valeur théorique et de leurs défauts respectifs. Et si nous lui enseignons les sciences naturelles, ne permettons pas que derrière les travaux d'un Hæckel ou le grand nom d'un Darwin s'éclipsent et disparaissent les conceptions décisives et destinées à durer autant que la science elle-même, d'un Lamarck, d'un Geoffroy Saint-Hilaire ou d'un Cuvier.

II

Ainsi comprise, l'histoire de la science peut devenir pour les savants futurs une grande école de tolérance et de respect ; et comme de celles-là nous n'aurons jamais trop, ce serait grand dommage pour leur éducation de ne la point ouvrir. Mais elle peut, par surcroît, nous donner davantage ; et l'enseignement de l'histoire de la science me paraît susceptible de devenir, en outre, une sorte d'enseignement de la science par l'histoire.

Vous connaissez la thèse de Hegel : tandis qu'il rattachait l'ensemble des phénomènes ou, comme il disait, du *devenir* à l'opposition fondamentale dans l'absolu de l'être ou du non-être, l'histoire n'était plus à ses yeux que le long déroulement à travers la durée des suites de l'opposition primitive, ou, comme il disait encore, qu'une dialectique réelle. Il en tirait cette conséquence, à l'égard de l'histoire politique, que les événements humains, en apparence contingents, sont au fond les manifestations rationnelles, et partant nécessaires de l'Absolu ou de l'Idée ; et, à l'égard de l'histoire des systèmes, qu'ils sont rigoureusement réglés, dans leur développement chronologique, sur le développement logique des concepts.

La pensée ne saurait me venir, à moi qui plaidais tout à

l'heure la cause de la liberté dans l'œuvre de la découverte, de donner à présent les mains à la théorie de Hegel ; et pas plus que je ne crois notre esprit capable, sans la connaissance positive des textes et des documents de toute sorte, de construire *a priori* l'histoire des peuples ou des idées philosophiques et scientifiques, pas plus je ne voudrais soutenir, dans le domaine de la science, l'étroite correspondance de l'ordre actuel et pour ainsi dire interne de ses concepts, et de l'ordre historique de leur apparition. La part des circonstances imprévues, des observations dues à ce que nous appelons le hasard, surtout dans le domaine des sciences expérimentales, la part enfin des inspirations heureuses qui, jusque dans les sciences démonstratives, échappent aux lois de fer de la dialectique hégélienne, me paraît pour cela trop grande et d'ordinaire trop décisive.

Mais si notre logique est par elle-même trop inflexible et trop abstraite pour nous rendre le cours sinueux de l'histoire et pour évoquer dans la nôtre toutes les pensées vivantes qui la déterminèrent, est-il impossible, en revanche, que l'histoire, dont cette logique est le produit, nous permette d'en retrouver les moments essentiels ? Dans le monde organisé, les plus récents progrès de l'embryologie nous ont appris qu'avant de parvenir à sa forme parfaite, l'individu reprend une à une les formes des espèces dont la sienne est sortie. Son évolution propre est tenue, pour ainsi dire, de répéter dans une durée très courte la lente évolution qui fut celle de sa race. De même, ne peut-on dire que dans l'homme d'aujourd'hui reparaissent tous les développements de la science à travers les générations passées ? Pourquoi, dès lors, quand l'histoire nous en est accessible, nous priverions-nous de ce nouveau moyen d'étudier notre science ? Quand il s'agit des espèces vivantes, les phases de leur évolution sont restées si obscures, qu'on a surtout demandé à l'embryologie d'y porter la lumière ; mais il n'en est pas de même de l'évolution scientifique, dont l'étude directe nous paraît de nature à rehausser encore l'intérêt de la science.

Je me suis souvent demandé comment il n'était venu encore à l'esprit de personne de dégager de l'histoire une sorte d'enseignement des mathématiques. Si jamais, en tout cas, le parallélisme du double développement logique et historique des concepts fut apparent, c'est à coup sûr dans cet ordre de sciences. On en voit tout de suite la raison. Bien que l'école sensualiste ait, en effet, toujours soutenu que les premiers principes des mathématiques, définitions et postulats, émanaient de l'expérience, la science géométrique n'a pourtant pu dater, de l'aveu de tout le monde, que du jour où l'on sut déduire de la construction *a priori* des figures les propriétés qui dérivaient nécessairement de cette construction même. Elle ne saurait avoir, en conséquence, d'autre méthode que la démonstration. Or, non seulement pour être rigoureuse et régulière, mais pour être possible, la démonstration exige que nous allions, par ordre et par degrés, comme disait Descartes, des propriétés les plus simples et vraiment évidentes ou postulées comme telles, aux propriétés de plus en plus complexes, qui supposent les simples. Qui voudrait mesurer les angles sans définir l'angle droit, ou définir l'angle droit sans la perpendiculaire, ou bien encore qui voudrait démontrer, sans la notion préalable des propriétés des triangles, celles des surfaces planes polygonales quelconques, ou, *a fortiori*, enveloppées par des courbes, tenterait, en réalité, l'impossible. La règle de la démonstration progressive et graduelle qui, en chacun de nous, s'impose à notre intelligence, a donc dû s'imposer, avec non moins de force, à l'esprit de l'humanité.

Loin de moi la pensée de conclure de là que le développement des sciences mathématiques dut suivre, dès l'origine des temps et sans la moindre déviation, une direction rigoureusement inflexible et pour ainsi dire unilinéaire ; rien n'est plus faux historiquement, et rien ne se trouverait plus nettement contredit, pour n'en rappeler qu'une preuve, par l'intuition fréquente des plus hardis problèmes longtemps avant qu'on fût en état de les résoudre. Mais du moins, en ce qui touche aux vérités solidement établies, aux théorèmes essentiels qui sont comme les idées directrices de la science, on peut dire qu'ils ont dû apparaître dans l'histoire dans l'ordre même de leur subordination théorique.

J'entends votre objection : à quoi bon, direz-vous, demander à l'histoire qui, du même coup, ressuscitera toutes les obscurités, toutes les erreurs et tous les tâtonnements du passé, des théorèmes qui nous sont présentés par la science actuelle dans un ordre si clair et dans un enchaînement si rigoureux ? Pourquoi cet enseignement nouveau et superflu, qui compliquera l'autre et qui l'obscurcira ?

Je réponds : pour les connaître plus à fond, pour mesurer plus exactement leur valeur respective et leur fécondité. Il arrive, en effet, à la science, dans son état de perfection présente, ce qui arrive aux organismes sains. Par cela seul qu'elle s'accomplit avec facilité, la fonction physiologique résiste, dans l'état normal, à l'analyse que nous tentons sur elle ; mais vienne la maladie qui dissocie peu à peu les unités organiques, en attaquant les unes plus promptement que les autres, et du même coup se trouvent séparées des fonctions qui, d'abord, paraissaient confondues. De même, sans l'histoire, qui nous rend sur ce point des services analogues à la méthode pathologique en physiologie ou en psychologie, peut-être serions-nous tentés de mettre sur un même plan les méthodes très diverses dont se servent actuellement les mathématiciens. A qui n'a point étudié d'une manière attentive l'effort suprême, mais de jour en jour plus stérile, des géomètres du xvi⁰ siècle, restera inconnue dans ce qu'elle eut jamais de plus saisissant la puissance merveilleuse de l'analyse cartésienne. Inversement, nous sommes mal placés, à notre époque d'analyse à outrance, pour mesurer tout ce que peut donner la géométrie pure ; et, pour nous pénétrer de toutes ses ressources, rien ne vaut, à mon sens, le spectacle direct des travaux des anciens, qui ne possédaient qu'elle, et qui, pendant vingt siècles, en firent un si remarquable usage.

Profitons donc de la dissociation historique des concepts pour étudier chacun d'eux dans sa genèse, dans ses ressources théoriques et dans toute sa portée. La forme synthétique de la science achevée nous cache, en le fixant dans un long enchaînement, tout ce qu'il eut, à son époque, de vie indépendante et de force originale. Rendons-les lui par l'étude de l'histoire ; et aussi bien, puisque de ses développements mêmes ont surgi des problèmes qu'il ne pouvait résoudre, nous serons conduits par lui, comme jadis les anciens, aux découvertes qui le complétèrent, et nous revivrons la vie de toutes nos méthodes.

Si tels sont les services que peut rendre l'histoire à l'étude des mathématiques, je vous laisse à penser ce qu'elle doit ajouter d'intérêt très réel aux sciences dont les destinées paraissent, à première vue, dépendre davantage de ses accidents. J'entends parler des sciences inductives et de celles qui reposent sur l'observation pure. Au premier examen, on est tenté, je le sais, de repousser toute correspondance entre l'ordre logique que nous pouvons de nos jours donner à leur contenu, et l'évolution parfois très capricieuse qui leur donna naissance. En fait, nous ne sommes pas toujours, il arrive même dans certains cas que nous sommes très rarement les maîtres de l'observation, en sorte qu'en un sens nous sommes à sa merci plus qu'elle n'est à la nôtre. De là le rôle que jouent dans l'histoire de la science ces hasards tant remarqués qui nous imposèrent, par exemple, sur le balcon de Galvani, l'étude de certains phénomènes électriques ou qui, dit-on, dans la chute d'une pomme, inspirèrent à Newton l'idée première de sa grande hypothèse. A l'entendre ainsi, il faudrait dire que la science tout entière est l'œuvre du hasard, d'autant que l'expérience ne dépend point de nous et que nous ne pouvons pas inventer la nature.

Mais s'il est vrai qu'en physique, en chimie ou en biologie, comme en mathématiques d'ailleurs, la science est née d'occasions qui échappent à toute prévision, ne l'est-il point aussi qu'il n'y a de scientifique que la relation constante surprise entre les faits, que la loi tout d'abord supposée par l'esprit, puis soumise à l'épreuve de l'expérimentation ? Ce n'est même pas assez d'une loi isolée pour constituer la science. J'admets qu'elle soit vraie ; j'admets qu'elle ait saisi entre deux phénomènes le rapport très réel qui de l'un fait la cause et de l'autre l'effet ; encore faut-il, pour qu'on ait dépassé la simple connaissance et pour qu'il y ait science, tout un système de lois groupées sous un concept. La connaissance d'une combinaison ne fait point la chimie, pas plus que celle de la réflexion lumineuse ne constitue l'optique ; la loi des proportions définies a fondé la première, de même qu'il a fallu l'hypothèse d'un Newton ou celle d'un Huygens pour constituer la seconde. La science exige, en résumé, pour progresser et pour se développer, outre l'observation des faits sans laquelle, sans doute, il n'eût point pu lever, un ferment qui y ait été déposé par l'esprit et dont la force évolutive entraîne et coordonne les mouvements de la science. Ce ferment, c'est le concept théorique qui s'est lentement fait jour à travers les recherches des premiers savants : c'est, pour le physicien, cette idée si féconde, obscure jusqu'à Galilée, que les faits de la nature doivent être mesurés, et que les liens de la causalité physique enveloppent les relations clairement intelligibles de la quantité ; c'est, en chimie, une notion du même ordre, celle des quantités parfaitement définies des éléments de toute combinaison ; c'est, enfin, partout répandue dans la science inductive, la conception d'un mécanisme universel, qui d'un même mouvement emporte la pensée d'un Schwann et d'un Bichat, d'un Cabanis et d'un Claude Bernard, d'un Lamarck, d'un Darwin, d'un Élie de Beaumont et d'un Charles Lyell.

Tels sont les liens puissants qui, sous la dispersion apparente des observations isolées, des lois particulières et du nombre toujours croissant des découvertes de détail, assurent aux sciences de la nature la régularité et la continuité de leurs développements ; et tel doit être aussi l'intérêt de leur histoire qu'en en suivant la genèse dans la suite des temps, elle remet à son tour dans leur pleine lumière les idées directrices de la science présente. Au savant qui en est nourri et qui tous les jours s'en inspire, il arrive, pour parler le langage de Leibniz, de ne pas plus s'en apercevoir que de ses muscles ou de ses tendons quand il marche ; et pourtant il importe à l'esprit qui se possède et se dirige soi-même de remonter parfois jusqu'aux sources lointaines de sa propre pensée. Comment le ferait-il d'une manière plus efficace qu'en replaçant chacune des grandes découvertes dans le milieu qui lui donna naissance et qui la vit grandir ? N'oublions pas que chacune d'elles fut, à son heure, le point de départ d'une direction nouvelle. Et qui veut mesurer la puissance de son impulsion ne peut mieux faire que d'aller étudier l'action qui fut la sienne sur les mouvements historiques de la science.

III

Ainsi, ce n'était pas seulement une vaine apparence que le parallélisme, dont je parlais plus haut, des enseignements de la science et de ceux de son histoire ; et ce n'est pas le moindre des mérites de celle-ci que de poser le problème d'une telle correspondance. Hegel en eût sans doute cherché la solution en rattachant à l'*Idée de la Science* son double développement rationnel et réel, et je ne serais pas loin de lui donner raison s'il n'eût vu dans l'Idée une des formes de l'Absolu et s'il n'eût imposé à ses développements la loi d'une inflexible nécessité. En ce sens, l'histoire ne serait que la projection dans la durée d'une science absolue, qui n'est point la nôtre, au lieu que je serais plutôt tenté de penser que notre science est née des déterminations progressives de l'histoire.

Auguste Comte a dit, avec beaucoup plus de raison, à mon sens, que les plus solides et les plus parfaites théories scientifiques n'étaient que des symboles créés par notre esprit pour rendre compte des faits, et dont l'adaptation à la nature tout entière ne prouverait pas encore l'absolue vérité. Je prends acte de ces paroles d'Auguste Comte, et j'en conclus que notre science, étant fille de l'esprit, n'est point marquée au sceau de la nécessité.

La vérité est qu'elle est née d'une première invention, d'une première anticipation des choses par l'esprit, et que dans la voie péniblement, mais librement ouverte, d'autres inventions, d'autres anticipations sont venues qui ont développé la première.

De là cette longue lutte, à travers l'histoire, des concepts théoriques, et le triomphe de ceux qui s'adaptaient le mieux d'une part à la nature, de l'autre aux exigences mathématiques de notre esprit. De là la hiérarchie de toutes nos hypothèses, subordonnées à toutes les hauteurs à des idées maîtresses qui vont en fin de compte se rattacher elles-mêmes à la pure quantité. De là, enfin, la répercussion prolongée de toute grande découverte à travers l'édifice entier de notre science.

C'est le rôle essentiel de l'histoire d'aller ressaisir tantôt sous les hasards et les développements imprévus de la science, tantôt sous l'apparence non moins trompeuse d'une évolution nécessaire, l'œuvre régulière et pourtant contingente d'un esprit qui, a-t-on dit, souffle où il veut, mais qui est en même temps le principe de tout ordre et de toute unité.

C'est encore son rôle de nous ramener sans cesse, dans la pensée des inventeurs, vers ce foyer toujours vivant de toutes les découvertes. Un philosophe éminent exprimait récemment, dans un article remarqué[1], la crainte que l'enseignement des résultats acquis ou du contenu de la science ne fût pas de nature à toujours produire les résultats qu'on en attend. Ce qu'il importe, en effet, avant tout, d'éveiller dans l'intelligence des jeunes gens, ce sont les facultés d'initiative qui les mettront à leur tour en état d'observer avec finesse, de conduire des recherches origi-

---

1. M. Fouillée, dans la *Revue des Deux Mondes*, numéro du 15 juillet 1890.

nales, et de devenir d'habiles expérimentateurs. Or est-ce assez, pour en faire des mathématiciens, de développer sous leurs yeux les démonstrations acquises, ou, pour en faire des physiciens et des physiologistes, de répéter dans les laboratoires des expériences pour ainsi dire classiques ? Il est dans la nature des choses qu'à dater du moment où elle est démontrée, la solution du géomètre soit prise dans une chaîne qui ne peut plus se rompre, ou que l'expérience, faite autrefois pour vérifier, ne soit plus qu'un moyen d'exposer et de montrer. De la série continue des connaissances prouvées est exclu par son essence même l'acte vivant et spontané qui les engendra, l'acte de création et d'invention. En géométrie, ce qui est difficile, c'est rarement de démontrer le problème, c'est avant tout de l'avoir énoncé et de l'avoir trouvé ; et de même dans les sciences de la nature, quelque pénétration qu'exigent les expériences, l'œuvre propre du génie est dans la conception de l'hypothèse : divination dans les mathématiques, divination dans les sciences inductives de rapports jusqu'alors inaperçus, l'invention est toujours un acte de synthèse, partout égale et semblable à elle-même et partout créatrice.

Seulement, quand la synthèse est faite, que devient l'acte qui lui donna naissance ? Nous gardons les notions et nous gardons la chaîne qui les unit entre elles ; mais peut-être arrive-t-il, dans notre préoccupation, d'ailleurs très légitime, de les démontrer avant tout et de les vérifier, que nous perdons de vue et la puissance générale de l'esprit et les mérites propres de l'homme qui les trouva. De l'une et de l'autre manière, ne serait-ce point chose regrettable ? L'esprit d'initiative et l'esprit d'invention ne se formeront, comme on l'a dit, qu'au spectacle direct des inventions, présentes ou passées ; mais, d'autre part, n'est-ce point, en ce qui regarde l'inventeur lui-même, chose triste au fond et presque douloureuse que de songer à l'oubli qui quelque jour s'étendra sur son nom, quand seront devenues propriétés banales du savoir humain sa pensée et ses œuvres ?

Mettons, grâce à l'histoire des sciences, histoire des découvertes plus que des résultats, nos jeunes gens à l'école des grandes initiatives et des grandes créations du passé. Et, puisqu'ils sont les savants de demain, montrons-leur par notre admiration reconnaissante pour les savants d'hier qu'il vaut la peine de consacrer sa vie au culte austère de la science, et qu'on en est parfois récompensé par un souvenir impérissable dans la mémoire des hommes.

L'HISTOIRE DES SCIENCES

AU

XIX{^e} SIÈCLE

UN CHAPITRE SUR L'HISTOIRE DES MATHÉMATICIENS ET PHYSICIENS FRANÇAIS DE 1800 A 1851 [1]

LA SCIENCE AU COMMENCEMENT DU SIÈCLE. — THÉORIE PURE ET APPLICATIONS. — UNION ÉTROITE DE L'ANALYSE ET DE LA PHYSIQUE MATHÉMATIQUES. — DEUX PRÉCURSEURS, LAGRANGE ET LAPLACE.

Si l'histoire littéraire, qu'on pourrait définir l'histoire de la conscience ou l'histoire de l'esprit des époques successives, est tenue de faire une place à l'histoire de la science, jamais peut-être cette nécessité ne s'est imposée plus impérieusement qu'à l'historien du siècle qui finit. Les savants du xvii{^e} siècle, occupés à faire les premières expériences, mais surtout à jeter les bases de l'analyse moderne, de la physique et de la mécanique, se plaisaient à redire qu'ils travaillaient pour le bonheur du genre humain : au terme des théories, ce qu'ils entrevoyaient, c'était l'application, l'allégement du labeur des hommes, l'amélioration de leur sort ; et un Descartes même prescrivait à la philosophie trois objets nettement pratiques, la maîtrise de l'homme sur la nature par les sciences mécaniques, sur son corps par la médecine, sur lui-même par

---

1. Destinées à *l'Histoire de la langue et de la littérature françaises* publiée sous la direction de M. Petit de Julleville (librairie A. Colin), ces pages restèrent malheureusement inachevées en raison de l'état de santé de Hannequin. Malgré son effort et la bonne volonté qu'on mit à les attendre, elles ne purent paraître dans le volume où elles devaient prendre place.

une morale fondée sur des principes scientifiques et certains. Ce que Descartes semble un moment avoir cru être à la portée de ses efforts, notre siècle le premier y a vraiment atteint : par la force des choses, le xviie et même le xviiie ont été avant tout des siècles de science pure, siècles d'affranchissement pour la raison humaine, de théories et de libre discussion, aboutissant en politique à la Révolution ; au xixe seulement, la science réalise le rêve de Descartes : des révolutions économiques telles qu'aucune époque avant la nôtre n'en a connu, sont nées directement des progrès de la science : révolution dans l'industrie par la chimie et par la découverte de la puissance motrice de la vapeur, révolution dans le travail des hommes par le renouvellement de l'outillage et le développement des machines, dans leur bien-être et leur manière de vivre par l'accroissement incessant de la production, dans leurs rapports individuels, politiques ou sociaux, par toutes ces causes réunies et par l'accélération des moyens de transport et de communication. Le siècle qui finit apparaît comme un siècle de féerie scientifique, siècle de science précise et d'applications prestigieuses, siècle où se sont produites plus de doctrines théoriques, sur l'ensemble de l'univers, sur le détail infiniment varié des mondes moléculaires, sur l'unité des forces physiques, ou la répartition et l'évolution de la vie à la surface de la terre, et en même temps plus d'applications pratiques, déduites des théories, qu'en aucun autre temps.

Et cette union étroite de la spéculation et de la pratique savante est un trait dominant qui nous caractérise, et qui résulte d'un concours singulier de progrès scientifiques. Les deux grandes découvertes qui distinguent le plus nettement la période dont nous allons nous occuper, des périodes précédentes, sont celles du courant galvanique et des lois fondamentales des réactions chimiques.

Le champ ainsi ouvert à la chimie par les idées de Lavoisier, ou à la physique par la connaissance de plus en plus approfondie des courants électriques et par la découverte de l'électro-magnétisme, nous pouvons, de la place où nous sommes, en mesurer l'étendue. Mais ce que nous voyons moins, ce sont les ressources mises au service de la science expérimentale et particulièrement de la physique par l'analyse mathématique, telle que l'avaient laissée, vers la fin du XVIIIe siècle, les disciples de Descartes, de Leibnitz et de Newton.

Pour le physicien, les phénomènes sont autant de variations qu'il ramène à la forme la plus simple qui se puisse concevoir, à la seule en tout cas que puisse atteindre, sous la double condition de l'espace et du temps, l'instrument mathématique, en un mot au mouvement ; et l'analyse par excellence des variations et du mouvement est l'analyse infinitésimale. Les progrès de la physique sont donc intimement liés aux progrès de cette dernière, non seulement en ce qu'elle a d'essentiellement mathématique, mais dans son application à l'étude du mouvement.

En ce sens on peut dire que nul temps ne fut plus propre à recueillir en physique les fruits de l'analyse que celui qui suit presque immédiatement l'époque des grands travaux analytiques des Bernouilli et des Euler, ou des grandes œuvres des d'Alembert, des Lagrange et des Laplace.

Bien que les œuvres maîtresses de Lagrange et de Laplace aient été publiées, la *Mécanique analytique* du premier en 1788, et le *Traité de mécanique céleste* du second en 1799, elles ont été pour le XIXe siècle des œuvres directrices en mettant au service des sciences de la nature une analyse presque parfaite du mouvement, et doivent, pour cette raison, être ici mentionnées. Le mérite de Lagrange est double : il consiste en premier lieu dans une conception si élargie et si approfondie du principe des vitesses virtuelles que tous les principes de la mécanique, jusqu'alors dispersés et multiples, s'y laissaient directement ramener et qu'il réalisait l'unité, tant cherchée depuis Galilée, de la statique et de la dynamique. Et ce premier service en préparait un autre : la réduction de tous les problêmes de mécanique à une forme très simple, par application du principe fondamental, et à un système d'équations résolubles par différentiation et par intégration. Outre la perfection qu'elle recevait ainsi de l'unité supérieure que lui donnait Lagrange, la mécanique prenait entre ses mains la forme d'une méthode générale d'un intérêt suprême pour le physicien.

Le *Traité de mécanique céleste* de Laplace fut, à d'autres égards, également remarquable. L'objet que s'y propose l'auteur est de compléter l'astronomie du système planétaire en développant, avec la dernière précision, les conséquences des principes de Newton. Mais le résultat des efforts de son génie dépasse le domaine de l'astronomie pure ; aux prises avec les difficultés que rencontrent ses calculs des perturbations planétaires, ce qu'il met à l'épreuve, et ce qu'il enrichit de conséquences et de perfectionnements imprévus de Newton, c'est le principe même de la gravitation universelle et la mécanique des actions attractives. La mécanique céleste devenait ainsi un cas particulier, dont la mécanique moléculaire du siècle qui commence allait retrouver partout l'analogie ; et cela est si vrai que Laplace lui-même étudiait, chemin faisant, l'attraction des liquides par l'action capillaire [1] et établissait les lois de l'équilibre et du mouvement des fluides élastiques.

La généralité de l'œuvre de Laplace équivaut donc à celle de l'œuvre de Lagrange. L'une et l'autre ont été une école directe où la génération qui naît alors a trouvé l'héritage de Galilée, de Descartes et de Huygens, de Leibnitz et de Newton, d'Euler et de d'Alembert, mais l'a trouvé accru de méthodes nouvelles, de principes féconds, de synthèses supérieures, et s'est mise en état de continuer leur œuvre et de l'accroître encore. Comme eux, elle s'éprendra de la pure analyse, la cultivera et la perfectionnera ; mais, comme eux aussi, il est rare qu'elle s'en

---

1. 4° vol. Liv. X, 2° et 3° suppléments.

contente ; le mathématicien du commencement du siècle ne perd jamais de vue les sciences de la nature ; son intérêt s'étend à la physique presque toujours, parfois à la chimie ; et cela est naturel, tant la physique lui offre de problèmes à résoudre et de difficultés à vaincre, dont autrement il n'aurait point l'idée.

Physique mathématique et mathématiques pures sont donc cultivées de concert et comme parallèlement dans la première moitié du siècle ; et ce sont les mêmes noms qui illustrent le plus souvent chacune de ces deux sciences.

I

LES MATHÉMATICIENS FRANÇAIS

Trois hommes cependant méritent une mention à part dans cette rapide histoire des mathématiques au début du XIXe siècle : Monge, Legendre et Galois.

Gaspard Monge (né à Beaune en 1746, mort à Paris en 1818) appartient à cette forte génération de savants qui firent ou complétèrent leurs études mathématiques dans les écoles d'artillerie antérieures à la Révolution, et qui concoururent pendant la Convention, d'une manière si remarquable, sur l'appel du Comité de salut public, à la défense du territoire.

Le nom de Monge est lié par là à celui de Lazare Carnot, son élève à l'école de Mézières, comme il l'est à celui de Berthollet, son ami et son compagnon en Italie en 1796 et durant la campagne d'Égypte. Chargé, lors de la création de l'École normale, d'y enseigner la géométrie descriptive, il fondait bientôt après l'École polytechnique, où il donna ses belles leçons sur la théorie des surfaces. L'histoire de l'analyse mathématique doit retenir sa remarquable contribution à l'étude des équations aux différentielles partielles, question restée obscure même après les travaux de d'Alembert et d'Euler, et qu'il résout d'une manière lumineuse. Mais la gloire de Monge est ailleurs, dans la création de la géométrie descriptive, cette introduction nécessaire aux méthodes qui allaient restaurer, sous le nom de géométrie de position, la géométrie pure, abandonnée depuis plus de deux siècles au profit de l'analyse. La solution strictement géométrique des problèmes de géométrie offre, on le sait, de grandes difficultés : elle exige, pour ainsi dire, à chaque question nouvelle, un effort nouveau d'invention, quelquefois de génie ; mais elle a en retour sa beauté propre, qu'elle doit au caractère nettement intuitif de ses procédés et de ses constructions. Si l'analyse, depuis des siècles, avait tourné les difficultés des méthodes synthétiques, par l'emploi presque mécanique et la régularité de ses méthodes, elle en avait aussi supprimé ce qui en fait la valeur, la construction directe des problèmes, le caractère intuitif et concret des solutions et des démonstrations. Encore fallait-il inventer des méthodes qui eussent assez de généralité pour ne point faire regretter l'analyse, qui eussent la même souplesse, la même fécondité. Le mérite de la géométrie descriptive de Monge fut de les rendre possibles ; en donnant le pas aux relations de position sur les relations métriques, les méthodes projectives ouvrirent au géomètre un champ illimité où s'engagèrent, à la suite de Monge, Lazare Carnot, le général Poncelet, et de nos jours Chasles et ses successeurs. La découverte de Monge est donc équivalente, en géométrie pure, à celle d'une analyse nouvelle, et s'élève par là au rang des conceptions qui ouvrent à la science des voies inexplorées.

L'histoire des mathématiques pures doit à Legendre une place d'honneur ; il les a illustrées doublement, par la modestie et la dignité de sa vie, par l'importance et l'originalité féconde de ses travaux. Né à Paris, en 1752, il y avait enseigné les mathématiques à l'École militaire, de 1775 à 1780, et avait rendu comme calculateur de signalés services en prenant part (1787) aux travaux géodésiques destinés à relier l'observatoire de Paris à celui de Greenwich ; chemin faisant, il s'était fait remarquer de Laplace par un mémoire de 1783 sur *l'attraction des ellipsoïdes*, en 1784 par un autre sur la *Figure des planètes*, en 1787 par une importante étude *sur les opérations trigonomé-*

triques dont les résultats dépendent de la figure de la terre.
Sa réputation scientifique était donc solidement établie, quand fut dressée la liste des premiers professeurs de l'École polytechnique ou des écoles normales ; et néanmoins son nom en fut absent, et fut omis de même lorsque fut créé l'Institut. Il entra, il est vrai, à l'Académie des sciences dès qu'elle fut constituée, occupa les fonctions d'examinateur de sortie pour les élèves de l'École polytechnique jusqu'en 1815, fut nommé conseiller titulaire de l'Université en 1808, et remplaça Lagrange en 1812 au Bureau des longitudes ; mais la modestie est la marque de sa vie ; à partir de 1815, jusqu'à sa mort en 1833, il consacre la force et la maturité de son intelligence, que l'âge n'affaiblit point, aux travaux théoriques qui le font le continuateur d'Euler, et en même temps le précurseur et l'émule des deux plus grands génies mathématiques de l'époque, l'Allemand Gauss, et le Norvégien Abel. Pendant que renaissait ailleurs le goût de la géométrie pure (avec Monge et Lazare Carnot), Lagrange était revenu, dès 1785 par ses *Recherches d'analyse indéterminée*, et en 1798 par un *Essai sur la théorie des nombres*, aux spéculations antiques et pythagoriciennes sur ce qu'on pourrait appeler la science pure des nombres, laquelle ne se confond ni avec l'algèbre, ni même avec l'arithmétique proprement dite. L'algèbre est avant tout une science des proportions, ainsi que l'appelait Descartes, et des transformations, l'arithmétique proprement dite une science des opérations effectuées sur les nombres ; la théorie des nombres est autre chose : elle est, pourrait-on dire, la science de leurs propriétés fondamentales et de leurs rapports, quels que soient les systèmes de numération qui leur servent de base : telles les propriétés des nombres premiers, indépendantes de ces systèmes, et soumises à des lois qui dépassent le domaine de l'arithmétique ordinaire. La *Théorie des nombres* de Legendre, publiée en 1830, fait époque dans la science ; elle renoue une tradition antique, déjà reprise par Euler et Fermat, et constitue, avec les *Disquisitiones*

arithmeticae de Gauss, la plus importante contribution du siècle à l'une des formes les plus délicates et les plus difficiles de la spéculation mathématique. Dans un domaine voisin, en Analyse, Legendre donnait vers le même temps une œuvre également remarquable ; deux mémoires, de 1787, *sur l'intégration de quelques équations aux différentielles partielles*, et de 1793, *sur les transcendantes elliptiques*, marquent l'époque des premières réflexions qui devaient l'y conduire : on peut donc dire que la *Théorie des fonctions elliptiques*, dont il publie les deux premiers volumes en 1826 et 1827, représente un travail de près de quarante ans ; il y précède Jacobi et Abel, génies puissants qui le surpassent peut-être, mais dont il eut le mérite d'être le précurseur, et d'apprécier avec une rare justice et un admirable désintéressement les travaux immortels : « On a rarement rendu une justice aussi éclatante à de jeunes émules, dit Élie de Beaumont ; mais Legendre ajouta encore à cette justice par la grâce partant du cœur avec laquelle il reporta sur ses deux disciples, qui firent la joie de ses derniers jours, sa tendresse paternelle pour la théorie qu'il avait créée et développée seul pendant plus de quarante ans. »

Puisque le nom d'Abel vient d'être prononcé, disons tout de suite un mot d'un Français qui le rappelle de tant de manières, par la profondeur et l'étendue des vues mathématiques, par la précocité du génie, et par la mort prématurée. Abel, né en 1802, mourait à vingt-six ans, en 1829 ; Galois, né en 1811, meurt en duel à vingt ans, en 1832. « En présence d'une vie courte et si tourmentée, écrit en tête de la nouvelle édition de ses œuvres M. Émile Picard, l'admiration redouble pour le génie prodigieux qui a laissé dans la science une trace aussi profonde ; les exemples de productions précoces ne sont pas rares chez les grands géomètres, mais celui de Galois est remarquable entre tous. » L'œuvre de Galois tient naturellement en peu de pages : elle consiste principalement en une courte analyse, dans le *Bulletin de Férussac*, d'un Mémoire sur la résolution algébrique des équations, en un Mémoire fondamental sur l'algèbre, retrouvé dans ses papiers et imprimé seulement en 1846, enfin en une lettre qu'il écrit, la veille de sa mort, à son ami Auguste Chevalier, sorte de testament où il sauve de l'oubli d'admirables résultats sur les propriétés essentielles des intégrales abéliennes. Des juges compétents attribuent à Galois la gloire d'avoir conduit la théorie des équations algébriques, dès l'âge de 17 ans, plus loin que Lagrange, Gauss et Abel, et d'avoir mis en évidence ce qu'aucun d'eux ne réussit à faire, l'élément fondamental dont dépendent toutes les propriétés de l'équation ; c'est son premier et plus beau titre d'honneur. La lettre à Auguste Chevalier en laisse pressentir d'autres ; si les inductions qu'on en tire sont justes, le Mémoire qu'il préparait pour résumer ses recherches sur les intégrales prouve qu'il avait approfondi l'analyse transcendante à un point dont les travaux du demi-siècle suivant donnent à peine une idée. « L'influence de Galois, s'il eût vécu, ajoute M. Picard, aurait grandement modifié l'orientation des recherches mathématiques dans notre pays. Je ne me risquerai pas à des comparaisons périlleuses : Galois a sans doute des égaux parmi les grands mathématiciens de ce siècle, aucun ne le surpasse par l'originalité et la profondeur de ses conceptions. » Ajoutons à notre tour que l'esprit reste saisi devant ces prodiges du génie mathématique : à 15 ans, Galois abordait en écolier l'étude des éléments de l'algèbre ; à 20 ans, quand il meurt, il y égale les plus grands, et laisse derrière lui une œuvre incomparable.

Ne quittons point le champ des mathématiques pures sans évoquer celui qui eut le temps de s'y montrer un génie accompli, et qu'un de ses disciples surnomma le Gauss français : comparaison lourde à soutenir, et qu'aucun autre en effet, au commencement de ce siècle, n'est, autant que Cauchy, en état de supporter. L'activité scientifique de Cauchy a été prodigieuse : plus de 700 mémoires sont sortis de sa plume : tous témoignent d'une dextérité merveilleuse à manier l'analyse, plus peut-être que d'une aptitude vraiment philosophique à en approfondir le sens et à poursuivre l'unité supérieure sous les analogies de fonctions fort voisines. La science lui doit cependant de remarquables méthodes : la technique de l'intégration est sortie de ses mains considérablement accrue et assouplie ; mais il ne s'en est point tenu là : « Mathématicien dans le sens le plus large, dit un de ses admirateurs [1], ...partout il fondait, partout il créait, partout il était au premier rang. A l'instar des éminents génies en toute carrière, les chefs-d'œuvre de Cauchy, ses plus belles découvertes datent de sa jeunesse. Son théorème sur les polyèdres, que tant de siècles ont laissé sans démonstration, complète la Géométrie d'Euclide. Il établit la vérité d'un théorème de Fermat, qui a rebuté un Descartes, résisté aux efforts d'un Euler, d'un Gauss. Avant Sturm, il indique un moyen compliqué, il est vrai, mais certain, de trouver le nombre des racines comprises entre deux limites désignées. Il remanie, enrichit considérablement la théorie des déterminants, des fonctions alternées : théorie entamée par Vandermonde et Laplace. Ses considérations morphologiques sont un point de départ pour les travaux d'Abel sur les formes, permettent à l'illustre Norwégien d'établir l'impossibilité de la résolution générale des équations... Ses instruments les plus habituels, qu'il manie avec une dextérité sans égale, sont le symbole imaginaire et l'infini, effroi des géomètres vulgaires... Abel nous apprend qu'il a puisé toutes ses connaissances dans les écrits de Cauchy : un tel aveu est le meilleur des panégyriques. »

Mais nulle part autant qu'en mécanique, et surtout en mécanique moléculaire, l'habileté de l'analyste n'a montré toutes ses ressources. A la physique mathématique tout le monde comprend que ce qu'il faut, ce n'est pas tant une hypothèse sur la constitution de la matière, qu'un ensemble de vues spéculatives et de méthodes pratiques permettant

---

[1]. Terquem, *Nouvelles annales de mathématiques*, 1857.

d'éviter, dans l'étude du mouvement des dernières particules, des détails trop complexes, et de saisir des ensembles, et comme des résultantes définissables par des données de l'expérience. Cauchy, dans ce domaine, s'est montré sans rival : substituant au principe inadmissible de la continuité de la matière, adopté par Poisson, la notion incontestable de la continuité des déplacements géométriques, il soumet à l'intégration les actions moléculaires sans avoir à tenir compte du nombre et des dimensions des molécules, qu'on ne peut déterminer ; il dégage de même de difficultés inextricables les conditions d'équilibre des systèmes soumis à l'action de forces quelconques, intérieures ou extérieures, et met aux mains du physicien un instrument d'analyse incomparable par sa simplicité et sa fécondité. La mécanique moléculaire, sous sa forme définitive, est en grande partie l'œuvre de Cauchy ; la Physique mathématique y a trouvé, en notre siècle, des ressources inépuisables ; mais Cauchy ne s'est point contenté de les lui procurer ; lui-même s'en est servi ; lui-même a abordé avec passion, surtout en mathématicien, il est vrai, et comme pour y trouver l'occasion d'exercer son talent d'analyste, un très grand nombre de problèmes spéciaux ; nous rappellerons seulement, dans cet ordre d'idées, ses travaux en optique sur les rayons évanescents, correspondant aux vibrations longitudinales des rayons lumineux, et sur le difficile problème, jusqu'à lui non résolu, de la dispersion de la lumière.

Cauchy, qui fut chef d'école, et qui eut de nombreux disciples, parmi lesquels nous ne relèverons que les noms de l'abbé Moigno, de Briot et de Bouquet, devenus à leur tour des maîtres, avait eu lui-même, en ces recherches d'analyse et de physique mathématique, des prédécesseurs, dont le plus autorisé est Poisson, son aîné de huit ans.

Cauchy, nommé professeur à l'École polytechnique par la Restauration, attaché à la famille royale par une inviolable fidélité, et destitué deux fois, pour refus de serment, par les gouvernements de 1830 et de 1852, fut un indépendant, par la force des choses, et n'exerça d'autre influence que celle qui s'attachait à sa personne et à son autorité scientifique. Poisson est, au contraire, revêtu de bonne heure d'une puissance officielle qui va toujours croissant, et qui lui donne à la fin de sa vie la haute direction des études mathématiques dans tous les collèges de France. « La vie n'est bonne, avait-il coutume de dire, qu'à deux choses : à faire des mathématiques et à les professer. » Ce mot le caractérise : élève remarqué à l'École polytechnique (où il entre premier en 1798) de Lagrange et de Laplace, il occupe bientôt les plus hautes situations, à l'École même d'où il sort pour y devenir répétiteur d'analyse, puis professeur titulaire en 1806, au Bureau des longitudes en 1812, à la Faculté des sciences en 1816, enfin, en 1820, au Conseil royal de l'Université. L'autorité de Poisson dans l'enseignement des mathématiques fut considérable ; il y représentait une puissance redoutable, difficile à satisfaire, et résistant longtemps aux conceptions nouvelles ; ajoutons qu'il l'avait conquise par des travaux sans nombre, d'inégale valeur, dont quelques-uns méritent d'être retenus, et témoignent d'une aptitude remarquable à appliquer l'analyse aux délicates questions que soulève la physique. Nous nous contenterons de signaler sa contribution à la théorie de la propagation des ondes dans les fluides élastiques, où il eut l'occasion d'entrer en conflit, dans de célèbres mémoires, avec la jeune et vigoureuse théorie de Fresnel, ses travaux sur la capillarité, où il fait un effort malheureux de réaction contre les vues de Laplace, sur les actions électriques, où il prend pour base l'hypothèse des deux fluides, enfin sur l'invariabilité des grands axes des planètes. L'habileté de l'analyste y éclate à chaque pas, sinon le choix judicieux des hypothèses et des points de départ. Et c'est pourquoi son nom est lié dans l'histoire à celui de Cauchy, dont il est loin pourtant d'égaler la maîtrise et l'aisance géniale.

LA MÉCANIQUE

Cette revue de l'état des mathématiques au commencement du siècle resterait incomplète si nous ne signalions, après les grands travaux de Lagrange et de Laplace, les principales contributions des mathématiciens du temps aux progrès de la mécanique.

Le premier en date est le grand Carnot, auteur, dès 1786, d'un *Essai sur les machines*, qui devint dans la suite un traité *de l'équilibre et du mouvement*. Rappelons que ce n'est point son seul titre de gloire : la science lui doit, en outre, deux œuvres remarquables, une *Théorie des transversales* et une *Géométrie de position*, dont nous avons déjà pris soin de faire mention, et la philosophie de solides et pénétrantes *Réflexions sur la métaphysique du calcul infinitésimal*.

Mais c'est sans contredit à Poinsot que revient en mécanique le rôle prépondérant. Nous avons déjà eu l'occasion de signaler la faveur que retrouvent, par opposition à la pure analyse, les procédés concrets et synthétiques des méthodes géométriques. L'œuvre de Poinsot accuse la même tendance : elle est, à cet égard, en réaction sur l'œuvre de Lagrange, et tend à substituer aux équations pour ainsi dire abstraites de la mécanique analytique des conditions concrètes et intuitives de l'équilibre et du mouvement. De quelque manière que soient orientées dans l'espace des forces appliquées à un corps, ou ces forces passent toutes par un même point du corps, ou elles passent par des points différents ; dans le premier cas, rien n'est plus simple, en appliquant le principe du parallélogramme des forces, que de les composer suivant trois axes de coordonnées ; dans le second, elles forment des couples, c'est-à-dire des systèmes de deux forces parallèles et de sens contraire, tendant, comme on s'en rend facilement compte, à faire tourner le corps. L'idée neuve de Poinsot fut, non seulement de fixer cette idée du couple, qu'il introduit dans la science, mais de montrer qu'on peut toujours, par une construction simple, déterminer en direction et en longueur une droite (l' « axe du couple ») qui le définit complètement et qui le symbolise comme une unité véritable et comme un élément : l'addition des couples dans des plans parallèles étant ainsi ramenée à une addition de droites, le problème de la composition des couples devenait aussi facile à résoudre que celui de la composition des forces. Dès lors, quelles que soient les forces qui agissent sur un corps, on peut toujours les ramener à une force et à un couple de forces : et si respectivement cette force et ce couple résultants sont *nuls*, le corps est en équilibre : il n'est animé d'aucun mouvement ni de *translation* (effet de la force) ni de *rotation* (effet du couple).

Poinsot partait de là pour expliquer en langage géométrique et d'une manière très simple six conditions de l'équilibre et du mouvement correspondant respectivement aux six équations fondamentales de la mécanique analytique. Ses *Éléments de statique* datent de 1804 ; vingt ans plus tard, en 1824, il en donnait une seconde édition, précédée d'une préface où il marque lui-même l'importance de ses vues ; et en 1834, il les faisait servir à une étude profonde qu'il intitule *Théorie nouvelle de la rotation des corps*. L'œuvre de Poinsot devint rapidement classique : elle trouva des continuateurs, en France dans Émile Chasles, en Allemagne dans Mœbius. Ajoutons que Poinsot approfondit avec talent d'autres sujets et écrivit notamment sur *la Théorie des nombres* (1820 et 1845) des mémoires remarqués.

Enfin nous devons citer, après Lazare Carnot et Poinsot, Coriolis, l'ami de Cauchy, professeur, et même un jour directeur des études à l'École polytechnique, qui contribua avec Poncelet à l'établissement d'une solide théorie des machines industrielles, par son *Calcul de l'effet des machines* (1829), réimprimé plus tard (1844) sous le titre de *Traité de la mécanique des corps solides*, et qui fit dans sa *Théorie mathématique des effets du jeu de billard* (1835) la plus heureuse application des théories abstraites de la mécanique à l'étude de phénomènes très complexes de mouvement.

L'ASTRONOMIE

Avec Laplace, l'astronomie s'élève, en France, à un rang qu'aucun autre pays ne saurait lui disputer. Nous avons déjà dit de la *Mécanique céleste* qu'elle était l'achèvement et le perfectionnement de l'œuvre de Newton : comme les *Principes mathématiques de la philosophie naturelle*, elle reprend une à une toutes les lois du mouvement, les établit sur des bases rationnelles, et dépasse la portée de la mécanique céleste en prenant la valeur d'une mécanique générale ; mais, employant les ressources d'une analyse enrichie par de constants progrès, et profitant d'observations nouvelles ou plus complètes, elle résout le problème des mouvements des planètes et de leurs satellites avec une précision jusqu'alors inconnue. La loi principale de la gravitation universelle y est déduite de telle sorte des principes posés, qu'elle y résulte, selon les propres paroles de l'auteur, d'une suite de raisonnements géométriques et cesse d'apparaître comme une pure hypothèse ; et, d'autre part, l'analyse de Laplace parvient à la revêtir de telles expressions qu'il en déduit d'une manière rigoureuse les lois des marées, la précession des équinoxes, la libration de la lune, la forme et la rotation des anneaux de Saturne, les lois précises des perturbations planétaires, des mouvements des satellites de Jupiter, toutes les inégalités en un mot et toutes les variations qui deviennent autant de preuves de la loi de Newton qu'elles constituaient pour ce dernier d'exceptions et d'obstacles. La mécanique céleste est, pour tout dire, le chef-d'œuvre parfait, dont les *Principes* étaient la géniale et toute-puissante ébauche ; et l'ouvrier de la deuxième heure, par la perfection de son ouvrage, s'est presque élevé au rang de l'ouvrier de la première, qui avait inventé l'hypothèse féconde.

Le *Traité de mécanique céleste* a été publié par parties successives, en 1799, 1802, 1804, même 1824 et 1825 ; la lecture en est interdite à qui n'est pas familier avec les plus hautes difficultés de l'analyse ; mais Laplace en avait donné, dès 1796, une sorte d'esquisse, beaucoup plus abordable, sous le nom d'*Exposition du système du monde* : c'est à la fin de ce dernier ouvrage qu'il développe l'hypothèse de la formation du système planétaire, dite hypothèse de la nébuleuse, et connue chez nous sous le nom d'hypothèse de Laplace, bien que le théorème sur lequel elle repose ait été découvert en même temps par Kant, et appliqué par ce dernier dans sa célèbre *Theorie des Himmels*.

D'autres noms d'astronomes distingués sont attachés à une œuvre qu'on ne peut passer sous silence, dès qu'on touche aux travaux astronomiques de cette époque, nous voulons dire l'établissement du *système métrique*. Depuis longtemps les physiciens avaient ressenti le besoin d'une unité de mesure naturelle, ou, pour mieux dire, qui dépendît d'une grandeur donnée, autant que possible invariable, de notre univers. Sur le choix de cette grandeur, les savants hésitaient ; les uns proposaient de choisir un arc de méridien, ou un arc d'équateur, ou une partie du rayon de la terre, les autres la longueur du pendule simple battant la seconde en un lieu déterminé. Ce fut Talleyrand, évêque d'Autun, qui porta la question devant l'Assemblée Constituante, et celle-ci ordonna, le 8 mai 1790, que la longueur du pendule simple battant la seconde sous le 45e degré de latitude serait choisie comme base du nouveau système de mesures : on reprenait ainsi une idée de Huygens, qui appelait pied horaire, « pes horarius », le tiers de la longueur de ce même pendule. Quant à l'unité de poids, Brisson, dans une séance de l'Académie, avait préconisé le poids d'un volume déterminé d'or, d'argent ou d'eau distillée : ce fut, on le sait, à cette dernière qu'on s'arrêta plus tard. Mais la commission académique, nommée par l'Assemblée Constituante, et composée de Borda, Lagrange, Laplace, Monge et Condorcet, déconseilla le choix du pendule simple, dont la longueur dépend à la fois de la *pesanteur* et du *temps*, et se prononça pour un arc d'équateur ou de méridien terrestre. L'Assemblée ratifia ces vues, et décida, le 30 mars 1791, que l'unité de mesure serait la dix-millionnième partie du quart du méridien de la terre.

On conçoit sans peine que, dans ces conditions, on ne pût se contenter des mesures anciennes du degré du méridien, et qu'on fût disposé à entreprendre à nouveau les travaux nécessaires pour en avoir la mesure absolument précise : c'est alors que Méchain et Delambre furent chargés de mesurer l'arc de méridien allant de Dunkerque à Barcelone, et que Delambre opéra de Dunkerque à Rodez, tandis que Méchain opérait de son côté de Rodez à Barcelone. Le 23 juin 1799 (4 messidor an VII) une seconde commission, présidée par Laplace, déposait aux Archives l'étalon de platine de la nouvelle mesure (appelée *mètre* sur la proposition du député Prieur), et le 25 juin de l'année suivante, 6 messidor an VIII, était mise en vigueur la loi qui prescrivait l'emploi des nouvelles mesures, dont l'ensemble constitue le système métrique.

On peut dire de Delambre, sans diminuer le mérite de Méchain, qu'il fut l'âme de cette grande entreprise. On lui doit, sans aucun partage, écrit Maximilien Marie [1], la théorie qui dirigea ces travaux, tous les calculs exécutés d'après les observations, ainsi que la rédaction complète de l'ouvrage en trois volumes (1806-1810) qui contient le compte rendu de toutes les opérations. Delambre s'est illustré, en outre, par d'autres travaux, par des *Tables du soleil* (1792), de *Jupiter et de Saturne* (1789), des *Satellites de Jupiter* (1806 et 1807), mais surtout par sa grande *Histoire de l'astronomie* (Astronomie ancienne, 1817, 2 vol ; du moyen âge, 1819, 1 vol ; moderne, 1821, 2 vol.) qui constitue un véritable monument.

---

1. *Histoire des Mathématiques*, t. X, p. 38.

Aux travaux géodésiques de Méchain et de Delambre, se rattachent les débuts dans la science de celui qui allait conquérir en astronomie et en physique une si brillante réputation, de François Arago, né en 1786, dans un village des Pyrénées-Orientales. Reçu le premier à l'École polytechnique en 1803, Arago en sortait dès le commencement de sa seconde année d'études pour entrer, en qualité de secrétaire, à l'Observatoire, où il devint tout de suite le collaborateur de Biot. C'est là qu'ils eurent ensemble l'idée de prolonger jusqu'à l'île de Formentara la mesure interrompue par la mort de Méchain : une mission leur fut confiée à cet effet, grâce à la protection de Laplace, et ils partirent ensemble en 1806. A son retour, après un voyage plein de périls et d'aventures, Arago était nommé, le 18 septembre 1809, membre de l'Académie des sciences, en remplacement de Lalande ; il n'avait que vingt-trois ans. Son rôle académique fut considérable : élu secrétaire perpétuel pour les sciences mathématiques, le 7 juin 1830, il exerça pendant vingt ans sur les travaux des jeunes mathématiciens et physiciens de son temps une influence qui tint à ses rares qualités : nul n'était comme lui au courant des progrès pour ainsi dire journaliers de la science, et nul ne savait mieux provoquer les recherches analytiques ou expérimentales, que ces progrès rendaient urgentes : c'est, par exemple, sur son initiative et ses indications que Fizeau et Foucault disposèrent leurs remarquables expériences pour déterminer la vitesse de la lumière. Ses fonctions de secrétaire perpétuel lui assignaient un autre rôle, où il laissa une réputation sans égale : nous avons de lui trois volumes d'éloges académiques où il a déployé la triple qualité de la clarté suprême dans l'exposition et la vulgarisation de doctrines scientifiques, de la richesse des renseignements biographiques et des aperçus ingénieux, enfin de l'éloquence facile et souple qui ravissait un auditoire fidèle et assidu. Mais le savant ne le cédait en rien à l'orateur académique ; nous aurons l'occasion de le voir contribuant d'une manière active aux recherches les plus décisives de Fresnel en optique ; comme astronome, il a laissé des travaux de premier ordre sur les étoiles et la physique solaire, et il se fût sans doute élevé encore plus haut, si son activité ne se fût répandue, par les circonstances mêmes de sa vie et la nature de ses fonctions, sur tant de sujets divers. Arago est mort, après avoir joué le rôle politique que l'on sait, en 1853.

II

LES PHYSICIENS FRANÇAIS

Si les mathématiciens français ont laissé à l'histoire, à l'époque qui nous occupe, des noms comme ceux de Laplace, Lagrange, Legendre, Galois et Cauchy, les physiciens ne leur cèdent en rien et soutiennent avec eux une légitime comparaison. Avec Fresnel et Ampère, pour ne citer tout d'abord que ceux-là, la science française, au commencement du siècle, a pris la direction d'un mouvement qui rappelle, par son importance et par ses résultats, les progrès accomplis au commencement du XVIIe siècle, sous l'influence d'un Galilée, ou au XVIIIe sous l'action d'un Newton. Ce n'est pas seulement, avec le premier, une science physique particulière, l'optique, qui prend, par la netteté de ses principes et la précision rigoureuse de ses explications, disons plus encore, par la merveilleuse sûreté de ses anticipations, une perfection semblable à celle de la mécanique céleste, telle qu'elle était sortie des mains de Newton et de Laplace ; ni, avec le second, une science naissante, la science de l'électro-magnétisme, rendue possible par les découvertes récentes de Galvani et de Volta, qui se fonde et qui rencontre dans la pratique ses premières et étonnantes applications ; mais, chose plus importante, ce sont les vues mêmes de la physique moderne qui, sous l'action combinée des progrès de ces deux sciences et des indications d'expériences et d'études mémorables sur la chaleur, vont subir une profonde transformation ;

l'idée qui tend à s'établir dans la période qui précède, et qui persiste dans celle-ci, est qu'on doit rapporter à autant de fluides impondérables autant d'actions physiques qu'en révèlent les phénomènes et qu'en étudient des sciences n'ayant rien de commun que le nom de physique qui les réunit ; sauf le son, dû, on le savait, à l'agitation des particules de l'air atmosphérique, lumière, électricité, chaleur, étaient identifiées, les deux dernières surtout, à des fluides subtils, et en un mot à des *matières* distinctes et spécifiques : et de là découlaient deux inconvénients graves, qu'on faisait coexister d'abord dans un seul et même espace toutes ces *matières* distinctes, qu'ensuite on n'y gagnait rien, tant s'en faut, pour élucider certaines actions mutuelles des phénomènes physiques et même certains échanges des uns dans les autres. Rien n'est plus important cependant que ces échanges et ces actions mutuelles : l'électro-magnétisme allait promptement les mettre au premier plan ; l'optique, en faisant de la lumière, non une *essence* distincte, mais un mode du mouvement, préparait à les comprendre ; et enfin la chaleur, en accusant son aptitude, encore mal comprise, à produire un travail mécanique, lequel possède précisément une aptitude inverse, allait, vers le milieu du siècle, faire soupçonner le rapport des modalités diverses des actions physiques à celles d'une *énergie* constante, mais transformable. Les milieux impondérables, comme l'éther qui transporte au loin les radiations lumineuses, calorifiques ou électriques, n'étaient nullement exclus par là du champ des spéculations physiques ; mais ils allaient cesser d'incarner grossièrement des entités physiques et prendre de plus en plus le rôle de milieux transportant à distance l'énergie universelle.

Pour l'éther lumineux, la preuve est faite d'une manière éclatante par les travaux de Fresnel. Fresnel est né en 1788 ; entré à l'École polytechnique en 1804, il était ingénieur des ponts et chaussées lorsqu'il fut destitué, au commencement des Cent Jours, pour avoir pris les armes contre l'Empereur. C'est à partir de ce moment, jusqu'en

1824, c'est-à-dire pendant dix ans à peine, qu'il s'adonne à l'étude de la lumière, et rédige les admirables mémoires, admirables par la simplicité et la clarté de la forme non moins que par la profondeur de la doctrine, qui ont été récemment réunis dans les trois volumes de ses *OEuvres complètes*. En 1824, une attaque d'hémoptysie le mettait hors d'état de continuer ses travaux, et il succombait trois ans plus tard, en pleine jeunesse (1827), à l'âge de 39 ans, comme Pascal et Torricelli.

Lorsque Fresnel commença ses recherches, la théorie régnante en optique était celle de Newton : on admettait en principe que les sources lumineuses projettent en tous sens et en ligne droite, à travers l'espace, des particules douées d'une prodigieuse vitesse, lesquelles provoquent, en touchant la rétine, nos sensations visuelles ; puis, étendant à l'action réciproque de ces particules lumineuses et des corps pondérables la loi universelle des forces attractives ou répulsives, on expliquait par là très simplement un grand nombre de phénomènes, tels que la réflexion, la réfraction, la diffraction, par l'action tantôt attractive et tantôt répulsive des surfaces polies, des milieux réfringents, ou des bords que rasent les rayons lumineux avant de produire les franges de diffraction. Le triomphe de l'hypothèse était la théorie des anneaux colorés, telle qu'elle était sortie des mains de Newton. Déjà pourtant le caractère quelque peu arbitraire des « accès de facile réflexion ou de facile transmission », ou la nécessité de reconnaître simultanément aux mêmes surfaces le pouvoir répulsif et le pouvoir attractif, ne laissaient pas d'être inquiétants pour la simplicité, plus apparente que réelle, de l'hypothèse. Mais le grand nom de Newton avait un tel prestige, et les efforts de ses partisans, de Poisson entre autres, et de Biot (1774-1862), pour donner, dans le système de l'émission, une explication satisfaisante des phénomènes les plus complexes, tels que la polarisation et la double réfraction, étaient, somme toute, si remarquables, qu'unanimement les physiciens étaient newtoniens en optique comme en astronomie, et le demeurèrent longtemps, même après les travaux de Young et de Fresnel.

Cependant l'attention venait d'être rappelée sur l'hypothèse adverse de Huygens, oubliée depuis un siècle, par l'Anglais Thomas Young, qui, dans une série de mémoires, entre 1801 et 1803, venait de mettre en une vive lumière l'*interférence* des rayons lumineux (le mot même est de Young) : rien de plus simple que l'interférence dans le système des ondes, où l'on comprend sans peine que des rayons de même phase se renforcent à leur point de rencontre, tandis que des rayons de phases différentes ou rigoureusement opposées s'affaiblissent ou s'annulent ; rien de plus obscur, au contraire, dans le système de l'émission, où les moyens manquent d'une manière si complète de s'en faire une idée quelconque que, quelques années plus tard, Biot et les newtoniens allaient en nier l'existence *physique* et en rapporter l'origine à des causes *subjectives* : résolution désespérée équivalant à une abdication, et qui marque la date réelle de la fin de la théorie newtonienne.

On peut dire en effet de la première série des travaux de Fresnel, qu'ils reposent tout entiers sur l'élucidation de ce phénomène capital, et sur l'adjonction étroite de ses effets à ceux de la propagation proprement dite des ondes. En moins de trois ans, de 1815 à 1818, Fresnel édifie une théorie complète de la diffraction, où le phénomène de l'interférence, isolé dans des expériences célèbres de tout phénomène connexe, rattaché au principe de Huygens sur les ondes enveloppes, enfin appuyé à la plus délicate, mais en même temps à la plus profonde et la plus complète analyse mathématique qu'ait connue la physique, rend compte avec une admirable précision de tous les phénomènes de diffraction, et, dans tous les cas possibles, de la position et des dimensions des franges aussi bien que de leur éclat respectif et de leur coloration. Du même coup les couleurs des plaques minces, ou celles qui irisent les bords des cônes d'ombre projetés sur un écran par les corps que rencontrent des faisceaux de lumière blanche, phénomène inaperçu des newtoniens et en tout cas inexplicable dans l'hypothèse de l'émission, rentrent d'eux-mêmes dans la théorie, et en deviennent l'éclatante confirmation. Nous ne pouvons ici que rappeler d'un mot soit l'habileté suprême avec laquelle Fresnel discerne dans les faits même les plus favorables à l'hypothèse adverse tels de leurs caractères qui la contredisent, telles propriétés ou tels accidents qui constituent pour elle autant de faits cruciaux, soit l'art incomparable de ses expériences, bien qu'il n'ait le plus souvent pour les mener à bien que l'outillage le plus rudimentaire, soit enfin l'adaptation parfaite et comme l'adéquation de ses vues théoriques aux phénomènes eux-mêmes. A ce triple point de vue, son Mémoire sur la diffraction de 1818, couronné l'année suivante par l'Académie des sciences sous l'influence d'Arago, est resté un modèle impérissable d'expérimentation précise et décisive, en même temps qu'il portait la probabilité de l'hypothèse initiale au plus haut degré que puisse atteindre une hypothèse physique.

Cependant deux phénomènes, la polarisation et la double réfraction, demeuraient, semble-t-il, hors des prises de la théorie ondulatoire, tandis que les remarquables travaux de Biot en rendaient compte, en somme, dans l'hypothèse adverse d'une manière fort plausible. Déjà Fresnel, en 1810, avait tenté d'en demander l'explication aux lois de l'interférence ; mais il n'avait obtenu que des résultats négatifs. La découverte par Arago de la polarisation chromatique lui fournit, en 1810, l'occasion d'y revenir avec lui, et à leur grande surprise les deux physiciens constatèrent qu'on ne peut en aucun cas produire l'interférence du rayon ordinaire et de l'extraordinaire. Mais Arago ayant eu l'idée de polariser d'abord dans le même plan un faisceau émané d'un seul point lumineux, l'expérience donna des résultats remarquables qui furent résumés dans les quatre propositions suivantes : 1° deux rayons polarisés dans le même plan interfèrent comme les rayons ordinaires ; 2° polarisés dans des plans perpendiculaires, ils n'interfèrent en aucune circonstance ; 3° polarisés dans des plans perpendiculaires, puis ramenés au même plan de polarisation, ils interfèrent, pourvu qu'ils émanent d'un même rayon polarisé ; 4° s'ils émanent, au contraire, d'une lumière naturelle, ils n'interfèrent en aucune circonstance. Ces lois furent pour Fresnel le point de départ de considérations théoriques nouvelles ; pour expliquer la diffraction, peu importait le sens des vibrations des particules d'éther eu égard à la direction de propagation du rayon lumineux ; qu'elles fussent de même sens ou longitudinales, ou qu'elles fussent normales au rayon lui-même, c'est-à-dire dans le plan de l'onde et transversales, interférence et diffraction dans les cas ordinaires s'arrangeaient aussi bien d'une condition que de l'autre : tout autrement en allait-il, après la révélation des lois d'interférence des rayons polarisés : une seule hypothèse permettait de les expliquer, mais les expliquait pleinement : la transversalité des vibrations de l'éther. Mais une mécanique nouvelle de l'éther s'imposait : Fresnel mit à la constituer toutes les ressources de son génie : il soutint contre Poisson, contre Arago lui-même, en un mot contre toutes les résistances du préjugé alors courant de la continuité des fluides et de l'éther, une lutte où il fut victorieux, bien que sa victoire n'ait été reconnue que bien des années plus tard. Mais l'hypothèse de la transversalité des vibrations de l'éther expliquait à son tour d'une manière si simple et si complète l'ensemble des phénomènes connus, elle se montra dans la suite si parfaitement apte à rendre compte des phénomènes nouveaux, elle fit enfin entre les mains de Hamilton, à qui elle permit de prévoir la polarisation conique, la preuve si éclatante de sa fécondité, qu'elle conquit droit de cité dans la physique moderne non seulement à elle-même, mais à la conception de la discontinuité de l'éther, à laquelle répugnaient les mathématiciens contemporains de Fresnel.

Telles sont, brièvement résumées, les contributions de Fresnel aux progrès de l'optique ; en 1814, un fragment d'une de ses lettres souvent cité prouve qu'il ignorait encore ce que c'était que la polarisation ; dix ans plus tard, en 1824, il avait fait de l'optique la plus parfaite des sciences physiques, et lui avait donné la forme qu'elle a gardée jusqu'à l'avènement des théories de Maxwell. Par la maturité précoce et la puissance de son esprit, Fresnel fait penser à Galois ; l'un a été le génie de la méthode physique, unissant la maîtrise du mathématicien à l'art incomparable de l'expérimentateur, comme l'autre a incarné la puissance créatrice du mathématicien de race s'élevant sans effort et presque sans initiation jusqu'aux plus hauts sommets de la spéculation.

AMPÈRE. — On serait tenté d'appeler Fresnel le « Newton de l'optique » ; Maxwell, dont la compétence et l'autorité ne sont point récusables, a désigné Ampère, sans hésiter, sous le nom de « Newton de l'électricité ». Au temps même où ce dernier (André-Marie Ampère, 1775-1836) faisait à Poleymieux ses premières études sous la direction éclairée de son père, un événement considérable (vers 1790) s'accomplissait dans la petite maison d'un médecin italien : Galvani découvrait le courant électrique. L'histoire fameuse du balcon de Galvani pourrait bien, comme tant d'autres, n'être qu'une légende ; car, à en juger par le récit qu'il a laissé lui-même de ses expériences, c'est en poursuivant patiemment et avec une méthode et un esprit de suite qui lui font honneur, des recherches sur les conditions où se produisent certaines contractions des muscles des grenouilles, que Galvani fut amené à remarquer le premier le courant électrique, et à noter plus d'une circonstance essentielle où il se produisait. Sur l'origine même et la cause du courant, trompé par l'idée qu'il se faisait de l'électricité animale, il se méprit complètement ; mais le courant électrique était découvert, et à la suite des travaux de Volta, qui substitua à l'idée de Galvani une idée non moins fausse, mais plus heureuse, celle de l'électricité dite de contact, ou métallique, et qui surtout construisit la première pile connue, des effets surprenants du courant électrique furent bientôt enregistrés, dont le plus remarquable et le premier qu'expérimentèrent les physiciens du temps fut l'action du courant sur l'eau qu'elle décompose et d'une manière générale sur les composés chimiques et sur les sels. Carlisle et Nicholson préludèrent par d'importantes observations aux beaux travaux de Davy, qui accomplit le premier (1800) l'électrolyse de l'eau et qui, quelques années plus tard (1807), exécutait les expériences célèbres de la décomposition de la potasse et de la soude. Citons encore les travaux de Berzélius, qui servirent de base à sa théorie électrochimique, et nous aurons relevé les principaux effets du courant électrique qu'aient observés les physiciens dans les vingt premières années du XIXe siècle.

A la fin de cette période, en 1820, OErsted, physicien danois, publiait une observation capitale : le courant électrique fait dévier l'aiguille aimantée, vers l'est, si, dirigé du pôle boréal au pôle austral de l'aiguille, il passe au-dessous d'elle ; vers l'ouest, s'il passe au-dessus. Pour juger de l'émotion provoquée par ces faits dans le monde des physiciens, il faut se souvenir que l'aimantation, dans les idées du temps, constituait un domaine très restreint de manifestations rapportées d'un commun accord à un fluide spécial ; et voici que les faits troublaient les physiciens dans leurs convictions arrêtées, et démontraient l'action, inexplicable pour eux, de forces non magnétiques sur le magnétisme même. Déjà l'électrolyse leur donnait à penser que l'électricité et l'affinité chimique avaient une source commune. Le préjugé des forces et matières séparées recevait un nouveau coup des expériences d'OErsted.

Les choses en étaient là lorsque Ampère entra en scène. On connaît les événements de sa vie tourmentée, son séjour à Bourg (1801-1803), loin de sa femme mourante, et son retour à Lyon (1803), enfin sa nomination comme répétiteur d'analyse (1804), puis comme professeur titulaire à l'École polytechnique ; durant tout ce temps, son activité se partage entre des travaux mathématiques d'une haute valeur, et des recherches passionnées de psychologie, de métaphysique et de philosophie des sciences. A l'époque de l'expérience d'OErsted, il avait près de 45 ans, et s'ignorait lui-même comme physicien ; c'est à cet âge, et avec sa fougue ordinaire, qu'il reprend pour son compte les recherches d'OErsted ; en quelques années, nous allons dire brièvement l'œuvre qu'il accomplit, et qui peut-être est en physique la plus grande du siècle. D'abord, il fixe dans une règle connue sous le nom de règle d'Ampère la dépendance précise des déviations de l'aiguille par rapport à la direction du courant voltaïque : mais ce n'est là qu'une précision plus grande apportée aux remarques déjà faites par OErsted. Le trait de génie d'Ampère, l'idée féconde qui semble avoir dominé toutes ses recherches, fut de concevoir d'emblée l'analogie profonde du courant et de l'aimant, puisqu'il est manifeste que l'un agit sur l'autre. Dès lors, que se passerait-il, si l'on essayait l'action du courant, non plus sur un aimant, mais sur son analogue, sur un autre courant ? Huit jours après la mention par Arago, dans la séance de l'Institut du 11 septembre 1820, de l'expérience d'OErsted, Ampère apportait, à la séance suivante du 18 septembre, le résultat de ses recherches ; il était capital : deux conducteurs rectilignes et mobiles, situés parallèlement dans le voisinage l'un de l'autre, s'attirent ou se repoussent, suivant qu'ils sont traversés par deux courants de même sens ou de sens opposé. Ainsi d'une part, il existe une « influence » voltaïque, comme il existe une « influence » des corps ordinaires électrisés, mais avec cette différence que les courants de même sens s'attirent, tandis que les électricités de même signe se repoussent ; il faut donc distinguer une électricité *statique* et une électricité *dynamique* ; et, d'autre part, l'observation ne révèle pas seulement des phénomènes *électro-magnétiques* (actions des courants sur les aimants), mais elle révèle aussi des phénomènes *électro-dynamiques* (actions des courants sur les courants). Il y a plus, l'électro-magnétisme n'est peut-être lui-même qu'une modalité spéciale des phénomènes électro-dynamiques. Déjà Ampère s'était servi dans ses premières expériences de conducteurs rectangulaires ou circulaires afin de renforcer et de rendre plus visible l'action réciproque des courants : l'idée lui vint alors d'enrouler plusieurs fois en hélice le même fil conducteur, et il construisit l'ingénieux appareil auquel il donna le nom de solénoïde (1822). Or, si l'on fait agir un courant galvanique sur un solénoïde, celui-ci se comporte rigoureusement comme l'aiguille aimantée, c'est-à-dire que son axe s'oriente perpendiculairement à la direction du courant ; ce n'est pas tout : sur cet aimant artificiel, un aimant ordinaire produit les mêmes effets qu'un courant galvanique ; et le magnétisme terrestre ne fait point exception, il oriente l'axe de tout solénoïde dans la même direction que l'aiguille aimantée.

Ainsi tous les aimants peuvent être assimilés à des solénoïdes : les phénomènes dont ils sont le siège seraient complètement expliqués si l'on supposait autour de toutes leurs molécules des courants galvaniques parallèles et de même sens. La terre elle-même n'est qu'un immense solénoïde où des courants circulent dans le plan des parallèles, ou même seulement dans le plan de l'équateur. Ce ne sont donc point deux classes différentes que celle des phénomènes électro-magnétiques et celle des phénomènes électro-dynamiques ; ils ont essentiellement mêmes lois et même nature, et témoignent ainsi de l'unité de la cause qui les produit.

On se ferait une idée imparfaite du mérite d'Ampère si l'on ne faisait mention de la forme mathématique qu'il sut donner à sa théorie : « Les recherches d'Ampère, a écrit Maxwell, par lesquelles il établit les lois de l'action mécanique des courants électriques les uns sur les autres, comptent parmi les faits les plus brillants qui se soient jamais produits dans la science. Théorie et expérience semblent avoir jailli dans leur pleine puissance et leur plein achèvement du cerveau de ce « Newton de l'électricité [1] ». Son ouvrage (*Théorie des phénomènes électrodynamiques uniquement déduite de l'expérience*, Mém. de l'Acad., VI, 1823, paru en 1827) est parfait dans la forme, inimitable pour la précision de l'expression ; et le bilan de cet ouvrage est la formule d'où tous les phénomènes électriques peuvent être déduits et qui restera dans tous les temps comme la formule cardinale de l'électro-dynamique. Ampère recueillit donc, de 1820 à 1827, tandis qu'il faisait ces merveilleuses expériences auxquelles vinrent assister, dans sa modeste maison de la rue des Fossés-Saint-Victor, tous les savants de l'Europe de passage à Paris, les fruits de la haute culture mathématique à laquelle il avait auparavant donné près de trente ans de sa vie ; et c'est à elle qu'il dut, non moins qu'à la puissance de son imagination et qu'à son habileté d'expérimentateur, la valeur et la solidité de son œuvre. Ampère a réuni les qualités maîtresses qui font le grand physicien : le génie de l'expérience, le génie de l'analyse. N'oublions pas qu'il fut, par ses travaux, l'initiateur de tant de grandes découvertes qui sont la gloire du siècle ; n'oublions pas non plus qu'il a fait faire un pas considérable à la doctrine de l'unité des forces de la nature, en ramenant à une seule deux classes de phénomènes considérés jusqu'alors comme absolument séparés et distincts.

Une autre partie de la physique dont les progrès sont remarquables dans la première moitié du siècle, et qui deviendra, dans la période suivante, le point de départ d'une réforme profonde de la physique dans son ensemble, est la science de la chaleur. Là encore, les physiciens français occupent une belle place dans l'histoire de la science, et ont trouvé des lois ou formulé des théories d'une extrême importance.

---

1. *Lehrbuch der Electricität*, II, p. 216.

Tandis qu'en Allemagne et en Angleterre, deux hommes, Benjamin Thomson, plus connu sous le nom de comte de Rumford, et Humphry Davy, déduisent d'expériences mémorables sur la chaleur dégagée par le frottement des conséquences incompatibles avec les théories courantes, mais ne parviennent point à les faire accepter, presque partout ailleurs l'activité des physiciens s'absorbe dans des recherches de pure expérience, sans lesquelles au reste les théories mécaniques futures de la chaleur eussent été impossibles. Gay-Lussac (1778-1850) a laissé, dans des recherches de ce genre, une réputation considérable et méritée : physicien et chimiste, il a le plus souvent dirigé ses travaux vers des sujets appartenant aux deux domaines voisins de la physique et de la chimie ; les plus remarquables sont ceux qui le conduisirent à établir cette loi que le coefficient de dilatation est le même pour tous les gaz, et qu'il est indépendant de la pression ; en même temps, il en donnait la mesure, qui est, selon lui, de 0,375. Signalons aussi sa détermination de la chaleur spécifique de l'air tant sous pression constante que sous volume constant, et la découverte d'une loi qui devait en chimie jouer un si grand rôle, celle des proportions volumétriques des gaz dans leurs combinaisons : autant de fondements indispensables, en somme, avec la loi de Mariotte, d'une théorie des gaz, qui sera dans un avenir prochain la pièce principale de la science mécanique de la chaleur. A la même famille d'esprits appartiennent Dulong (1785-1838) et Petit (1791-1820), qui entreprirent ensemble, vers 1818, une série de travaux sur les chaleurs spécifiques, et qui en déduisirent cette remarquable loi, laquelle reste un problème pour notre moderne science de l'énergie, que le produit du poids atomique et de la chaleur spécifique de tous les corps simples est une quantité constante.

Pendant que ces recherches fécondes s'accomplissaient sur un terrain purement expérimental, un mathématicien de premier ordre, Fourier, travaillait, depuis 1807, à résoudre complètement et par une voie strictement analytique le problème de la propagation de la chaleur. L'œuvre de Fourier (la *Théorie analytique de la chaleur*, achevée et publiée en 1822) fait époque dans la science : sans renouveler, comme le fera la génération suivante, la notion de la chaleur, dont il compare la propagation à celle d'un courant, persuadé au contraire que les phénomènes thermiques constituent « un ordre spécial de phénomènes qui ne peuvent s'expliquer par les principes du mouvement et de l'équilibre [1] », il se propose uniquement d'en ramener les manifestations aux termes d'un certain nombre d'équations différentielles, et, comme disait Newton, sans recourir à aucune « hypothèse » physique, d'en donner l'expression mathématique, exacte et précise. Fourier y réussit au delà de toute espérance ; et non seulement par là il enrichit la physique d'une théorie complète de la conductibilité, mais encore il y trouve l'occasion de faire bénéficier l'analyse de méthodes d'intégration qu'il avait dû découvrir et généraliser au cours de ses recherches.

SADI CARNOT (1796-1832). — Deux ans après la publication de la *Théorie* de Fourier, paraissait à Paris, en 1824, une autre œuvre capitale, qui, chose étrange, passa inaperçue des contemporains, les *Réflexions sur la puissance motrice du feu et les machines propres à développer cette puissance*. L'auteur, Sadi Carnot, troisième fils du grand Carnot, et capitaine du génie, n'avait alors que 28 ans ; huit ans plus tard, le choléra l'emportait, et emportait peut-être avec lui l'idée qui semble s'être présentée à son esprit (de 1824 à 1832) de l'équivalence quantitative du travail mécanique et de la chaleur. Les *Réflexions* n'en contiennent nulle trace ; tout au contraire, l'auteur s'y rallie à la thèse courante de la matérialité de la chaleur, en se contentant de comparer la chute de la température de la chaleur motrice à celle d'un cours d'eau. Il n'en est que plus remarquable qu'il ait pu mettre en pleine lumière le

---

1. *Théorie analytique*, Disc. prélim., p. 2.

concept essentiel de la thermo-dynamique moderne, et qu'il
l'ait fait de telle sorte que les maîtres de cette science,
Clausius, Helmholtz et Thomson lui aient rendu l'hommage de l'avoir le premier complètement défini. L'idée
maîtresse de Carnot est que, si l'on veut se rendre compte
du travail effectué par une machine thermique, il faut, pour
écarter toute circonstance étrangère, la ramener chaque
fois à son état initial, c'est-à-dire lui faire parcourir un
cycle complet ; ce principe posé, Carnot établissait que
le travail accompli par une machine thermique dépend
exclusivement de l'intervalle de deux températures, celle
de la source et celle du condenseur, qu'il est indépendant
de la substance qui travaille, et qu'enfin il n'y a pas de
machine plus parfaite qu'une machine réversible. De ces
trois propositions, la première était obscure : Carnot y
supposait qu'une quantité de chaleur, empruntée à la
source, est transmise intégralement au condenseur, et que
le travail dépend de la température initiale et finale de
cette chaleur constante : proposition inacceptable que
Clausius devait réformer plus tard, et modifier dans le sens
des deux premières lois de la thermo-dynamique ; mais
les deux autres étaient incontestables ; et non seulement
elles contenaient en puissance la conséquence future de
l'équivalence de la chaleur et du travail, mais elles introduisaient dans la science deux notions connexes qui en
furent les idées directrices : la notion de *cycle* et la notion
de *réversibilité*.

Encore une fois, l'œuvre géniale de Carnot ne fut même
point remarquée, ce qui ne peut s'expliquer que par
l'obstacle presque infranchissable qu'opposait à toute vue
théorique l'opinion partout reçue de la matérialité de la
chaleur ; mais le temps était proche où le principe de la
transformation des forces allait trouver dans la science
de la chaleur une vérification éclatante, et où ce progrès
même allait rappeler sur l'œuvre de Carnot l'attention
qu'elle méritait. Déjà Ampère, vers 1832, rapprochait
formellement la chaleur rayonnante des ondes lumineuses

et n'en faisait ainsi qu'un mode du mouvement. Les progrès de l'optique et de l'électro-dynamique, non moins que ceux de la science de la chaleur, conduisaient donc peu à peu la physique à renoncer aux agents matériels qu'elle reconnaissait sous le nom d'impondérables, et préparait l'avènement du principe fécond de l'unité des forces de la nature ou, plus exactement, de l'énergie constante dont tous les phénomènes ne sont que des modalités.

Biot (1774-1862). — Un nom, pour finir, doit être ici rappelé, celui d'un homme dont les travaux eussent pu être cités à propos de tous ceux dont nous avons fait l'histoire : à tous les problèmes nouveaux, posés par le développement des recherches expérimentales, qu'il s'agît de la lumière, de la chaleur, du magnétisme ou de l'électricité, Biot a pris sa part et a laissé partout la marque d'un esprit pénétrant et profond : sa compétence universelle lui a permis d'écrire un *Manuel de physique* où il a à sa manière traité en physicien, et non en pédagogue, toutes les questions agitées de son temps; et, encore une fois, il n'en est pas une seule qui n'ait reçu l'empreinte de son génie. D'où vient cependant qu'aucune de ses idées ou de ses théories n'aient survécu, comme celles d'un Fresnel ou d'un Ampère, ou même d'un physicien moins éminent, Gay-Lussac par exemple? A coup sûr, Biot égale, s'il ne dépasse, le dernier, et s'approche des plus grands; mais, attaché aux idées newtoniennes par une foi sans mesure, il semble qu'il n'ait fait des prodiges d'invention, tels ses travaux sur la double réfraction et la polarisation, ou l'interprétation qu'il donne des expériences d'Ampère, que pour étendre les principes newtoniens aux découvertes nouvelles, et qu'il se soit stérilisé lui-même dans cet effort génial. Dans un domaine qui ne le comporte guère, Biot a représenté la réaction à outrance; mais il mérite cet hommage que nul n'a mieux connu la science de son temps, mis plus d'intelligence à pénétrer les théories nouvelles, ou témoigné pour leurs auteurs plus de sympathie vraie et d'estime sincère ; et ce réactionnaire a eu ce mérite rare, que sa résistance même a servi la science et ne l'a point lui-même empêché de s'élever, par ses théories propres, à un rang illustre parmi les physiciens du siècle.

III

LES CHIMISTES

La « Révolution chimique », pour employer un terme exact dont s'est servi M. Berthelot, est antérieure à l'autre ; en 1789, elle était accomplie depuis plusieurs années : de la doctrine de Stahl, qui avait eu son heure d'éclat et même d'utilité trop souvent contestée, bien qu'elle soit incontestable, il ne restait plus que des ruines ; et Lavoisier, qui l'avait d'abord adoptée comme tout le monde, puis mise au nombre des hypothèses simplement vraisemblables, enfin attaquée pied à pied et définitivement détruite, a été le Galilée de la chimie moderne en lui léguant, comme Galilée à la physique, une méthode précise de mesure et d'analyse. Comme praticien et comme chimiste, Lavoisier a eu dans Priestley et Scheele, qui découvrirent l'oxygène avant lui, et même dans Cavendish, qui effectua le premier la synthèse de l'eau, des émules heureux, pour ne rien dire de plus ; mais s'il n'a point découvert l'oxygène, c'est lui qui, par une étude approfondie et strictement quantitative de la calcination et de la réduction, a établi son rôle exact dans ces opérations, et constitué, avec un esprit de suite et une méthode admirables, en physicien, comme on l'a dit souvent, la première théorie lumineuse et vraiment scientifique de la combinaison chimique. Par l'étendue de son action dans la nature, l'oxygène se prêtait à devenir le point central d'une étude générale des composés chimiques ; et Lavoisier sans doute a été par là même exposé à en exagérer l'importance, en en faisant par exemple l'agent unique de l'acidification ; mais il a, chemin faisant, établi les principes d'une méthode rigoureuse ; il a écrit le premier les termes pondéraux d'une équation chimique ; et les yeux toujours fixés sur le principe, qui en est le fondement, de l'indestructibilité de la matière ou de la masse, il a tout à la fois établi le vrai sens de ce qu'il faut entendre par éléments chimiques, et réuni, dans un ensemble systématique, les formes principales de leurs combinaisons. La nomenclature de Guyton de Morveau, inspirée des idées et des travaux de Lavoisier, représente exactement l'état de la science chimique, tel qu'il la concevait en 1786 : elle repose sur la double notion des acides et des bases, composés oxygénés binaires du premier ordre, qui constituent à leur tour, par la réunion d'un acide et d'une base, les sels ou composés binaires du second ordre. Les chimistes dans la suite ont dû renoncer à ces vues trop systématiques et à certains égards trop étroites ; mais on ne peut méconnaître combien elles furent fécondes, et quels services elles rendirent à la science naissante.

Le premier progrès décisif accompli dans la science après la mort de Lavoisier (1794) fut l'établissement des deux lois dites des *proportions définies* et des *proportions multiples* qui devaient servir de base à la notion capitale des équivalents. La première est due à un chimiste français, Proust, la seconde à Dalton. Déjà les travaux de Wenzel et surtout de Richter sur les sels eussent dû faire pressentir la loi des proportions définies : car elle était implicitement contenue dans cette remarque de Richter que lorsqu'un métal en précipite un autre de la dissolution saline à laquelle il appartient, le poids de l'oxygène de la base reste en rapport constant avec le poids de l'acide correspondant. Mais il était réservé à Proust, esprit généralisateur et hardi, de saisir l'importance de cette vue ; et bientôt (1799-1802), s'appuyant sur la proportionnalité constante du poids de l'oxygène et du poids du métal dans la constitution des oxydes métalliques, ou du poids du soufre et du poids du métal dans celle des sulfures, il soutenait cette conclusion que, dans tous les composés *vrais*, la nature associe les éléments constituants en proportions fixes et rigoureusement définies.

Cette proposition, qui ouvrait sur l'affinité des corps élémentaires une vue si précieuse, fut le point de départ d'une polémique mémorable, autant par la courtoisie mutuelle des adversaires que par l'importance des résultats, entre Proust et Berthollet. La lutte se prolongea environ sept années (1801-1808), et se termina naturellement à l'avantage de Proust. L'opposition de Berthollet prouve une fois de plus que les lois de la science ne conquièrent pas du premier coup la certitude qu'il nous plaît dans la suite de trouver si simple, et elle avait son origine dans des idées du grand chimiste sur l'affinité, qui ne concordaient pas avec les vues de Proust, bien qu'elles fussent en principe tout à fait remarquables. Berthollet est le précurseur de ceux de nos contemporains qui songent à rapprocher dans une même unité les phénomènes chimiques des phénomènes physiques : le phénomène chimiq par excellence est à ses yeux l'affinité, et l'affinité sera éclaircie quand on l'aura ramenée aux lois ordinaires de l'attraction newtonienne et en général de l'équilibre et du mouvement. De là le remarquable *Essai de statique chimique* que Berthollet publiait en 1803, et où il développait l'importance des modalités thermiques ou élastiques, physiques en un mot, des corps engagés dans les combinaisons. La proportion des masses de ces corps lui paraissait avoir, en particulier, une influence capitale sur l'issue des permutations chimiques, et tout n'était point faux, comme on l'a compris plus tard, dans cette manière de voir ; mais, prise comme la prenait Berthollet, elle allait à l'encontre des expériences de Proust, et de là vint que les deux adversaires firent des prodiges de dialectique, mais encore une fois, de dialectique courtoise, pour défendre leurs opinions respectives. Proust l'emporta, et, vers 1808, la loi des proportions définies était acquise à la science .

Vers le même temps, les travaux mémorables de Dalton conduisaient le grand chimiste anglais à une loi du même genre, à la loi dite des proportions multiples, sur laquelle à son tour il édifiait cette théorie remarquable que les corps simples entrent en quantités finies, parfois multiples les unes des autres, dans les combinaisons, qu'ils sont donc formés de particules insécables ou d'atomes, et qu'on peut appeler *poids atomique* la plus petite quantité (proportionnelle) d'un élément susceptible d'entrer dans une combinaison chimique. La base essentielle de l'atomisme chimique était ainsi posée et permettait à Dalton d'établir la première table de *poids atomiques*, en prenant pour unité celui de l'hydrogène. Équivalents (Wollaston), nombres proportionnels (Humphry Davy) et poids atomiques (Dalton) avaient alors le même sens : une découverte française, qui date du même temps, allait provoquer une revision des premiers tableaux stœchiométriques, en jetant un jour nouveau sur la nature des combinaisons.

Si les corps, en effet, ont la propriété très remarquable de s'unir en proportions (pondérales) strictement définies, Gay-Lussac montrait, en 1805, en collaboration avec A. de Humboldt, qu'à l'état gazeux — et un grand nombre de réactions chimiques se font, on le sait, dans cet état — les corps suivent dans leurs combinaisons une autre loi très simple : à savoir, qu'*un* volume de l'un s'unit exactement à *un* volume, ou *deux* volumes, ou *trois* volumes de l'autre, et que dans les trois cas, ils donnent *deux* volumes de gaz composé. La loi de Gay-Lussac se reliait directement aux théories de Dalton : si un volume de chlore s'unit exactement à un volume d'hydrogène pour faire deux volumes d'acide chlorhydrique, c'est qu'un volume de chlore doit représenter le poids d'un atome de chlore, et un volume d'hydrogène celui d'un atome d'hydrogène ; la coordination des deux lois s'imposait ; mais, chose étrange, ni Dalton ne voulut accepter la loi de Gay-Lussac, ni Gay-Lussac, attaché aux idées chères à Berthollet, la théorie de Dalton. Seul Berzélius devait faire son profit de la loi des proportions volumétriques pour déduire des densités gazeuses une détermination nouvelle des poids atomiques. Vers le même temps, l'Italien Avogadro en 1811, et Ampère en 1814, partaient des lois de Gay-Lussac pour établir une distinction célèbre entre les molécules et les atomes, qui fut plus tard d'une haute importance dans le développement des doctrines chimiques : sous le même volume, aux mêmes conditions de température et de pression, tous les gaz, simples ou composés, renferment le même nombre de *particules intégrantes* ; mais il est fort possible que ces particules soient constituées elles-mêmes d'un nombre plus ou moins grand d'atomes associés ; les densités gazeuses indiquent donc simplement des poids proportionnels des molécules, ou poids moléculaires, et il se peut qu'elles soient, dans la plupart des cas, des multiples des poids strictement atomiques. Berzélius fit cas de ces remarques profondes ; mais il les compromit par sa notion des *atomes doubles* et tomba dans des confusions qui ne furent corrigées que bien des années plus tard.

Deux méthodes étaient donc déjà conquises, vers 1810, pour déterminer les équivalents et les poids atomiques des corps simples (les deux termes ne furent distingués nettement qu'à la suite des théories de Berzélius) ; Dulong et Petit en léguèrent une autre à la chimie (1819) en énonçant leur hypothèse, déjà signalée plus haut, de la constance du produit des chaleurs spécifiques des corps simples par leurs poids atomiques respectifs.

On peut juger, par ces indications, des ressources nouvelles dont les chimistes étaient en possession, un quart de siècle environ après la mort de Lavoisier, pour étudier d'une manière précise la constitution des corps et pour coordonner dans des théories plus ou moins compréhensives le jeu variable à l'infini de leurs affinités. Vers 1830, la théorie régnante était celle de Berzélius : fondée d'une part sur les lois que nous avons rappelées, de l'autre sur l'électrolyse, elle confirmait les vues dualistiques de Lavoisier, et, en les étendant d'une manière à la fois ingénieuse et solide aux composés organiques, elle s'imposait à l'enseignement par sa clarté et aux savants eux-mêmes par sa puissance coordinatrice et par son unité. Le temps était proche cependant où des progrès nouveaux allaient s'accomplir et la rendre précaire : ils vinrent du développement de la chimie organique, et des vues nouvelles qui, en s'y introduisant, entraînèrent du même coup la réforme profonde de la chimie minérale.

La conception dominante de Lavoisier, reprise et développée par Berzélius, était que les acides organiques sont de réels composés binaires, où un *radical* formé de carbone et d'hydrogène (acides végétaux), ou bien de carbone, d'hydrogène et d'azote (acides tirés du règne animal) se comporte vis-à-vis de l'oxygène comme un corps simple ordinaire (l'azote, par exemple, dans le protoxyde d'azote) et s'acidifie en s'oxygénant. Berzélius n'avait fait que développer cette idée, mais, utilisant les progrès de l'analyse organique, dont le principe avait été indiqué par Gay-Lussac et Thénard, et les procédés tout récemment perfectionnés par Chevreul, il avait fixé les équivalents des principaux « radicaux » des acides organiques et assigné dans ces équivalents le nombre et le groupement des atomes constituants ; enfin, il avait soutenu que certains « oxydes » organiques, comme l'éther ordinaire, s'unissent à des acides anhydres pour former de véritables sels organiques, par exemple les éthers composés. La chimie organique de Berzélius n'était donc qu'une application et qu'une belle illustration du système dualistique de Lavoisier.

Parmi les découvertes qui portèrent à cette construction sur tant de points artificielle des coups décisifs, il faut signaler en premier lieu celles d'un chimiste alors en pleine jeunesse, J.-B. Dumas : la *substitution* du chlore à l'hydrogène, atome pour atome, dans les corps organiques hydrogénés, que Dumas étudie vers 1834, était en contradiction flagrante avec la conception fondamentale de Berzélius : ces corps ne constituent point des édifices binaires, mais des édifices simples, fondés sur un groupement dont les propriétés ne sont point altérées par la substitution, mais se conservent au contraire sensiblement les mêmes à travers toute une série de produits dérivés, qui forment ainsi une sorte de famille et représentent un type. Dans la défense de cette idée féconde, qui allait renouveler la chimie organique, Dumas fut secondé par un de ses élèves, Laurent, qui lui donna un développement hardi ; enfin Gerhardt, élève et ami de Laurent, amené à reviser de proche en proche toutes les formules de Berzélius, l'étendait peu de temps après à la chimie minérale, où avec une sûreté de logique incomparable il réformait les vieilles notions des sels, des acides et des bases. Des travaux remarquables de ces trois hommes, dont le chef incontesté fut Dumas, est sortie la chimie atomique moderne ; leur grand mérite, en substituant le point de vue unitaire au point de vue dualistique, fut d'introduire dans la science l'idée féconde des produits dérivés et des types, et de rapprocher ainsi, dans des groupements et des notations rationnelles, des séries de corps voisins par leurs propriétés et leur constitution. Du même coup la chimie devenait une langue bien faite, et conquérait pour ses formules la valeur objective et la fécondité qui sont la marque d'une méthode sûre d'elle-même et d'une science établie sur de solides fondements [1].

1. La suite devait parler des sciences naturelles ; elle n'a malheureusement pas été rédigée.

LES
NOUVELLES GÉOMÉTRIES

A PROPOS D'UNE ÉTUDE DE M. RENOUVIER [1]

Le deuxième volume de l'*Année philosophique* [2], publiée sous la direction du très savant et très distingué M. F. Pillon, contient, comme le précédent, une bibliographie complète des ouvrages philosophiques ayant paru en français dans l'année 1891. (I. Métaphysique, psychologie et philosophie des sciences. — II. Morale et philosophie religieuse. — III. Philosophie de l'histoire, sociologie et pédagogie. — IV. Histoire de la philosophie.)

L'*Année philosophique* est donc, ainsi d'ailleurs que son nom l'indique, une véritable Revue annuelle de philosophie qui met sous les yeux du lecteur, grâce à des comptes rendus très consciencieux, très nets et presque toujours très suffisamment développés, le mouvement des idées générales dans notre pays. Mais elle répond encore d'une autre manière au caractère essentiel d'une Revue, surtout quand cette Revue est, comme celle-ci, l'organe d'une importante école : elle présente au lecteur des études approfondies, signées par les chefs de l'école, sur des sujets d'ordinaire empruntés aux préoccupations actuelles des philosophes et des savants ; et à ce titre elle mérite elle-même d'être comptée parmi les productions les plus dignes de remarque de la philosophie française. — L'*Année philo-*

---

1. Article publié dans la *Revue du Siècle*, septembre 1899, Lyon.
2. Deuxième année, 1891. Paris, F. Alcan, 1892.

sophique de 1891 contient trois études de ce genre : l'une de M. Renouvier sur la *philosophie de la règle et du compas*, la seconde de M. Pillon sur l'*évolution historique de l'atomisme*, la troisième de M. Dauriac sur le *positivisme en psychologie* à propos des *Principes de psychologie*, de M. William James.

L'article de M. Renouvier, consacré en partie à l'étude et à la critique des principes sur lesquels on prétend de nos jours édifier des géométries différentes de la géométrie d'Euclide, nous inspire sur ces dernières les réflexions suivantes, que nous demandons la permission d'exposer au lecteur.

On dit souvent de notre siècle qu'il est le siècle de la science ; et cela est vrai non seulement parce que la science des siècles précédents lui a été transmise en un tel état qu'elle allait rencontrer, comme d'elle-même et par son développement naturel, les plus merveilleuses applications, mais encore parce qu'il a vu la naissance et le progrès rapide de sciences inconnues ou à peine constituées. Inventeurs, nous l'avons été au sens vulgaire comme au sens le plus élevé du mot ; et ce qui fait la grandeur du siècle qui finit, c'est précisément que l'invention vulgaire, l'invention des machines et des instruments appliqués à la satisfaction de nos besoins individuels et sociaux, s'y est trouvée constamment inspirée, dirigée, dominée, sinon déterminée, par l'invention théorique et désintéressée.

Notre reconnaissance ne s'y est point trompée : elle a élevé des autels à la science, et, entre toutes, à celle qui, par son universelle application à tous les phénomènes donnés dans l'étendue, semble être l'instrument et, qui plus est, l'instrument de précision dont se servent toutes les autres, en même temps qu'elle en est le type et le modèle par le caractère d'absolue certitude de ses démonstrations : nous avons nommé la science mathématique.

Or, tandis que la foule demeure prosternée et proclame infaillible la science du géomètre, sinon, comme il arrive, le géomètre même, voici que du fond même du sanctuaire se sont élevées des voix qui remettent en question la science tout entière.

Quelle que soit la rigueur des démonstrations, inattaquables de l'aveu de tout le monde dès qu'on accepte certains principes, on comprend, en effet, qu'elles ne valent, en un sens, que ce que valent les principes sur lesquels on les fonde, et ce sont ces principes qu'il est venu à l'esprit de certains géomètres, et même des plus grands, de révoquer en doute. Comment cela est possible, une remarque et un exemple vont le faire comprendre.

Commençons par la remarque. Le caractère de la démonstration est d'obliger l'esprit, bien plus, de le contraindre à accepter la vérité d'une proposition quand on a fait la preuve qu'elle est la conséquence nécessaire de deux ou de plusieurs propositions absolument certaines. Mais comme la certitude de celles-ci à leur tour n'a point d'autre fondement qu'une preuve de même genre, il est clair qu'en remontant la série nécessairement finie des propositions démontrées, on ne saurait manquer de rencontrer à l'origine de la démonstration certaines propositions qui s'imposent peut-être à notre acquiescement, mais dont il faut reconnaître qu'elles échappent pourtant à toute démonstration. Tels sont par exemple en géométrie les *axiomes*, les *définitions*, et ce qu'Euclide appelait les *demandes* ou *postulats*.

De ces trois sortes de propositions, toutes indémontrables, il est convenu de dire qu'elles sont évidentes ; encore ne sont-elles point évidentes au même titre et, à première vue, le nom de *postulat* suffirait à le prouver : je *demande* qu'on m'accorde qu'on ne peut, par un point extérieur à une droite, mener dans le même plan qu'une parallèle à cette droite ; et je *ne demande jamais*, la demande serait superflue, qu'on m'accorde que le tout est plus grand que la partie. C'est donc que l'acquiescement me paraît en un cas moins assuré qu'en l'autre, puisque j'en suis réduit à le *demander* dans l'un, tandis que *je suis sûr de l'obtenir dans l'autre*. D'où vient cela ? De ce que, dans le second cas, dans le cas des axiomes, énoncer le sujet de la proposition, c'est déjà, quoi qu'on fasse, énoncer l'attribut, par ce motif très simple que le sens du sujet renferme implicitement le sens de l'attribut ou, comme disent les logiciens, parce que le jugement qui rapporte l'un à l'autre est un *jugement analytique*. Ce serait donc parler sans savoir ce qu'on dit, ce serait se contredire que de nier un axiome, et s'il n'est pas possible d'en fournir la preuve, il n'est pas plus possible de le contester. — Mais il n'en est plus de même dans le cas des postulats : on me demande d'accorder qu'un prédicat convient à un sujet, parce que premièrement on se déclare incapable de le démontrer, mais aussi en second lieu parce que le prédicat, non contenu dans le sujet, ajouterait à son sens, si on l'en affirmait, une signification qui originairement n'y était point comprise. Un postulat est donc un *jugement synthétique*, puisqu'on joint au sujet, puisqu'on *pose avec lui* σύν, (θέσις) et qu'on ne peut l'en extraire par analyse (ἀνα, λύσις), l'attribut en question. Il est possible d'ailleurs qu'un postulat, et, par exemple, le postulat d'Euclide, soit *aussi* évident qu'un axiome quelconque ; toutefois il ne l'est pas *de la même manière*, puisqu'on pourrait savoir ce qu'on dit quand on parle *d'une droite menée par un point parallèlement à une autre* sans savoir le moins du monde que par ce point *on n'en peut mener qu'une*. Bref, si, dans les deux cas, je ne puis recourir à la démonstration, du moins j'avais dans le premier en faveur de l'axiome la garantie absolue du principe de contradiction qui me manque dans le second.

Or, et c'est là l'exemple que nous promettions plus haut, contre celui qui refuserait d'accorder ce qu'on lui demande, quelle instance le postulant tiendrait-il en réserve ? Il ne peut exercer contre lui la contrainte ni d'une démonstration, puisqu'il avoue lui-même qu'on ne peut la donner, ni de la certitude dérivée du principe de contradiction, puisque par hypothèse on peut sans se contredire refuser d'acquiescer à la proposition.

Il pouvait donc venir à l'esprit de quelques-uns non seulement de refuser d'accorder à Euclide sa demande, ce qui n'eût pu avoir un autre résultat que d'arrêter d'emblée la suite des développements de la géométrie, mais, dessein beaucoup plus digne de véritables géomètres, de chercher pour leur compte quelles conséquences suivraient d'une proposition qui serait la négation, ou encore, si l'on veut, qui serait la *contre-demande* du postulat d'Euclide. « Par un point pris hors d'une droite, ont dit ces géomètres, puisqu'il n'est ni prouvé, ni même nécessaire qu'on ne puisse à cette droite mener qu'une parallèle, supposons au contraire qu'on puisse en mener plus d'une. »

De l'affirmation ou de la négation du postulat d'Euclide assurément ne pouvaient suivre les mêmes conséquences ; assurément encore, dès lors que ce postulat, de l'aveu de tout le monde, n'était ni démontré ni même démontrable, on devait à l'avance s'interdire de faire valoir contre les conséquences, jusqu'alors imprévues, de la négation, les conséquences connues, développées par Euclide et par ses successeurs, de l'affirmation : car au fond elles n'avaient, les unes et les autres, d'autres droits à se faire accepter et même à s'imposer que la rigueur avec laquelle on pouvait les déduire d'une première hypothèse ; et l'hypothèse d'Euclide ne vaut pas plus, en somme, que l'hypothèse contraire, à n'invoquer du moins que le principe de contradiction ou les lois ordinaires de la démonstration. Restait donc une question, et une seule : de la contre-demande peut-on, avec la même rigueur que de la demande, tirer des conséquences vraiment géométriques ?

Or, à cette question, vers 1830, un géomètre russe, Lowatschewski, entreprit de répondre d'une manière décisive, en développant sous le nom de « géométrie imaginaire » les suites d'un théorème déduit directement de la contre-demande. Nous ne pouvons songer à exposer ici l'œuvre de Lowatschewski ; nous voudrions seulement, sur un exemple simple, tenter d'en faire saisir celle des conséquences qui, remettant en question la nature de l'espace, y remettait du même coup toutes les définitions, partant tous les principes de la géométrie.

En partant de la demande, Euclide établissait que la somme des trois angles d'un triangle rectiligne équivaut à deux droits ; parmi les conséquences auxquelles conduisait le théorème déduit de la contre-demande, Lowatschewski rencontre au contraire celle-ci, qu'en un triangle rectiligne quelconque, cette somme est toujours *plus petite* que deux droits, bien qu'elle s'approche beaucoup de cette mesure quand les côtés du triangle sont très petits [1].

Se peut-il toutefois que le « triangle rectiligne » de Lowatschewski soit de tous points identique au triangle d'Euclide ? Non, sans doute, si la somme des trois angles de l'un est plus petite que la somme des trois angles de l'autre. Ils ont donc à coup sûr quelque chose de commun, par où ils sont tous deux triangles et rectilignes ; mais il faut bien qu'ils aient aussi quelque chose de différent, d'où vient précisément la différence relevée dans la mesure de leurs angles. Ce qu'ils ont de commun, c'est que par leurs côtés, supposés rectilignes, trois points pris dans l'espace se trouvent joints deux à deux, d'où résultent en tout trois angles et trois côtés : quant à leur différence, apparente dans la mesure et la somme des trois angles, il est clair qu'elles ne peuvent provenir que de la forme des côtés ou des lignes qui les déterminent. C'est ainsi, par exemple, que diffèrent l'un de l'autre le triangle qu'on trace à la surface d'une sphère en unissant trois points par des arcs de grand cercle, et le triangle qu'on obtient en unissant ces points par les cordes de ces arcs. Mais de fait s'il arrive que, dans le premier triangle, la somme des trois angles est plus grande que deux droits, nous savons qu'il en faut chercher la raison dans la courbure des côtés du triangle

---

1. Les conséquences *non-euclidiennes* de cette proposition ont été récemment déduites de nouveau par M. Gérard, professeur de mathématiques au lycée de Lyon, dans sa remarquable thèse *sur la géométrie non-euclidienne.* (Paris, Gauthier-Villars.)

sphérique. En serait-il donc de même, *mutatis mutandis*, dans le cas du triangle de Lowatschewski? Non, si l'on songe qu'il parle d'un triangle construit à l'aide de trois droites ; oui, si ce qu'il appelle, et qu'en un sens il a le droit d'appeler une droite, est, dans la forme ordinaire de notre représentation, rigoureusement une courbe. Or, c'est précisément à cela que le conduit la position qu'il prend à l'égard d'Euclide.

Passons par un détour pour le faire comprendre. Quand à une droite CD je suppose tangent un cercle de rayon R, si j'éloigne indéfiniment le centre de ce cercle, le point de contact restant le même, la circonférence de ce cercle se rapproche de plus en plus de la droite CD, tellement qu'à la limite on admet d'ordinaire qu'elle devient CD. Supposons cependant avec Bolyæi qu'elle ait pour limite non la droite, mais une courbe, que pour cette raison même on nommerait *horicycle*; et supposons, en outre, que cette courbe, par sa révolution autour de la normale élevée au point de contact, engendre une surface qui serait une *horisphère*; on pourrait d'autant mieux substituer l'horisphère au plan de la géométrie ordinaire que toute propriété entre droites sur un plan est vraie entre horicycles sur une horisphère. Or, à une droite AB, selon Bolyæi, ce qui est parallèle, ce n'est point seulement, comme le croyait Euclide, une droite telle que CD passant par un point P, c'est aussi l'horicycle tangent en P à la droite CD, et c'est, en outre, une multitude infinie de courbes uniformes, tangentes au point de contact, qu'on peut mener entre l'horicycle et la droite CD. Telles sont, au fond, les parallèles de Lowatschewski.

On comprend à présent qu'on en puisse à AB mener un nombre infini. Mais ce qu'on ne comprend plus, c'est qu'on appelle droites des lignes qui sont des courbes et plan une surface qui n'est point un plan. En ce qui regarde cette surface, il va de soi cependant qu'il serait légitime de dire qu'elle est un plan si seulement elle est telle qu'entre deux quelconques de ses points toute ligne *définie droite* coïncide avec elle dans toute son étendue : la surface d'une sphère, à ce compte, serait un plan, si l'on appelait *droite* le segment d'un grand cercle ; et de même en serait-il de la surface d'une horisphère, si l'on appelait *droite* un segment d'horicycle. Toute la question est donc de savoir si l'on peut définir comme *droite* un arc de grand cercle, un arc d'horicycle, ou même, en général, sous certaines conditions, une courbe quelconque. Et que de fait on le puisse, c'est justement ce que soutiennent les nouveaux géomètres.

Qu'est-ce, en effet, qu'une ligne droite ? — C'est, répond tout d'abord Euclide, une ligne identiquement placée par rapport à ses points : mais, pour de sérieuses raisons que nous nous contentons d'indiquer, nous ne pouvons attacher, même en un sens restreint, comme semble y consentir M. Renouvier (p. 8), le nom de définition à cette proposition. Car que signifie-t-elle, sinon qu'aucun des points d'une droite ne dévie d'une direction unique, et qu'est-ce qu'une direction, sinon la droite elle-même ? Définir la droite comme le faisait Euclide, c'est donc définir par lui-même l'objet à définir. Disons, si nous voulons, que la droite se confond avec la direction, mais ne prétendons point en donner par là même une définition. — La plupart des géomètres définissent la droite une ligne telle qu'entre deux points on n'en peut mener qu'une, en quoi ils sont d'accord au fond avec Euclide, si, comme le montre bien M. Renouvier (p. 9), de la définition prétendue qui vient d'être rappelée, on rapproche cette *demande* que « deux droites n'enceignent pas un espace ». — Enfin on dit de la droite qu'elle est entre deux points la ligne la plus courte.

De ces trois propositions, quelle que soit celle à laquelle on s'arrête, on peut, à ce que prétendent les nouveaux géomètres, se servir aussi bien pour définir à la surface d'une sphère un arc de grand cercle, que pour définir une droite sur un plan. Qu'on prenne, par exemple, deux points sur l'océan ; l'arc de grand cercle qui passe par ces deux points marque la *direction* qui va de l'un à l'autre, est *le chemin le plus court* pour aller de l'un à l'autre, enfin est une ligne telle que par ces deux points (sauf le cas particulier où ils sont diamétralement opposés) *on n'en peut mener qu'une.* De quel droit soutenir que la droite sur le plan est plutôt une droite que ne l'est sur une sphère un arc de grand cercle ?

L'exemple, toutefois, suppose une condition : c'est que la ligne à tracer soit strictement assujettie à coïncider par tous ses points avec la surface que l'on considère ; mais, une fois acceptée cette condition unique, ce qui est vrai de l'arc de grand cercle tracé entre deux points d'une surface sphérique, l'est, sur toutes les surfaces courbes à courbure constante, de toutes les lignes appelées par les géomètres *lignes géodésiques*, ou lignes les plus courtes qu'on puisse, sur ces surfaces, tracer entre deux points.

Or, si l'on peut concevoir un espace qui soit tel qu'entre deux de ses points infiniment voisins l'élément linéaire qui en mesure la distance réponde à l'intuition de la droite euclidienne, n'en peut-on concevoir d'autres où un tel élément répondrait au contraire, et répondrait toujours, à une géodésique ?

Qu'on suppose maintenant prolongés en tous sens en lignes géodésiques les éléments linéaires issus d'un point donné de l'un de ces espaces et contenus dans l'un de ses éléments superficiels, la courbure de la surface ainsi déterminée sera dite courbure de l'espace en ce point et pour cet élément superficiel. Si l'on suppose, en outre, cette courbure identique en tous les points de l'espace, pour tous ses éléments superficiels, et quel que soit le nombre de ses dimensions, on devra dire alors de cet espace lui-même qu'il a une courbure constante.

Bien que rien ne s'oppose *a priori* à l'existence d'espaces à courbure variable, les néo-géomètres, par respect pour le principe de la superposition des figures, condition essentielle de toute démonstration géométrique, s'en sont tenus d'ordinaire à l'étude des espaces à courbure constante qui seuls rendent possible cette superposition ; et de même qu'il existe trois sortes de surfaces de courbure constante, les surfaces de courbure constante et *positive* (surfaces sphériques et surfaces applicables sur la sphère), les surfaces de courbure constante et négative (surfaces pseudosphériques de M. Beltrami), enfin les surfaces développables (ou le plan et les surfaces applicables sur un plan), de même ils ont tenté de construire à côté de la géométrie d'Euclide (géométrie de l'espace plat et sans courbure, ou, comme ils disent, *homaloïde*), la géométrie d'un espace à courbure constante et positive, ou *géométrie sphérique*, et la géométrie d'un espace à courbure constante et négative, ou *géométrie pseudosphérique*. Au fond, comme l'a montré M. Beltrami, cette dernière n'est autre que la géométrie de Lowatschewski, tandis que la géométrie sphérique est l'œuvre de Riemann.

On pourrait donc soutenir, et de fait on soutient, que l'espace ordinaire n'est en somme qu'une espèce d'un genre plus élevé, où il se distinguerait par une différence propre d'un nombre indéfini d'autres espaces possibles.

De quelle nature d'ailleurs est cette différence, il ne faut que deux mots pour le faire comprendre. Si c'est par leur courbure qu'on distingue par exemple un espace sphérique d'un espace pseudosphérique (positive dans l'un, négative dans l'autre), il est clair d'autre part qu'on peut imaginer autant d'espaces sphériques ou pseudosphériques qu'on peut donner de valeurs à leur rayon de courbure. Chaque espace dépend donc de la valeur particulière d'un certain paramètre, qui n'est autre, on le voit, que son rayon de courbure ; et l'espace euclidien, dont la courbure est constamment nulle, n'échappe pas plus qu'un autre à cette condition. La considération d'un *paramètre spatial* a ainsi pour effet de généraliser la notion de l'espace ; et les *différences propres* des espèces du genre, de l'espace d'Euclide comme de tous les autres, ne sont rien d'autre en définitive que les valeurs particulières de ce paramètre.

Au-dessus des géométries particulières, celles d'Euclide, de Riemann et de Lowatschewski, il y aurait donc lieu d'admettre l'existence d'une *géométrie générale*, reposant, comme toute géométrie, sur des définitions elles-mêmes plus générales que les définitions des géométries particulières. Telle est par exemple, pour choisir entre toutes la plus essentielle, la définition de la ligne droite : le géomètre qui la définit une ligne telle qu'entre deux points il n'en passe qu'une, définit, sans le savoir, une droite *plus générale* que la droite euclidienne ; et la preuve en est que la définition convient tout aussi bien à la droite de Riemann et de Lowatschewski qu'à la droite d'Euclide.

Ce qu'il faut ajouter, pour obtenir celles-ci, à la définition de la *droite générale*, on le devine sans peine : c'est la différence même qui dans l'espace général *spécifie* les espaces particuliers ; bref, c'est la valeur du paramètre propre à chacun de ces espaces.

La définition complète de la droite euclidienne comprend donc sans doute cette propriété commune à toutes les droites qu'entre deux points il n'en passe qu'une[1] ; mais elle comprend en outre le paramètre propre à l'espace d'Euclide, manifesté précisément par cette propriété du plan euclidien, que par un point pris hors d'une droite on n'y peut à cette droite mener qu'une parallèle. En un mot, elle comprend le *postulat* d'Euclide, réuni, sans qu'on l'ait observé jusqu'à nos jours, à la définition de la droite générale[2].

Si ces remarques sont justes, il est bon de noter que loin de retrancher du nombre des principes de la géométrie ces jugements *synthétiques* qui sont les postulats, elles

---

1. N'oublions pas cependant que de même que deux points d'une surface sphérique, dans le cas particulier où ils sont diamétralement opposés, peuvent être réunis par une infinité de grands cercles de la sphère, de même dans l'espace à deux dimensions ou dans le *plan* de Riemann, il existe toujours deux points, mais il n'en existe que deux, entre lesquels on peut mener une infinité de lignes droites. Comme la définition de la droite générale doit comprendre ce cas, il convient de préférer à la définition générale de la droite comme une ligne telle qu'entre deux points il n'en passe qu'une, cette autre par exemple qu'elle est entre deux points la plus courte distance.

2. Cette remarque a été faite par M. Calinon, dans un article de la *Revue philosophique* sur *les Espaces géométriques*, t. XXVII, p. 589.

tendent à leur donner au contraire parmi eux une place prépondérante. Les comprendre en effet dans la définition des droites respectives de chaque géométrie, c'est faire plus encore que ne faisait Euclide, et c'est rigoureusement faire reposer sur eux, aussi légitimement que sur la droite elle-même, l'édifice tout entier de la géométrie. Peut-être du même coup serait-ce restituer au postulat d'Euclide la valeur absolue qu'ont tenté de lui enlever les nouveaux géomètres, si de toutes les droites on pouvait démontrer qu'une seule au fond subsiste, à savoir celle précisément qui entraîne ce postulat et en dehors de laquelle ne saurait se constituer aucune géométrie. Or, tel est, selon nous, le cas privilégié de la droite euclidienne qu'elle reste, chose étrange, non seulement compatible avec ces espaces à courbure constante où l'hypothèse voudrait qu'on ne pût la tracer, mais qu'elle y est en outre constamment postulée et constamment présente comme l'élément sans lequel ils seraient rigoureusement inconcevables pour nous.

J'admets, tant qu'on voudra, qu'à la surface d'une sphère la ligne la plus courte entre deux points donnés, la direction d'un de ces points à l'autre, ou encore la ligne telle qu'entre ces deux points il n'en passe qu'une, est un arc de grand cercle ; mais je ne puis l'admettre qu'à une condition, c'est que ladite ligne soit astreinte à passer tout entière par les points d'une surface définie ; et je demande à mon tour comment serait définie une telle surface, sinon par la ligne droite qui en est le rayon et qui en détermine premièrement la courbure. De même, dans les espaces à courbure constante, ce qui me permet d'admettre ces droites *conditionnelles* qui ne sont intelligibles que comme géodésiques de certaines surfaces, n'est-ce point la notion précise de ces surfaces, et sous leur paramètre ou rayon de courbure, n'est-ce point en dernière analyse cette droite qui, étant la condition de tout le reste, ne demande en vérité ses propres conditions à nulle autre figure ?

La vraie *droite générale*, quoi qu'on en ait pu dire, est restée en ce sens l'antique droite d'Euclide : et prétendre qu'elle enveloppe comme celles de Riemann ou de Lowatschewski, outre ce qu'on appelle l'*axiome de la droite*, le paramètre propre à l'espace d'Euclide, c'est oublier trop vite qu'en revanche ce paramètre, quelle qu'en soit la valeur, n'a de sens à son tour que par la conception de la droite euclidienne. Concluons donc déjà qu'elle apparaît d'emblée comme le soutien unique de toute géométrie, ce qui revient à mettre au-dessus de toutes les autres, comme le tout dont celles-ci ne sont que des parties, la vieille géométrie fondée sur la notion de la droite euclidienne, la seule à qui convienne comme à cette droite elle-même le nom de *générale*.

Contre ces conclusions toutefois, les nouveaux géomètres auraient le droit de s'inscrire si, comme ils le soutiennent, l'espace où nous tentons de construire les figures de la géométrie était par devers soi constitué de telle sorte que, loin de rester maîtres d'y tracer à notre gré des figures quelconques, nous fussions au contraire astreints dans nos tracés à y suivre certaines configurations qui en quelque manière y seraient préétablies. Pour étrange que soit une telle hypothèse, il n'est pas un instant douteux qu'on la retrouve par exemple sous la définition générale des espaces énoncée par Riemann.

Soutenir, en effet, qu'un espace est défini quand entre deux de ses points infiniment voisins l'élément linéaire par lequel on les joint prend une forme spéciale, rectiligne s'il s'agit de l'espace d'Euclide, curviligne s'il s'agit d'espaces différents, n'est-ce point supposer qu'avant qu'il soit tracé, une condition interne et propre à chaque espace détermine avant nous l'élément linéaire et l'oblige à dépendre en somme d'autre chose que de la position des deux points qu'il unit ?

Or, avant le tracé d'un pareil élément, que pourrait être une condition de ce genre, sinon, antérieurement à l'élément lui-même, l'existence d'une surface avec les points de laquelle il serait par tous ses points tenu de coïncider ? Autant dire que le plan préexiste à la droite, la surface sphérique au grand cercle de la sphère, et que je ne puis tracer de grand cercle ou de droite que sur les plans réels ou les sphères réelles d'espaces dont l'intérieur serait déterminé par de telles surfaces.

Mais si l'espace nous offre des figures toutes faites, et des figures notamment que n'a faites ni construites notre géométrie, moi qui ne puis rien savoir de précis et d'exact que ce que je construis, que saurai-je donc jamais de figures qui échappent à toute construction ? Sais-je seulement que cette sphère est vraiment une sphère si je ne l'ai point décrite, que ce plan est un plan si je ne l'ai point tracé ? Et qu'on dise, si on le peut, comment je décris une sphère ou comment je trace un plan sans la droite euclidienne, élément de celui-ci ou rayon de celle-là !

La condition première pour qu'une géométrie quelconque, qu'elle soit non euclidienne ou qu'elle soit euclidienne, soit vraiment digne de ce nom et même soit possible, c'est donc que l'espace ne contienne par lui-même, avant mes constructions, nulle figure que je n'aie faite, nulle ligne que je n'aie tirée, nul point même que je n'aie moi-même déterminé ; c'est qu'il n'y existe nulle part nulle configuration qui offre à mes figures une résistance quelconque, qui d'avance les affecte de déterminations que je n'y aie point mises ; c'est qu'il soit en un mot strictement *homogène*, et qu'il laisse le champ libre aux déterminations que je tente d'y introduire. La question essentielle n'est donc point de savoir quelle forme, ou mieux, quelle déformation il impose aux figures que j'y trace, puisqu'à cette condition il ruinerait d'avance toute géométrie, mais quelle figure j'y puis d'abord déterminer qui y devienne, en quelque sorte, l'origine et le principe de tous les autres. Or, pas plus que je ne puis imaginer une sphère ou même une pseudosphère sans la droite qui en est le rayon de courbure, une distance angulaire sans deux droites qui se coupent ou même, en général, une distance quelconque sans la droite qui la mesure, pas plus je ne saurais avancer d'un seul pas dans la géométrie qui, selon le mot de Descartes, est science de la mesure, sans la droite qui porte partout avec elle la possibilité de la mesure avec la distance. Peut-être dirions-nous donc de la droite euclidienne qu'à elle seule convient le nom de *droite générale*, si entre elle et les pseudo-droites des nouvelles géométries, il existait rien de tel que le rapport logique du genre à ses espèces ; mais il nous paraît mieux de lui donner le nom de droite *inconditionnelle*, parce que non seulement toutes les géodésiques des surfaces quelconques, mais même toutes les figures de la géométrie y trouvent leurs conditions, tandis qu'elle n'a elle-même ses propres conditions en nulle autre figure.

EXPOSÉ DE TITRES [1]

Monsieur,

Candidat à la chaire d'histoire générale des sciences actuellement vacante au Collège de France, je me fais un devoir de vous exposer les idées principales dont je m'inspirerais dans mon enseignement, si j'avais l'honneur d'être nommé titulaire de cette chaire.

Il est d'abord utile de remarquer qu'avant 1891, l'histoire des sciences n'avait jamais été enseignée en France dans aucun établissement d'enseignement supérieur ; en 1891, deux enseignements furent institués presque simultanément, l'un, au commencement de l'année, à la Faculté de médecine de Lyon, qui me fit l'honneur de m'en charger, l'autre à la fin de cette même année, au Collège de France, par la création d'une chaire qui fut confiée à M. Pierre Laffitte. Et tandis que l'histoire de l'art, par exemple, était depuis longtemps constituée par une foule de travaux considérables, l'histoire des sciences préoccupait à peine les historiens et les savants, et, sauf les travaux d'ailleurs très méritoires et très importants de quelques savants isolés, n'avait pour ainsi dire, dans notre pays, aucune existence réelle. Cet état de choses est d'autant plus étrange que l'histoire, qui trouve son objet dans les œuvres de l'homme,

1. Lettre datée de Pargny-sur-Saulx, 18 octobre 1903.

non seulement dans l'ordre des choses politiques et sociales, mais aussi et peut-être surtout dans l'ordre des productions de son esprit et de son génie, dès qu'elles ont une vitalité suffisante pour constituer une tradition, n'a sans doute jamais rencontré d'objet plus digne de ses recherches que l'œuvre continue de la science, soit dans l'antiquité qui élève aux mathématiques un édifice admirable, et jette les fondements de l'astronomie et des sciences naturelles, soit surtout dans les temps modernes, depuis le xvie siècle, où la naissance et, si l'on osait dire, la révélation de la physique galiléienne coordonne et entraîne dans tous les sens un effort d'investigation et d'invention d'une merveilleuse puissance, qui compte maintenant plus de trois siècles de durée et de fécondité. L'histoire des sciences ne dût-elle être que le récit fidèle des efforts du passé, ne dût-elle aboutir en quelque sorte qu'à constituer les « Annales » de la science, et à sauver de l'oubli les circonstances historiques de ses origines les plus anciennes, ou celles de sa renaissance au xvie et au xviie siècles, les noms de ses inventeurs, les théories multiples et les concepts périmés ou vivants qui eurent une importance parfois capitale dans sa genèse, ses développements et son évolution, ou qui survivent dans l'état actuel de nos connaissances acquises, ne dût-elle être en un mot qu'une *histoire*, au sens quelque peu diminué du terme, histoire de la science en général ou histoire érudite et fidèle des sciences particulières, mathématiques, physiques, biologiques ou naturelles, qu'elle mériterait encore et l'attention des hommes de science, et celle des hommes qui s'intéressent à ce qu'il y a eu peut-être de plus haut et de plus admirable dans l'histoire de la civilisation. Mais elle peut et doit être quelque chose de plus. Subordonnée à la science, assurément elle l'est, puisque son premier devoir est d'en suivre scrupuleusement tous les développements observables dans la durée, et de les soumettre, pour les juger avec exactitude, à tous les procédés de la critique historique. Mais elle n'est pas plus la servante de la science (*ancilla scientiæ*), que l'histoire proprement dite n'est celle de la politique, par exemple, dont elle enregistre cependant avec soin tous les actes. L'histoire des sciences est à l'heure présente une discipline aussi indépendante, aussi parfaitement autonome que la science elle-même, et il suffit de réfléchir un instant sur l'opinion à peu près unanime que les savants ont de la science pour le comprendre et s'en convaincre.

La science en effet n'est plus pour eux ce trésor de vérités immuables, conquises péniblement et une à une sur l'ignorance primitive, puis recueillies et transmises à de nouvelles générations qui en augmentaient le nombre, et abandonnaient d'âge en âge l'inévitable déchet des erreurs ou des vérités incomplètes. A ces vues singulièrement étroites et radicalement fausses correspondait ailleurs la croyance à une vérité éternelle, sorte d'énigme à déchiffrer ici-bas, mais entièrement résolue dans un monde transcendant. Trop de difficultés s'élevaient contre cette manière de voir pour qu'on fût longtemps sans s'apercevoir qu'elle était inadmissible. D'abord, il n'est pas vrai que parmi les acquisitions successives de la connaissance scientifique, les unes soient vraies et les autres fausses ; et ce n'est pas être sceptique que de faire cette constatation. Dans le système de Ptolémée par exemple, tout, à coup sûr, n'était pas faux, et tout non plus n'était pas vrai ; mais qui voudrait se charger de dire quelle proposition en a survécu qui était absolument vraie, ou quelle autre a sombré dans l'oubli qui était absolument fausse ? La vérité est que l'astronomie de Ptolémée était un *système*, et que, dans un système, la subordination mutuelle et la corrélation des éléments constitutifs est telle que tous s'y élèvent ou s'y abaissent avec l'ensemble, toute proportion gardée et tout compte tenu de l'importance de leur rang dans cet ensemble. Et une seconde remarque tout aussi saisissante s'ajoute à la première : rien n'est plus faux, ni plus antihistorique que de condamner dédaigneusement, comme le vulgaire, l'erreur de Ptolémée La vérité est que Copernic,

en déplaçant le point de vue de Ptolémée, créa un système
nouveau, incomparablement supérieur à l'ancien ; mais il
n'abolit point la science de Ptolémée et de ses successeurs,
et tout au contraire, il lui rendit dans son propre système,
en l'élevant à une unité supérieure, une vitalité nouvelle.
Ainsi s'explique ce mot si juste de « Renaissance » par
lequel l'histoire a désigné la reviviscence de l'esprit de la
science antique, au moment même où, pour un regard sans
pénétration, cette science semble détruite à tout jamais par
les premières victoires de la science moderne. Peut-être
dira-t-on que, du système de Ptolémée, ce qui a survécu,
ce sont les données positives, les observations bien faites,
les calculs vérifiés et contrôlés par l'expérience, mais que
du système proprement dit, tout a été détruit par l'hypothèse copernicienne du double mouvement de la terre.
Encore une fois, qui donc se ferait fort d'établir rigoureusement dans un système le départ des données positives, en
quelque sorte à l'état pur, et de ce qui s'y ajoute presque
nécessairement de théorique et d'idéal, par le seul fait
qu'elles occupent une place dans ce système et qu'elles y
sont soumises aux conditions d'une perspective spéciale ?
Il n'est pas jusqu'aux théorèmes de la géométrie qui n'apparaissent de nos jours comme les parties d'un tout, et qui
ne dépendent, comme disent les géomètres, de *conventions*
premières d'où partent nos déductions : disons, si nous voulons, *postulats*, là où ils disent *conventions* ou parfois
axiomes en un sens très spécial. Toujours est-il que l'ensemble des propositions théorématiques acquises et démontrées, pour un âge et une époque déterminés, même en
mathématiques, constitue un système et comme un tout
organique et vivant, où l'ensemble à coup sûr vit de la vie
des éléments, mais où il réagit sur eux et les marque en
quelque sorte de son caractère propre.

Et c'est ce qu'au sens très élevé du mot, les plus grands
philosophes ont compris et affirmé sous le nom de relativité de la connaissance. La connaissance scientifique, en
effet, n'est jamais qu'un système de relations, relations

des phénomènes, même les plus positifs, à nos concepts de mesure, à nos unités strictement définies, mais choisies et conventionnelles ; relations de nos instruments de mesure à ces définitions ; relations des faits aux lois, qui, si elles dérivent des faits, réagissent par leur forme même de concepts universels sur les faits qu'elles érigent en concepts scientifiques ; relations enfin du système organique de ces lois, et des « principes » qui les inspirent et les font vivre, sur l'ensemble du savoir à un moment déterminé de son développement.

De quelque manière qu'on entende cette relativité fondamentale, laquelle d'ailleurs s'étend au cycle tout entier de nos connaissances, depuis l'analyse la plus haute jusqu'à la science naturelle la plus voisine des faits et la plus descriptive, elle nous donne de la science cette idée singulièrement profonde qu'elle est exclusivement un système de concepts, concepts dont pas un, fût-il le plus humble et le plus empirique, n'est proprement et simplement la copie d'une chose brute, qui serait indépendante on ne sait comment de notre manière de le percevoir et tout au moins de le mesurer, dont pas un non plus, fût-il le plus théorique et le plus hypothétique, n'est purement arbitraire ni purement inventé par un caprice de l'esprit, mais dont *l'objectivité* apparaît beaucoup plus comme une fonction des relations de l'ensemble, de l'ordre fondamental du système et des principes qui l'organisent que comme une dépendance d'un savoir en quelque sorte extérieur à l'esprit, et passant en lui du dehors avec sa part, accidentelle et fatale à la fois, de vérité et d'erreur. Et cela est si vrai, que la science progresse, en ce qui regarde du moins ses grands mouvements historiques, par le réarrangement incessant d'un savoir qui, à coup sûr, progresse aussi par les voies de la déduction, de l'observation et de l'expérience, mais qui, sous la double influence des faits nouveaux et des réflexions qu'ils provoquent de la part de l'esprit, réordonne ou pour mieux dire réorganise sans cesse, comme un véritable être vivant, ses états intérieurs, ses synthèses partielles, ou sa synthèse totale, pour les rendre plus parfaites, ce qui, sur le terrain de la science, signifie plus compréhensives, plus universelles, ou, d'un seul mot, plus objectives. Telles, de nos jours, la transformation qui s'accomplit sous nos yeux en physique, grâce à la découverte des rayons de Rœntgen et de la radio-activité de la matière, ou cette autre transformation, aux causes multiples et profondes, qu'on peut définir d'un mot comme résultant de l'extension à toute la physique et même à la chimie des principes essentiels de la thermo-dynamique. Et ici le procédé, toujours le même, qu'emploie l'esprit dans cette réorganisation du savoir, se laisse surprendre d'une manière saisissante : c'est l'analogie, c'est cette méthode souveraine, que les logiciens ont d'ordinaire abaissée à l'excès en n'y voyant qu'une toute petite partie ou qu'un tout petit accident de l'induction, et qui résume peut-être au contraire toute la puissance inventive de l'esprit, méthode qui, d'une relation une fois trouvée et formulée, tend à faire une relation universelle, attendu qu'elle serait fausse si elle restait particulière, qui en conséquence l'essaye et l'étend en tous sens, méthode d'économie et d'ordre qui, d'un système de concepts même restreint à un ensemble partiel de phénomènes, s'efforce de faire un système valable pour tous, en affirmant à la fois la puissance de l'esprit et sa croyance à l'unité et à l'ordre des choses. Et tout système de concepts, voire même tout concept, engage ainsi sa lutte pour la vie, d'où résulte cette tendance qui, autrement, serait inexplicable, de la science à s'unifier en même temps qu'à multiplier ses acquisitions en tous sens. Le premier pas de la science moderne s'est fait le jour où le génie de Galilée a étendu des relations dynamiques très simples d'abord à l'étude de la pesanteur, puis à la plupart des phénomènes naturels ; le second, ce serait une ingratitude de l'oublier, fut accompli par Descartes le jour où il proclama la nécessité philosophique d'étendre les lois du mouvement à l'explication de tous les phénomènes : la théorie mécanique de la chaleur fut, vers le milieu du xixe siècle, une illustration éclatante du mécanisme cartésien. Puis des difficultés s'élevèrent, et des corrections au système devinrent nécessaires. Mais ces corrections mêmes, qui se firent sur des concepts en quelque sorte élémentaires, témoignent de la puissance singulière de l'analogie : on corrigea d'abord les concepts de force, de travail et d'énergie ; on introduisit les concepts nouveaux de potentiel, de réversibilité et d'entropie ; on reprit ainsi un à un les éléments de la science de la chaleur, et à la thermo-mécanique on substitua, en la transformant, la thermo-dynamique. Et le spectacle le plus instructif auquel nous assistions à l'heure présente nous est donné par ce merveilleux effort de la physique moderne qui, d'une science presque parfaite en son domaine restreint, tend à faire par analogie l'unique science physique, en transportant à la science de l'électricité, de l'électro-magnétisme et par conséquent de l'optique, ainsi qu'à la chimie tout entière, ce système de concepts érigé pour ainsi dire en méthode universelle, que résume le mot de thermo-dynamique.

De ce point de vue, l'histoire des sciences prend, si nous ne nous trompons, une importance capitale, et mérite qu'on lui reconnaisse, à côté de la science, une place indépendante : car ce développement organique de la science, que nous venons d'esquisser à grands traits, au fond la science, en tant que science, s'en désintéresse ; là en effet n'est pas son objet propre : son rôle à elle est de déterminer progressivement, et d'une manière de plus en plus parfaite, une Nature, et elle ne s'inquiète que médiocrement des efforts du passé, tout absorbée qu'elle est dans ceux qu'exigent d'elle le présent et l'avenir. Cependant ces efforts ont en eux-mêmes une valeur singulière : d'abord ils sont les efforts de l'esprit, et l'esprit, qui le nierait ? est, au moins pour lui-même, un objet aussi digne d'étude que la nature. Puis tandis que d'autres disciplines, telles que la logique et surtout la théorie de la connaissance, l'étudient dans ses lois générales, *a priori*, et dans ses formes, c'est dans la richesse presque infinie de sa puissance et de ses ressources, telles qu'il les a manifestées dans la suite des temps, que l'historien voudrait le saisir et le comprendre. Nulle fantaisie ni nulle dialectique, si puissantes fussent-elles, n'imagineraient jamais la plus petite partie de ce que l'esprit humain, à travers les siècles, a inventé de moyens et déployé de ressources pour résoudre à mesure les problèmes qui successivement se posaient devant lui. Or de tous ces moyens, l'historien nous semble avoir aujourd'hui le droit de soutenir qu'aucun ne fut absolument vain, qu'aucun ne fut absolument perdu. Tout concept ayant vécu a laissé après lui des traces de sa vie, grâce à cette force d'organisation par laquelle il tend à propager autour de lui le groupe de relations qu'il représente. Il n'est pas de concept ayant occupé, ne fût-ce qu'un instant, une place dans la science, qui n'ait eu à quelque degré cette force d'expansion et de propagation ; et si, dans la science, les plus vigoureux et les plus féconds d'entre eux ont survécu, comme dans la nature les espèces les mieux douées et les mieux armées pour l'existence, n'oublions pas qu'ici, comme chez les vivants, les survivants ne sont pas seulement les témoins, mais qu'ils sont aussi les héritiers des espèces disparues. Enfin, si les formes inventées par l'esprit, pour l'explication de la nature, offrent une variété presque infinie, ce qui donne à ces formes une valeur qui les rend dignes d'être retenues, alors même qu'elles ont disparu au profit de celles qui constituent notre science d'aujourd'hui, j'allais dire notre science d'un moment, c'est qu'elles accusent le plan toujours le même, suivi par notre esprit, la méthode d'analogie ou d'ordre, toujours la même, qu'il applique sans relâche et qui explique seule, s'il s'agit d'un temps déterminé, entre toutes les parties du savoir scientifique, ou, s'il s'agit de l'histoire, entre toutes les époques de la science, ces relations toujours assignables et cette continuité qui sont si remarquables dans l'œuvre de l'esprit.

Si ces idées sont justes, les devoirs principaux de l'historien des sciences me semblent faciles à déterminer. Je vais les indiquer en quelques mots, tels qu'ils m'apparaissent, après les réflexions qui précèdent.

Le premier et le plus important de tous résulte de la loi même de l'évolution de la science : c'est une vérité à la fois théorique et historique que nulle science n'évolue seule ; même la géométrie, dans l'antiquité grecque, ne s'est point développée isolément et à part : elle a été en action et en réaction perpétuelle avec l'astronomie, cette forme pour ainsi dire unique de la physique ancienne. La même affirmation est plus vraie encore de la science moderne, dont on peut dire qu'elle a vu sortir tous ses premiers progrès d'un effort continu appliqué au développement de la physique et de la mécanique de Galilée. Et la raison en est que tout concept est un groupe de relations, et qu'un groupe de relations est, par définition, susceptible d'une expansion infinie, à la condition qu'on lui donne d'une part, par la spéculation mathématique, toutes les formes et tous les développements qu'il comporte, et qu'on le mette, d'autre part, par l'expérimentation, à l'épreuve des faits. Le mérite suprême de Galilée est d'avoir indissolublement uni ces deux parties maîtresses de toute méthode scientifique féconde, l'exploration mathématique d'un concept, et la vérification expérimentale de ses conséquences, en même temps qu'il concevait le phénomène naturel sous la forme qui se prêtait le mieux à l'application rigoureuse de ces deux procédés. Toujours est-il que, de la science du xviie siècle et même du xviiie, on peut dire qu'elle s'est développée en subissant l'entraînement de la physique galiléenne et qu'il est à peu près impossible d'étudier une époque de la science, surtout une époque de formation ou de transformation, sans étudier le développement contemporain de toutes les autres sciences et sans dégager les idées directrices de ce mouvement d'ensemble.

L'histoire des sciences doit donc être avant tout une *histoire générale* des sciences ; elle n'a pas le droit de s'absorber, sous peine de se confondre avec une spécialité, dans l'histoire et presque dans la chronique des événements ayant marqué depuis son origine le cours d'une science unique à travers la durée. Ainsi de l'*histoire* pourra se dégager, au meilleur sens du mot, une *philosophie* des sciences : il n'est pas défendu à une théorie de la connaissance de rechercher *a priori* les conditions universelles de la science ; mais il est d'un intérêt capital, et c'est une des idées les plus hautes et les plus justes de la philosophie d'Auguste Comte, de demander à l'histoire celles qui se dégagent, *a posteriori*, des manifestations réelles, concrètes, et d'ailleurs infiniment riches en nombre et en précision, de l'entendement humain s'appliquant à penser la nature.

Au reste l'histoire ainsi comprise n'exclut pas, et tout au contraire appelle la connaissance précise du développement des sciences particulières. L'érudition ici est de rigueur, autant que lorsqu'il s'agit de l'histoire des faits politiques et sociaux. Et il faut ajouter qu'elle y est particulièrement difficile, puisqu'elle exige de l'historien, s'il veut être compétent, les connaissances techniques du savant. Un autre devoir de l'historien est donc de suivre, avec le plus de précision possible, l'évolution de chaque science particulière, s'il veut se rendre compte de l'évolution vraie de l'ensemble. Mais comme chaque science obéit, dans ses développements propres, aux lois de l'analogie, qui fait produire à toute méthode nouvelle, avant d'en mettre une autre à l'épreuve, tous les fruits dont elle est capable, et qui ainsi prépare, par la découverte du détail, la coordination de l'ensemble, l'histoire des sciences particulières est tout à la fois la source où l'historien est tenu de puiser ses matériaux, et où déjà il découvre la loi dont il retrouvera l'application continue dans toutes les formes du savoir.

Entre l'érudition proprement dite et l'histoire générale des sciences, bien loin qu'il existe un conflit ou une opposition quelconque, il semble donc qu'au contraire l'harmonie et un juste équilibre doivent facilement s'établir. Dans un enseignement organisé comme il l'est au Collège de

France, l'érudition, c'est-à-dire l'étude approfondie de l'histoire des sciences particulières, semble pouvoir trouver sa place dans la leçon plus spécialement destinée à un public restreint d'auditeurs compétents et plus particulièrement préparés à recevoir un enseignement technique. L'autre leçon, en revanche, tout en mettant en œuvre les matériaux ainsi préparés, ferait la part plus large à l'étude des grands développements de la science, synthétiserait, à chaque époque marquante, les multiples efforts des génies de tout ordre, philosophes ou savants, ayant eu une influence directe ou indirecte sur son évolution, et s'attacherait, en reconstituant par la méthode historique la science dont nous vivons, à établir les bases d'une histoire des sciences, qui serait tout à la fois une histoire de l'esprit, et l'une des formes les plus hautes de l'histoire de la civilisation.

J'ai indiqué ailleurs, dans une leçon d'ouverture du cours d'histoire des sciences que j'ai professé à Lyon depuis 1891, les services plus particuliers que l'histoire des sciences me paraît propre à rendre, sinon à la science elle-même, du moins à la formation de l'esprit scientifique chez les jeunes gens qui suivent les cours de nos Facultés ; je me permets de renvoyer à cette leçon le lecteur de cette trop longue dissertation ; mais, si longue soit-elle, j'ai cru utile de l'écrire pour indiquer quelques-unes des vues qui domineraient mon enseignement de l'histoire des sciences, si le Collège de France me jugeait digne du très grand honneur, dont je sens tout le prix, mais aussi tous les périls, de le donner dans une chaire voisine de celle où enseignent quelques-uns des plus grands maîtres de la science française.

Pargny-sur-Saulx, le 18 octobre 1903

ÉTUDES
D'HISTOIRE DE LA PHILOSOPHIE

LA PHILOSOPHIE DE HOBBES [1]

Sans vouloir faire la biographie de Hobbes, on rappelle qu'il naquit le 5 avril 1588 (huit ans avant Descartes, né en 1596) à Malmesbury, et qu'il mourut en 1679 (vingt-neuf ans après Descartes, 1650). Il fut donc tout à fait au courant des découvertes philosophiques et scientifiques de Descartes, et put suivre pendant trente ans encore après la mort de celui-ci la fortune de la pensée cartésienne.

Lié à Oxford avec W. Cavendish, futur comte de Devonshire (au deuxième fils duquel il dédiera la plupart de ses ouvrages), il fut chargé à l'âge de 20 ans de faire l'éducation du premier fils de ce dernier ; et grâce à cette circonstance, il alla plusieurs fois en France et en Italie. Il fut ainsi mêlé à la noblesse anglaise et disposé à soutenir la cause de la monarchie (Charles Ier était né en 1625).

En 1628 paraît son premier ouvrage : *Traduction de Thucydide*. Il cherche à prévenir ses concitoyens de la prochaine guerre civile.

---

[1]. Cette étude, trouvée dans les manuscrits de Hannequin, date de 1883. Elle n'avait pas été reprise par lui, ni la rédaction achevée pour l'impression. Telles qu'elles sont, ces notes ne manqueront pourtant pas de paraître intéressantes, utiles, dignes de ce recueil. Nous en avons pour garant l'avis d'un maître qui a beaucoup aimé Hannequin, et dont l'autorité est décisive en Histoire de la Philosophie.

En 1629 il reprend un autre élève, Clifton, avec lequel il retourne pour la troisième fois en France et en Italie. « C'est pendant ce voyage qu'il apprit Euclide et se passionna pour les mathématiques, qui le conduisirent à son matérialisme mécanique et logique. » (Lange, *Hist. du mat.* I, p. 245).

1634. — Il a repris le deuxième fils Devonshire. Quatrième voyage en France, où il fait la connaissance de *Mersenne* et *Gassendi*. Il entretient une correspondance avec *Descartes* (qui est en Hollande) et étudie les sciences naturelles.

1642. — Guerre civile en Angleterre. Hobbes se réfugie à Paris. Le *De Cive* paraît : quelques exemplaires seulement. La publication n'eut vraiment lieu qu'à Amsterdam en 1647. Traduction de Sorbière en 1648 (année de la mort de Charles I*er*).

1649. — Anglican, il affirme ses convictions anglicanes pendant une maladie, dont Mersenne voulait profiter pour le faire catholique.

1647. — En France, il est chargé de l'éducation de Charles II.

1651. — Publication du *Léviathan*.

1652. — *Traité de la nature humaine* (en anglais). *De Corpore politico.* Il perd les sympathies du parti royaliste en se rapprochant des révolutionnaires.

1653. — Il revient en Angleterre, et publie (en 1655) la *Logique*, le *Tractatus de Corpore*, les *Dialogues mathématiques* (1656) et le traité *de Homine* (1658).

1660. — Retour de Charles II, qui lui fait une pension que Hobbes refuse. Aussi ne put-il publier ses œuvres en Angleterre : il les imprima réunies en 2 vol. in-4 à Amsterdam (1668).

1674. — Il se retire chez ses amis du Devonshire, meurt en 1679. Il avait gardé le célibat ; caractère bienveillant et doux.

On s'est servi pour la présente étude de l'édition d'Amsterdam en deux volumes in-4 (1668) et de la traduction française du *De Corpore politico*, du *De Cive* (par Sorbière), du *Traité de la nature humaine* (par d'Holbach).

On peut diviser en trois parties principales la philosophie de Hobbes : *la première* a pour objet la philosophie en général, ou *philosophie première*, qui traite des conditions dernières de l'existence et de la vraie nature des êtres ; nous y rattacherons la théorie et la classification des sciences. La *deuxième* partie se rapporte à l'étude de l'homme et pourrait porter le nom de *psychologie*, ou *anthropologie*. Enfin la *troisième* a pour objet l'homme dans l'état de société, le citoyen : elle est appelée par Hobbes *Éthique* ou *Politique*, Philosophie civile (Philosophia civilis).

On a préféré à cette division en trois parties, que nous adopterons pour notre part, une division en quatre parties, qui aurait été indiquée par Hobbes lui-même [1] (Dictionnaire des sciences philosophiques, art. de *Damiron* sur *Hobbes*) ; 1° logique (théorie de la connaissance) ; 2° philosophie première ; 3° anthropologie ; 4° politique. Mais quelle que soit l'importance de la théorie de la connaissance dans le système qui nous occupe, elle est bien plutôt la conséquence du sensualisme matérialiste de notre auteur, que le principe qui supporte toute sa doctrine ; aussi nous paraît-il plus convenable d'en remettre l'exposition au moment où nous traiterons, en psychologie, du raisonnement et de la science que d'en faire le point de départ du système. La logique occupe donc chez Hobbes

---

1. Le premier volume des œuvres complètes de Hobbes, publiées à Amsterdam en 1668 (2 vol. in-4), renferme trois sections. La première section, intitulée *De Corpore*, se divise en quatre parties : 1° *Computatio, sive Logica* ; 2° *Philosophia prima* ; 3° *De rationibus motuum et magnitudinum* ; 4° *Physica*. — On remarquera que Hobbes débute par une étude de la *logique*, seule capable de faire sortir la philosophie de la période instinctive, qui est stérile, et de donner à l'homme les moyens d'user avec réflexion de ses facultés de connaître. Il semble donc que Hobbes ait eu le sentiment de la nécessité d'une théorie de la connaissance au début de la philosophie ; c'est pourquoi Damiron voit dans son système quatre parties essentielles. — La *seconde section* est intitulée *De Homine*, et la troisième *De Cive*.

une place secondaire ; ce qui est capital à ses yeux, c'est :
1° l'étude du *Corps* (unique substance existante) ; 2° celle
de l'*Homme* ; 3° celle du *Citoyen*. Cette triple division correspond exactement à la division en trois sections du premier volume des œuvres de Hobbes, qui renferme à lui seul toute la doctrine du philosophe anglais [1].

[1]. On fera d'ailleurs appel à la logique, toutes les fois que, dans le cours de l'exposition de la philosophie première, il sera nécessaire de s'y reporter.

PREMIÈRE PARTIE

PHILOSOPHIE PREMIÈRE[1] — MÉTAPHYSIQUE

I. — Définition de la philosophie.

Suivant Hobbes, la philosophie ou *raison naturelle* (ratio naturalis) est innée en chaque homme, comme le vin ou le blé en la terre, avant que personne ait songé à les cultiver[2]. Mais c'est là une philosophie inculte capable de conduire à toutes les erreurs ; elle doit être remplacée par la philosophie savante : et pour fonder celle-ci, il faut l'emploi de la réflexion, de la méthode[3]. « La véritable philosophie est la connaissance des *effets* ou *phénomènes* par leurs causes génératrices conçues, et inversement de la génération possible des phénomènes par la connaissance des phénomènes ou effets, en employant le droit raisonnement[4]. » Cette définition est considérée par Hobbes comme

---

1. Le nom de *philosophia prima* est restreint par Hobbes à la dénomination de la partie de la philosophie qui traite des propriétés les plus générales de l'être, à savoir *la grandeur* et *le mouvement* considérés en eux-mêmes. La science commence au moment où on étudie les propriétés particulières de la grandeur (*géométrie*) et du mouvement (*mécanique*). — Nous entendons ici par *philosophie première* la métaphysique de Hobbes ; car c'est au fond, comme on vient de le voir, le sens qu'il prête à ces mots.

2. 1ᵉʳ vol. 1ʳᵉ Section, ch. 1. *De philosophia* (§ 1).

3. Cette préoccupation de la méthode est commune à toutes les écoles du xviiᵉ siècle : les philosophes de ce temps pressentent que la pensée philosophique a besoin d'être dirigée par l'attention fixée sur un but unique poursuivi, comme si l'on voyait nettement déjà que la réflexion et la volonté sont au fond de toute certitude.

4. « Philosophia est effectuum sive phaenomenῶν (sic) ex conceptis eorum causis seu generationibus, et rursus generationum quae esse possun. ex cognitis effectibus per rectam *ratiocinationem* acquisita cognitio. » *Logica*, § 1.

précise et définitive, car il la reproduit en plusieurs endroits de ses œuvres. Au premier abord, elle paraît concorder difficilement avec l'idée qu'on se fait d'ordinaire de la philosophie ; il n'y est parlé ni de premiers principes ni de premières causes, et c'est une omission sans aucun doute volontaire : elle caractérise dès le début l'empirisme et le matérialisme de Hobbes, qui prétend, comme son aîné et contemporain Bacon, et comme les positivistes modernes, s'en tenir aux phénomènes et à leurs explications physiques. A la *métaphysique* de l'antiquité et du moyen âge, les fondateurs de la philosophie anglaise inclinent visiblement à substituer une *physique*.

Toutefois, si Hobbes eut, avant Auguste Comte, l'idée que la philosophie doit devenir de plus en plus une science identique aux autres sciences, et ayant pour objet les plus hautes généralisations de la science [1], la définition que nous venons de rapporter est remarquable en ce qu'elle renferme des traits qui caractérisent la recherche philosophique et la distinguent de la connaissance purement empirique et scientifique.

D'abord la connaissance des faits, abstraction faite de leurs causes ou plutôt de leur explication, ne saurait constituer la philosophie : la sensation et le souvenir, communs aux hommes et aux animaux, sont, si l'on veut, des connaissances, mais n'entrent point dans la philosophie, parce qu'ils sont des données immédiates fournies à l'esprit par la nature, et qu'ils ne sont point acquis par l'exercice de la raison et du raisonnement [2] ; pour la même raison, l'*expérience*, qui n'est que la mémoire indéfiniment pro-

---

1. V. Léviathan, I, ch. ix, *De scientiarum distributione*. Hobbes y définit la *science* la connaissance des conséquences, par opposition à l'*expérience* qui n'est que la connaissance des faits ; et la *philosophie*, dit-il, est la réunion des sciences, leur synthèse : « Conscriptio ejus (scientiae) appellari solet Philosophia. »
2. « Ad quam definitionem intelligendam, considerare oportet primo sensionem atque memoriam rerum, quae communes homini sunt cum omnibus animantibus, etsi cognitiones sint, tamen quia datae sunt statim a natura, non ratiocinando acquisitae, non esse Philosophiam. » 1er vol. 1re section, *Logica*, I, § 2.

longée, la *prudence*, qui n'est que la prévision de l'avenir, ne font point partie de la philosophie. Il en faut donc exclure l'*histoire*, tant naturelle que politique, parce qu'elle est affaire d'expérience et non de raisonnement, l'*astrologie* et toutes les sciences du même genre [1]. Pour une raison inverse, la philosophie exclut toutes les sciences qui cherchent une explication de leurs objets en dehors des causes naturelles, et qui ne peuvent dès lors rendre compte de leur genèse ou génération (« *generatio* »), par exemple *la théologie*, dont l'objet, *Dieu*, est inexplicable (« in quo... nulla generatio intelligi potest »), et la *doctrine sur les anges* [2].

Ce qui constitue la philosophie, c'est le raisonnement ; (« ratiocinatio » — « Philosophia est per rectam *ratiocinationem* acquisita cognitio ») — et le raisonnement n'est pas autre chose que le *calcul* (« *computatio* » — sive logica), avec ses deux procédés essentiels, addition et soustraction, appliqué non seulement au nombre, mais encore à la grandeur, au corps, au mouvement, au temps, aux degrés de la qualité, aux rapports, voire aux concepts eux-mêmes, aux idées, aux mots [3]. Juger, c'est additionner deux ou plusieurs idées. Exemple : *l'homme est un animal raisonnable*, n'est que l'addition des trois idées suivantes : *corps* + animé + raisonnable. Raisonner, c'est additionner plusieurs jugements. Philosopher, c'est, par une série convenable de calculs, refaire la somme représentée par les idées qui se rapportent aux êtres de la nature, véritables effets et véritables phénomènes, en additionnant les termes simples qui s'y trouvent totalisés : ce sont ces termes simples qui sont la raison des êtres, comme les parties aliquotes d'une somme sont la raison de cette

---

1. *Logica*, I, § 8.
2. *Logica*, I, § 8.
3. « Non ergo putandum est computationi, id est ratiocinationi in numeris tantùm locum esse..., nam et magnitudo magnitudini, corpus corpori, motus motui, tempus tempori, gradus qualitatis gradui, actio actioni, conceptus conceptui, proportio proportioni, oratio orationi, nomen nomini (in quibus omne philosophiae genus continetur) adjici adimique potest. » *Logica*, I, § 3.

somme : idée analogue, au fond, à celle de Descartes, qui s'efforçait de retrouver par l'analyse les éléments ou « natures » simples qui constituent les composés ou les êtres, et de reconstruire par la synthèse de ces éléments simples, mis en relation les uns avec les autres en une complexité croissante, toutes les réalités de l'univers [1]. Remarquons seulement que l'identification de la synthèse à une addition arithmétique, telle qu'elle est présentée par Hobbes, n'est pas exempte d'une certaine grossièreté, mais qu'elle est une conséquence inévitable du nominalisme de notre philosophe, qui considère exclusivement dans le jugement et le raisonnement la juxtaposition extérieure des *mots*, au lieu d'y voir la pénétration intime des *idées* [2].

Cette théorie de la « ratiocinatio » égale à la « computatio » jette une grande clarté sur la définition de la philosophie, que nous sommes à présent en état de comprendre. Le but de la philosophie est de comprendre les êtres, d'en rendre compte, de les expliquer ; et s'il est vrai que *comprendre* et *expliquer* impliquent la connaissance des causes et de la *génération* des êtres, il faut distinguer entre leur explication historique et leur explication philosophique : l'histoire suit l'être dans son évolution entière, dont elle est chargée de décrire les phases successives, et l'histoire n'est pas philosophique [3] ; la philosophie le considère comme un tout, comme une somme, qui se trouvera expliquée quand on en aura retrouvé les parties composantes, les éléments ; pour une pareille œuvre, ce n'est plus à l'histoire qu'il faut recourir, c'est à l'*analyse*, puis à la *synthèse* qui, avec les éléments, reconstruira l'être.

Dès lors, la *cause* de l'être est bien plus semblable à la « nature simple » de Descartes, représentée dans une idée simple, qu'à la cause physique telle que la comprennent et la recherchent les savants modernes ; elle ne signifie pas

---

1. Voy. *Descartes*. Edition Carrau. Introduction, I.
2. On reviendra plus bas sur le nominalisme de Hobbes.
3. Voyez page 5, en bas.

les conditions historiques, les circonstances empiriques qui ont rendu possible l'existence de l'être ; elle est bien plutôt ce qu'il l'explique, ce qui le rend *intelligible* : voilà pourquoi Hobbes définit la philosophie « une connaissance acquise, par le moyen du droit raisonnement, des effets ou phénomènes par leurs *causes* conçues, — ex conceptis corum causis seu generationibus, — » ce qui revient à dire : par les éléments qui les rendent intelligibles à l'esprit, par les concepts qui les représentent d'une manière adéquate. La seconde partie de la définition démontre encore mieux, s'il est possible, la valeur de notre interprétation : « la philosophie est encore la connaissance des causes possibles (— *generationum* QUÆ ESSE POSSUNT —) par la connaissance des effets » ; ainsi, la philosophie cherche non les causes réelles des êtres, non les circonstances réelles dont la réunion a produit en fait l'univers actuel, mais les causes qui, n'eussent-elles eu aucune réalité, suffiraient pour en rendre compte à l'esprit ; un exemple, emprunté à la géométrie par Hobbes cherchant lui-même [1] à rendre claire sa définition de la philosophie, va mettre en lumière le sens de ces mots : supposons qu'une figure plane soit donnée et que cette figure plane soit reconnue pour être un cercle à ce que tous les points de sa périphérie sont situés à égale distance d'un même point central, j'en conclus que la figure ou cercle a eu pour cause génératrice le mouvement d'une droite dont l'une des extrémités est restée fixe sur le plan et dont l'autre a décrit sur le plan une ligne appelée circonférence ; la manière dont la circonférence a été engendrée explique cette propriété qu'elle possède d'avoir tous ses points à égale distance du centre. J'ai donc découvert le *mode de génération* ou la *cause* du cercle ; est-ce à dire que le cercle particulier que j'ai sous les yeux ait été en réalité ainsi décrit par une droite se déplaçant sur un plan autour d'une de ses extrémités restée fixe ? Je n'en sais rien et n'ai pas besoin

---

1. *Logica*, I, § 5. Voyez le texte à la note 16.

de le savoir : ce n'est pas l'histoire du *cercle* que je cherche, c'est son explication : et l'explication est complète pour mon esprit, quand je sais que ce cercle a certaines propriétés, *comme s'il* avait été décrit de la manière susdite : je ne cherche pas sa génération *réelle*, mais sa génération *possible*. Qu'y a-t-il donc au-dessous de cette opposition du réel et du possible, sinon l'opposition même du cercle réel au cercle idéal, de l'être à l'idée ? Dire que la philosophie cherche la génération possible des choses, n'est-ce donc pas dire qu'elle en cherche l'explication dans des éléments idéaux et purement intelligibles, accessibles non à l'histoire, mais à l'analyse, et conçus par l'esprit qui devient ainsi le centre des choses, considérées comme les objets intelligibles de la philosophie ? Ce caractère idéaliste de la philosophie de Hobbes, qui passe à bon droit pour un des plus purs représentants du matérialisme, n'a rien qui doive nous étonner, si nous songeons d'une part à tous les caractères qui rapprochent le mécanisme des savants de l'idéalisme des philosophes, et si nous n'oublions pas d'autre part que cette tendance idéaliste, marquée dans la définition de la philosophie que nous venons d'étudier, n'empêche pas Hobbes de s'en tenir à un nominalisme et à un sensualisme rigoureux : sa place est donc plutôt à côté des phénoménistes empiriques de l'école anglaise, qui sont des idéalistes à leur manière, qu'à côté des rationalistes cartésiens ; et notre but, en le rapprochant de Descartes, n'était pas de confondre entièrement sa pensée avec celle de Descartes, mais d'indiquer la source commune du mécanisme chez les deux représentants les plus célèbres de cette doctrine au XVIIe siècle.

Notons, avant de quitter ce sujet, un dernier rapport entre la pensée de Hobbes et celle de Descartes : le double mouvement d'analyse et de synthèse, si nettement déterminé dans la méthode cartésienne, est indiqué dans la définition que donne Hobbes de la philosophie. « La philosophie est, dit-il, la connaissance des effets ou phénomènes par leurs causes conçues », ou, pouvons-nous dire à présent, par leurs éléments ; c'est la recherche des éléments pour expliquer les êtres ; c'est la période analytique ; — mais la philosophie est aussi, et inversement (« rursùs ») la connaissance des modes de *générations* (« generationum ») par la connaissance des effets ; en d'autres termes, la philosophie n'est pas seulement analytique et ne cherche pas seulement les éléments des choses ; elle doit encore avec ces éléments reconstruire idéalement le monde connu, la réalité identique pour nous à ces phénomènes dont la somme est l'univers. Un cercle donné est par exemple l'objet d'une double recherche : 1° analytique : la figure donnée est-elle un cercle ? pour le savoir, j'analyse ses propriétés, et je conclus de ses propriétés son mode de génération ; 2° synthétique : je sais par analyse que la figure donnée est un cercle ; j'en expose dès lors synthétiquement la génération idéale, qui en explique toutes les propriétés géométriques [1]. La preuve que nous ne faisons pas un vain

---

1. « Quomodo autem effectus cognitio ex cognita generatione acquiri potest, circuli exemplo facile intelligetur. Proposita enim figura plana, ad figuram circuli proxime accedente, sensu quidem circulus necne sit cognosci nullo modo potest ; at ex cognita figurae propositae generatione facillime ; facta enim sit figura ea, ex cujuspiam corporis circumductione, cujus alter terminus maneat immotus ; sic ratiocinabimur, corpus circumductum eadem semper longitudine applicat sese primo ad unum radium, deinde ad alium, et ad tertium, quartum, et successive ad omnes ; itaque ab eodem puncto, attingit circumferentiam eadem longitudo undequaque, id est omnes radii sunt aequales. Cognoscitur itaque a tali generatione procedere figuram a cujus puncto uno medio ad omnia extrema aequalibus radiis attingitur.

« Similiter a cognita figura perveniemus ratiocinando ad generationem aliquam, et si forte non eam quae fuit, tamen eam quae esse potuit ; nam cognita proprietate circuli quam modo diximus, scire, si corpus aliquod ita ut diximus circumducatur circulum generari facile est. » *Logica*, I, § 5.

Un passage remarquable du *De Corpore*, partie I, ch. VI, §§ 1 sqq, prouve que le rapprochement que nous établissons entre la méthode de Hobbes et celle de Descartes est absolument justifié. Le raisonnement *(ratiocinatio)* est tout entier dans la *composition*, et dans la *division ou résolution* ; la méthode est par le fait même à la fois « resolutiva », c'est l'analyse, et « compositiva », c'est la synthèse. — L'analyse va du complexe au simple, pour revenir du simple au complexe : Hobbes donne de cette double démarche de l'esprit un exemple remarquable : Un carré, peut-on supposer, est réductible à l'idée de *plan*, terminé par des *lignes*, qui forment *des angles droits* et qui constituent les *côtés égaux* du carré ; on

rapprochement, c'est que la méthode de Hobbes est synthétiquement constructive comme celle de Descartes, et qu'il reconstruit le monde avec les éléments simples de la figure et du mouvement par un procédé identique au procédé cartésien.

Signalons enfin le caractère pratique de la philosophie, qui, d'après Hobbes, ne doit avoir qu'un but, l'intérêt de l'humanité, la prévision des effets, et l'arrangement des causes en vue des meilleurs effets possibles : « Savoir pour pouvoir », telle est la devise de Hobbes comme de Bacon : « Scientia, propter potentiam — *theorema propter problemata* [1]. » Chez Hobbes, la métaphysique et la physique servent d'introduction à la philosophie pratique, c'est-à-dire à la morale et à la politique.

II. — Division de la philosophie.

Il résulte de la discussion qui précède, que la philosophie est la recherche des modes de production, ou, pour employer l'expression même de Hobbes, de la génération des choses, en vue d'expliquer leurs propriétés. Or il en existe deux principales : 1° une génération *naturelle*, ou la *Nature*; 2° une génération *volontaire*, qui résulte des conventions des hommes entre eux et de leurs pactes [2] dans la *Cité*.

---

passe ainsi à des idées de plus en plus simples, et on arrive en dernière analyse aux idées très simples de l'étendue et du mouvement, qu'on définit. Puis, par la définition des mouvements les plus simples, on obtient la notion de la ligne, celle de la surface, celle du volume, et la géométrie se constitue peu à peu ; les mouvements plus complexes, considérés en eux-mêmes, deviennent l'objet de la *mécanique ;* la *physique* passe de l'étude des mouvements visibles à celle des mouvements invisibles des plus petites parties des corps ; enfin l'*éthique* considère les mouvements des esprits, qui sont de tous les plus complexes et les plus délicats.

Le double mouvement d'analyse et de synthèse saute aux yeux dans ce passage.

1. *Logica*, I, § 6.

2. « Philosophiae partes principales duae sunt ; corporum enim generationes proprietatesque quaerentibus, duo corporum quasi

Il existe de même deux grandes parties de la philosophie, ou deux philosophies : 1° une philosophie *naturelle*, traitant des seuls êtres qui soient dans la nature, c'est-à-dire des corps : « *De corporibus naturalibus* » ; 2° une philosophie *civile*, appelée *politique*, qui se divise elle-même en deux parties, la première traitant de l'homme individuel, unité de la Cité collective, « de ingenio et moribus hominis », la seconde traitant du *Citoyen*, « de officiis civium [1] ».

III. — Espace. Temps. Mouvement = Mécanisme.

Nous nous occuperons en premier lieu de la *philosophie naturelle*. Son but est d'étudier les éléments les plus simples des choses, et d'aller peu à peu, comme dirait Descartes, jusqu'à la connaissance des plus composés. Ce n'est pas en vain, en effet, qu'on a pu classer les *êtres* ou les corps en genres et en espèces : car *le genre* renferme l'essence de *l'espèce*, qui ne s'en distingue que par une *différence*, c'est-à-dire par un accident ajouté aux caractères essentiels du genre : « universalia enim specialibus essentialia sunt [2]. » Or l'universel est le plus simple ; le particulier, constitué par une addition croissante de termes simples, est le plus complexe ; qui connaît le simple ou l'universel est par là même en mesure d'acquérir la connaissance du complexe ou de l'individuel : il s'ensuit

---

summa genera maximeque inter se distincta seso offerunt ; unum, quod a natura rerum compaginatum, appellatur *Naturale ;* alterum, quod a voluntate humana conventionibus pactionibusque hominum constitutum *Civitas* nominatur. Hinc itaque oriuntur primo duae partes Philosophiae, *Naturalis* et *Civilis.* » *Logica*, I, § 9.

1. « Deinde vero quia ad cognoscendas civitatis proprietates, necessarium est ut hominum ingenia, affectus, mores ante cognoscantur, Philosophia civilis rursus in duas partes scindi solet, quarum ea quae de ingeniis moribusque tractat, *Ethica*, altera quae de officiis civium cognoscit, *Politica*, sive *Civilis* simpliciter nominatur. Dicemus itaque (postquam ea quae ad Philophiae ipsius naturam pertinent praemiserimus) primo loco de *Corporibus naturalibus,* secundo de *ingenio et moribus hominis*, tertio de *officiis civium.* » *Logica*, I, § 9.

2. *Léviathan*, I, ch. IX.

que les sciences du général sont essentielles aux sciences du particulier, et que par conséquent elles doivent être approfondies avant elles [1].

Ceci posé, le développement de la philosophie de Hobbes est indiqué d'avance, et ressemble singulièrement à celui de la philosophie cartésienne et de la philosophie d'Auguste Comte. On n'oublie pas, en effet, que le but de la philosophie est de rendre compte des « effets ou phénomènes par leur génération possible » ; et un texte précieux de Hobbes détermine le sens des mots « effets » et « phénomènes » ; le voici [2] : « *Effectus* autem et *phaenomena* sunt corporum *facultates* sive *potentiæ* quibus alia ab aliis distinguimus, id est, unum alteri æquale aut inæquale, simile vel dissimile esse concipimus » ; or, que sont ces *facultés* ou *puissances*, sinon les caractères distinctifs des êtres, sinon les qualités qui les déterminent, et qui, d'une part, permettent à la science de rendre compte des corps en y retrouvant les éléments universels et simples de l'existence, en même temps que, d'autre part, chaque corps se distingue des autres corps par les accidents qui lui sont propres ? Pourquoi ce corps est-il un *animal ?* c'est que je distingue en lui, outre les propriétés communes à tous les corps, celles du mouvement automatique et de la marche ; et dès lors je le distingue d'un arbre, d'une colonne et des autres objets fixés en terre [3]. La propriété est donc un caractère distinctif, une qualité différentielle et spécifique.

Mais, à y regarder de près, une qualité est toujours un *terme général*, et toujours elle est *différentielle*, si bien

---

1. « Universalium scientia essentialis est scientiae specierum, adeo ut haec, nisi per illorum lucem, percipi non possint. » *Léviathan*, I, ix.
2. *Logica*, I, § 4.
3. « Postquam ad corpus aliquod appropinquatum est, ad percipiendum motum et incessum ejus, distinguimus ipsum ab arbore, a columna et ab aliis certis corporibus defixis, unde incessus ille *proprietas* ejus est, quippe animalium proprius, quo a cæteris corporibus distinguitur. » *Logica*, I, § 4.
Voyez pour tous ces rapports du *corps* et de l'*accident* le chapitre très important du *De Corp.*, II, viii.

qu'en dernière analyse la philosophie doit aller des termes les plus généraux (au point de vue de l'extension) aux termes de plus en plus particuliers (en ce sens qu'ils s'appliquent à un nombre d'êtres toujours plus restreint) jusqu'à ce qu'elle ait fait la synthèse de toutes les qualités générales capables de caractériser en se groupant toutes les individualités réelles que nos sens perçoivent. N'est-ce pas là ce que se proposait Descartes ? Et Aristote lui-même ne considérait-il pas que la science, en partant des catégories les plus hautes, tend à se rapprocher de plus en plus des individus, sans être capable toutefois d'aller au delà des plus basses espèces (« infimæ species ») ? car il n'y a pas de science de l'individu. Hobbes est ici d'accord, peut-être sans le savoir et sans le vouloir, avec Aristote et Descartes, qui construisent le monde avec des concepts ; et sa pensée n'est pas essentiellement différente de celle des idéalistes.

Mais arrivé à ce point, Hobbes passe d'un seul coup, par une affirmation métaphysique qui ne paraît pas essentielle à son système, au matérialisme proprement dit. A la question qu'il se pose en premier lieu : Quel est le plus général des objets de la science ? il répond dogmatiquement : C'est le *Corps*[1]. Il établit encore dans la Logique que s'il n'y a pas de philosophie en dehors des objets dont on peut expliquer la génération, il n'y a pas d'explication qui n'implique l'analyse, pas d'analyse qui n'implique la composition, pas de composition qui n'implique une nature corporelle[2]. Au fond, Hobbes se laisse dominer en cette circonstance par un préjugé accepté de tous ses con-

---

1. « Generalissimum autem subjectorum scientiæ est corpus. » *Léviathan*, I, IX.
2. « Subjectum Philosophiæ, sive materia circa quam versatur, est corpus omne cujus generatio aliqua concipi, et cujus comparatio secundum ullam ejus considerationem institui potest ; sive in quibus compositio et resolutio locum habet, id est omne corpus quod generari vel aliquam habere proprietatem intelligi potest. » *Logica*, I, § 8.
Il faut rapprocher de ce passage l'opinion de Platon, que tout ce qui a été engendré est corporel. Voy. *Timée*.

temporains, à savoir qu'il n'y a pas de qualités sans un support, sans un substratum qui en fait l'unité, sans une substance ; d'autre part, si les objets se diversifient à l'infini dans la réalité sensible, c'est seulement lorsqu'on les voit du dehors ; la science, qui s'efforce de les pénétrer, retrouve entre eux des ressemblances, une communauté de nature, une unité profonde : par conséquent au-dessous des qualités multiples, Hobbes prétend saisir un substrat qui les soutient, une unité qui explique leurs rapports, en un mot une substance unique, qu'il appelle le *Corps*[1]. Le substantialisme de Hobbes diffère radicalement de celui de Descartes ; mais, en tant que substantialisme, il le vaut.

Cette affirmation, très importante en ce qu'elle décide de la métaphysique de Hobbes et de l'unité de sa philosophie, ne l'est pour ainsi dire plus du tout lorsqu'il s'agit de passer à l'édification de la philosophie naturelle : la substance corporelle est si absolument un néant, qu'elle n'est en soi l'objet d'aucune science particulière : pour devenir objet d'une science, le corps doit revêtir au moins *deux* propriétés, deux *accidents*, pour parler le langage de notre philosophe ; n'est-ce pas dire en quelque sorte que le déterminé seul est connaissable ? et y a-t-il loin de cette proposition à cette autre : la détermination (c'est-à-dire la qualité) *seule est connaissable* ? c'est presque dire : *seule existe*. Sans doute Hobbes ne soupçonne et n'exprime nulle part ces équivalences ; mais, de fait, la première de toutes les sciences en généralité est, dit-il, celle qui a pour objet le plus général de tous les êtres, à savoir le *Corps*, inséparable de ses deux accidents essentiels : la *grandeur* et le *mouvement* (*magnitudo* et *motus*)[2]. Et le caractère

---

1. Voici la définition du corps : « Corpus est quidquid non dependens a nostra cogitatione cum spatii parte aliqua coïncidit vel coextenditur. » *Ib.* II, ch. viii, § 1.
Suivez dans le même chapitre les rapports de la substance *corps* et de l'accident. Cf. Lange, *Hist. du matérialisme*, I, p. 256.
2. Generalissimum autem subjectorum scientiae est corpus, cujus accidentia duo sunt *Magnitudo et motus*. » *Léviathan*, I, ix.
Cf. Sectio prima : *De Corpore*, II, ch. viii, § 3.
Le passage du Léviathan est formel ; pourtant, dans le *De*

le plus universel qui soit accessible à l'esprit, ce n'est pas le *corps* : ce sont la *grandeur* et le *mouvement*, accidents purs, *qualités*, *généralités* pures, ou, en dernière analyse, conceptions pures.

La *grandeur* et le *mouvement* sont les premiers objets que puisse atteindre la science en partant de la plus haute généralité ; et la partie de la philosophie qui étudie leur essence porte le nom de *Philosophie première* [1]. Ce sont les *accidents* essentiels du corps, c'est-à-dire ce sans quoi le corps serait absolument inconcevable [2], ce sans quoi il cesserait d'être.

Espace. — On peut concevoir l'espace de deux manières : il est *réel*, ou il est *imaginaire*. Il est *réel*, quand il est réellement occupé par un corps ; et, dans ce cas, il est un accident du corps : c'est l'*extension* du corps, la *grandeur* (magnitudo) du corps ; — il est *imaginaire*, quand l'esprit fait abstraction des êtres eux-mêmes ; et il en peut faire abstraction en imaginant que tous les corps de l'univers soient détruits ; or, s'il en conserve seulement le souvenir ou l'image, et si, sans tenir compte des autres déterminations des corps, il considère simplement qu'ils existaient en dehors de lui-même, il acquiert la conception de l'*espace imaginaire*, qui n'est pas autre chose qu'une *image* (*phantasma*) [3] ; — c'est donc l'image d'une chose existante, considérée en tant qu'elle existe en dehors de l'esprit (*extra*

Corpore, II, vii, § 3, l'étendue et la *figure* sont données comme les deux seuls *accidents* permanents du corps, qui ne peuvent disparaître sans que le corps lui-même disparaisse. « Tous les autres accidents, comme le repos, le mouvement, la couleur, la solidité, etc., peuvent changer, tandis que le corps persiste ; ils ne sont donc pas eux-mêmes des corps, mais seulement les modes sous lesquels nous concevons le corps. » Voyez Lange, *Hist. du matérialisme*, I, p. 256-257 sqq.

1. « Illud ergo quod quaeritur primo a Philosopho circa hoc subjectum est quid sit *Motus* et quid sid *Magnitudo*. Et philosophiae pars haec appellari solet *Philosophia prima*. » *Léviathan*, I, ix.
2. « Et recte quidem, nisi quod quaedam accidentia abesse a corpore sine interitu ejus non possunt, nam corpus sine *extensione* aut sine *figura* omnino concipi non potest. » *De Corpore*, part. II, ch. viii, § 3.
3. « Jam si meminerimus, seu phantasma habuerimus alicujus rei quae exstiterat ante suppositam rerum externarum sublationem,

imaginantem), ou simplement en tant qu'elle existe : car un objet n'existe réellement qu'à la condition qu'il *subsiste par soi* en dehors de l'esprit qui le perçoit[1]. Ainsi, à l'espace réel, ou extension des corps, s'oppose l'espace imaginaire, qui n'est que l'image du premier dans l'esprit ; à la *grandeur* (réelle) du corps, s'oppose le *lieu* (imaginaire) du corps, qui pourrait devenir le lieu d'autres corps de même grandeur[2]. En résumé, le même lieu peut donc contenir tous les corps successivement, et l'*espace* pourrait être défini la place *possible* des corps[3].

(Ce point est important : car il explique 1° comment Hobbes considère la notion d'espace comme tirée de l'expérience ; c'est la trace laissée dans l'imagination par les corps dont toutes les autres qualités s'évanouissent peu à peu ; 2° comment l'espace imaginaire, bien que tiré de l'expérience, prend, en devenant une image de l'esprit, des caractères qui lui sont propres ; 3° comment l'esprit a une tendance, capable de l'induire en erreur, à appliquer à l'espace réel, c'est-à-dire au monde des corps, les caractères qui sont propres à l'espace imaginaire.)

L'espace imaginaire, notion ou image de l'esprit, acquiert des caractères spéciaux qu'il n'est pas toujours juste de transporter à l'espace réel, c'est-à-dire au monde ; c'est ainsi, dit Hobbes, que quelques-uns concluent (d'une manière illégitime, selon lui) de l'infinité de l'espace à l'infinité de l'univers, de l'unité du premier à l'unité du second[4].

nec considerare velimus qualis ea res erat, sed simpliciter quod erat extra animum, habemus id quod appellamus *spatium*, imaginarium quidem, quia *merum phantasma*, sed tamen illud ipsum quod ab omnibus sic appellatur. » *De Corpore*, II, vii, § 2.

1. « Spatium est phantasma rei existentis, quatenus existentis, id est, nullo alio ejus rei accidente considerato præterquam quod apparet extra imaginantem. » *De Corpore*, II, vii, § 2.

2. « Extensio corporis idem est quod magnitudo ejus, sive id quod aliqui vocant *Spatium reale* ; magnitudo autem illa non dependet a cogitatione nostra, sicut *spatium imaginarium*, hoc enim illius effectus est, magnitudo causa ; hoc animi, illa corporis extra animum existentis accidens est. » *De Corpore*, II, viii, § 4.

3. « Nemo enim spatium ideo esse dicit quod occupatum jam sit, sed quod *occupari possit*. » *De Corpore*, II, vii, § 2.

4. C'est probablement à la doctrine de Descartes qu'il est fait allusion ici.

Voyons donc quels sont les caractères propres de l'espace imaginaire :

1° L'espace exprime la possibilité de l'extension des corps, comme il a été vu plus haut ; c'est là son essence, qui pourrait servir à le définir.

2° L'espace a trois dimensions, sans la réunion desquelles il ne pourrait être conçu. Toutefois l'esprit est capable de les séparer les unes des autres par abstraction, et pourrait les engendrer par un procédé tout philosophique qui lui est propre. Si l'esprit fait abstraction de la grandeur d'un corps qui se meut (quoiqu'un corps dans la réalité soit inséparable de sa grandeur), le chemin qu'il parcourt est la ligne, « *dimensio una et simplex* » ; c'est la *longueur* « longitudo », et le corps sans grandeur, qui l'a décrite, est appelé *point*. Une *longueur* pure engendre une surface, et toutes les lignes décrites par chaque point de la ligne originelle, qui n'était que longue, tracent la seconde dimension ou *largeur*. Enfin une surface engendre en se déplaçant le volume ou solide qui a une troisième dimension, la *profondeur*[1].

Cette possibilité de construire les trois dimensions de l'espace et en général les figures idéales de la géométrie par les seules forces de l'esprit, a sans contredit été comprise de Hobbes : il y insiste en plus d'une occasion, et trouve en ce caractère qui appartient exclusivement à la

1. « Si corporis quod movetur magnitudo (etsi semper aliqua sit) nulla consideretur, via per quam transit, *linea*, sive *dimensio una et simplex* dicitur, Spatium autem quod transit Longitudo, ipsumque corpus *Punctum* appellatur ; eo sensu quo Terra *punctum*, et via ejus annua linea Ecliptica vocari solet. Quod si corpus quod movetur consideretur jam ut longum, atque ita moveri supponatur ut singulæ ejus partes singulas lineas conficere intelligantur, via uniuscujusque partis ejus corporis *Latitudo*, spatium quod conficitur *Superficies* vocatur, constans ex duplici dimensione *Latitudine* et *Longitudine*, quarum altera tota ad alterius partes singulas sit applicata. — Rursus si corpus consideretur ut habens jam *superficiem*, et ita intelligatur moveri ut singulæ ejus partes singulas conficiant lineas, uniuscujusque partis via corporis illius *Crassities* seu *Profonditas*, Spatium quod conficitur *Solidum* vocatur, conflatum ex dimensionibus, tribus quarum quælibet duae totae applicantur ad singulas partes tertiæ. » *De Corpore*, II, VIII, § 12.

science de l'espace la principale origine de la rigueur des démonstrations géométriques ; c'est parce que nous créons les figures par un effort propre de notre esprit que nous sommes capables de trouver dans leur construction même ou « génération » la raison de leurs propriétés [1], et c'est là l'explication philosophique par excellence et l'essence même de la démonstration. Démontrer, en effet, c'est dépasser le ὅτι pour atteindre le διότι ; c'est montrer le lien nécessaire de l'effet et de la cause, c'est rendre raison de celui-là par celle-ci : or, pour bien dire, rien n'est en géométrie dont on ne rende ou dont on ne puisse rendre raison ; rien n'est qui ne découle nécessairement de la construction de la figure et qui n'y soit inhérent comme un accident propre et essentiel ; « nam in sermone mathematicorum *non esse*, et *non* PROPRIE *esse, idem sunt* [2]. »

Toutefois, Hobbes ne reste pas fidèle jusqu'au bout à cette théorie qui seule est pourtant capable de conserver à la géométrie son exactitude et sa rigueur. Il faut se souvenir que la science, après tout, part de données qui sont ou doivent être les représentations exactes des êtres, et que, tout particulièrement, la notion de l'espace, ou l'*espace imaginaire* a eu son origine empirique dans les perceptions accumulées des grandeurs réelles ou des corps. Or ce n'est que par abstraction que l'esprit peut en un corps « faire abstraction » de la grandeur, en une surface de l'épaisseur, en une ligne de la longueur et de la largeur ; et l'abstraction n'est, après tout, que division et soustraction, *œuvre* non des mains agissant sur les choses, mais de l'esprit agissant sur des conceptions [3] ; l'abstraction

---

[1] « Quum enim causae proprietatum quas habent singulae figurae insint in illis quas ipsi ducimus lineas ; generationesque figurarum ex nostro dependeant arbitrio ; nihil amplius requiritur ad cognoscendam quamlibet figurae propriam passionem, quam ut ea omnia consideremus quae consequuntur constructionem quam in delineanda figura ipsi facimus. Itaque ob hanc rem quod figuras nos ipsi creamus, contigit Geometriam haberi et esse demonstrabilem. » 1" volume, 2° section, *De Homine*, ch. x, § 5.

[2] 2° volume, page 28. *Examin. et emendatio Math. hod.* ; Dial. I.

[3] « Divisio non manuum, sed mentis opus. » *De Corpore*, part. II, ch. vii, § 5.

peut donc bien *en une ligne* par exemple ne tenir compte
que de la longueur et négliger la largeur et l'épaisseur ;
mais elle ne peut pas faire qu'une ligne ne soit que longue,
sans largeur ni épaisseur ; elle ne le peut ni à l'égard de
la ligne réelle, prototype de toutes nos conceptions de la
ligne, ni à propos de la ligne imaginée ou conçue, l'image
n'étant, comme nous le verrons plus tard, qu'une copie
affaiblie de la sensation. Par conséquent, pas de surface
qui n'ait quelque épaisseur[1], pas de ligne qui n'ait quelque
largeur et quelque profondeur ; pas de point qui n'ait
les trois dimensions, aussi petites d'ailleurs qu'on voudra
les imaginer. Hobbes s'efforce de trouver des démonstrations
d'un caractère rigoureux pour établir cette dernière
thèse. Il serait trop long et très inutile de les passer en
revue ; contentons-nous d'un exemple, relatif au point.
La définition d'Euclide : « Punctum est cujus nulla est
pars », est acceptable à la condition qu'on l'entende ainsi :
le point est indivisé, et indivisible en acte, mais non indivisible
en puissance ; autrement le point absolument indivisible
ne serait pas une quantité, il ne serait rien ; la véritable
définition du point est donc celle-ci : « Punctum est
corpus cujus *non consideratur* ulla quantitas. » Voici une
preuve que le *point sans quantité* ne répondrait pas, d'après
Hobbes, à ce qu'en pensent les géomètres : soit une ligne
droite AB partagée par le point I en deux parties égales

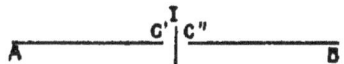

AC', BC" ; car les deux portions de ligne ne sont distinctes
qu'autant qu'elles ont chacune deux extrémités qui
leur soient propres, A, C' ; C", B. Or si le point I n'avait

---

1. Il existe pourtant un passage où Hobbes paraît approuver
d'une manière formelle la définition euclidéenne de la surface. On
lui propose la définition suivante, qui est d'Euclide : « Superficies
est quae longitudinem et latitudinem tantum habet ; » et Hobbes
répond : « Bona (definitio) est. » — C'est qu'en effet le géomètre
ne tient visiblement compte dans la mesure des surfaces que de la
longueur et de la largeur ; et l'un de nos sens, la vue, ne saisit
que deux dimensions de l'espace.

aucune quantité, il en résulterait que la ligne BC' serait égale à la ligne BC", ce qui est faux manifestement : on en conclut que le point I a une quantité et qu'il est la réunion des points I, C', C" ; ce qu'il fallait démontrer. Malheureusement, le cercle vicieux est évident ; car la distinction des points C', C" et I dans la démonstration prouve que l'esprit est guidé par une croyance à la divisibilité à l'infini de tout élément linéaire, si petit qu'on le suppose ; et la divisibilité à l'infini, d'autre part, suppose que le point n'est pas autre chose qu'une limite [1].

Complétons les indications qui se rapportent à cette partie en rapportant ici la définition que Hobbes donne de la ligne droite : c'est celle dont on ne peut pas comprendre que les extrémités puissent être éloignées par la traction [2].

En résumé, Hobbes eut un sentiment très vif des conditions de la démonstration géométrique ; il les aperçut dans la nécessité pour l'esprit de partir de la construction idéale des figures pour expliquer leurs propriétés, lesquelles par essence sont nécessaires, et ne peuvent pas ne pas être nécessaires ; mais l'esprit empirique et matérialiste de son système l'oblige à soutenir des thèses directement contraires à celle qui précède, et à altérer la rigueur et la pureté des définitions de la géométrie : et ce qu'il y a de plus remarquable dans cette tentative de notre philosophe, c'est l'effort qu'il fait pour démontrer que la géométrie ne serait pas ce qu'elle est, si le point par exemple n'était pas considéré comme ayant trois dimensions, et si, d'une manière générale, les notions géométriques n'étaient pas directement déduites de l'expérience [3].

3° L'espace (imaginaire), d'une part, est *infini* ; et, d'autre part, toute partie déterminée de l'espace est divisible à l'infini.

1. Voyez 2° volume. *De principiis et ratiocinatione Geometrarum*, ch. III. De termino.
2. 1ᵉʳ volume, *De Corpore*, partie II, ch. XIV, § 1.
3. C'est au moins ce qui me paraît ressortir de ma lecture très difficile et très rapide des deux traités géométriques ; il faudrait un temps infini et des connaissances particulières pour s'y reconnaître.

L'espace est infini. — En un sens, l'espace est limitable, c'est-à-dire qu'il est susceptible de recevoir partout une limite, soit de fait, quand il est occupé par un corps, soit en puissance, par une abstraction de l'esprit. Mais en un autre sens, l'espace est infini, c'est-à-dire qu'on peut toujours lui assigner une limite plus éloignée que toute limite donnée [1].

L'espace est divisible à l'infini. — La divisibilité à l'infini de l'espace et du temps ne prouve pas, dit Hobbes, qu'on pourrait faire éternellement la division d'une ligne, mais que toute portion résultant d'une division est elle-même et toujours susceptible d'être divisée à son tour. En d'autres termes, il n'existe pas de « minimum indivisible [2] ». Il donne en passant une preuve très ingénieuse de la divisibilité à l'infini d'une ligne donnée : soit la ligne AB, qui, par hypothèse, est pour la dernière fois divisible en deux parties indivisibles : AC et CB. Ceci posé, je prend A'C' égale

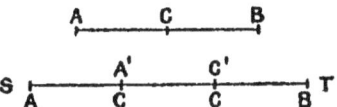

à AC ; et je transporte AC sur le prolongement de A'C' et sur sa gauche, CB sur le prolongement de A'C' et sur sa droite. La ligne ST, plus grande que la ligne AB primitive, est nécessairement divisible en deux parties ; mais la division ST en deux ne saurait être effectuée sans que A'C' fût elle-même divisée. Donc A'C' et par conséquent AC et CB, sont encore et indéfiniment divisibles, et l'espace est divisible à l'infini [3].

Ainsi se trouve établie la continuité de l'espace. Arrivé à ce point de l'analyse, Hobbes oppose à la continuité de

---

1. *De Corpore*, partie II, ch. vii, § 13.
2. *De Corpore*, partie II, ch. vii, § 13. Cette assertion, qui est très juste en elle-même, ne concorde pas avec cette autre que le point est un corps et a des dimensions. Mais je crois qu'il est nécessaire d'avoir toujours devant les yeux, en étudiant Hobbes, la distinction qu'il a faite au début entre l'espace imaginaire et les grandeurs réelles.
3. *Id. ibid.*, § 13 à la fin.

l'espace la discontinuité du nombre, et établit les rapports de l'espace continu et du nombre discret en faisant remarquer que l'espace devient susceptible d'être *nombré* au moment où il est *divisé* et *limité*.

Le nombre est formé par l'addition de l'unité à l'unité, qui peut être prolongée à l'infini ; et à chaque synthèse nouvelle d'unités s'applique une dénomination nouvelle qui est l'essence même du nombre et qui en fixe la nature [1].

Or, en supposant même que l'unité considérée en elle-même ne soit point un indivisible [2], chaque unité est par rapport aux autres unités, auxquelles elle s'ajoute pour continuer le nombre, indivisible et distincte : c'est pour cela que le nombre est une quantité discrète, analogue à une ligne dont les points, au lieu d'être contigus et indiscernables, sont disposés de telle sorte qu'on les puisse distinguer les uns des autres [3].

Il résulte de cette exposition : 1° qu'on ne saurait assigner aucune limite à la série des nombres, puisqu'on peut toujours ajouter l'unité à un nombre quelconque ; 2° que tout nombre donné est un nombre fini, et que la notion d'un nombre infini est contradictoire [4].

---

1. « Nomen est unum et unum, vel unum, unum et unum, et sic deinceps ; nimirum Unum et unum, numerus binarius, unum unum et unum, ternarius, et similiter de caetiris numeris ; quod idem est ac si diceremus : numerus est unitates. » *De Corpore*, II, vii, § 7.

« Nomina autem numeralia, ut numerum exponant, ordine et memoriter recitari debent, ut unum, duo, tria, etc. ; nam etsi quis dicat sic, unum, unum, unum, etc., numerum tamen nescit, nisi forte binarium aut ternarium, cujus meminisse quidem potest, sed ut figurae cujusdam, non ut numeri. » *De Corpore*, II, xii, § 5.

2. « Quod vulgo definiunt *unum esse quod est indivisum*, obnoxium est absurdae cuidam consequentiae ; infertur enim id quod divisum est esse plura, id est omne divisum esse divisa, quod ineptum est. » *De Corpore* II, vii, § 56.

3. « Exponitur numerus per expositionem punctorum, vel etiam nominum numeralium, unum, duo, tria, etc., et puncta illa quidem non debent ita sibi invicem esse contigua, ut nullis notis distinguantur, sed ita posita ut discerni possint. Inde enim est quod numerus vocetur quantitas *discreta*, quum quantitas omnis quae motu designatur *continua dicatur.* » *De Corpore*, II, xii, § 5.

4. « ...Numerum tamen illum semper finitum fore, omnis enim numerus finitus est. » *De Corpore*, II, vii, § 12.

Or, la géométrie ne se constitue que lorsque les éléments de l'espace sont considérés comme des quantités ; une ligne indéfinie par exemple devient une *quantité* quand elle est déterminée par des limites ; et les limites d'une ligne ou d'une dimension quelconque ne sont déterminées et connues que par la connaissance du lieu où elles sont établies [1], ou plus souvent par quelque comparaison des lignes entre elles, ou des surfaces entre elles, ou des volumes entre eux [2]. En termes plus précis, déterminer une portion quelconque de l'espace, c'est la *mesurer* ; et la *mesure* n'est introduite dans l'étendue qu'*avec le nombre et la quantité discrète*. Il est bien entendu, d'ailleurs, que l'unité adoptée pour la mesure de l'étendue n'est jamais une unité définitive, et qu'elle est toujours, étant donnée la continuité de l'espace, arbitraire et relative [3].

Aussi bien l'unité discrète du nombre n'échappe-t-elle à la division que grâce au caractère abstrait du nombre ; mais, si l'on regarde de près, on n'apercevra nulle part, dans le monde réel, une seule unité qui ne soit divisible ; l'unité abstraite n'a aucun sens, il n'y a que des choses unes, et les choses ne sauraient être des unités dans le sens absolu du mot, puisque toute chose est toujours et indéfiniment divisible [4]. De là l'erreur de ceux qui prétendent établir les lois du nombre avant celles de l'espace, et considérer l'arithmétique comme antérieure et supérieure, par son objet même, à la géométrie : c'est à tort que les mathématiciens contemporains de Hobbes ont, suivant lui, mis l'analyse et l'algèbre au-dessus de toutes les autres sciences mathématiques [5] : car le nombre, après

---

1. Cette connaissance du lieu, qui est suffisante pour déterminer les limites et les propriétés des figures, n'implique aucune notion de nombre, et est seule requise dans la géométrie qu'on appelle de notre temps la géométrie de position.
2. « Definiri igitur quantitas alia modo non potest, quam ut sit dimensio determinata, vel dimensio cujus termini sunt aut loco, aut comparatione aliqua cogniti. » *De Corpore*, II, xii, § 1.
3. *De Corpore*, II, xii, §§ 2 et 3.
4. Voyez le texte cité, note 2, p. 140.
5. *Examinatio et emendatio Math. hod.* Dialogue 3˚.

tout, est né des choses nombrées ; la quantité abstraite a été tirée de la quantité concrète ; et par conséquent la quantité concrète, objet de la géométrie, est antérieure et supérieure à la quantité abstraite, objet de l'arithmétique et de l'algèbre. Qu'on essaye d'interpréter les données de l'algèbre sans faire intervenir les figures de la géométrie, et qu'on dise ensuite si la géométrie n'est pas plus nécessaire à l'algèbre que l'algèbre ne l'est à la géométrie. Ici encore, le caractère empirique de la philosophie de Hobbes le conduit à méconnaître l'importance capitale qu'allait prendre dans les mathématiques l'analyse telle que venait de la comprendre Descartes [1].

Les considérations de Hobbes sur l'infinité et la continuité de l'espace le conduisent à poser certaines questions capitales sur le monde considéré comme étendue. Les deux principales sont les suivantes : 1° le monde est-il fini ou infini ? 2° est-il composé d'atomes, plein ou vide ?

1° Est-il fini ou infini ? Au moment où notre auteur pose cette question (*De Corpore*. IV, XXVI. De universo et sideribus, § 1), il a réuni les problèmes relatifs à l'espace et relatifs au temps, et il demande : l'univers est-il infini et éternel, ou fini et limité dans la durée ? Et il quitte ce qui est relatif à l'infinité de l'espace, pour s'occuper surtout de l'éternité. Mais il fait valoir contre l'infinité du temps des arguments qui ont une valeur égale contre l'infinité de l'espace ; puis sa conclusion en faveur d'un monde fini n'est pas équivoque ; nous l'indiquerons quand le moment sera venu.

Contre l'éternité du monde, Hobbes invoque la contradiction du nombre infini : si le monde est éternel, dit-il, le nombre infini des jours qui précédèrent la naissance d'Abraham est égal à la fois et inégal au nombre infini des jours qui précédèrent la naissance d'Isaac, ce qui est une absurdité du même genre que si l'on disait : il existe un

---

1. C'est ce qui me paraît ressortir de tout le dialogue 3ᵉ qui est difficile à lire. — Voyez aussi dialogue 1ᵉʳ où l'arithmétique est classée en second lieu comme venant après la géométrie.

nombre infini de nombres quelconques, et par conséquent un nombre infini de nombres pairs, si bien que le nombre des nombres pairs serait égal comme infini à celui des nombres pairs et impairs réunis, ce qui est absurde. Le même argument vaut contre l'infinité de l'univers : si l'espace est sans limite, c'est en puissance seulement, et non en acte ; et inversement il est toujours susceptible d'être limité, et le devient dès qu'il est rempli par des corps ; donc s'il est infini, c'est seulement en tant qu'imaginaire, en tant que susceptible d'être occupé [1]. Le monde réel, au contraire, ne saurait être considéré comme infini, à moins qu'on n'admette du même coup qu'il existe un nombre infini d'êtres réels et de corps, ce qui implique contradiction.

L'argument a été compris dans toute sa force par notre philosophe ; et la preuve, c'est qu'il l'invoque quelque part contre ceux qui prétendent démontrer que le monde est fini par la *reductio ad absurdum* suivante : « Si le monde était infini, on pourrait déterminer aux confins de ce monde une partie qui serait de nous à une distance d'un nombre infini de pas ; mais aucune partie du monde n'est dans ces conditions ; donc, disent-ils, le monde n'est pas infini [2]. » Hobbes prétend qu'il y a là une pétition de principe, et qu'en supposant même que le monde fût infini, par cela seul qu'on en déterminerait une partie, la distance en serait du même coup déterminée et finie ; mais ne peut-on pas dire, et Hobbes lui-même ne croyait-il pas que donner l'être à un monde infini, c'était le déterminer, le finir et par conséquent supprimer la possibilité pour lui de rester infini ?

C'était là sans doute le fond de sa pensée, bien qu'il ne l'ait exprimée nulle part avec netteté : il préfère s'en tenir à une réponse évasive : le monde est-il infini ? question,

1. Voyez le texte, note 2, p. 134.
2. *De Corpore*, partie II, ch. vii, § 12. « Si mundus sit infinitus, tum potest in eo sumi aliqua pars quae a nobis distat infinito numero passuum, sed hujusmodi pars nulla sumi potest, ergo mundus non est infinitus. »

dit-il, qui ne saurait être résolue que par une intelligence infinie ; question oiseuse d'ailleurs, car le monde, fini ou infini, reste pour nous identiquement ce qu'il est : le mieux est donc de s'en rapporter aux Écritures. Au fond, Hobbes allait plus loin, selon nous ; il avait le sentiment de l'absurdité d'un infini réalisé ; il combattit la notion de l'infini chez Descartes ; il fait ressortir dans les endroits cités l'absurdité de l'infini du temps, identique pour le logicien à celle de l'infini de l'espace, et il reproche quelque part leur erreur à ceux qui concluent de l'infinité de l'espace imaginaire (qui n'est qu'*en puissance*) à l'infinité (réelle) de l'espace réel ou du monde [1]. Il considérait donc, à notre avis, l'univers matériel comme fini et limité dans l'espace.

2° *Est-il plein ? Y a-t-il du vide ?*

Après les développements qui précèdent, il est à présumer que Hobbes ne saurait établir *a priori* l'une ou l'autre de ces deux thèses : car si le vide est exclu, ce ne peut plus être par une considération tirée de la nature de l'espace ; nous savons, en effet, que Hobbes admet que le monde est limité, en même temps qu'il établit que l'espace imaginaire est infini. Il ne peut donc pas, comme Descartes, conclure *a priori* de l'infinité de *l'étendue sans lacunes* à l'infinité d'un univers sans vide ; et même il s'élève contre l'argumentation de Descartes [2].

Aussi, est-ce par des raisons expérimentales que Hobbes s'efforce d'exclure l'hypothèse du vide.

Il commence par la réfutation des arguments de Lucrèce en faveur du vide.

1er argument de Lucrèce. — Sans vide, pas de mouvement possible ; car le premier mouvement ne peut commencer que là où se présente un vide.

---

1. *De Corpore*, II, vii, § 2.
2. Voyez note 4, p. 134.
De plus, il réfute le raisonnement de Descartes qui prétend que les parois d'un vase absolument vide se rejoindraient, attendu que rien ne les séparerait : c'est, dit Hobbes, comme si, parce qu'il est impossible de manger rien, on concluait qu'il est impossible de s'abstenir de manger. L'argument cartésien n'est au fond qu'un jeu de mots. *De Corpore*, II, ch. viii, § 9.

Réponse. — Sans doute, si on imagine que le monde plein fut d'abord immobile, puis mis en mouvement ; mais l'hypothèse de l'immobilité primitive est insoutenable, même dans l'hypothèse du vide ; car d'où pourrait venir le mouvement, sinon d'un corps déjà mis en mouvement ? Conséquemment, l'hypothèse laisse subsister tout entière la question de l'origine du mouvement, si l'on suppose le mouvement coéternel ou contemporain (*coœvum*) avec la matière.

Quant à la perpétuation et à la transmission du mouvement, elle est très concevable dans l'hypothèse d'un plein absolument et rigoureusement *fluide*. Le malheur est qu'on persiste à entendre par fluide une masse de grains très petits (comme ceux d'un sac de farine) ; tandis qu'un *fluide vrai* est une masse non divisée et pourtant mobile, comme celle que les Épicuriens appellent *atome* ou même comme celle qu'ils appellent le *vide*.

2ᵉ *argument de Lucrèce.* — Tiré des poids différents de deux objets d'égal volume : le plus léger, dit Lucrèce, doit renfermer plus de vide.

Réponse. — Imaginez de l'air placé dans les interstices des atomes ; l'effet sera le même sans l'hypothèse du vide.

3ᵉ *argument de Lucrèce.* — La chaleur, le son, la foudre paraissent pénétrer les corps les plus durs ; donc il y a du vide en eux.

Réponse. — Mais on montrera plus loin, que sans le vide, par une pure transmission de mouvement, ces phénomènes calorifiques, lumineux, etc., s'expliquent très bien.

4ᵉ *argument de Lucrèce.* — Supposons deux corps très durs ayant chacun une surface plane par laquelle ils adhèrent complètement ; leur séparation est inexplicable sans l'hypothèse du vide.

Réponse. — Il n'y a pas de *dureté* absolue, et ce n'est que peu à peu que l'air rentre entre les deux surfaces.

Voici maintenant la réfutation des arguments des modernes :

1ʳᵉ *expérience.* — Un vase concave étant enfoncé dans

l'eau, l'air qu'il contient se comprime ; donc il renfermait du vide.

Hobbes répond à tort que l'air extérieur passe à travers l'eau. C'est faux.

2° expérience. — Le vide barométrique (tubes de Torricelli).

Hobbes croit à la pénétration de l'air extérieur dans la chambre barométrique, ce qui est faux encore. De nos jours, on sait pourtant que le vide barométrique est toujours rempli par des vapeurs saturées d'eau ou de mercure, quand le baromètre est rempli d'eau ou de mercure.

3° expérience. — L'air comprimé par de l'eau refoulée dans un vase fermé, repousse ensuite l'eau par son élasticité et occupe ensuite la même place ; pour se comprimer ainsi, il renfermait du vide.

Hobbes prétend à tort que l'air passe à travers l'eau et y repasse, et que l'élasticité de l'air dans l'hypothèse du vide serait inexplicable [1].

En définitive, Hobbes repousse l'hypothèse du vide, sans qu'on se rende bien compte des raisons qui le déterminent à exclure, avec cette condition essentielle de l'atomisme, l'atomisme lui-même. Pour lui, la matière même la plus dure est un fluide absolu, dont les parties diffèrent de densité : il divise, comme Descartes, les corps en trois classes : la *première* renferme les corps solides et visibles, comme la terre et les astres (3° élément de Descartes) ; la *seconde*, les atomes invisibles et très petits disséminés dans les intervalles de la terre et des astres (2° élément de Descarte) ; la *troisième*, un éther très fluide occupant les plus petits interstices du monde et excluant le vide (1er élément de Descartes) [2].

---

1. Voyez l'exposition de tous ces arguments dans le *De Corpore*, IV, xxvi, §§ 3 et 4.

2. Voyez *Descartes*, édit. Carrau, Introduction, page 103. Le passage de Hobbes est celui-ci : « Suppono ergo primo loco spatium immensum quem vocamus mundum aggregatum esse ex corporibus consistentibus quidem et visibilibus, Terra et Astris ; invisibilibus autem minutissimis atomis quae per terrae et astrorum intervalla disseminantur, et denique ex fluidissimo aethere, locum

En résumé le monde, d'après Hobbes, est *limité*[1] dans l'espace, *plein* en deçà de ses limites, *fluide* et par conséquent divisible à l'infini, quoique non actuellement divisé, puisqu'il exclut le vide et par conséquent les atomes de Démocrite.

Temps et mouvement. — De même qu'un corps immobile laisse dans l'esprit, quand il a disparu, l'image de sa grandeur, de même un corps en mouvement laisse dans l'esprit l'image de son mouvement, c'est-à-dire l'idée d'un corps qui passe d'un lieu à un autre en succession continue : cette idée ou *image*, c'est le *Temps*. Le *Temps* n'est donc rien en soi qu'une abstraction ; car parler d'une *année*, d'un *mois*, ou du *passé* tout court, c'est parler d'une abstraction de l'esprit, d'une trace laissée dans l'imagination ; quant à la réalité de l'année, du mois, etc., elle est dans les mouvements réels du Soleil, de la Lune ou d'autres objets quels qu'ils soient. Le *Temps* est donc une *image* du mouvement.

Pourtant Hobbes remarque presque aussitôt que l'idée du mouvement ne suffit pas pour caractériser le *Temps* ; et cette remarque devrait le conduire à reconnaître les caractères irréductibles et par conséquent *a priori* de l'idée du Temps : il faut ajouter, dit-il, à l'idée du mouvement, pour compléter la notion du temps, celle de *l'avant et de l'après*, et la définition complète du Temps serait alors la suivante : « Tempus est phantasma motus quatenus in

---

omnem quicunque est in universo reliquum ita occupant, ut locus nullus relinquatur vacuus. » *De Corpore*, partie IV, ch. XXVI, § 5.

1. Après avoir écrit toute cette dissertation sur les limites du monde, je retrouve un texte qui compromet ma thèse : « *L'espace occupé par un corps est le plein* ; *l'espace non occupé est le vide* ; » et comme Hobbes exclut le vide, il exclut du même coup qu'il y ait un espace non occupé par un corps. — Toutefois on peut soutenir que l'espace imaginaire étant absolument imaginaire et n'ayant aucune réalité en dehors de l'esprit, Hobbes a pu croire qu'il n'y a rien au-delà des limites du monde fini, pas même un espace vide, qui dès lors ne serait plus imaginaire mais réel. Voici le texte latin : « Spatium (sive locus) quod a corpore occupatur *Plenum*, quod non occupatur *vacuum* appellatur ; » et la question ne porte sans doute pour lui qu'en deçà des limites du monde.

motu imaginamur prius et posterius, sive successionem » ;
ne serait-il pas plus juste de dire alors que le Temps est
irréductible, et que le mouvement est bien plutôt *fonction*
du Temps et de l'Espace, qu'il ne détermine lui-même l'idée
du Temps ? Hobbes rapproche avec raison sa définition du
temps, qui vient d'être rapportée, de celle d'Aristote :
« Tempus est numerus motus secundum prius et posterius » ; et il fait remarquer que cette autre : « Tempus est
mensura motus » est moins juste, attendu que c'est le
mouvement qui mesure le Temps, et non l'inverse. Cette
assertion nous paraît discutable ; car s'il est vrai que le
mouvement nous serve de mesure empirique du temps,
encore faut-il que nous ayons le sentiment des intervalles
de temps égaux pour confier à des mouvements pério-
diques le soin de mesurer le temps à notre place [1].

Le *Temps*, comme *l'espace*, est infini en puissance et
en même temps limitable par la durée réelle des mouvements.

Le Temps, comme l'Espace, et pour les mêmes raisons,
est continu, divisible à l'infini, et par conséquent opposé
au nombre ou *quantité discrète*, qui pourtant le mesure.
Il en résulte que l'éternité du monde n'est pas plus concevable en définitive que son infinité ; c'est contre l'éternité
du monde, et surtout contre celle d'un être qui l'aurait
créé, que Hobbes élève l'objection tirée de l'absurdité d'un
infini réalisé ; l'argument a été exposé ci-dessus ; nous ne
le reproduirons pas. Il fait ressortir aussi l'absurdité de
la thèse qui considère l'éternité comme un *présent infini*,
comme on assimilerait, par exemple, un nombre infini à
l'unité. Et il termine par cette réflexion à l'adresse des
géomètres qui se donnent la peine de soutenir de pareilles
thèses : la géométrie est comme le vin : jeune, elle grise,
et va aux démonstrations impossibles ; quand elle a vieilli,
elle est moins douce, mais elle est plus sage et plus forti-
fiante [2].

1. *De Corpore*, II, vii, §§ 2, 3 sqq.
2. Voyez tout ce passage, *De Corpore*, IV, xxvi, § 1.

« Quæstiones igitur de *Infinito* et *Æterno* sciens præ-
tereo, contentus ea doctrina circa mundi magnitudinem et
originem quam suaserint Scripturæ sacræ, et quæ illas
confirmat miraculorum fama et mos patrius, et legum reve-
rentia debita, transeoque ad alia quæ disputare nefas non
est. » (*Id., Ibid.*)

Toutefois, ce jugement de notre philosophe ne peut pas
être facilement concilié avec celui qu'il porte sur l'éternité
du mouvement ; et, en effet, la continuité du temps n'étant
pour lui que la trace laissée dans l'imagination par la
continuité du mouvement, il suit de cette dernière que les
mouvements sont liés les uns aux autres en une succession
sans limites, et qu'on n'aperçoit nulle borne à leur durée,
ni dans le passé, ni dans l'avenir.

Cette opinion de Hobbes, que le mouvement seul est
capable d'engendrer du mouvement, et que par conséquent
si loin qu'on remonte dans le passé ou qu'on s'avance dans
l'avenir, on ne verra pas d'autre origine ni d'autre suite
au mouvement que le mouvement lui-même, est empruntée
par lui à la mécanique et à la géométrie et transportée dans
la métaphysique : elle est appuyée sur cette proposition
que tout mouvement est une résultante de mouvements
antérieurs, et que leur succession est rigoureusement
réglée par la loi du parallélogramme des forces ; de là
cette double croyance : 1° que dans le passé le mouvement
seul explique le mouvement, et que la régression de cause
en cause ne nous fera jamais atteindre un premier commencement des choses [1] ; et 2° qu'un mouvement commencé ne se détruit jamais et se propage à l'infini dans
l'espace et dans le temps [2]. Telles sont les deux proposi-

1. « Praeterea, etsi ex eo quod nihil potest movere seipsum satis
recte infertur primum aliquod esse movens quod fuerit aeternum,
non tamen infertur id quod inferre solent, nempe aeternum
immobile, sed contra aeternum motum ; siquidem ut verum est
nihil moveri a se ipso, ita etiam verum est nihil moveri nisi a
moto. » *De Corpore*, IV, xxvi, § 1.
2. « Conatus autem omnis, sive fortis, sive debilis, propagatur in
infinitum : est autem motus. » *De Corpore*, III, xv, § 7, p. 110
du 1ᵉʳ volume.

« Causa motus nulla esse potest in corpore nisi contiguo et

tions capitales du mécanisme de Hobbes ; elles sont essentielles à tout mécanisme, et se retrouvent chez Descartes, chez La Mettrie et chez M. Spencer, si l'on fait abstraction de l'explication d'un premier commencement chez le premier de ces trois philosophes, explication qui n'est plus mécaniste parce qu'elle est toute métaphysique ; Hobbes a seulement commis la faute, relevée contre tous les matérialistes par Lange, de transporter à la métaphysique les données mêmes et les solutions du mécanisme scientifique.

En résumé, les lois du mouvement se réduisent à deux principales : 1° la cause du mouvement ne saurait être qu'en un corps *contigu* déjà *mû* lui-même (voy. la note 2, p. 149) ; 2° principe de l'inertie.

Mais quelle est donc la nature du mouvement lui-même dont nous connaissons déjà par la science les lois les plus générales ? Hobbes en donne plusieurs fois la définition : « *Motus* est CONTINUA unius loci relictio et alterius acquisitio [1] ; — Motus est unius loci privatio et alterius acquisitio continua [2]. » — Est en repos, au contraire, tout corps qui, pendant une durée donnée, occupe un endroit déterminé ; aussi notre philosophe réfute-t-il en passant, avec ces seules définitions que tout le monde accepte, le sophisme fameux de Diodore Cronus, qui prétend que si un corps se meut, il se meut là où il est, ou bien là où il n'est pas : dans son argumentation, Diodore se sert non de la définition du mouvement, mais de celle du repos [3]. On voit une fois de plus, d'après les termes mêmes des définitions reproduites ci-dessus, que Hobbes ne peut pas définir le mouvement autrement qu'en fonction de *l'espace* et *du temps :* mais c'est là, dirait-il sans doute, une nécessité qui provient des conditions abstraites, imaginatives, (subjectives) de notre pensée humaine ; dans la réalité, ce

moto... Eadem ratione probari potest quidquid movetur eadem *via* et *velocitate* semper processurum, nisi ab alio contiguo et moto corpore impediatur. » *De Corpore*, II, IX, § 7.

1. *De Corpore*, II, VIII, §, 10.
2. *Id.*, III, XV, § 1.
3. *Id.*, II, VIII, § 11.

qui occupe un lieu, ce qui a de la grandeur, c'est le corps ; ce qui change de lieu, et par conséquent ce qui dure en se mouvant, c'est le corps. Donc, la grandeur et le mouvement sont de purs accidents du corps, qui laissent leur trace dans notre imagination sous les formes générales de l'espace et du Temps. Donc encore, le *lieu* des choses, leur grandeur, qui est une fonction du lieu, et le *changement de lieu*, voilà les seules choses qui doivent intéresser l'intelligence humaine, parce que ce sont les seuls accidents essentiels du corps, c'est-à-dire de l'être, susceptibles d'être déterminés de mille manières diverses. *Lieu et grandeur, changement de lieu*, tel est, pourrait-on dire, le côté des choses, le côté de la réalité. Or, si l'on examine le côté de la pensée, qui se représente les choses, on s'apercevra que sous les mille formes diverses qu'elle prête à la réalité, et qu'elle lui attribue comme des accidents, se cachent des changements de lieu ou des mouvements ; si on peut dire que le *mouvement* est changement de lieu, inversement il faut dire que tout *changement*, de quelque ordre qu'il soit, est *mouvement* et se rapporte au lieu, et partant au seul être qui puisse l'occuper et qui soit, au corps [1]. Tous les accidents des êtres, couleur, son, goût, saveur, chaleur se ramènent au mouvement [2] ; la sensation même et la pensée sont des mouvements imperceptibles des parties internes du corps [3] : « *Mutatio motus est.* »

Ainsi, *le mouvement* dans les corps est identique au *changement ;* mais que serait le *changement*, sinon la transformation d'une qualité en une autre qualité, ou, pour parler le langage de notre philosophe, d'un accident en un autre accident ? En d'autres termes, le *changement des corps par rapport au lieu, ou le mouvement*, voilà la réalité en soi ; le *changement de leurs accidents aux yeux de l'être sentant et pensant*, voilà la réalité telle qu'elle nous apparaît [4].

1. *De Corpore*, II, IX, § 9.
2. *Id.*, II, VIII, § 3.
3. *Id.*, IV, XXV, § 2.
4. *Id.*, II, IX, § 3.

Cette double face de la réalité apparaît très certainement à Hobbes, sans qu'on ait besoin d'en faire un idéaliste convaincu ; aucun philosophe, sinon peut-être les premiers Ioniens, ne peut manquer de tenir compte de la manière dont les choses sont comprises de notre intelligence, fût-il réaliste à l'excès ; et une distinction de ce genre permet seule de comprendre comment la *succession réelle des mouvements des corps* peut servir de matière au raisonnement purement logique, qui s'effectue en dehors de toute considération de durée et par les seules lois qui régissent les relations des idées entre elles. Or (et c'est un point très remarquable du mécanisme de Hobbes), selon notre philosophe, aborder le problème de la succession des mouvements, c'est aborder celui de la succession des causes et des effets ; mais tandis que le premier est un problème de dynamique portant sur un passage effectif d'un lieu à un autre en un temps donné, le second est un problème de statique, dont les éléments sont des accidents du corps, par conséquent des qualités, on est tenté de dire des phénomènes, des représentations, des idées. Qu'est-ce, en effet, que la cause, pour Hobbes ? C'est la somme des accidents tant du corps qui agit que du corps qui pâtit, de telle sorte que leur réunion rend absolument nécessaire la production de l'effet[1]. Et l'interprétation que nous donnons à la pensée de Hobbes ne saurait être mise en doute, en présence du texte suivant : « Agens autem in patiente effectum suum certum producere intelligitur, pro certo modo seu certo accidente vel certis accidentibus quibus et ipsum et patiens praedita sunt, id est, non propterea *quod sunt corpora*, sed quod *talia*, vel *taliter mota* ; nam alioqui omnia agentia in omnibus patientibus similes effectus producerent, quum sint omnia æque corpora[2] » : cela signifie

---

[1]. « Causa autem simpliciter sive causa integra est aggregatum omnium accidentium tum agentium quotquot sunt, tum patientis, quibus omnibus suppositis, intelligi non potest quin effectus una sit productus, et supposito quod unum eorum desit intelligi non potest quin effectus non sit productus. » *De Corpore*, II, IX, § 3.

[2]. *De Corpore*, II, IX, § 3.

d'une manière non équivoque que l'effet dépend des corps, non en tant qu'ils sont des corps, mais en tant qu'ils sont qualifiés par leurs accidents divers : « Ignis non ideo calefacit quia corpus est, sed quia calidum ; nec corpus unum aliud pellit quia corpus est, sed quia movetur in ejus locum [1]. » Or si la qualité n'est qu'une forme du mouvement, n'est-il pas vrai qu'elle n'est qualité que pour nous qui la pensons, et qu'ainsi elle n'a de réalité que dans la représentation, ne fût-elle d'ailleurs, ce qui est contestable, que le signe du mouvement qui la produit ? Ainsi les équivalents du mouvement, pour l'être qui pense, sont les accidents, et à l'évaluation des causes et des effets, qui se succèdent réellement, on peut substituer un calcul de leurs signes : additionner tous les accidents, c'est établir la nature de la *cause*; quand l'addition est effectuée, la somme s'appelle l'effet [2].

La *cause intégrale* (*causa integra*) est donc dans les accidents réunis de l'agent et du patient ; s'ils sont tous présents, l'effet est produit ; s'il en manque un seul, l'effet n'est pas produit. L'accident, soit de l'agent, soit du patient, sans lequel l'effet n'est pas produit, est appelé cause *nécessaire* ou *sine qua non* [3]. La somme des accidents producteurs (ceux de l'agent) est appelée, mais seulement après la production de l'effet, *causa efficiens* ; la somme des accidents réunis de l'agent et du patient ; s'ils sont tous prépourvu toutefois que l'effet soit produit ; car là où il n'y a pas d'effet, il n'y a pas non plus de cause ; ce sont concepts corrélatifs ; la *causa efficiens* et la *causa materialis* sont donc les deux parties de la *causa integra* [4].

1. *De Corpore*, II, IX, § 3.
2. On voit que cette idée de Hobbes pourrait être rapprochée de la théorie de Lewes sur la causalité : Lewes prétend en effet qu'il y a identité absolue entre la cause et l'effet, la cause n'étant que la réunion des conditions qui constituent l'effet lui-même. Cf. *De Corpore*, II, IX, § 6. « Ex eo autem quod quo instante causa fit integra, eodem effectus productus est, manifestum etiam est causationem atque productionem effectuum in continua quadam progressione consistere... »
3. *De Corpore*, II, IX, § 3.
4. *Id.*, II, IX, § 4.

La relativité des termes *cause et effet* est peut-être pour la première fois, dans les temps modernes, affirmée avec cette netteté ; et on doit faire honneur à Hobbes d'avoir cessé, avant Hume, d'y chercher un lien substantiel et de n'y avoir vu qu'un lien synthétique entre des accidents, c'est-à-dire entre des phénomènes : « causa enim dici non potest nisi respectu sequentis ; .....partium autem intermediarum (entre le commencement et la fin d'une série) unaquæque et actio et passio, et causa et effectus est, prout cum parte antecedente vel subsequente comparatur [1]. »

De cette analyse de l'idée de cause résultent des conséquences importantes :

1° Pour que l'effet puisse être produit, la cause doit être « *integra* » ; et inversement, quand l'effet est produit, c'est que la cause a été « integra » ; cette proposition contient comme conséquence la liaison irrévocable des effets et des causes [2].

2° L'action identique d'un corps sur un autre corps, toutes circonstances étant les mêmes, produit les mêmes effets ; la diversité des effets ne provient que de la diversité des causes [3]. Tous les phénomènes sont donc nécessaires et leur place est déterminée d'avance dans la série dont ils font partie ; s'ils sont *contingents*, c'est relativement à d'autres accidents qui les précèdent sans être leurs causes ; mais relativement à leurs causes, ils sont nécessaires, autrement il n'y aurait plus de causalité [4].

Aux notions de la cause et de l'effet répondent celles de la puissance et de l'acte : on appelle *puissance* la causa efficiens (l'agent), *relativement aux effets qu'elle peut pro-*

---

1. *De Corpore*, II, ix, § 6.
2. *Id.*, II, ix, § 5.
3. *Id.*, II, ix, § 8.
4. « Accidentia respectu accidentium quae antecedunt sive tempore priora sunt, si ab aliis non dependent ut a causis *contingentia* appellantur ; respectu, inquam, eorum a quibus non generantur ; nam respectu causarum suarum, omnia aeque necessario eveniunt ; siquidem enim non necessario evenirent, causas non haberent, quod de rebus generatis intelligi non potest. » *Id., ibid.*, § 10.

duire à la condition qu'elle soit appliquée au patient ; *puissance* et *cause efficiente* désignent donc le même objet, mais tandis que la *cause* n'existe comme telle qu'après la production de l'effet, la *puissance* est *puissance* auparavant, eu égard à l'avenir.

S'il y a une *puissance* dans l'agent, ou *potentia activa*, il y a aussi une puissance dans le patient, ou *potentia passiva*, identique à la *causa materialis*; la *potentia passiva*, comme la *potentia activa*, est relative à l'avenir.

De même que la réunion de la *causa efficiens* et de la *causa materialis* donne la *causa integra*, de même la réunion de la *potentia activa* et de la *potentia passiva* constitue la *potentia integra* ou *plena*.

L'effet, qui est tel par rapport à la cause, est *acte* par rapport à la *puissance*[1].

De ce qui précède, il suit qu'une seule puissance est réellement puissance, c'est la *potentia integra*, et qu'elle est nécessairement suivie de son *acte*, puisque en un sens elle lui est identique. Inversement un acte n'est *possible* dans le strict sens du mot qu'autant que la *puissance active* est réunie à la *puissance passive*, mais non quand l'une ou l'autre seulement est donnée[2]. Aussi dans le sens rigoureux des termes, tout acte vraiment *possible* sera-t-il produit quelque jour ; et réciproquement, tout ce qui n'est, ne fut, ni ne sera, doit être rangé dans la catégorie des choses impossibles[3]. C'est l'identité du possible et du nécessaire, proclamée par Hobbes avec la même énergie que par Spinoza, et appuyée au fond sur un motif semblable : la synthèse nécessaire des idées, dont les rapports découlent nécessairement les uns des autres.

---

1. *De Corpore*, II, x, §§ 1 et 2.
2. *Id.*, II, x, § 3.
3. « Actus omnis possibilis aliquando producetur. » *Id. ibid.*, § 4.

« Quem autem actum impossibile est non esse, ille actus necessarius est ; itaque quicunque actus futurus est, necessario futurus est ; nam ut futurus non sit impossibile est ; propterea quod, ut modo demonstratum est, omnis actus possibilis aliquando producetur. Imo vero non minus necessaria proposito est *Futurum est futurum* quam *homo est homo*. » *Id. ibid.*, § 5.

Quant à ceux qui croient à la contingence de certains futurs, ils se trompent ; le mot *contingent* désigne des faits nécessaires qu'on ne sait pas rapporter à leur *causa integra*, de même que le mot *possible*, opposé au mot *nécessaire*, désigne souvent des faits impossibles parce qu'on ignore l'enchaînement réel des causes et des effets. En vain certains logiciens prétendent-ils que, dans les propositions disjonctives touchant le futur, ni l'un ni l'autre des termes pris isolément ne sont vrais ou faux, la proposition totale étant seule nécessaire ; ce qui est vrai, c'est que l'indétermination n'existe que pour notre ignorance, et que l'un des termes est déjà déterminé « *anteitione causarum*[1] ».

Il est bien évident dès à présent que la métaphysique de Hobbes ne laisse aucune place ni à la contingence dans le monde, ni à la liberté dans l'homme : partant, il n'y a pas non plus de *finalité* ou de *cause finale*, dans le sens où les métaphysiciens prennent ordinairement ces termes ; la *cause finale* n'a de place en tout cas que dans le domaine de la sensibilité et de la volonté, et sous cette forme elle n'est, en réalité, qu'une *cause efficiente*. Quant à la *causa formalis* ou *essentialis*, classée aussi à part quelquefois par les métaphysiciens, elle n'a de sens que dans l'ordre de la connaissance et comme *cause efficiente* de la connaissance : considérer en effet l'essence comme la cause d'un *être*, la *rationalité* par exemple comme la cause de l'homme, c'est dire que la *rationalité* est la cause de l'*être raisonnable*, ce qui n'est qu'une vaine tautologie ; la cause

---

1. « Propositio itaque omnis de futuro contingente vel non contingente, qualis est haec, *cras pluet*, vel haec *cras sol orietur*, necessario vera est, vel necessario falsa ; sed quoniam utrum vera an falsa sit nondum scimus, ideo vocamus eam contingentem ; quum tamen veritas ejus non a nostra scientia, sed ab anteitione causarum dependeat ; sunt autem, qui etsi totam hanc, *cras pluet vel non pluet*, necessariam esse fateantur, neutram tamen seorsim, velut, *Cras pluet*, vel, *Cras non pluet* veram esse volunt ; quoniam, inquiunt, nec haec, nec illa determinate vera est. Sed quid est hoc *determinate vera*, nisi *cognite*, id est, evidenter vera ? Itaque eamdem rem dicunt, nimirum nondum sciri an sit vera necne, obscurius tamen, dum quibus verbis inscientiam suam tegere conantur, iisdem rei evidentiam simul opprimunt. » *De Corpore*, II, x, § 5.

essentielle est donc de l'ordre de la connaissance, et pour parler correctement, il faut dire que la *connaissance de l'essence* est la cause de la *connaissance de la chose* ; si, en effet, j'aperçois qu'un être est raisonnable, j'en puis conclure que cet être est un homme. La cause formelle n'est donc au fond qu'une cause efficiente, et il n'y a en définitive que des causes efficientes et des causes matérielles [1].

De même que la cause se réduit en dernière analyse à une synthèse des accidents des corps, ceux-ci n'étant à leur tour déterminables qu'en fonction de la position et du mouvement, c'est-à-dire géométriquement et mécaniquement ; de même la force n'est qu'une forme particulière du mouvement, un état spécial de certains mobiles : « Motus magnitudo eo quo jam diximus modo computata, id ipsum est quod appellamus vulgo *vim* [2] » ; c'est un mouvement capable de produire des effets déterminés ; c'est une véritable *puissance*, qui tantôt passe à l'*acte*, quand les conditions de son déploiement sont réunies, tantôt n'y passe pas, quand quelques-unes de ces conditions ne sont point réalisées.

La force est à l'état de *conatus* et prend le nom de *Conatus*, quand le mouvement est évalué en un espace et en un instant plus petits que toute quantité donnée : « Conatum esse *motum* per spatium et tempus minus quàm quod datur, id est determinatur, sive « positione vel numero assignatur, id est, per punctum. » Le *conatus* représente la force à l'état de tension, et marque le degré de tension de la force ; il est en raison de la vitesse.

Les mécaniciens appellent *impetus* la vitesse du mobile : « Impetum esse ipsam velocitatem, sed consideratam in puncto quolibet temporis in quo fit transitus. »

La résistance est l'opposition directe ou oblique des *conatus* de deux mobiles qui se rencontrent et se dirigent en sens inverse : « Resistentiam esse, in contactu duorum

---

1. *De Corpore, ibid.*, § 7.
2. *Id.*, II, VIII, § 18.

mobilium, conatum conatui vel omnino vel ex aliqua parte contrarium. »

Enfin, après avoir donné une définition de la pression et de l'élasticité, Hobbes donne une dernière définition de la force, plus précise que toutes les autres : « Vim definiemus esse impetum multiplicatum sive in se, sive in magnitudinem moventis, qua movens plus vel minus agit in corpus quod resistit. » En résumé, ni la force, ni la résistance, ni la pression, ni l'élasticité ne sont autre chose que des mouvements en puissance ou en acte, et le mouvement reste en définitive l'élément dernier que puisse atteindre l'analyse pour expliquer tous les changements de l'univers.

La philosophie première aboutit sur le monde, sa constitution et ses limites, à des conclusions que nous allons résumer rapidement :

1° Le monde est composé de corps, et il est lui-même un *tout corporel*, dont les parties peuvent être divisées à l'infini. La théorie des atomes est repoussée, ainsi que celle du vide ; le monde est un fluide immense, *probablement* limité, sans qu'au delà de ses limites il y ait rien, pas même le vide ; car on ne peut donner ce nom à ce qui n'est qu'un espace imaginaire, une abstraction de la pensée.

2° Mais à y regarder de près, le caractère le plus marquant de ce *fluide*, l'essence même de ce corps est peut-être moins la grandeur elle-même, que la mobilité continue de toutes ses parties : si l'on voulait définir le corps, peut-être ne le pourrait-on que par la *résistance* qu'il oppose aux autres corps, par la *force* qui manifeste au dehors les qualités de la substance ; or la *résistance* et la *force* elles-mêmes sont des fonctions du mouvement et ne sauraient être comprises que comme telles.

3° Aussi les lois du mouvement sont-elles les lois mêmes du monde. Le monde est en une mobilité continue : le *temps* en est la loi la plus haute ; et si *d'une part l'éternité* du monde ou de son auteur est contradictoire, d'autre part le mouvement est à lui-même sa propre raison ; il n'a pas eu de commencement et il se propage à l'infini dans l'espace et dans l'avenir.

4° La continuité du mouvement implique le déterminisme absolu des phénomènes, et exclut du monde la possibilité, la contingence, la liberté et la finalité.

5° Par conséquent, le problème de l'existence d'un Dieu infini reste en dehors de la philosophie, parce que l'infini est incompréhensible : et Hobbes le relègue dans la théologie, pour éviter sans doute de faire profession d'athéisme. La religion est une institution sociale et ne se rapporte qu'à la société ; elle ne repose que sur les intérêts des hommes, et non sur les aspirations de leur esprit et de leur cœur [1].

---

1. Voyez sur *Dieu* : Lange, *Hist. du Mat.*, 1, pp. 260 et 495. Nous plaçons ci-dessous les passages importants du *Traité de la Nature humaine* sur Dieu.

XI. DE DIEU. — « ...Comme nous donnons des noms, non seulement aux objets naturels, mais encore aux surnaturels, et comme nous devons attacher une conception ou un sens à tous les noms, il faut que nous considérions quelles sont les pensées ou les imaginations que nous avons dans l'esprit lorsque nous prononçons le saint nom de Dieu, et les noms des vertus ou qualités que nous lui attribuons. »

« Comme le Dieu tout-puissant est incompréhensible, il s'ensuit que nous ne pouvons avoir *de conception ou d'image de la Divinité* ; conséquemment, tous ses attributs n'annoncent que l'impossibilité de concevoir quelque chose touchant sa nature dont nous n'avons d'autre conception, sinon que Dieu existe. »

« Nous reconnaissons naturellement que les effets annoncent un pouvoir de les produire avant qu'ils aient été produits, et ce pouvoir suppose l'existence antérieure de quelque être revêtu de ce pouvoir. L'Être existant avec ce pouvoir de produire, s'il n'était point éternel, devrait avoir été produit par quelque être antérieur à lui, et celui-ci par un autre être qui l'aurait précédé. Voilà comme, en remontant de causes en causes, nous arrivons à un pouvoir éternel, c'est-à-dire antérieur à tout, qui est le pouvoir de tous les pouvoirs et la cause de toutes les causes. »

« C'est là ce que tous les hommes conçoivent par le nom de Dieu, qui renferme éternité, incompréhensibilité, toute-puissance. »

« Lorsque nous disons de Dieu qu'il voit, qu'il entend, qu'il parle, qu'il sait, qu'il aime, etc., mots par lesquels nous comprenons quelque chose dans les hommes à qui nous les attribuons, nous ne concevons plus rien lorsque nous les attribuons à la nature divine... Ainsi les attributs que l'on donne à la divinité ne signifient que notre incapacité ou le respect que nous avons pour lui,... notre incapacité quand nous disons qu'il est incom-

On le voit, le système de Hobbes nous apparaît comme un mécanisme rigoureux, quoique sans vide et sans atomes : il ressemble plus à la physique cartésienne qu'à celle de Démocrite ou d'Épicure ; et nous n'avons pas hésité à indiquer tous les points par lesquels il touche au mécanisme idéaliste de Descartes (si l'on peut ainsi dire), en dépit de tous les passages où Hobbes affirme sa croyance en l'existence des corps, et son substantialisme matérialiste. Mais on a pu se convaincre que ce substantialisme ne tient pas essentiellement au système, et qu'il n'ajoute à une doctrine mécaniste très solide que des affirmations sans grande valeur et sans grande portée. Le corps s'évanouit sous ses accidents essentiels, et il ne reste en définitive à portée de l'analyse que l'espace et la figure, objets de la géométrie, d'une part, et le mouvement, objet de la mécanique, d'autre part. « Qu'on me donne des figures et des mouvements, pourrait dire notre philosophe, et je reconstruirai le monde » ; la philosophie est, en effet, pour lui, une construction idéale (« *generatio quæ fieri potuit* »),

préhensible et infini... notre respect quand nous lui donnons les noms qui parmi nous servent à désigner les choses que nous louons et que nous exaltons, tels que ceux de tout-puissant, d'omniscient, de juste, de miséricordieux. »

« Par le mot esprit, nous entendons un corps naturel d'une telle subtilité qu'il n'agit point sur les sens, mais qui remplit une place, comme pourrait la remplir l'image d'un corps visible. Ainsi la conception que nous avons d'un esprit est celle *d'une figure sans couleur* : dans la figure nous concevons la dimension ; par conséquent concevoir un esprit, c'est concevoir quelque chose qui a des dimensions : mais qui dit un esprit surnaturel dit une *substance sans dimension*, deux mots qui se contredisent... » (Incompréhensibilité de Dieu, p. 259.)

« Nous disons que l'âme humaine est un esprit et que ces esprits sont immortels, mais il est impossible de le savoir, c'est-à-dire d'avoir une évidence naturelle de ces choses ; car toute évidence est conception, et toute conception est imagination et vient des sens. Or nous supposons que les esprits sont des substances qui n'agissent point sur les sens, d'où il suit qu'ils ne sont point possibles à concevoir. »

La croyance aux esprits vient des fantômes (Idée spencérienne, p. 261).

« Ce fut cette ignorance qui fit éclore chez les Grecs une foule de dieux et de démons bons et mauvais et de génies pour chaque homme. » (Spiritisme et esprits, Rapports avec les Écritures, p. 263, en haut.)

et c'est une construction philosophique qu'il entreprend avec les ressources de la géométrie et de la mécanique de son temps.

Tout étant figure et mouvement, c'est par la géométrie et la mécanique, dont les principes sont étudiés par la philosophie première, que doit débuter la science. Les mathématiques étudient la figure et le nombre, objets de la *géométrie* et de *l'arithmétique*. La *mécanique* étudie les mouvements visibles des corps. Mais il faut se rendre compte que le mouvement, en pénétrant dans les parties les plus profondes de la matière, devient invisible sans cesser d'exister, et qu'il est l'explication dernière des phénomènes naturels que la *physique* ou philosophie naturelle étudie; celle-ci se divise, d'ailleurs, en autant de parties que nous avons de sens : à la vue, correspond l'optique ; à l'ouïe, l'acoustique et la musique, etc. ; et le son, la couleur, la chaleur, etc., ne sont que des accidents derniers des corps, qui ne sont eux-mêmes que des formes diverses du mouvement tant des objets extérieurs lumineux, chauds et sonores, que de l'organisme qui en prépare la représentation consciente [1]. Avec la sensation, le mouvement pénètre jusque dans la conscience et dans la pensée humaines, qui n'en sont que les dernières formes, singulièrement compliquées et parfaites, au point que le vulgaire refuse de reconnaître dans leurs lois les dernières complications des lois les plus simples de la mécanique. Sur ce point, Hobbes est positivement fidèle au matérialisme et, avant M. Spencer, il a tenté d'indiquer les grands traits de la mécanique cérébrale et de la mécanique sociale. Nous passons à l'étude de sa psychologie [2].

1. *De Corpore*, II, vიი, § 3. — *Léviathan*, I, ix.
2. Pour compléter la classification des sciences indiquée par Hobbes dans le *Léviathan* et qui est, pour le moment, hors de notre sujet, j'ajoute les lignes suivantes :
Après la physique, vient l'*Astronomie* qui étudie les mouvements des parties de l'univers, et la *Météorologie*.
L'observation des mouvements des parties de la terre donne lieu à : minéralogie, botanique, zoologie.
L'observation de l'homme et de ses facultés donne lieu à : éthique, logique, rhétorique, politique.

DEUXIÈME PARTIE

PSYCHOLOGIE DE HOBBES

La connaissance de la *nature de l'homme* est nécessaire à ceux qui veulent entendre les principes de la Politique.

« Pour se faire une idée claire des éléments du *Droit naturel* et de *la Politique*, il est important de connaître la *nature de l'homme*, de savoir ce que c'est qu'un *corps politique* et ce que c'est qu'*une loi*. Depuis l'antiquité jusqu'à nous, les écrits multipliés qui ont paru sur ces objets n'ont fait qu'accroître les doutes et les disputes : mais la véritable science ne devant produire ni doutes ni disputes, il est évident que ceux qui jusqu'ici ont traité de ces matières ne les ont point entendues. » (*Nat. humaine*, ch. Ier, 1, page 105.)

D'ailleurs, si les hommes s'entendent si peu en matière d'*éthique* et de politique, c'est que leurs intérêts et leurs passions y sont beaucoup plus en jeu que dans les mathématiques par exemple [1].

On a vu plus haut comment l'éthique, qui précède la politique, se rattache à la mécanique et à la philosophie première : il n'y a que *corps* et *mouvement* dans le monde ; et tout, dans l'homme, comme dans l'univers,

---

[1] « La raison et la passion, les principaux ingrédients de la nature humaine, ont fait éclore deux espèces de sciences, l'une mathématique, et l'autre dogmatique. La première ne donne aucun lieu aux contestations, consistant uniquement dans la comparaison de la figure et du mouvement, objets sur lesquels la vérité et l'intérêt des hommes ne se trouvent nullement en opposition. Dans la seconde au contraire, tout est sujet à dispute, parce qu'elle s'occupe à comparer les hommes, et qu'elle examine leurs droits et leurs avantages, objets sur lesquels toutes les fois que la raison sera contraire à l'homme, l'homme sera contraire à la raison. » *Nature humaine*, Épître dédicatoire, p. 102.

s'explique par des mouvements visibles ou invisibles. Les facultés de l'homme ne sont que les résultats des mouvements imperceptibles de son organisme ; on en distingue généralement deux classes : les facultés du corps et les facultés de l'esprit [1].

Physiologie de l'homme. — Hobbes n'entre pas dans de grands détails sur la physiologie humaine ; il dit même dans le *Traité de la Nature humaine* qu'il n'est pas nécessaire à son objet d'entrer dans un détail anatomique et minutieux des facultés du corps. Relevons seulement les traits principaux. Les facultés du corps peuvent être réduites à trois : 1° la faculté *motrice*, 2° la faculté *nutritive* et 3° la faculté *générative* (I. 6. p. 196).

Le corps est animé d'un *mouvement vital* qui commence avec la génération et qui se distingue du *mouvement animal*, ou *mouvement volontaire* ; le mouvement vital se continue pendant toute la vie et se traduit par le mouvement du sang (Hobbes se rallia comme Descartes à la découverte de Harvey sur la circulation), par ceux du pouls, de la respiration, de la digestion, de la nutrition et de l'excrétion, qui n'ont pas besoin du secours de l'imagination.

Ce mouvement vital est réglé et mis en rapport avec les mouvements extérieurs par les *esprits animaux* qui circulent à travers les tubes nerveux (théorie analogue à celle de Descartes) [2].

---

1. « Nature de l'homme, composée des facultés du corps et de celles de l'esprit. » Titre du chap. I" de la *Nature humaine*, p. 195.
« La nature de l'homme est la somme de ses facultés naturelles, telles que la *nutrition*, le *mouvement*, *la génération*, *la sensibilité*, *la raison*, etc. Nous nous accordons tous à nommer ces facultés naturelles ; elles sont renfermées dans la notion de l'homme qu'on appelle un *animal raisonnable*. — D'après les deux parties dont l'homme est composé, je distingue en lui deux espèces de facultés, celles du corps et celles de l'esprit. » *Nature humaine*, I, ch. iv et v, p. 196.

2. *De Corpore*, IV, ch. xxv, § 10.
Voy. aussi § 12 : « Le mouvement vital est le mouvement du sang, découvert par Harvey, et les nerfs disposent pour le mieux le cours du sang, visant toujours à la plus grande facilité possible du mouvement vital. »

Sans insister sur cette conséquence, il résulte suffisamment des idées générales exprimées jusqu'à présent par Hobbes que le corps humain, et en général le corps des animaux, n'est pas autre chose qu'une admirable machine, où les mouvements s'engendrent les uns les autres de telle manière qu'une harmonie parfaite s'établit tant entre eux qu'avec les mouvements du dehors.

Nous aurons à revenir à l'occasion sur la physiologie particulière des organes des sens [1].

Psychologie. — (La partie psychologique est traitée d'une manière spéciale par notre auteur à quatre reprises : 1° dans la 4ᵉ partie du *De Corpore*, ch. xxv. De sensione et motu animali ; 2° dans un ouvrage intitulé *De Homine*, 2ᵉ section du 1ᵉʳ volume de ses œuvres latines ; 3° dans la première partie du *Léviathan*, également intitulée *De Homine* ; 4° enfin dans le *Traité de la Nature humaine*, traduit par d'Holbach.)

Les facultés de l'esprit, dit Hobbes dans le *Traité de la Nature humaine*, sont au nombre de deux : *connaître* et *imaginer*, ou *concevoir* et *se mouvoir* [2]. Si la volonté n'est pas spécialement indiquée dans cette classification, c'est qu'elle n'est qu'une suite, comme ce texte le laisse déjà soupçonner, des mouvements de la *conception*, ou *sensation*, et de *l'imagination*.

C'est en effet de la *sensation* (*sensio*) que découlent toutes nos connaissances et même tous nos actes ; toutes nos pensées viennent des sens [3], que chacune soit, d'ailleurs, tirée des sens entière ou par fragments, peu importe.

Or, de tous les phénomènes, le plus admirable est précisément le pouvoir de se représenter les phénomènes, c'est la *représentation*, c'est-à-dire la copie des phénomènes chez certains êtres privilégiés ; de telle sorte que, si les phénomènes sont les principes de la connaissance des

---

1. Voyez pp. 168 sqq ; pp. 200 sqq.
2. *Nature humaine*, I, ch. vii, p. 107.
3. *Léviathan*, I, ch. i.

choses, le *sentiment* (*sensio*, on pourrait presque dire la conscience) est le principe de la connaissance des phénomènes, et c'est par l'étude du *sentiment* ou de la sensation qu'il faut commencer [1].

La sensation, comme on le verra plus loin, lorsque nous aborderons l'étude de la perception, est un pur phénomène de conscience, que l'esprit ne peut pas dépasser ; toutefois chaque sensation, prise isolément, est considérée comme étant la représentation d'une *qualité* ou d'un accident appartenant réellement à un objet extérieur ; cet objet produit d'ailleurs des représentations diverses, suivant la diversité de son action [2].

Mais si Hobbes ne dit nulle part en termes exprès que la vraie méthode pour étudier les phénomènes de l'esprit consiste à les observer en eux-mêmes, quel que puisse être leur objet, c'est ce qui ressort de tous les passages importants que nous allons à présent reproduire et commenter.

Le trait qui le frappe le plus, avant les psychologues modernes, Stuart Mill, Spencer et Bain, c'est le *changement* perpétuel de nos *phantasmata*, comme si les organes de la *sensation* étaient tournés sans cesse sur un objet et immédiatement après sur un autre [3]. La variété des images est essentielle à la conscience ; autrement aucune distinction, et partant aucune conscience ne serait possible : un homme qui ne posséderait que le sens de la vue et qui n'aurait devant les yeux perpétuellement qu'une même couleur inaltérable, ne la verrait pas plus que nous ne sentons les os de nos membres. Sentir toujours la même chose ou ne rien sentir, c'est tout un [4].

---

1. *De Corpore*, IV, ch. xxv, § 1.
2. *Léviathan*, I, ch. 1. — *De Corpore*, IV, ch. xxv, § 2.
« Originairement toute conception procède de l'action de la chose dont elle est la conception. — Lorsque l'action est présente, la conception que cette action produit se nomme sentiment, et la chose par l'action de laquelle le sentiment est produit se nomme l'objet du sens. » *Nature humaine*, II, ch. II, p. 198.
3. *De Corpore*, IV, xxv, ch. 1.
4. « Itaque et sensioni adhaeret proprie dictae, ut ei aliqua insita sit perpetuo phantasmatum varietas, ita ut aliud ab alio discerni possit. Si supponeremus enim esse hominem, oculis quidem claris

La conscience ne peut, d'ailleurs, avoir à la fois qu'une seule représentation ; mais, comme d'autre part le changement est sa loi fondamentale, elle apparaît comme une *succession* et comme identique au temps, qui n'a qu'une dimension. Il suit de cette double condition de la conscience que tous les mouvements, tous les *efforts* des organes ne sont pas des « *sensiones* », mais seulement un seul effort (« conatus ») à chaque instant, à savoir celui qui, en cet instant précis, l'emporte en intensité sur tous les autres [1].

Mais si les phénomènes, pour être représentés à la conscience, doivent être en état de changement et de succession constants, c'est que sans doute ils se font ressortir mutuellement par contraste, par opposition ; et, au fond, l'*opposition* suppose la comparaison et la *ressemblance* : en d'autres termes, la *relation* serait la loi principale de la conscience. C'est une remarque qui caractérise la psychologie moderne et qui n'a point échappé à Hobbes [2].

Avec une perspicacité très grande, Hobbes conclut de cette nécessité pour l'esprit de *comparer* entre eux des termes distinctifs, et de cette autre nécessité où il est de n'avoir à la fois qu'une seule représentation, l'importance capitale de la mémoire et peut-être l'identité au fond de la mémoire et de la conscience : car la conscience n'est-elle pas la synthèse des termes successifs de la représentation,

caeterisque videndi organis recte se habentibus compositum, nullo autem alio sensu praeditum, cumque ad eandem rem eodem semper colore et specie sine ulla vel minima varietate apparentem obversum esse, mihi certe, quicquid dicant alii, non magis videre videretur, quam ego videor per tactus organa sentire lacertorum meorum ossa. Ea tamen perpetuo et undiquaque sensibilissima membrana continguntur. Attonitum esse et fortasse aspectare eum, sed stupentem dicerem, videre non dicerem ; *adeo sentire semper idem, et non sentire, ad idem recidunt.* » De Corpore, IV, xxv, 5.

Ne sentir d'une manière continue qu'une seule chose, c'est *stupor* qui équivaut à ἀναισθησία (Id., ibid., 6.)

1. *De Corpore*, IV, ch. xxv, p. 6.
2. Per sensionem vulgo intelligimus aliquam de rebus objectis per phantasmata judicationem ; phantasmata scilicet comparando et distinguendo ; id quod, nisi motus in organo ille a quo phantasma ortum est, aliquandiu maneat, ipsumque phantasma quandoque redeat, fieri non potest. » *De Corpore*, IV, ch. xxv, p. 5.

et la mémoire n'est-elle pas la synthèse des représentations passées et présentes[1]? En tout cas, la *mémoire* est tout au moins une condition nécessaire de la *sensio*.

Elle devient du même coup, remarque Hobbes avec non moins de perspicacité, la condition nécessaire de l'observation psychologique. M. Egger a insisté dans sa thèse française sur le caractère que doit avoir toute observation psychologique sérieuse de porter sur le passé qui est immodifiable, et non sur le présent que l'esprit et les préoccupations de l'observateur modifieraient sans cesse contre l'intérêt de l'exactitude scientifique. Hobbes, sans avoir le même souci et sans vouloir éviter ces dangers, indique pourtant que l'instrument de la méthode psychologique doit être la *mémoire du passé*, et non la *conscience du présent*[2].

Cette analyse, qui est jusqu'à présent, comme on l'a pu voir, purement psychologique, nous met en mesure de découvrir les causes de la sensation.

Si la première loi de la conscience est la loi du *changement*, il ne faut pas oublier que le changement, à son tour, n'est que *mouvement*; la succession perpétuelle des représentations ne s'explique donc pas autrement que par un *mouvement* constant, ou par un « *conatus* », un *effort de réaction* (réductible lui-même au mouvement [Voy. p. 157]) des parties internes du corps sentant[3].

1. « Sensioni ergo de qua hic agitur, quaeque vulgo ita appellatur, necessario adhaeret memoria aliqua, qua priora cum posterioribus *comparari* et alterum ab altero *distingui* possit. » *De Corpore*, IV, ch. xxv, p. 5.
2. « Sed quo, inquies, sensu contemplabimur sensionem ? Eodem ipso, silicet aliorum sensibilium etsi praetereuntium, ad aliquod tamen tempus manens Memoria. Nam sentire se sensisse, meminisse est. » *De Corpore*, IV, ch. xxv, p. 1.
3. « ...Phantasmata nostra esse semper eadem, sed nova subinde oriri et vetera evanescere, prout sensionis organa modo in unum, modo in aliud objectum convertuntur. Generantur ergo et pereunt, ex quo intelligitur esse ea *Corporis sentientis mutatio aliqua*. » *De Corpore*, IV, ch. xxv, p. 1.
« Sensio igitur in sentiente nihil aliud esse potest praeter motum partium aliquarum intus in sentiente existentium, quae partes molae organorum quibus sentimus partes sunt. » *De Corpore*, IV, ch. xxv, p. 2.

La « sensio » n'est donc pas autre chose dans l'être qui sent que le mouvement de ses parties internes ou de ses organes sensoriels ; nous connaissons déjà le *sujet* de la « sensio », c'est-à-dire l'être en qui résident les images, et la *nature de la* « *sensio* », que nous pouvons définir un *mouvement interne dans l'être sentant* [1].

Or on sait, par la philosophie première et par la mécanique, que le mouvement ne peut être engendré que par un corps contigu en mouvement. Donc la cause immédiate de la « sensio » est dans ce qui touche et presse les organes sensoriels, grâce auxquels le mouvement est porté de la périphérie au centre des corps [2].

La cause première du mouvement est l'objet senti.

Une étude *physiologique* et *physique* des conditions de la sensation prouve la vérité de cette doctrine, à savoir « qu'il n'y a réellement *dans le monde, hors de nous*, que les mouvements, par lesquels ces apparences (les représentations) sont produites » (*Nat. hum.* II. 10, p. 204-205).

L'homme a cinq sens, par lesquels il acquiert des conceptions diverses des qualités diverses des objets ; ces cinq sens sont : la vue, *visus* — l'ouïe, *auditus* — l'odorat, *olfactus* — le goût, *gustus* — le toucher, *tactus*. Ces divers sens possèdent des organes *communs*, et des organes *propres* [3]. Les organes communs sont les nerfs, véritables tubes à travers lesquels circulent les esprits animaux de la périphérie du corps au cerveau ; les organes propres sont constitués par les parties spéciales et distinctes qui rendent possibles pour chaque sens des sensations diverses : l'œil, instrument d'optique — l'oreille, cornet acoustique, etc. L'appareil sensitif est composé des *organes sensoriels* qui communiquent par les nerfs et leurs enveloppes avec le *cerveau et avec les méninges*, et d'autre part une cor-

---

1. *De Corpore*, IV, xxv, p. 2.
2. « Est ergo sensio motus in *sentiente* aliquis internus generatus a motu aliquo partium *objecti* internarum, et propagatus per media ad organi partem intimam. »
3. *De Corpore*, IV, ch. xxv, § 10.

respondance intime est établie *entre le cerveau et le cœur* [1].

Chacun de nos sens nous donne des conceptions qui tantôt nous sont apportées par plusieurs sens et sont appelées *sensibles communs*, ou qui sont spéciales à ce sens ; on les appelle alors sensibles propres. Par exemple, le *tact* et la *vue* nous donnent l'un et l'autre les conceptions de *mouvement, repos, grandeur, figure* ; la vue seule nous donne l'idée de lumière et couleur ; le tact, celle de *chaleur* [2].

En passant en revue les divers sens, on trouve que les sensations propres à chacun sont : 1° pour la vue, une conception ou image composée de couleur et de figure [3] ; 2° pour l'ouïe, une conception appelée *son* [4] ; 3° pour l'odorat, *odeur* ; 4° pour le goût, *saveur* ; 5° pour le *tact*, une conception du chaud, du froid, du dur, du mou, du rude, du poli [5].

Or que sont la *couleur et la lumière*, le *son*, l'*odeur*, la *saveur*, le *chaud*, etc., sinon des sensations dont la *cause* unique est le mouvement tant des objets extérieurs que du corps sentant, et dont le sujet d'inhérence est non point l'objet, mais l'être qui sent [6] ?

Lumière. — 1° La lumière n'est qu'une agitation des parties infiniment petites de *l'éther*, qui n'a d'autre mouvement que celui des corps qui s'y baignent : le soleil, doué d'un mouvement circulaire simple, presse l'éther, qui presse à son tour la partie antérieure de l'œil, puis les parties profondes de cet organe ; or l'enveloppe intérieure de l'œil « n'est qu'une portion du nerf optique, ce qui fait que le mouvement est par ce moyen continué jusqu'au cerveau [7] ».

1. *De Corpore*, IV, ch. XXV, § 4.
2. *Id., Ibid.*, 10 et 11.
3. *Nature humaine*, II, ch. III, p. 108.
4. *Id., Ibid.*
5. *De Corpore*, IV, ch. XXIX, p. 18.
6. *Nature humaine*, II, ch. IV, p. 109.
7. *De Corpore*, IV, ch. XXVII, pp. 1 et 2. — *Nature humaine*, II, pp. 108 sqq.

Le feu est lumineux comme le soleil, parce qu'il agit d'une manière analogue.

La couleur est mouvement, comme la lumière, car elle n'est que la lumière altérée par la réflexion ou, si l'on veut, engendrée par un mouvement lumineux altéré ; qu'on interpose par exemple un prisme diaphane entre la lumière et l'écran, on obtient au lieu de la lumière simple qui *est blanche*, les couleurs suivantes : rouge, jaune, vert, violet [1]. Les couleurs ne sont donc que des altérations de la lumière, produites par la réflexion et la réfraction [2].

2° *Son*. — De même le son est, hors de nous, un mouvement [3].

Tandis que la vision a pour cause un mouvement de pression, le son a pour cause un mouvement de percussion, qui explique par ses diversités les diverses qualités du son dont les principales sont la *hauteur*, l'*intensité*, le *timbre*, la *rapidité*, l'*égalité* ou *inégalité* [4].

3° L'*odeur* est le résultat d'un mouvement communiqué à la membrane pituitaire par les effluves des corps [5].

4° Le *goût* provient d'un mouvement communiqué par des objets *contigus* à la langue [6].

5° Le *tact* [7].

---

1. Hobbes ne cite que ces quatre couleurs.
2. *De Corpore*, IV, ch. xxvii, pp. 1 et 2. — *Nature humaine*, p. 198 sqq : « La lumière ou la couleur ne diffèrent qu'en ce que la première est pure et l'autre est une lumière troublée. »
3. « Le battant n'a pas de son en lui-même ; mais il a du mouvement et en produit dans les parties internes de la cloche ; de même la cloche a du mouvement, mais n'a pas de son ; elle donne du mouvement à l'air ; cet air a du mouvement, mais non du son ; il communique ce mouvement au cerveau par l'oreille et les nerfs ; le cerveau a du mouvement et non du son. » *Nat. humaine*, II, pp. 198 sqq. — Cf. *De Corpore*, I, ch. xxix, § 1.
4. *De Corpore*, IV, xxix, 1, 2, 3 sqq.
5. *Id., ibid.*, § 12.
6. *De Corpore, id., ibid.*, p. 18.
7. « Tactu sentiuntur *calida quidem et frigida*, etiam *remota*, cætera ut *durum, molle, asperum, laeve*, non nisi *contigua*. Organum tactus est membrana quælibet meningi tenerae continua, quae per totum corpus ita diffusa est, ut nulla pars corporis premi possit quin prematur etiam ipsa ; sentiuntur itaque quae premunt ut durum vel molle, id est, magis vel minus durum ; sensio autem asperi nihil aliud est quam innumeræ sensiones duri et

Le *feu* qui produit la sensation du chaud n'est, d'ailleurs, qu'une agitation des petites particules de l'éther, identique à l'agitation qui produit la sensation de lumière ou de couleur sur l'œil.

Concluons qu' « il n'y a réellement dans le monde, hors de nous, que les mouvements par lesquels ces apparences (les représentations) sont produites [1] ». Cette réduction remarquable de tous les agents physiques au mouvement rappelle celle de Descartes.

Mais le mouvement, même propagé à travers les organes du corps jusqu'au cerveau, n'explique pas encore d'une manière complète le « phantasma » ou représentation. Il en constitue bien les premières conditions que nous résumons en deux points :

1° Mouvement *extérieur* des objets et des milieux (les *agents physiques*).

2° Mouvement organique des parties internes du corps (les *mouvements des nerfs*).

Mais quand on a posé que du mouvement a été communiqué au cerveau par les nerfs optiques, acoustiques, olfactifs, etc., on a établi, si l'on veut, que le « cerveau a du mouvement », mais non qu'il a de la lumière, ou « du son », de l'odeur, de la saveur, du chaud, du froid.

Pour qu'il y ait *sensation* (*sensio*), *phantasma* (représentation), il faut qu'il y ait *réaction* de la part du cerveau sur les nerfs qui l'excitent (ἀντιτυπία). Cette théorie de la *réaction* du cerveau est capitale dans la théorie de la perception de Hobbes, et il y revient chaque fois qu'il traite de ce sujet. La sensation n'est donc pas pour Hobbes l'*impression* produite sur le cerveau par les objets ou mouvements extérieurs, elle n'est pas un *mouvement centripète* ; c'est la *réaction* du cerveau sur le système nerveux et par son intermédiaire sur les objets du dehors, c'est un « *conatus* » ou effort de résistance de l'être sentant contre

duri sibi invicem et brevissimis temporis et loci intervallis succedentium. »

1. *Nature humaine*, II, ch. X, pp. 201-205.

les objets extérieurs, c'est un « *mouvement centrifuge*[1] ».

C'est pour cela que nous rapportons au monde extérieur l'origine de nos sensations, ou, pour parler le langage de M. Egger, que nous EXTERNONS nos sensations. La *lumière*, *le son*, etc., sont vus par l'esprit comme hors de lui-même, parce qu'ils sont des mouvements centrifuges du système nerveux[2].

Voilà pourquoi l'objet est aperçu comme situé en dehors de l'organe[3].

Mais, quoique toute « sensio » ait sa cause dans la *réaction* du sujet, il n'est pas nécessaire, comme l'ont cru certains philosophes, que tout ce qui réagit soit doué de sentiment ; dans cette hypothèse, en effet, tout être serait un être sentant, tout être étant capable de réaction. Réagir ne suffit pas, il faut, en outre, un prolongement de la réaction, même après que l'action a cessé ; et, tandis que la réaction cesse dans la plupart des êtres en même temps que l'action[4], elle persiste après l'action chez l'être sentant sous la forme de *l'imagination* et de *la mémoire* ; *sentir*, en effet, c'est comparer les termes passés de la représentation aux termes présents, c'est en un sens sentir qu'on a senti, c'est se *souvenir*, et nous savons déjà que la mémoire (ou *réaction prolongée*) est la condition indispensable de la conscience.

1. « Sensio est ab organi sensorii conatu ad extra, qui generatur a conatu ab objecto versus interna, eoque aliquandiu manente per reactionem factum phantasma. » *De Corpore*, IV, xxv, § 2.
2. Dans la vision, l'enveloppe intérieure de l'œil, pressée par l'éther, « n'est qu'une portion du nerf optique, ce qui fait que le mouvement est par ce moyen continué jusqu'au cerveau, qui, par sa résistance ou réaction, meut à son tour le nerf optique ; et faute de concevoir cet effet comme réaction ou *rebond* du dedans, nous le croyons du dehors et l'appelons lumière. »
De même le son est un mouvement communiqué « au cerveau par l'oreille et ses nerfs ; le cerveau a du mouvement et non du son ; l'impulsion reçue par le cerveau rebondit sur les nerfs qui émanent, et alors elle devient une apparence que nous appelons le *son*. » *Nature humaine*, II, pp. 198 sqq.
3. *De Corpore*, IV, ch. xxv, § 2 (4°).
4. Cf. Leibnitz qui dit du corps que, s'il était doué de mémoire comme il est doué de force, il serait un esprit.

Cette analyse permet de donner un sens précis aux termes employés par l'École : le *sujet* est le sentant; l'*objet* est le senti ; les *qualités* sont les *sensibles* ou images du sujet sentant. L'image (*phantasma*) ou représentation est l'*acte* du sentant, et ne diffère pas de la « sensio » autrement que le « *fieri* » du « *factum esse* »[1].

Ailleurs, Hobbes proclame l'identité du « phantasma » et de la « sensio », sans même faire la distinction du « *fieri* » et du « *factum esse* ».

L'étude de la vision devait conduire Berkeley à des conclusions idéalistes ; l'étude de la perception, en général, conduit Hobbes à des affirmations très précises dans le même sens, qui ont la plus haute importance, et qui, si on les rapproche de celles que nous avons fait ressortir déjà de l'exposition de sa philosophie première, sont de nature à jeter un jour tout nouveau sur la philosophie de notre auteur.

Ramener, en effet, toutes les formes diverses des agents physiques à la forme unique du mouvement, et toutes les actions organiques des divers organes sensoriels à l'action uniforme du système nerveux, puis prétendre trouver la perception non dans l'impression directe des objets sur l'esprit, mais dans la réaction du cerveau et du centre conscient sur les objets du dehors, c'était : 1° entrevoir la haute portée des explications mécanistes de l'univers ; 2° chercher dans la diversité des dispositions du système nerveux et de la réaction des centres une cause de la diversité des sensations, comme devaient le faire les physiologistes modernes après Johann Müller ; 3° enfin, c'est reconnaître l'action prépondérante de la conscience sur la nature de nos sensations.

Par cette triple voie, Hobbes incline vers un idéalisme, qui repose sur l'analyse de la perception, et sa conclusion

1. « Phantasma enim est sentiendi actus ; neque differt a sensione aliter quam *fieri* differt a *factum esse ;* quae differentia in instantaneis nulla est. Fit autem phantasma in instante...; facto autem phantasmate, sensio simul facta est. » *De Corpore*, IV, ch. XXV, § 3.

est de la plus haute importance [1] : Si les images, dit-il, s'expliquent par une *réaction* du cerveau sur le monde extérieur, et si au fond elles ont pour origine le mouvement, « elles *appartiennent à l'être sentant*, et ne sont point des accidents de l'objet senti ». Et dans le *Traité de la Nature humaine* : « Le sujet de leur inhérence n'est point l'objet, mais l'être qui sent. » Outre les théories générales sur les sens qui viennent d'être développées, il en apporte un supplément de preuves, tirées en grande partie des erreurs des sens :

1° Par des sens *différents*, nous acquérons des idées différentes du *même* objet [2].

2° Si la thèse idéaliste n'était pas vraie, il faudrait revenir à la théorie scolastique des espèces, qui est insoutenable [3].

3° En preuve que les données des sens ne sont en nous que les apparences « du mouvement, de l'agitation ou du changement que l'objet produit sur le cerveau, sur les esprits ou sur la substance renfermée dans la tête », Hobbes énumère les observations suivantes :

a) Le même objet peut nous envoyer plusieurs images ; par exemple le soleil est vu en même temps dans un miroir

---

1. *De Corpore*, IV, ch. xxv, §§ 10 et 11.
2. Il en est de même des autres sens à l'aide desquels nous recevons les conceptions des différentes natures ou qualités des objets. » *Nature humaine*, II, ch. III, p. 195.
3. « Comme dans la vision, l'image, composée de couleur et de figure, est la connaissance que nous avons des qualités de l'objet de ce sens, il n'est pas difficile à un homme d'être dans l'opinion que *la couleur et la figure* sont les vraies qualités de l'objet, et par conséquent que le son ou le bruit sont les qualités de la cloche ou de l'air. Cette idée a été si longtemps reçue que le sentiment contraire doit paraître un paradoxe étrange ; cependant pour maintenir cette opinion, il faudrait supposer des espèces visibles et intelligibles allant et venant de l'objet ; ce qui est pire qu'un paradoxe, puisque c'est une impossibilité. » *Nature humaine*, II, ch. IV, p. 199.
Il faut rejeter, dit encore Hobbes, les « *species visibiles, audibiles, intelligibiles* » de la scolastique péripatéticienne, en s'appuyant sur cette observation que les *phantasmata* et les *sensiones* sont identiques ; c'est-à-dire, en d'autres termes, que la sensation se suffit à elle-même et n'a pas sa cause en une *image* qui n'est que la sensation même. *Léviathan*, I, I.

et directement, le son perçu directement et par l'écho. Or le même objet ne possède pas deux couleurs ou deux sons qui puissent être fixés en deux lieux différents : il n'est pas en deux endroits à la fois. Mais, dira-t-on, il possède au moins une couleur, sinon toutes celles que nous lui attribuons ; non pas même, répond Hobbes ; car il suffit de presser le globe de l'œil pour voir deux fois le même objet ; or quelle est, de deux images, celle qui est inhérente à l'objet ?

b) Quand nous voyons un objet dans un miroir, l'objet n'est pas derrière le verre.

c) Erreurs de la vue [1].

C'est ce qui explique la direction de l'image, déterminée par celle des rayons dans le cas de la vision directe, comme dans celui des miroirs.

4° On peut étendre l'expérience sur les autres sens, on arrivera à la même conclusion [2] : variabilité des sensations.

Conclusion [3]

Il est intéressant de relever aussi dans les propres termes

---

1. Dans toute grande agitation ou concussion du cerveau, telle que celle qui arrive lorsqu'on reçoit à l'œil un coup qui dérange le nerf optique, on voit une certaine lumière ; mais cette lumière n'est rien d'extérieur, ce n'est qu'une apparence ; il n'y a de réel que la concussion ou le mouvement des parties du nerf optique. Expérience qui nous autorise à conclure que l'apparence de la lumière n'est dans le vrai qu'un mouvement qui s'est fait au-dedans de nous... » *Nature humaine*, II, p. 198 sqq.

2. « Si nous étendons l'expérience sur les autres sens, il sera facile de s'apercevoir que l'odeur et la saveur d'une même substance ne sont pas les mêmes pour tous les hommes, et nous en conclurons qu'elles ne résident pas dans la substance que l'on sent ou que l'on goûte, mais dans les organes. »

« La chaleur que nous éprouvons est ou un plaisir ou une douleur suivant qu'elle est douce ou violente, tandis qu'il ne peut y avoir ni plaisir ni douleur dans les charbons. » *Nature humaine*, II, p. 198 sqq.

3. « Il suit de là que tous les accidents ou toutes les qualités que nos sens nous montrent comme existants dans le monde n'y sont point réellement, mais ne doivent être regardés que comme des apparences ; il n'y a réellement dans le monde, hors de nous, que les mouvements par lesquels ces apparences sont produites. Voilà la source des erreurs de nos sens, que ces mêmes

où il les exprime les principes que Hobbes a voulu établir. C'est à savoir :

1° « Que le *sujet* auquel la couleur et l'image sont inhérentes n'est point l'*objet* ou la chose vue. »

2° « Qu'il n'y a réellement hors de nous rien de ce que nous appelons image ou couleur. »

3° « Que cette image ou couleur n'est en nous qu'une apparence du mouvement, de l'agitation ou du changement que l'objet produit sur le cerveau, sur les esprits ou sur la substance renfermée dans la tête. »

4° « Que, comme dans la vision, de même dans toutes les conceptions qui nous viennent des autres sens, le sujet de leur inhérence n'est point l'*objet*, mais l'être qui sent [1]. »

Avec de pareils principes, avec des vues comme celles qu'il possède sur les lois fondamentales de la conscience et sur la vraie méthode psychologique, n'est-il pas vrai que Hobbes est un des principaux fondateurs de la psychologie moderne ?

Pour être complet, nous devrions ajouter des études particulières faites sur les perceptions de la vue et sur les particularités de certains phénomènes visuels qui ont intéressé les psychologues modernes. Voir, par exemple, ce qu'il dit de la perception du mouvement, de la grandeur apparente et de l'appréciation des distances.

Nous signalons aussi un passage en latin sur le *toucher* où le rôle de la mémoire dans la perception est relevé avec une grande perspicacité. Le voici, du reste, en partie :

« Tactus enim in puncto fit aliquando, sed asperum, laeve, quantitas et figura, non sentiuntur sine fluxu puncti, id est, sine tempore ; tempus autem sentire memoriae opus est. » *De Corpore*, IV, xxix, § 18.

sens doivent corriger ; car de même que mes sens me disent qu'une couleur réside dans l'objet que je vois directement, mes sens m'apprennent que cette couleur n'est point dans l'objet, lorsque je le vois par réflexion. » *Nature humaine*, II, ch. x, pp. 204-205.

1. *Nature humaine*, II, ch. iv, p. 199.

IMAGINATION

Nous passons à l'étude de l'*Imagination*. On se souvient que Hobbes distingue deux facultés de l'esprit : *connaître* et *imaginer* ; nous avons étudié dans la *sensation* l'origine de toute connaissance : car « originairement toute conception procède de l'action de la chose dont elle est la conception » ; c'est dire, en d'autres termes, qu'il n'y a rien dans l'esprit qui n'ait été primitivement dans le sens et qui ne dérive de l'expérience.

Mais, de même qu'un mouvement commencé ne s'anéantit jamais et se perpétue à l'infini dans l'espace et dans le temps, ou que les vibrations provoquées à la surface d'une eau dormante par un corps qui s'y enfonce se propagent jusqu'à la rive et se reproduisent indéfiniment, de même les images persistent dans l'esprit après la disparition de l'objet et l'exercice du sens. C'est ce pouvoir que possède l'esprit de retenir l'image après la disparition de l'objet qu'on appelle l'imagination [1].

La représentation en présence de l'objet est la sensation (« sensio ») ; celle qui dure en son absence est la phantaisie (φαντασία) ou imagination. La même différence existe entre les φαντάσματα et les φαντασίαι [2].

L'imagination n'est qu'une sensation affaiblie ; elle existe dans le sommeil et dans la veille ; elle est commune aux hommes et aux animaux.

La cause de l'affaiblissement des sensations n'est pas dans l'affaiblissement du mouvement qui les produit ; il provient bien plutôt, dans l'état de veille, de ce que les objets réels tendent à éteindre les mouvements prolongés des organes en les contrariant par d'autres mouvements plus énergiques. Aussi est-ce à leur degré de force ou de faiblesse que nous distinguons pendant la veille la sensation de l'imagination ; c'est la distinction que s'efforceront

---

1. *Léviathan*, I, ch. ıı. — *Nature humaine*, pp. 196-197 et p. 205.
2. *De Corpore*, N ch. xxv, § 7.

d'établir de la même manière *Hume* entre les *impressions* et les idées, *Spencer* entre les phénomènes de l'ordre vif et ceux de l'ordre faible. Cette cause d'affaiblissement des sensations explique, continue Hobbes, comment pendant le sommeil, alors que l'action directe des objets extérieurs a à peu près complètement disparu, les imaginations reprennent une vivacité égale à celle des sensations [1].

Sommeil [2].

Rêves. — Les images des gens qui dorment sont les songes : ils ont, d'après Hobbes, cinq principaux caractères [3] :

1° *L'incohérence*; elle provient de ce que l'esprit n'a plus le contrôle de la perception, qui n'est plus possible pendant l'état d'engourdissement qu'on appelle le *sommeil*; c'est même là ce qui distingue le mieux, lorsqu'on a retrouvé l'état de veille, le songe de la réalité; pourtant, il ne faudrait pas trop se fier à ce caractère de distinction, vu que, pendant le sommeil, nous avons rarement conscience de cette incohérence, et dès lors qui sait si nous ne rêvons pas lorsque pendant l'état de veille nous croyons à l'ordre de nos conceptions? et, d'un autre côté, parfois la réalité nous apparaît comme incohérente et incompréhensible.

2° Nous ne nous étonnons pas en rêve des visions des lieux, ni des événements les plus étranges.

---

1. *De Corpore*, IV, ch. xxv, § 7.
— « ...C'est-à-dire que, quoique le sentiment ne subsiste plus, son image ou sa conception reste, mais plus confuse lorsque l'on est éveillé, parce qu'alors quelque objet présent remue ou sollicite continuellement les yeux ou les oreilles, et, en tenant l'esprit dans un mouvement plus fort, l'empêche de s'apercevoir d'un mouvement plus faible. C'est cette conception *obscure* ou *confuse* que nous nommons fantaisie ou imagination. Ainsi l'on peut définir l'imagination une conception qui reste et qui s'affaiblit peu à peu à la suite d'un acte des sens. » *Nature humaine*, pp. 205-206.

2. Hobbes donne l'explication suivante du sommeil : les organes sont lassés par l'action des objets pendant le jour et par leur réaction propre. Dès lors *les esprits* se retirent vers le cerveau, et ainsi se trouve interrompue l'action des objets extérieurs jusqu'au réveil, c'est-à-dire jusqu'au retour des esprits; pendant tout ce temps, la sensation fait place à l'imagination. *De Corpore*, IV, xxv, § 7.

3. *De Corpore*, IV, xxv, § 9.

3° Les images du songe sont fortes et claires (on en a donné la raison).

4° Il n'est pas de songe dont les éléments ne viennent de l'expérience.

5° Quelques songes naissent de sensations réelles, produites par l'action des parties internes de l'organisme sur le cerveau [1] ; mais la plupart du temps l'action de ces parties produit des sensations singulièrement *agrandies* et *transformées* par la *réaction* du cerveau, qui n'est point contrebalancée par l'équilibre ordinaire des sensations de l'état de veille [2].

L'état des parties internes du corps et particulièrement du cerveau détermine la nature de nos rêves ; ainsi une mauvaise digestion donne des cauchemars ; le rêve détermine aussi certains états du corps et même des mouvements et des gestes : par exemple, la colère excite la chaleur dans certaines parties du corps ; mais il n'a pas échappé à Hobbes que l'inverse est vrai parfois, et que chez certains dormeurs la chaleur de ces parties du corps excite la colère, comme le geste ou l'attitude donnée du dehors au dormeur excite la pensée ou la passion correspondante [3].

Hobbes n'est pas loin d'attacher aux illusions des rêves une importance analogue à celle que leur prête M. Spencer dans l'explication des sentiments religieux et des superstitions des hommes. Les spectres, ombres des morts, âmes, qui nous apparaissent pendant la nuit, prennent rang parmi les choses réelles pour les hommes primitifs ; et la difficulté et quelquefois l'impossibilité de distinguer le sommeil de la veille prête une singulière puissance à certaines illusions du rêve : c'est de là que sont nées, d'après Hobbes, les conceptions des *faunes*, *satyres*, *nymphes* des religions antiques, et celle des *sorciers* au moyen âge [4].

---

1. Voyez quantité de preuves. *Nature humaine*, page 207.
2. *Léviathan*, I, ch. II.
3. *Nature humaine*, p. 206. — *Léviathan*, I, ch. II.
4. *Léviathan*, I, ch. II.

La *mémoire* n'est pas autre chose que l'imagination [1], qui n'est elle-même que la prolongation de la sensation [2]. Mais tandis que l'imagination est l'image considérée en tant qu'elle est image et représente un objet, le souvenir est l'image considérée en tant qu'elle est *affaiblie* ; la cause de l'affaiblissement de la sensation, en effet, est le temps, et l'éloignement dans la durée produit les mêmes résultats que l'éloignement dans l'espace ; il atténue le contour des objets, efface les reliefs, obscurcit les images [3].

Une conception obscure est celle qui représente exactement le tout d'un objet, mais non toutes ses parties en détail ; or, quand une conception primitivement claire revient obscure et confuse, ce qui nous fait juger qu'elle est passée, c'est qu'elle a souffert du déchet. C'est donc le degré d'affaiblissement de la sensation qui permet à l'esprit de la localiser dans le temps ; et la localisation dans le temps est le caractère propre de la mémoire [4].

Il n'y a donc pas de différence entre φαντάζεσθαι et « meminisse », sinon que « meminisse » regarde le passé, tandis que φαντάζεσθαι ne consiste qu'en l'image sans aucune considération de temps [5].

De même l'*expérience* n'est qu'une accumulation de souvenirs ou d'images, nés d'une multitude de sensations [6].

---

1. *Léviathan*, I, ch. ii.
2. *Nature humaine*, p. 210.
3. « Voir un objet à une grande distance de lieu, ou se rappeler un objet à une grande distance de temps, c'est avoir des conceptions semblables de la chose ; l'une de ces conceptions étant faible par la grande distance d'où la sensation se fait, l'autre par le déchet qu'elle a souffert. » *Nature humaine*, p. 211. Cf. *Léviathan*, I, ch. ii.
4. « Quand la conception de la même chose revient, nous nous apercevons qu'elle vient de nouveau, c'est-à-dire que nous avons eu la même conception auparavant, ce qui est la même chose que d'imaginer une chose passée ; ce qui est impossible à la sensation, qui ne peut avoir lieu que quand les choses sont présentes. Ainsi, cela peut être regardé comme un sixième sens, mais interne et non extérieur comme les autres ; c'est ce que l'on désigne communément sous le nom de ressouvenir. » *Nature humaine*, p. 209.
5. *De Corpore*, IV, ch. xxv, § 8.
6. « Experientia autem est phantasmatum copia orta ex multarum rerum sensionibus. » *De Corpore*, IV, ch. xxv, § 8.

Association des idées

Il arrive fort souvent que l'imagination (et c'est ainsi que se la représentent le plus souvent les philosophes) enfante une multitude de fictions sans lien, comme une eau agitée par des forces multiples prend des figures et des mouvements divers [1].

Mais, quoi qu'on en dise, dans cette variété et cette succession d'images très semblables ou très dissemblables, il y a de l'ordre : car les mouvements des diverses parties du corps sont liés par la continuité ; un mouvement réveille des images, qui reviennent dans l'ordre où la sensation les a données autrefois [2].

Les conceptions de l'esprit, ou images, ou idées, constituent ainsi une série *ordonnée, continue et indéfinie* qu'on pourrait appeler *discours mental* (*discursus mentalis*, par opposition au *discursus verbalis*) [3].

Ce n'est pas au hasard que les idées se suivent ; toute séquence de deux pensées dans la mémoire a été donnée telle au moins une fois dans l'expérience ; la raison en est que toutes les images sont des mouvements internes, et ces mouvements s'engendrent toujours dans le même ordre, « propter cohæsionem materiæ motæ » ; mais comme l'expérience a donné après telle pe ée tantôt une pensée, tantôt une autre, il est difficile de dire en chaque cas donné laquelle va suivre.

Or il existe deux sortes de séries de conceptions, l'une irrégulière, « series cogitationum irregularis », où l'esprit n'est dominé par aucune idée, aucune passion, aucun but. Les idées suivent alors ou paraissent suivre au hasard, comme dans le sommeil ou la rêverie ; pourtant il se cache sous cette irrégularité apparente une méthode et un ordre ;

---

1. *Nature humaine*, p. 209.
2. *De Corpore*, IV, ch. xxv, § 8.
3. « Per seriem imaginationum intelligo successionem unius cogitationis ad aliam, quam (ut distinguatur a discursu verborum) appello discursum mentalem. » *Léviathan*, I, ch. iii.

à ce propos, Hobbes cite l'exemple devenu classique de l'homme qui, à propos de la guerre civile anglaise, demanda ce que valait le dernier romain.

L'autre série est dite régulière (« series regularis »)[1].

Du désir, vif et reparaissant sans cesse, naît la connaissance du moyen à employer pour arriver à la satisfaction ; cette connaissance, d'ailleurs, est suggérée par l'expérience, qui nous a montré ce moyen comme produisant l'effet désiré. Puis vient la conception du moyen de réaliser le moyen, jusqu'à ce qu'on arrive à un moyen qui soit en notre puissance immédiate.

Il existe sous ce rapport deux espèces de séries régulières ; la première existe quand nous concevons d'abord une fin dont nous cherchons ensuite les moyens ; elle donne lieu à l'investigation, à la recherche (sagacitas, solertia) ; elle est commune à l'homme et aux animaux. La seconde existe quand, imaginant un objet, nous cherchons son usage, ou les effets qu'il peut produire ; cette seconde forme est le privilège de l'homme seul et la vertu qui y correspond est la prudence, *prudentia*.

On appelle signe d'un terme un autre terme de la série soit antécédent, soit conséquent, qui toujours précède ou suit le premier : plus la succession a été constante, plus le signe est certain[2].

En deux mots, Louis Ferri apprécie cette doctrine de Hobbes ainsi qu'il suit : « Hamilton appelle avec raison cette doctrine de Hobbes un aristotélisme mutilé. Car tandis que le Stagirite considère les mouvements, dont il établit les rapports d'associations comme des changements qui appartiennent à deux principes distincts de l'être humain, le philosophe de Malmesbury n'y voit que des phénomènes matériels[3].

---

1. « Secunda constantior est, ut quae ab aliquo fine desiderato regulata est. » *Léviathan*, I, ch. III.
2. *Léviathan*, I, ch. III. Le chapitre est intitulé « De consequentia sive serie imaginationum. » Cf. *Nature humaine*, p. 212.
3. *Psychologie de l'Association*, p. 342.

PASSAGE AU NOMINALISME, A LA SCIENCE ET A LA LOGIQUE.

Hobbes soutient la thèse sensualiste qu'en dehors des « phantasmata » fournis par la « *sensio* » et des « *phantasiæ* » de l'imagination, copies affaiblies des « phantasmata », il n'y a rien dans l'esprit : il est même d'avis que l'ordre de succession de deux de nos conceptions n'est jamais que la reproduction du même ordre donné au moins une fois dans l'expérience [1]. Par conséquent, il est impossible qu'il entre dans notre esprit rien autre chose que des données de la sensation ou de l'imagination [2].

Mais l'imagination n'est pas encore ce qui distingue l'homme des animaux, puisqu'elle leur est commune ; l'intelligence n'apparaît chez l'homme, ainsi que la *raison* et la *science*, qu'avec les *signes* et le *langage*, privilège exclusif de l'homme [3].

En dehors des *sens*, de *l'imagination* et de *l'association* des pensées, dit encore Hobbes, l'esprit n'a pas d'autres mouvements ; mais grâce *au langage* et à l'ordre de ses conceptions, il devient capable de diversifier ses connaissances à l'infini et de se distinguer profondément des animaux [4].

Si le langage est ainsi nécessaire à la science, c'est que

1. *Nature humaine*, p. 219.
2. « Pour comprendre ce que j'entends par la faculté de connaître, il faut se rappeler qu'il y a continuellement dans notre esprit des *images* ou des *concepts* des choses qui sont hors de nous, en sorte que si un homme vivait et que tout le reste du monde fût anéanti, il ne laisserait pas de conserver l'image des choses qu'il aurait précédemment aperçues ; en effet, chacun sait par sa propre expérience que l'absence ou la destruction des choses une fois imaginées ne produit point l'absence ou la destruction de l'imagination elle-même. L'image ou représentation des qualités des êtres qui sont hors de nous est ce qu'on nomme le *concept*, *l'imagination*, *l'idée*, la *notion*, la *connaissance* de ces êtres. » *Nature humaine*, I, ch. VII, p. 197.
3. L'imagination qui naît en nous de la parole ou des signes volontaires, s'appelle l'intelligence. *Léviathan*, I, ch. II.
4. *Léviathan*, II, ch. III.

« C'est par le secours des noms que nous sommes capables de

les conceptions de l'esprit ne sauraient être conservées sans les *signes sensibles* qui les expriment. En dehors des images et des mots, il n'y a rien dans la pensée humaine : on verra le nominalisme de Hobbes s'accentuer à mesure que nous pénétrerons plus avant dans sa conception de la science.

Le langage est un tissu de *mots*, institués par la *volonté* des hommes, pour exprimer la série des conceptions qu'ils ont des choses qu'ils pensent [1].

Hobbes insiste à plusieurs reprises sur le *caractère volontaire* du signe [2].

C'est précisément parce que le langage est volontaire qu'il est le propre de l'homme : les animaux expriment, si l'on veut, leurs passions, espérance, crainte, joie, etc. ; ils s'entendent entre eux ; ceux d'entre eux qui sont dressés comprennent même certaines de nos paroles ; mais leurs cris ne sont point des *mots* ; ils les poussent sans le vouloir et comme par une nécessité de leur nature passionnelle et organique (ébauche de la théorie de Charles Bell) ; de même, lorsqu'ils nous comprennent, c'est par une association grossière que l'expérience les a peu à peu accoutumés à établir entre nos ordres et certaines suites qui sont pour eux agréables ou pénibles. L'uniformité du langage animal, opposée à la diversité du langage humain, le prouve [3]. Par conséquent, ce qui distingue le langage ani-

---

science, tandis que les bêtes à leur défaut n'en sont point susceptibles. » *Nature humaine*, p. 221.

« Est enim intellectus imaginatio quidem, sed quae oritur ex verborum significatione constituta. » 1ᵉʳ vol. 2ᵉ Section, *De Homine*, ch. x.

1. « Sermo sive oratio est vocabulorum contextus arbitrio hominum constitutorum ad significandam seriem conceptuum earum rerum quas cogitamus. » *De Homine*, X, ch. i.

2. Il dit dans la *Logique* que les signes sont « res sensibiles *arbitrio nostro* adhibitas, ut illarum sensu cogitationes in animum revocari possunt similes iis c ..tonibus quarum gratia sunt adhibitæ. » *De Corpore*, I, ch. ii, § .

Et encore : « Une marque est un objet sensible qu'un homme érige pour lui-même volontairement. » *Nature humaine*, p. 220.

3. *De Homine*, X, § 1. On rapprochera cette théorie très nette de celle de Maine de Biran.

mal du langage humain, c'est la *réflexion* et la *volonté* : il n'y a de signes véritables que les signes *réfléchis* et *volontaires*.

Il existe, d'ailleurs, des signes *naturels* analogues à ceux dont se servent les animaux, et des signes *arbitraires* [1]. L'homme peut faire des premiers, par la réflexion, un véritable langage.

De tous les *signes*, les plus commodes sont les noms [2] :

Mais de ce que les signes véritables sont et doivent être volontaires, faut-il croire que les hommes ont réuni des assemblées et formulé des décrets pour fixer le sens des mots ? Non ; ce qui est plus vraisemblable, c'est que les premiers mots furent très rares et désignèrent à l'origine les objets les plus familiers, les animaux, etc. [3] ; ils furent choisis par les hommes pour des raisons psychologiques ou organiques qu'il est très difficile et même impossible de discerner ; mais la preuve en est dans la diversité des langues. Il est absurde aussi de dire que les hommes nommèrent les choses d'après leur nature ; car d'où viendrait la diversité des langues ? et quel rapport aperçoit-on entre un mot et l'objet qu'il désigne [4] ?

D'ailleurs, les *noms* sont les signes non des choses elles-mêmes, mais de la conception que nous en avons ; il y a bien un texte qui laisse un doute sur ce point [5], mais d'autres textes sont formels : deux lignes plus haut, Hobbes disait formellement que les noms sont les *marques* des con-

---

1. *Logica*, II, § 2.
2. « Nomen est vox humana arbitratu hominis adhibita, ut sit nota qua cogitationi praeteritae cogitatio similis in animo excitari possit, quaeque in oratione disposita, et ad alios prolata signum iis sit qualis cogitatio in ipso proferente praecessit vel non praecessit. » *Logica*, II, § 4.
3. « Origo sermonis naturaliter alia esse non potuit praeter ipsius hominis arbitrium. » *De Homine*, X, § 2.
4. *De Homine*, X, § 2.
5. « Les choses désignées par des noms sont ou les objets eux-mêmes, comme un *homme* ; ou la conception elle-même que nous avons de l'homme, telle que sa forme et son mouvement, etc... » *Nature humaine*, p. 220.

ceptions et des idées [1] ; et dans la *Logique* : les noms sont les signes non des choses, mais des pensées [2].

L'usage le plus général du langage consiste à convertir le *discours mental* en un *discours verbal* ; il a deux fins principales : 1° la réunion et la détermination de nos pensées (conscriptio cogitatorum) ; les mots deviennent ainsi des marques (*notæ*) indispensables pour l'imagination, la mémoire et toutes les opérations discursives de la pensée ; 2° la signification à autrui de ce que nous pensons ; les mots alors deviennent des signes (*signa*) et rendent possible l'établissement de la société humaine [3].

La première de ces deux fins est sans contredit la plus importante, puisqu'elle est la condition de l'autre ; et c'est d'elle que nous allons nous occuper en abordant la logique nominaliste de Hobbes.

Les noms peuvent être considérés sous différents rapports et, par conséquent, classés de différentes manières.

1° On les distingue comme *affirmatifs* et *négatifs* [4].

L'affirmation simultanée d'un nom affirmatif et négatif est l'essence même de la contradiction : dire l'un, si l'on sait ce qu'on dit, c'est nier l'autre ; voilà tout ce que signifie au juste le principe de contradiction, et cela ne valait pas la peine de toutes les dissertations qu'on a composées sur ce fameux principe [5].

2° Noms *communs* et noms *propres* [6].

---

1. *Nature humaine*, p. 120.
2. *Logica*, II, p. 5.
3. *Léviathan*, I, ch. iv. — *De Homine*, X, p. 3.
4. « Les choses désignées par des noms sont ou les objets eux-mêmes, comme un homme ; ou la conception elle-même que nous avons de l'homme, telle que sa forme et son mouvement ; ou quelque privation, comme lorsque nous concevons qu'il y a en lui quelque chose que nous ne concevons pas... non juste, non fini... injuste, infini. » *Nature humaine*, p. 220. Cf. *Logica*, II, § 7.
5. « Toutefois la certitude de cet axiome est le principe et le fondement de tout raisonnement, c'est-à-dire de toute philosophie. » *Logica*, II, 8.
6. « Il y a encore, parmi les noms, des noms communs à plusieurs choses, tels que homme, arbre ; et d'autres qui sont propres à chaque chose, comme... Homère... etc. Or le nom commun n'est

Ce texte de la Logique est de la plus haute importance ; il montre que, pour Hobbes, non seulement il n'existe rien dans la réalité que des individus [1], mais que les conceptions mêmes de la pensée ne pourraient dépasser la représentation des individus sans le secours des mots, auxquels seuls s'attachent et se rivent la *généralité* et l'*universalité*.

Il y a plusieurs conceptions d'une seule et même chose ; il y a donc plusieurs attributs pour la même ; l'homme, par exemple, peut être à la fois *juste, vaillant, bipède* [2] ; inversement le même nom peut servir d'attribut à des choses diverses, et c'est ainsi qu'on vient d'expliquer ci-dessus la distinction des noms *individuels* et *universels, propres* et *communs*. Or, cette double remarque nous explique comment, parmi les noms communs, les uns le sont plus, les autres moins [3].

De là naît une troisième distinction entre les noms. Les uns sont appelés de *première* et de *seconde intention* [4].

pas le nom de plusieurs choses prises collectivement ou ensemble, mais *celui de chacune de ces choses prises séparément*. Ainsi homme n'est pas le nom du genre humain, mais il est celui de tout homme, tel que Pierre, Jean et les autres considérés particulièrement : et c'est pour cela que le nom commun est nommé *universel*. Cet adjectif *universel* n'est donc pas la qualité d'une chose quelconque existant dans la nature, ni d'une idée, ni d'une image formée dans notre esprit, mais seulement celle d'un *mot* ou d'un *nom* ; ainsi, lorsqu'on dit animal, pierre, spectre, etc., est universel, il ne faut pas entendre qu'il y ait aucun homme, aucune pierre, aucun être, qui ait été, soit, ou puisse être universel ; mais seulement que les mots animal, pierre, et les autres pareils sont des noms universels, c'est-à-dire communs à plusieurs choses ; et les pensées qui répondent dans l'esprit à ces noms communs sont les images et les représentations particulières de chacune de ces choses. » *Logica*, II, 9.

1. « Nihil enim in rerum natura universale et praeter rerum vocabula ; nam res nominatae sunt omnes individuae et singulares. » *Léviathan*, I, ch. IV.
2. *Nature humaine*, p. 224.
3. « Celui qui est plus commun renferme un plus grand nombre de choses ; celui qui l'est moins en renferme un plus petit nombre... Le nom plus commun est appelé *genre* ou *général*, par rapport à celui qui l'est moins et qui y est compris, et celui-ci relativement à lui est nommé *espèce* ou *spécial*. » *Logica*, II, 9.
4. Les noms de première intention sont ceux des choses elles-mêmes, comme homme, pierre ; ceux de seconde intention sont les

La comparaison des noms quant à leur généralité respective a amené les philosophes, et Aristote en particulier, à instituer des *ordres* ou *échelles* de noms, qu'ils appellent *prédicaments* et *catégories* [1].

Tels sont les principaux rapports sous lesquels on peut considérer les mots.

Proposition. — Ces considérations sur la généralité des termes et sur leurs rapports possibles quant à leur compréhension nous met en mesure de faire la théorie de la proposition [2].

On remarquera le caractère rigoureusement nominaliste de cette définition.

Hobbes passe en revue ensuite les termes de la proposition et a des vues très justes sur le rôle de la copule [3].

Origine des mots *abstraits* et *concrets* [4].

---

noms des mots ou des discours, comme *universel*, *particulier*, *genre*, *espèce*, *syllogisme* et autres semblables... Il est manifeste que *genre*, *espèce*, *définition*, ne sont que des noms de mots, et que par conséquent les métaphysiciens ont eu tort de prendre le genre et l'espèce pour des choses et la définition pour la nature de la chose. » *Logica*, II, 10.

1. *Logica*, II, 15.
« Mais j'avoue, dit Hobbes, que je n'ai pas vu jusqu'à présent que ces prédicaments fussent d'un grand usage en philosophie. »

2. « Propositio (est) oratio constans ex duobus nominibus copulatis qua significat is qui loquitur concipere se nomen posterius ejusdem rei nomen esse cujus est nomen prius. » *Logica*, III, 2.

3. Le premier nom s'appelle *sujet*, *antécédent*, ou *contenu* ; et le second *prédicat*, *conséquent* ou *contenant*. Dans la plupart des langues, le signe de la connexion des deux noms est ou un mot, comme le mot *est*... ou un *cas*, une terminaison de quelque mot... Mais il existe ou du moins il peut exister des langues qui n'aient absolument aucun mot répondant à notre mot *est*. Elles pourraient cependant former des propositions, par la seule position d'un nom après un autre, comme si, au lieu de dire : *un homme est un animal*, nous disions seulement : *un homme un animal.* » *Logique*, III, 2.

4. « Dans toute proposition, il y a trois choses à considérer, savoir les deux noms, *sujet* et *prédicat*, et... la *copule*. Les deux noms excitent dans l'esprit l'idée d'une seule et même chose ; mais la copule fait naître l'idée de la cause pour laquelle ces noms ont été imposés à cette chose. Par exemple, quand nous disons : *tout corps est mobile*..., notre esprit cherche ce que c'est que d'*être corps* ou d'*être mobile*, c'est-à-dire quelles sont dans cet être les différences qui le distinguent des autres êtres et qui font qu'il peut être nommé ainsi. — De là naît cette division des

Nous faisons un grand usage des noms abstraits, parce que sans eux nous ne pouvons presque pas raisonner, c'est-à-dire *combiner, calculer* les propriétés des corps. Mais on en fait un grand abus quand on se croit fondé à parler des accidents, comme s'ils pouvaient être réellement séparés de tout corps [1].

Sans ajouter grand'chose à la logique péripatéticienne, Hobbes distingue les propositions en *universelles, particulières,* indéfinies et singulières (quantité) [2].

Il les distingue aussi quant à la *qualité* en *affirmatives* et *négatives* [3]. Il définit excellemment la proposition affirmative, celle dont l'attribut est un nom positif ; et *négative,* celle dont l'attribut est un nom négatif, comme celle-ci : l'homme n'est pas une pierre, ou l'homme est *non-pierre* [4].

Il les distingue encore en vraies et fausses, et remarque que la vérité n'est pas dans les termes isolés, mais seulement dans la proposition [5].

Enfin, il passe en revue les propositions *premières* et *non premières* (nous y reviendrons), *nécessaires et contingentes* [6], *catégoriques et hypothétiques* [7], et rappelle en

noms en *concrets* et *abstraits* : le nom *concret* est celui d'une chose qui est supposée exister ; c'est pourquoi... on l'appelle en grec ὑποκείμενον. Le nom *abstrait* est celui qui exprime la cause pour laquelle le nom *concret* convient à la chose supposée existante : tels sont les mots *corporéité, mobilité...* Les noms abstraits expriment donc la cause des noms concrets, mais non la chose même qu'ils représentent...
Ainsi les causes des noms sont les mêmes que les causes de nos conceptions, savoir quelque puissance, quelque acte, quelque affection de la chose conçue. Ce sont ses modes, ou comme l'on dit plus ordinairement, ses accidents... Les accidents sont ainsi nommés parce qu'ils ne sont ni la chose elle-même, ni partie de la chose, mais qu'ils l'accompagnent de telle manière qu'ils peuvent tous cesser d'exister, être anéantis (excepté toutefois l'étendue), mais qu'ils ne peuvent être séparés du sujet. » *Logique,* III, 3.

1. *Log.,* III, 4.
2. *Log.,* III, 5.
3. *Log.,* III, 6.
4. Cf. Renouvier.
5. « Ces mots *vrai, vérité, proposition vraie* sont absolument équivalents. » *Logica,* III, 7.
6. *Log.,* III, 10.
7. *Id.,* 11, 12, 13.

quelques mots les théories de l'équipollence, de la conversion et de l'opposition des propositions [1].

Syllogisme. — « Le discours qui consiste dans trois propositions, de deux desquelles s'ensuit une troisième, s'appelle *syllogisme* [2]. »

Les règles ordinaires du syllogisme sont indiquées dans les six premiers paragraphes du chapitre IV de la Logique.

Conclusion : le syllogisme n'est qu'une addition de trois termes [3].

La distinction des figures et modes est établie (paragraphes 7, 8, 9, 10, 11, 12, 13 du chapitre IV).

Mais ce qu'il y a de plus important dans tout le chapitre IV de la *Logique* est le passage suivant, qui présente une véritable théorie *sensualiste et nominaliste* du syllogisme, et qui est au fond identique à la théorie de Stuart Mill et à ses nouvelles formules :

« Voici maintenant la pensée ou l'opération de l'esprit qui répond au syllogisme direct (syllog. de la 1re figure). Premièrement, on conçoit l'idée de la chose nommée avec l'impression ou l'accident à cause duquel elle est nommée du nom qui est le sujet de la mineure. Ensuite se présente à l'esprit l'idée de la même chose avec l'impression ou l'accident qui fait qu'on lui applique le nom qui est le prédicat de cette même mineure (X est A et B) [4]. Troisièmement, la pensée revient une seconde fois à la chose nommée, avec l'impression à cause de laquelle cette chose est nommée du nom qui est le prédicat de la majeure (X est C). Enfin, quand l'esprit se rappelle que ces impressions

---

1. *Log.*, III. De 14 à 20.
2. *Log.*, IV, 1.
3. « Il est manifeste, par les exemples précédents, que le syllogisme ne consiste qu'à recueillir la somme ou le résultat de deux propositions jointes ensemble par un terme commun, qu'on appelle moyen ; et qu'ainsi le syllogisme est l'addition de trois termes, comme la proposition est l'addition de deux. » *Log.*, IV, 6.
4. Je rappelle entre parenthèses la notation par laquelle M. Renouvier traduit la nouvelle formule de Mill.

sont toutes faites par une seule et même chose, il conclut que les trois noms sont les noms de la même chose, c'est-à-dire que la conclusion est vraie (X = A + B + C). Par exemple quand on fait ce syllogisme :

> Un homme est un animal ;
> Un animal est un corps ;
> Donc un homme est un corps,

l'esprit est frappé d'abord de l'image d'un homme parlant ou dissertant, et il se rappelle que ce qui apparaît ainsi se nomme un homme. Ensuite se présente la même image de ce même homme se mouvant de lui-même ; et l'on se rappelle que ce qui apparaît ainsi s'appelle un animal. Troisièmement, la même image de cet homme revient comme étant dans un lieu quelconque, occupant un espace, et l'on se ressouvient que ce qui apparaît ainsi s'appelle un corps. Enfin lorsqu'on se rappelle que ce qui occupe un certain espace, change de lieu et parle, est une seule et même chose, on conclut que ces trois noms, *homme*, *animal* et *corps* sont les noms de la même chose, et par conséquent que cette proposition : *un homme est un corps*, est une proposition vraie. Ainsi il est manifeste que le concept ou la pensée qui existe dans l'esprit et répond au syllogisme composé de propositions universelles, n'existe pas dans les animaux qui n'ont pas l'usage des noms, puisque pour faire un syllogisme, il faut penser non pas seulement à la chose, mais aux variations des différents noms qui lui ont été donnés à cause des différentes idées qu'elle a excitées[1]. »

La réfutation de la théorie de Hobbes est trop facile pour qu'on l'essaye ici : on remarquera simplement que le syllogisme n'est plus qu'une disposition commode de propositions, mais qu'il n'a plus de « nervus probandi », et repose sur les deux suites fortuites d'imaginations qui se

---

1. *Logique*, IV, 8.

rapportent au même sujet, dont il faut connaître tout ce qui en sera affirmé dans la conclusion, avant même que la conclusion soit tirée en forme de prémisses.

En résumé, d'après Hobbes, sans les mots et sans le langage, il n'y a plus ni propositions, ni syllogismes possibles : le raisonnement humain est réductible en dernière analyse soit à l'addition des *termes* (*synthèse*), addition dont l'essence se retrouve sous la multiplication, soit à la soustraction ou à la division de ces mêmes termes (*analyse*). Qu'est-ce, en effet, que le jugement, sinon l'addition de plusieurs concepts de l'esprit et, par conséquent, de plusieurs mots ? Dire qu'un homme est un animal raisonnable ou qu'un carré est un rectangle à côtés égaux, c'est dire que *homme = corps + animé + raisonnable*, et que *carré = quadrilatère + rectangle + équilatéral* [1]. Le syllogisme, d'autre part, n'est qu'une addition de jugements ou propositions, et par conséquent aussi une addition des idées ou des mots qui s'y trouvent déjà totalisés. Juger ainsi en additionnant, c'est λογίζεσθαι ; raisonner par le moyen du syllogisme, c'est συλλογίζεσθαι [2]. Ainsi le raisonnement et ses éléments se trouvent réduits à un système d'opérations arithmétiques portant sur des mots au lieu de porter sur des nombres, et la *logique* en définitive n'est plus qu'un calcul (« *computatio sive logica* »).

De là la définition de la raison [3].

La *science*, d'autre part, n'existe qu'au moment où l'esprit emploie, avec le langage, toutes les formes de la « *ratiocinatio* » et tous les procédés de la logique ou du calcul appliqué aux noms. Il existe, en effet, deux espèces de connaissances, sur la distinction desquelles Hobbes

---

1. *Logica*, I, 3.
2. *Log.*, I, 3.
3. « Ratio enim... nihil aliud est præter computationem sive additionem et substractionem nominum generalium, quae ad notationem sive significationem cogitationum nostrarum recipiuntur ; notationem, inquam, quando computamus soli ; significationem, quando aliis computationem nostram demonstramus. » *Léviathan*, I, ch. v.

revient sans cesse : l'une non-scientifique, l'autre scientifique[1].

La première n'est que l'expérience des effets produits sur nous par les êtres extérieurs qui agissent sur nous ; elle est la connaissance du fait ou des faits, c'est-à-dire la sensation[2]. C'est la sensation, dont les données peuvent être désignées d'un mot propre : la *connaissance*.

La seconde n'existe qu'au moment où le raisonnement commence, c'est-à-dire au moment où l'esprit tire de propositions générales des conséquences par la voie de la démonstration[3].

Il est donc bien évident que la science est toujours relative aux prémisses posées, et qu'elle ne pose jamais d'une manière absolue telle ou telle vérité, mais seulement eu égard à la réalisation de ses conditions[4].

Nous pouvons donc considérer déjà comme acquis que la science est identique à la *démonstration* : mais quelles sont les prémisses primitives ou les propositions premières d'où partent la démonstration et la science ? Ce sont, dit Hobbes, les *définitions* ; les définitions sont pour lui les propositions *premières*, opposées par la scolastique aux propositions *non-premières*[5].

Chercher et établir les *définitions*, principes premiers de

---

1. « L'une n'est que l'effet du sens ou la science originelle ou son souvenir. » *Nature humaine*, p. 212.
2. « Cognitio facti originaliter sensio est. » *Léviathan*, I, ch. VII.
3. « L'autre est appelée science ou connaissance de la vérité des propositions et des noms que l'on donne aux choses, et celle-ci vient de l'esprit. » *Nature humaine*, p. 212.
 « Cognitio consequentiarum... scientia appellatur. » *Léviathan*, I, ch. VII.
 « Scientia intelligitur de theorematum, id est de propositionum generalium veritate, id est, de veritate consequentiarum. » *De Homine*, X, § 4.
4. « Cognitio consequentiarum, quae scientia appellatur, scientia *absoluta* non est, sed tantum conditionalis. Nemo per discursum scire potest hoc vel illud esse, fuisse, vel futurum esse ; id quod est perfecte scire ; sed tantum *si hoc sit, tum illud est ; si hoc fuit, tum fuit illud ; si hoc erit, tum illud erit ;* id quod est scire conditionaliter ; et scire non rei ad rem, sed *nominis ad nomen* consequentiam. » *Léviathan*, I, ch. VII.
5. Voy. *Log.*, III, 9. Voyez aussi sur la définition *Examin. et emendatio mathemat. hod.* t. I, p. 20.

la science, nous paraît être, pour Hobbes, l'œuvre de l'analyse ; tirer des *définitions* les conséquences qu'elles renferment en les développant par le rapprochement avec d'autres *définitions*, telle est l'œuvre du raisonnement et de la *synthèse*. La méthode philosophique et scientifique se compose, en effet, pour lui, d'un double procédé [1] : *résolution* (« resolutiva ») division, soustraction, *analyse* d'une part — composition (« compositiva »), multiplication, addition, *synthèse* d'autre part [2]. L'analyse parvient à saisir les éléments derniers des choses, que la synthèse, œuvre de reconstruction par l'esprit, combine pour retrouver l'intelligibilité et l'explication des êtres.

Or qu'est-ce que la *définition*, sinon l'opération logique qui atteint les derniers éléments d'un être et en fait l'énumération ? La définition par excellence, dit Hobbes, est la définition résolutive ou analytique ; quand l'analyse est impossible, on a recours à la description qui est très imparfaite [3].

La *définition* est par essence le développement d'un mot, sa résolution en mots plus généraux et plus simples, comme lorsque nous définissons l'*homme* en disant que c'est un corps animé, sentant, raisonnable [4].

---

1. Voyez dans la 1ʳᵉ partie de cette étude les explications que nous avons données de la méthode, en élucidant le sens de la définition de la Philosophie par Hobbes.
2. *Log.*, VI, ch. 1.
3. « Definitio est proportio cujus praedicatum est subjecti resolutivum, ubi fieri potest ; ubi fieri non potest, exemplificativum. » *Examin. et emend. math. hod.*
4. « Ces noms *corps, animé*, etc., sont les parties de ce nom total d'homme ; d'où il arrive que les définitions de ce genre consistent à exprimer le genre et la différence de la chose définie ; de manière que tous ces noms, excepté le dernier, expriment le genre, et le dernier seulement marque la différence ; mais si un nom est le plus universel dans son genre, la définition ne peut pas résulter du genre et de la différence. On doit la faire par le moyen d'une circonlocution quelconque, pourvu qu'elle soit le plus propre possible à expliquer la valeur de ce nom... D'après tout ce qui vient d'être dit, on peut comprendre comment la définition elle-même peut être définie, et que c'est une proposition dont le prédicat décompose le sujet lorsqu'il est susceptible de décomposition, ou l'explique par quelques exemples quand il ne peut pas être décomposé. » *Log.*, VI, 14.

Il y a deux genres de définitions :

« Les définitions du premier genre sont les définitions de ces mots qui signifient des choses dont on ne peut concevoir la cause ; et les autres sont des définitions de ces mots qui signifient des choses auxquelles on peut concevoir une cause quelconque. Du premier genre sont le corps ou la matière, la quantité ou l'étendue, le mouvement en lui-même, et enfin les choses qui existent dans toute matière. Du second genre sont *un tel* corps, *un tel* mouvement, etc., et toutes les autres choses par lesquelles un corps peut être distingué d'un autre. Les noms du premier genre sont suffisamment définis, quand, par la phrase la plus courte possible, on excite dans l'esprit de celui qui écoute le concept ou l'idée claire et parfaite des choses dont ces mots sont les noms..... Mais les définitions des noms de choses qui sont conçues pouvoir avoir une cause doivent contenir cette cause elle-même ou le mode de génération. Ainsi nous définissons le cercle une figure engendrée par le mouvement d'une ligne droite, etc. Il n'y a que les définitions qui doivent être appelées des *propositions premières* ; et à parler rigoureusement, aucune autre proposition ne mérite le nom de principe ; car les *axiomes* d'Euclide, puisqu'ils peuvent être démontrés, ne sont pas les principes de la démonstration, quoiqu'ils aient reçu l'autorité de *principes* d'un consentement unanime, parce qu'ils n'ont pas même besoin de démonstration. Les choses que l'on appelle *postulata* ou *demandes* sont dans le vrai des principes non de *démonstration*, mais de *construction*, c'est-à-dire non pas les principes de la science, mais ceux de la puissance, ou, ce qui revient au même, ce sont des principes non des théorèmes qui sont des spéculations, mais des problèmes qui ont trait à la pratique et à l'exécution d'une chose quelconque[1]. »

La preuve que les définitions sont établies grâce à l'analyse et au terme de l'analyse, c'est que Hobbes prend bien

1. *Log.*, VI, § 13.

soin de remarquer qu'elles sont *premières* comme atteignant l'universel et le simple, mais premières pour la *nature* (φύσει), non *premières* pour notre esprit, qui a recours à une méthode laborieuse pour les découvrir, à l'analyse [1].

Les *définitions* les plus précieuses pour la science sont les *définitions par les causes* [2] :

Ainsi la première démarche de la science doit être analytique, et aboutir, selon nous, à la définition des termes les plus simples et les plus généraux dont la recombinaison doit rendre compte à l'esprit de toute réalité.

A partir des définitions, l'œuvre synthétique de la démonstration commence, avec emploi continu du syllogisme [3].

Or il n'y a de science que du διότι [4].

Le but de la démonstration doit donc être la connaissance des causes et de la génération des choses, en partant des définitions par la cause et la génération [5].

« Le propre d'une démonstration méthodique est donc :

« 1° Que la série de tout le raisonnement soit légitime... ;

« 2° Que les prémisses de chaque syllogisme soient démontrées d'avance depuis les définitions premières ;

« 3° ...Que l'on démontre d'abord les choses qui tiennent aux définitions les plus universelles (en cela consiste

---

1. *Log.*, VI, § 2.
2. « Voici la raison pour laquelle les choses qui ont une cause et une génération doivent être définies par cette cause et cette génération : c'est que le but de la démonstration est la connaissance des causes et de la génération des choses, laquelle, si elle ne se trouve pas dans les définitions, ne peut pas se trouver dans la conclusion », ni dans les raisonnements suivants. *Log.*, VI, 13.
3. « Demonstratio est syllogismus, vel syllogismorum series a nominum definitionibus usque ad conclusionem ultimam derivata. » *Exam. et emend. math. hod.* tome II, p. 27.
4. « Itaque scientia τοῦ διότι sive causarum est ; alia cognitio omnis quae τοῦ ὅτι dicitur, sensio est, vel a sensione remanens imaginatio sive memoria. » *Log.* IV, ch. 1.
5. *Log.*, VI, 13.

cette partie de la philosophie qu'on appelle *philosophie première*), ensuite celles qui peuvent se démontrer par le mouvement seulement, etc... [1]. »

Et ailleurs : « La méthode de démonstration est la même que celle de recherche, si ce n'est qu'il en faut supprimer la première partie (l'*analyse*), c'est-à-dire celle qui conduit depuis la sensation jusqu'aux principes universels ; car ceux-ci, puisqu'ils sont des principes, ne peuvent être démontrés ; et puisqu'ils sont connus *de la nature*, ils peuvent avoir besoin d'explication, mais non de démonstration. Donc toute la méthode de démonstration est synthétique ; et elle consiste dans l'ordre d'un discours commençant aux propositions premières ou les plus universelles comprises par elles-mêmes, et s'avançant toujours par un enchaînement continuel de propositions syllogistiques, jusqu'à ce que la vérité de la conclusion cherchée soit comprise par celui qui apprend [2]. »

C'est la méthode cartésienne toute pure.

Elle conduit Hobbes à indiquer plusieurs fois une classification des sciences qu'on peut résumer ainsi :

I. — Philosophie première.

Étude analytique des propositions premières ou définitions [3].

II. — La Science (démonstrative).

1° Étendue. — Géométrie ;
2° Nombre. — Arithmétique et algèbre ;
3° Mouvement des corps (visible). — Mécanique ;
4° Mouvements invisibles des corps :
      Physique : Vue. — Optique.
                Ouïe. — Musique, etc.

1. *Log.*, VI, 17.
2. *Log.*, VI, 12.
3. *Log.*, VI, 17, 3°. — Cf. *Léviathan*, I, IX. — Voy. *Exam. math. Hod.*, t. I, pp. 21-22.

5° Astronomie ;
6° Météorologie ;
7° Minéralogie. — Botanique. — Zoologie, etc.[1].

III. — Ethique et Politique [2].

1° Nature de l'homme : Psychologie, Logique, Ethique, proprement dite ;

2° Le citoyen. — *Philosophia civilis.*

Il n'y a donc pas à douter que la méthode de Hobbes a un caractère constructif, et on se demande comment Lange peut dire qu'il préconise la méthode expérimentale plus que ne l'a fait Descartes : nous trouvons, au contraire, dans le *Traité de la Nature humaine*, un passage où il met en suspicion la valeur de l'expérience, qui « ne fournit, dit-il, aucune conclusion universelle ». (Voy. *Nat. hum.*, p. 216 sqq.) Comme Descartes probablement, il trouve bon qu'on aille au-devant des causes par les effets par l'induction, en attendant qu'on puisse revenir par déduction des causes aux effets.

Vérité et erreur. — Ainsi, c'est le langage qui rend possible la science et partant la vérité qu'on peut définir :

« ...La concomitance de la conception d'un homme avec les mots qui signifient cette conception dans l'acte du raisonnement. » (*Nature humaine*, pp. 214-215.)

Les préceptes de la connaissance pourraient se résumer ainsi :

1° Posséder telles et telles conceptions ;

2° Nommer de telle et telle manière les choses dont elle sont les conceptions ;

3° Joindre ces noms de façon à former des propositions vraies ;

4° Rassembler ces propositions de manière à ce qu'elles

---

1. *Léviathan*, I, ch. ix. — I, ch. v.
2. *De Homine*, X, 5. — *Léviathan*, I, 9.
Voyez aussi le très intéressant chapitre de la *Logique VI*, du paragraphe 3 au paragraphe 12, et la conclusion de notre première étude qui le résume.

soient concluantes et que la vérité de la conclusion soit connue[1].

Mais si le langage nous met au-dessus des animaux en nous rendant accessibles la vérité et la science, il nous met au-dessous d'eux en nous exposant aux erreurs les plus honteuses.

On pourrait dire pourtant qu'il est des erreurs communes à tous les êtres doués de sensibilité : « cependant ce n'est ni par nos sens, ni par les choses que nous sentons que nous sommes ainsi trompés, mais par nous-mêmes qui imaginons les choses telles qu'elles ne sont pas, ou qui présumons que celles qui ne sont que des images sont plus que des images. Cependant ni ces choses ni ces imaginations ne peuvent être appelées fausses, puisqu'elles sont réellement ce qu'elles sont, et qu'elles ne nous promettent pas, en qualité de signes, ce qu'elles ne nous montrent pas : car ces choses et ces imaginations ne nous promettent rien ; c'est nous qui nous promettons à leur occasion[2]. »

Au fond, la cause de l'erreur est donc dans notre négligence, et, pourrait-on dire, comme la *signification* par le langage est volontaire, dans notre volonté ; la théorie se rapproche ici singulièrement de celle de Descartes : « En affirmant et en niant, les hommes se trompent, quand ils attribuent à une chose un nom qui n'est pas le nom de cette chose... C'est une faute dans laquelle les hommes seuls peuvent tomber, puisque les autres animaux n'ont pas l'usage des noms ; et c'est le seul genre d'erreur qui mérite le nom de fausseté, parce qu'elle ne vient pas de la sensation ni des choses elles-mêmes, mais de *notre témérité à prononcer un jugement*. Car les noms ne dépendent pas de la nature même des choses, mais de la volonté des hommes ; ...c'est donc la *propre négligence* (de celui qui est déçu) qui lui fait dire une proposition fausse[3]. »

1. *Nature humaine*, p. 215.
2. *Log.*, V, 1.
3. *Log.*, V, 1.

L'erreur, comme la *vérité* d'ailleurs, est donc dans le *jugement*, dans la *proposition, fausse* ou *vraie* : « verum, veritas, propositio vera », expressions identiques ; « veritas enim in dicto non in re consistit [1]. »

« Les erreurs tiennent encore au raisonnement, c'est-à-dire au syllogisme » ; et elles consistent alors « dans la fausseté d'une des prémisses ou dans la déduction. Dans le premier cas, on dit que le syllogisme pèche par la matière, et dans le second par la forme [2] ». Tout cela est connu ; mais ce qui est intéressant, c'est de voir Hobbes chercher avec Descartes la cause dernière de l'erreur dans la négligence, l'inattention, il dit même en propres termes dans la volonté.

Ainsi la logique de Hobbes repose sur le nominalisme le plus arrêté, comme sa psychologie sur un sensationnisme déjà très complet et très semblable à celui de Hume.

Passions et Volonté

Nous passons de l'étude de la faculté cognitive à celle de la *faculté motrice de l'esprit* : celle-ci est distincte de la *faculté motrice* du corps, qui est le pouvoir de mettre les autres corps en mouvement ; elle est le pouvoir de l'esprit de donner le mouvement *animal ou volontaire* (Voy. page 163) au corps dans lequel il existe, et ses actes se nomment *affections* ou *passions* [3]. Les passions sont ainsi assimilées à de véritables forces aveugles résidant dans l'esprit, comme le faisait récemment M. Penjon (ouverture du cours de Douai, *Critique philosophique*).

Tandis que la connaissance ou « sensio » est expliquée par Hobbes comme une réaction du cerveau et de l'organisme sur l'objet, par un mouvement centrifuge, le plaisir et la douleur sont produits, au contraire, d'après lui,

---

1. *Log.*, III, 7.
2. *Ibid.*, V, 2.
3. *Nature humaine*, p. 218.

par l'action centripète de l'objet sur le cœur[1]. Il existe, en effet, une communication intime entre le cerveau et le cœur, et pendant que le cerveau réagit vers le dehors, ce qui détermine la perception, le cœur est impressionné par la continuation du mouvement nerveux centripète, ce qui produit le plaisir ou la douleur. On a vu plus haut (page 103) que l'organisme est le siège d'un mouvement vital, commencé avec la génération, se continuant pendant toute la vie : ce mouvement vital est-il favorisé par le mouvement qui aboutit du cerveau au cœur? l'être éprouve du plaisir ; est-il, au contraire, contrarié ou empêché? il éprouve de la douleur. C'est ce qui explique pourquoi le plaisir ou la douleur ne sont point rapportés, comme l'image, à l'objet extérieur, mais au contraire à l'organisme lui-même, puisque le mouvement émotionnel tend à se circonscrire dans l'organisme (Voyez note précédente).

Or « chaque homme appelle bon ce qui est agréable pour lui-même, et appelle mal ce qui lui déplaît[2] » ; et ces appellations diffèrent suivant le tempérament, le lieu, l'époque, etc. « Il n'existe point une bonté absolue considérée sans relation, car la bonté que nous attribuons à Dieu même n'est que sa bonté relativement à nous[3]. »

Nous appelons bonnes ou mauvaises les choses qui nous plaisent ou nous déplaisent. Dès lors, le *bien* et le *but* sont la *jouissance* ; donc le bien et la fin sont identiques dans le plaisir. Il y a des fins prochaines et des fins éloignées ; les premières sont des moyens par rapport aux dernières ; or les fins sont *bonnes*, les moyens sont *utiles* en vue des fins[4]. « Lorsque dans la somme totale de la chaîne le bien fait la plus grande partie, le tout est appelé bon ; mais

---

1. « Et sicut phantasmata a conatu ad externa extra existere, ita voluptas et dolor in sensione, propter conatum organi ad interiora, videntur intus esse, ibi nempe ubi est prima voluptatis sive doloris causa, ut in dolore a vulnere ubi est vulnus ipsum, ibi videtur esse dolor. » *De Corpore*, IV, ch. XXV, § 12.
2. *Nature humaine*, p. 221.
3. *Id. ibid.*
4. *Id., ibid.*, p. 221.

quand le mal fait pencher la balance, le tout est appelé mauvais[1]. »

Mais le *plaisir et la douleur* deviennent aussitôt tendance à rechercher ou à fuir, amour ou haine, appétit ou aversion[2].

« Ce mouvement dans lequel consiste le plaisir ou la douleur est encore une sollicitation ou une attraction qui entraîne vers l'objet qui plaît, ou qui porte à s'éloigner de celui qui déplaît[3]. » Ces mouvements, quoique imperceptibles et insensibles, existent dans le corps à l'état d'*efforts*, « *conatus* ». Un « conatus » de ce genre, tourné vers sa cause, s'appelle appétit ou désir (« *appetitus* »); quand il tend à l'éloignement, il s'appelle *aversion* (« *fuga* »). Au fond *l'amour et le désir, la haine et l'aversion*, sont identiques ; mais *l'amour et la haine* impliquent la *présence* de l'objet, *le désir et l'aversion* son *absence*[4]. De même le désir n'est qu'un plaisir, et l'aversion qu'une peine ; mais le plaisir et la peine se rapportent au présent ; le désir et l'aversion se rapportent au futur[5].

L'appétit et la fuite ne sont produits que par l'action continuée de l'objet qui provoque un *conatus* interne, véritable mouvement commencé. L'apparition de ce mouvement à la conscience est ce qu'on appelle « *voluptas* » ou « *molestia* animi » ; on voit donc bien que le *désir et le*

---

1. *Id.*, p. 222.
2. « On a fait voir... que les conceptions et les apparitions ne sont réellement rien que du mouvement excité dans une substance intérieure de la tête ; ce mouvement ne s'arrêtant point là, mais se communiquant au cœur, doit nécessairement aider ou arrêter le *mouvement... vital*. Lorsqu'il l'aide et le favorise, on l'appelle plaisir, contentement, bien-être, qui n'est rien de réel qu'un mouvement dans le cœur, de même que la conception n'est rien qu'un mouvement dans la tête... Ce *mouvement* agréable est nommé *amour* relativement à l'objet qui l'excite... ; mais lorsque ce mouvement affaiblit ou arrête le mouvement vital, on le nomme douleur. Et relativement à l'objet qui le produit, on le désigne sous le nom de haine. » *Nature humaine*, pp. 218-219.
3. *Nature humaine*, p. 220.
4. *Léviathan*, I, ch. vi.
5. « Appetitio et fuga a voluptate et molestia non aliter differunt quam desiderare et frui, id est quam futurum a praesenti. » *De Corpore*, IV, ch. ix, § 1.

plaisir ont une origine commune et pour ainsi dire simultanée ; tout désir et tout amour est joint à quelque plaisir, toute aversion et toute haine à quelque peine [1].

Les plaisirs ou peines qui naissent en présence de l'objet sont appelés « *voluptates sensuales* » ou « *dolores corporis* ». Ceux qui naissent en son absence, par l'action de l'imagination, sont appelés « *gaudia* » et « *dolores animi* » [2].

Les *passions* (affectus — perturbationes animi) ne sont que des formes de l'appétit, déterminées par la diversité et les circonstances des objets désirés ou haïs [3].

Nos conceptions, c'est-à-dire nos pensées et nos imaginations, exercent la plus grande influence sur la nature de nos passions : c'est une remarque digne de Spinoza [4].

Elles dérivent d'abord de nos représentations du *bien* (gaudium), et du *mal* (odium) [5] ; elles dérivent ensuite de ce que nous considérons soit le présent, soit le passé, soit l'avenir [6].

On les appelle *perturbationes animi*, parce qu'elles sont généralement un obstacle à la « vera ratiocinatio ».

Elles consistent, d'ailleurs, dans les divers mouvements du sang et des esprits animaux, qui tantôt se répandent, tantôt reviennent à leur source ; la cause de ces mouvements est dans nos représentations du bien et du mal, avec toutes leurs circonstances [7]. Encore ici nous touchons à la théorie cartésienne.

Hobbes énumère ensuite à plusieurs reprises, sans beaucoup d'ordre, les passions multiples de l'homme : il dis-

---

1. *Léviathan*, I, ch. IV.
2. *Id. ibid.*
3. *De Homine*, ch. XII, § 1.
4. « Comme... j'ai avancé que le mouvement ou l'ébranlement du cerveau que nous appelons *conception* est continué jusqu'au cœur où il prend le nom de *passion*, je me suis par là engagé à chercher et à faire connaître, autant qu'il est en mon pouvoir, de quelle conception procède chacune des passions que nous remarquons être les plus communes. » *Nature humaine*, p. 223.
5. *De Homine*, XII, 2.
6. *Nature humaine*, p. 225.
7. *De Homine*, XII, 1.

tingue quelque part [1] *sept* passions simples qui sont :
« *Appetitus, Cupido, Amor, Aversio, Odium, Gaudium, Dolor.* »

Puis viennent, engendrées par ces premières, l'espérance, le désespoir, la crainte, le courage, la colère, la confiance, l'indignation, la bienveillance, l'avarice, l'ambition, la libéralité, la magnanimité, la gloire, le rire, les pleurs, la pudeur, l'émulation, l'envie, etc., etc. [2].

En passant, Hobbes analyse l'idée du *beau*, comme il analyse l'idée du *bien* et du *bonheur*.

Le *beau* et le *laid* sont à peu près identiques au bien et au mal, mais ils ne sont point considérés sous le même rapport : le *beau*, en effet, est la promesse du *bon*, le *laid* est la promesse du mauvais [3].

« Est enim pulchritudo objecti qualitas ea quæ facit ut bonum ab eo exspectetur ; quæ enim similia videntur illis rebus quæ placuerunt, videntur placitura. Est ergo pulchritudo futuri boni indicium. Quæ quum in actionibus spectatur, dicitur *honestas* ; quando in forma consistit appellatur forma. Placetque etiam antequam bonum cujus ipsa est indicium acquiratur, per imaginationem. Eadem ratione *malum* et *turpe* dicuntur de eodem [4]. »

Il y a donc trois espèces de biens : 1° la *promesse* du bien ou le *beau* ; 2° la chose bonne, le bien ou la bonté ; 3° le terme qui est plaisir, l'agrément : *jucunditas* [5].

Quant au *bien*, nous savons déjà que les éléments de sa détermination doivent être cherchés dans le plaisir et la douleur, dans l'amour et la haine. Toutefois, comme nos jugements sur le bien sont presque toujours des jugements touchant le futur, on distingue parfois le bien *vrai*, du bien *apparent* : le bien, en effet, est toujours uni au mal ; il faudrait donc savoir, avant de faire un choix, lequel des

---

1. *Léviathan*, I, ch. vi.
2. Voyez pour de plus amples développements : *De Homine*, ch. xii ; *Léviathan*, I, ch. vi ; *Nature humaine*.
3. *Léviathan*, I, ch. vi.
4. *De Homine*, XI, 5.
5. *Léviathan*, I, ch. vi.

deux l'emportera en quantité ; or, bien souvent on recherche un bien accompagné de plus de mal qu'il n'est bon lui-même ; de là les expressions de bien et de mal vrai ou apparent.

Mais en définitive, le bien est dans ce qui nous plaît, le mal dans ce qui nous déplaît. Si donc l'on songe que le plaisir est inséparable du désir, que doit être le souverain bien ? ce ne peut être sans aucun doute une jouissance qui mettrait un terme à nos désirs, car elle cesserait du même coup :

« Puisque nous voyons que tout plaisir est appétence et suppose une fin ultérieure, il ne peut y avoir de contentement qu'en continuant d'appéter. » « C'est avec raison que les hommes éprouvent du chagrin quand ils ne savent que faire. Ainsi la félicité, par laquelle nous entendons le plaisir continuel, ne consiste pas à avoir réussi, mais à *réussir*[1]. »

« Non sentire, dit encore Hobbes, est non vivere » ; « Bonorum autem maximum est ad fines semper ulteriores minime impedita progressio. Ipsa cupiti fruitio tunc cum fruimur appetitus est, nimirum motus animi fruentis per partes rei qua fruitur. Nam vita motus est perpetuus, qui cum recta progredi non potest convertitur in motum circularem[2]. »

La vie est course et effort ; « abandonner la course, c'est mourir[3]. »

Volonté

Au moment d'étudier les formes diverses du plaisir et de l'appétit et les *passions*, Hobbes les appelle, en tête d'un chapitre du Léviathan[4], « les principes internes du mouvement volontaire » ; et, en effet, la volonté n'est pour

---

1. *Nature humaine*, p. 222.
2. *De Homine*, XI, § 15.
3. *Nature humaine*, p. 248.
4. *Léviathan*, I, ch. VI.

lui qu'une résultante de tous les mouvements « imperceptibles » qui viennent d'être analysés ci-dessus.

Il distingue, en effet, du mouvement vital, qui se continue sans le secours de l'imagination, le mouvement animal ou volontaire, tel que celui de la marche, des membres ou de la parole, qui est précédé de la conception imaginative, ou qui, pour mieux dire, n'est que la résultante des mouvements imperceptibles qui la produisent [1].

Or ces mouvements imperceptibles ne sont pas autre chose que les mouvements ou « *conatus* » de l'appétit et de l'aversion. « Nous avons déjà expliqué, dit Hobbes, de quelle manière les objets extérieurs produisent des conceptions, et ces conceptions le désir ou la crainte qui sont les premiers mobiles cachés de nos actions; car ou les actions suivent immédiatement la première appétence ou désir, comme lorsque nous agissons subitement; ou bien à notre premier désir il succède quelque conception du mal qui peut résulter pour nous d'une telle action, ce qui est une crainte qui nous retient ou nous empêche d'agir. A cette crainte peut succéder une nouvelle appétence ou désir, et à cette appétence une nouvelle crainte qui nous ballotte alternativement; ce qui continue jusqu'à ce que l'action se fasse ou soit possible à faire par quelque accident qui survient [2]. » « L'on nomme *délibération* ces désirs et ces craintes qui se succèdent les uns aux autres aussi longtemps qu'il est en notre pouvoir de faire ou de ne pas faire l'action sur laquelle nous délibérons, c'est-à-dire que nous désirons et craignons alternativement; car tant que nous sommes en liberté de faire ou de ne pas faire, l'action demeure en notre pouvoir, et la délibération nous ôte cette liberté [3]. »

« Ainsi la délibération demande deux conditions dans l'action sur laquelle on délibère : l'une est que cette action soit *future*; l'autre, qu'il y ait espérance de la faire ou

---

1. *Leviathan*, I, ch. vi.
2. *Nature humaine*, p. 268. — Cf. la théorie de Spencer.
3. *Ibid.*, p. 269. — *De Corpore*, IV, ch. xxv, § 13.

possibilité de ne pas la faire ; car le désir et la crainte sont des attentes de l'avenir, et il n'y a point d'attente d'un bien sans espérance, ni d'attente d'un mal sans possibilité ; il n'y a donc point de délibération sur les choses nécessaires [1]. »

Dans le Léviathan, Hobbes dit de même ; nous ne délibérons jamais sur le passé ni sur *l'impossible*, ou plutôt sur ce que nous considérons comme impossible ; car nous délibérons souvent sur des choses réellement impossibles, que nous considérons faussement comme possibles [2].

La *liberté*, dans le sens strict du mot, n'existe ni chez l'homme, ni chez les animaux ; elle impliquerait, en effet, qu'il y a des *possibles* absolus, de la *contingence* et de l'*indétermination* dans l'univers, ce qui est faux, comme on l'a vu dans notre première partie ; la *liberté* implique seulement une possibilité relative de faire ou de ne pas faire lorsqu'on ignore encore de quel côté sortira la volonté [3].

Or la *volonté* n'est que le dernier appétit resté vainqueur dans la lutte des désirs et des craintes [4].

« Dans la délibération, dit-il encore, le dernier désir ainsi que la dernière crainte se nomme volonté. Le dernier désir *veut faire, ou veut ne pas faire*. Ainsi la volonté ou la dernière volonté sont la même chose [5] ».

En dernière analyse, la volonté n'est pour Hobbes qu'une sorte de résultante des mouvements qui se cachent sous nos désirs et nos craintes ; ce qui la distingue du désir, avec l'essence duquel elle se confond, c'est la délibération, qui n'est qu'une sorte d'équilibre momentané de nos pen-

---

1. *Nature humaine*, p. 269. — *Léviathan*, I, ch. vi.
2. *Léviathan*, I, ch. vi.
3. « Quando dicimus liberum esse alicui arbitrium hoc vel illud faciendi vel non faciendi, semper intelligendum est cum apposita conditione hac, *si voluerit*... » *De Homine*, XI, 2.
4. « In qua deliberatione prout commoda et incommoda hinc vel illinc ostendunt, alternatim appetunt et fugiunt, donec re postulante ut aliquid decernant, appetitus ultimus sive faciendi sive omittendi, qui actionem vel omissionem immediate producit, proprie voluntas dicitur. » *De Homine*, XI, 2.
5. *Nature humaine*, pp. 269-270.

chants divers ; et c'est cet équilibre qui est la cause de l'illusion de la liberté ; mais sous cette complexité apparente se cache la loi très simple qui préside à la continuité du mouvement et qui est toute mécanique.

Hobbes affirme encore cette pensée dans le passage suivant : « Comme vouloir faire est désir, et vouloir ne pas faire est crainte, la cause du désir ou de la crainte est aussi la cause de notre volonté ; mais l'action de peser les avantages et les désavantages, c'est-à-dire la récompense et le châtiment, est la cause de nos désirs et de nos craintes, et par conséquent de nos volontés ; en conséquence, nos volontés suivent nos opinions de même que nos actions suivent nos volontés. C'est dans ce sens qu'on a pu dire que l'opinion gouverne le monde [1]. »

On a eu tort d'appeler la volonté un « appétit rationnel », car outre que les animaux délibèrent et par conséquent sont doués de volonté comme nous, n'arrive-t-il pas bien des fois que la volonté s'élève contre la raison [2].

En résumé, la volonté n'est donc que la forme la plus élevée du désir ; elle suppose la délibération ; mais elle est une résultante, qu'on pourrait déterminer mathématiquement, en construisant le parallélogramme de nos désirs, de nos craintes et de nos passions, véritables forces multiples et aveugles de notre être conscient.

Telle est la nature humaine.

1. *Nature humaine*, p. 271.
2. *Léviathan*, I, ch. vi.

LA MÉTHODE DE DESCARTES[1]

Deux noms dominent l'histoire de l'esprit moderne à ses origines, celui de Galilée et celui de Descartes. Galilée, par la manière dont il a découvert et vérifié les lois de la pesanteur, a fondé la physique, la plus parfaite, la plus moderne, la plus « nôtre » parmi toutes les sciences ; Descartes, trente ans plus tard, a fait mieux qu'attaquer et critiquer la philosophie de l'École : il l'a remplacée ; il y a substitué d'une manière définitive une philosophie aussi différente de la philosophie ancienne, que la physique de Galilée est différente de la physique d'Aristote. Et cela n'a rien d'étonnant, attendu que la philosophie a été de tout temps, en ce qu'elle a d'essentiel, la réflexion sur le savoir humain, et que la philosophie moderne ne pouvait guère manquer d'apparaître bientôt après la naissance de la science, avec le caractère absolument renouvelé et original d'une réflexion sur la science. Le fait capital de la révolution scientifique du xvie siècle a été l'extension à la science de la nature, à la physique, des ressources de l'analyse mathématique, jusqu'alors réservées par les anciens aux recherches astronomiques : et cette extension ne pouvait point aller sans un renouvellement des méthodes proprement physiques, appelées d'abord à traduire en un langage mathématique rigoureux les phénomènes et leurs

[1]. Ce sont les dernières pages écrites par Hannequin. Les dernières lignes sont de l'avant-veille de sa mort.

relations supposées (hypothèse), avant de les soumettre à l'analyse, puis, l'analyse achevée, à en soumettre les résultats à des vérifications précises, ou à l'expérimentation. La physique moderne, on a raison de le répéter sans cesse, est née de la méthode expérimentale ; mais la méthode expérimentale à son tour est née du besoin impérieux, compris pour la première fois par le génie du XVI° siècle, d'appliquer universellement l'instrument mathématique à l'exploration de la nature. Les mathématiques devenaient ainsi, selon la parole prophétique de Léonard de Vinci, les « reines des sciences de la nature » ; et elles le devenaient sans doute parce qu'elles étaient d'une part les formes les plus parfaites de la connaissance dans ses rapports avec l'esprit, qui la produit et la développe sans fin, et parce qu'elles étaient de l'autre les conditions immédiates de l'intelligibilité des choses, dont toutes les modalités nous apparaissent sous les formes de l'espace et du temps. Ce que Galilée avait vu en praticien, en physicien, c'est l'originalité profonde de Descartes de l'avoir vu en philosophe, et, là où le premier avait trouvé surtout une source de science, d'avoir découvert un centre d'où apparaissaient entièrement renouvelées toutes les vues du passé, non seulement sur le monde, mais encore sur l'esprit, et sur les rapports des choses avec l'esprit. On a dit souvent de Descartes que par une exagération naturelle chez un mathématicien, mais répréhensible et malheureuse, il s'était de bonne heure proposé d'appliquer, et avait appliqué en fait la méthode mathématique à toutes sortes de sujets ; c'est prendre la question par son petit côté, et c'est méconnaître un fait pourtant évident et incompatible avec un pareil jugement, à savoir que Descartes, sauf sa *Géométrie* et une suite de raisonnements à la fin des *Réponses aux secondes objections*, n'a jamais rien écrit, pas même les *Principes de la philosophie* où il expose sa physique, *more geometrico*. Mais ce qui est vrai, et ce qui a une haute portée philosophique, c'est qu'il a eu tout de suite le sentiment qu'en approfondissant la nature du jugement mathématique, il se plaçait d'emblée au centre du problème de la connaissance, ou, comme on disait alors, de la certitude, en quoi il s'affirmait, à un siècle et demi de distance, comme le maître et le précurseur de Kant. Ce qu'a été, en effet, pour Kant, la doctrine des jugements synthétiques *a priori*, la doctrine du jugement mathématique l'a été, dans les *Regulae*, pour Descartes ; à l'un comme à l'autre, ces doctrines ont révélé, d'abord l'unité des procédés fondamentaux de l'esprit, si diverses qu'en soient les applications, dans la recherche de la vérité, ou ce que Descartes appelait l'unité de la méthode, ensuite l'unité de l'esprit, du « Je pense » ou de la conscience, sans laquelle l'unité même de la méthode et de la science serait pour nous l'œuvre absolument incompréhensible du hasard.

L'hommage que rend Descartes à l'unité de l'esprit ou, selon son expression, à l'unité de la *sapientia humana*, hommage qui donne à sa philosophie une orientation sur laquelle nous insisterons, date de sa première œuvre, de celle qui fut le fruit, vers 1619 (il avait environ vingt-trois ans), des plus profondes méditations qu'il ait jamais faites sur la Méthode, des *Regulæ ad directionem ingenii* qui ne furent point publiées de son vivant, et qui parurent pour la première fois en 1701 par les soins de Clerselier. Cette œuvre, qui fut ignorée des contemporains de Descartes, est peut-être la plus remarquable et la plus originale de toutes celles qu'il composa dans la suite ; elle contient en tout cas en germe ses découvertes les plus importantes, et elle est la première forme, amplement développée, du *Discours de la Méthode*, dont Leibnitz a dit injustement, mais non sans une trompeuse vraisemblance, qu'il était logiquement si pauvre, et qui n'apparaît en réalité si pauvre que parce qu'il résume en quelques traits d'une redoutable précision les riches développements des *Règles pour la direction de l'esprit*. C'est par les *Regulæ* que nous allons nous efforcer de comprendre la méthode cartésienne et, par suite, les règles du *Discours* de 1637 ; et c'est aussi par elles que nous pénétrerons le plus sûrement et le plus directement dans le fond le plus original et le plus durable de la philosophie de Descartes [1].

L'idée dominante des *Regulæ* est qu'il n'y a qu'une seule *sapientia humana*, par où il faut entendre qu'il n'y a qu'une seule intelligence humaine, et une seule raison, et, par suite, qu'une seule science, une seule certitude, et une unique méthode pour atteindre la vérité en toutes sortes d'objets. Descartes ne nie pas, ce qui serait absurde, la multiplicité des objets, ni non plus, en ce sens, celle des recherches et des disciplines scientifiques ; mais il entend que sous cette multiplicité d'objets, l'esprit se retrouve toujours le même, procède au fond toujours de la même manière, et que sous la diversité apparente de ses démarches, une réflexion attentive peut et doit découvrir un ordre immuable et une méthode unique [2]. Si la science a un sens, elle poursuit en toutes choses la vérité exacte et certaine ; et s'il n'y a pas deux formes de la certitude, mais une seule, il est inadmissible qu'il y ait deux méthodes pour l'atteindre. Si donc, par une chance qu'il faudrait bien se garder de négliger, nous étions en possession, parmi tant de formes obscures et confuses du savoir que nous ont légué les anciens, d'une science authentiquement certaine, ne serait-ce pas un moyen sûr de découvrir la méthode que d'analyser les conditions de la certitude d'une telle science, et de remonter jusqu'à sa source la plus haute ? Or nous possédons une science authentiquement certaine, c'est la mathématique, et, dans la mathématique, deux sciences voisines, quoique distinctes, l'arithmétique et la géométrie, qui sont, de l'aveu de tous, deux sciences rigoureuses. Analysons donc leurs procédés, non, encore une fois, dans le dessein un peu lourd et tout à fait chimérique de les appliquer tels quels à des questions qui ne les comportent pas, mais pour en dégager ce que l'esprit met d'essentiel dans toutes ses démarches méthodiques,

1. Nous ne voudrions pas dire philosophie cartésienne.
2. *Reg.*, II.

les opérations qui lui sont propres, qui dominent tous les procédés arithmétiques ou géométriques, et qui en sont pour ainsi dire, comme de tous les autres procédés scientifiques, les conditions universelles, et vraisemblablement fort simples et fort réduites en nombre.

Ces conditions, en réalité, sont au nombre de deux, *l'intuition* et *la déduction* ; mais le fait est qu'on remarque bien plus souvent la seconde que la première. C'est une opinion commune, en effet, et d'ailleurs très vraie, que la méthode mathématique consiste « in consequentiis rationabiliter deducendis », c'est-à-dire dans la déduction ; mais pour que la déduction soit rationnelle, c'est-à-dire apodictique et démonstrative, encore faut-il qu'elle parte originairement d'un objet si pur et si simple (*objectum ita purum et simplex*) qu'il force pour ainsi dire l'adhésion de l'esprit. Or l'opération par laquelle l'esprit donne son adhésion à un objet qui s'impose par le double caractère de sa pureté et de sa simplicité est l'intuition, et cette opération est rationnelle : elle ne relève ni des sens, ni de l'imagination, elle n'intéresse que l'entendement et même l'entendement pur : « Per intuitum intelligo, dit Descartes à la reg. III[1], non fluctuantem sensuum fidem, vel male componentis imaginationis judicium fallax, sed mentis purae et attentae tam facilem distinctumque conceptum, ut de eo quod intelligimus nulla prorsus dubitatio relinquatur ; seu quod idem est, mentis purae et attentae non dubium conceptum, qui a sola rationis luce nascitur, et ipsamet deductione certior est. »

Ainsi l'intuition est plus certaine que la déduction elle-même : et sa certitude vient, d'abord de ce qu'elle est rationnelle (*a sola rationis luce nascitur*), privilège, on va le voir, qu'elle partage avec la déduction, mais en outre de ce qu'elle s'adresse à un objet plus immédiat que l'objet même de la déduction, à un objet si *simple* et si parfaitement *distinct* dans la représentation que nous en avons

---

1. *Regulæ* (édition Adam), p. 10.

(*tam facilem distinctumque conceptum*), qu'aucun esprit ne peut ni *apprendre* cette opération, ni la mal faire [1], et que tout au plus peut-on comprendre qu'il en ignore les objets, si l'occasion lui a manqué de tourner vers eux son attention.

La déduction, de son côté, suppose le simple, et par conséquent une donnée intuitive, à son point de départ : Descartes la définit à plusieurs reprises l'opération qui « passe de l'un à l'autre », d'un terme à un autre terme qui le suit, ou mieux, qui s'ensuit immédiatement et nécessairement : « *Deductionem...*, sive ILLATIONEM [2] *puram unius ab altero* [3] »; car la déduction dont il s'agit ici est telle que, le premier terme étant posé, le second s'ensuit nécessairement (*necessariam deductionem*) [4], puis du second le troisième, du troisième le quatrième, et ainsi de suite. Lorsque la *deductio* ou l'*illatio* n'omet aucun terme intermédiaire, Descartes affirme d'elle, comme de l'intuition, qu'elle peut « *quidem omitti, si non videatur, sed nunquam male* fieri ab intellectu vel minimum rationali [5] ».

La déduction, à tous ses degrés, car nous allons voir qu'elle a des degrés, est donc, somme toute, aussi certaine que l'intuition : ce sont, au dire de Descartes, les deux opérations fondamentales de l'esprit, seules requises pour atteindre la certitude : « neque plures ex parte ingenii debent admitti [6] ». Toute intelligence, même « minimum rationalis », en est capable, ou les accomplit spontanément sans les apprendre : qu'on ne dise pas que la méthode les fait naître; car si notre intelligence, avant toute méthode, ne savait point s'en servir, elle ne comprendrait jamais les préceptes d'aucune méthode, fussent-ils les plus simples du monde [7]. L'intuition et la déduction sont donc

---

1. P. 13.
2. Traduire par inférence.
3. *Reg.*, II, p. 7. Cf. VII, p. 27 : « quando una ex aliis immediate deduximus »; reg. XI, p. 41.
4. *Id.*, XII, p. 55, evidentem intuitum et necessariam deductionem.
5. *Id.*, II, p. 7.
6. *Id.*, III, p. 11.
7. *Id.*, IV, p. 13 : « adeo ut, nisi illis uti jam ante posset intellec-

les deux opérations constitutives de l'esprit ; à vrai dire, c'est l'esprit ou l'intelligence même : *mens pura, intellectus, intellectus purus* ; et Descartes, les réunissant sous le nom de *bon sens*, a pu écrire en ce sens, et en ce sens seulement, en tête du *Discours* de 1637, que « le bon sens est la chose du monde la mieux partagée ».

Cependant, quelque obscurité reste sur la nature de la déduction, qu'il importe de dissiper. Après la définition de l'intuition que nous avons rappelée plus haut, voici en effet quelques exemples que donne Descartes d'intuitions évidentes : « Chacun de nous, dit-il, peut voir par intuition qu'il existe (*se existere*), qu'il pense (*se cogitare*), que le triangle est terminé par trois lignes seulement, la sphère par une seule surface, etc. » ; et dix lignes plus loin : « Il y a plus : cette évidence et cette certitude de l'intuition est requise non seulement pour les propositions (*non ad solas enuntiationes*), mais encore pour tous les raisonnements possibles (*ad quoslibet discursus*) : par exemple si l'on veut prouver que deux et deux font la même chose que 3 et 1, non seulement il faut voir par intuition (*intuendum est*) que 2 et 2 font 4, et que 3 et 1 font aussi 4, mais en outre que de ces deux propositions la troisième $2 + 2 = 3 + 1$ doit être nécessairement conclue. » Il semblerait cependant que l'acte de conclure fût du ressort de la déduction et non de l'intuition, et qu'en tout cas, si l'intuition y suffit, la déduction devienne par là même superflue. Aussi Descartes ajoute-t-il aussitôt qu'on pourra se demander pourquoi à l'intuition il a joint la déduction ; et il l'explique en faisant remarquer que nous connaissons certaines choses avec certitude, bien qu'elles ne soient nullement évidentes par elles-mêmes : comment cela est-il possible ? uniquement par un mouvement de l'esprit qui va d'une donnée évidente par elle-même et intuitive à la proposition encore incertaine par une suite d'intermédiaires, comme on va du premier anneau d'une chaîne à

---

tus noster, nulla ipsius methodi præcepta quantumcumque facilia comprehenderet. »

un anneau éloigné de la même chaîne en passant par tous les anneaux interposés, à cette condition toutefois qu'on saisisse par intuition la liaison qui unit chaque terme de la suite au précédent, et qu'on transporte en quelque sorte ainsi au terme final par une intuition continue l'évidence qui n'était tout d'abord immédiatement propre qu'au terme initial. Il est donc vrai que de ce point de vue la déduction se ramène à l'intuition ; mais il l'est aussi que la déduction suppose un mouvement de l'esprit et une succession d'actes entièrement étrangers à l'intuition, et que tandis que l'intuition possède une évidence immédiate et en quelque sorte présente (*praesens evidentia*), la déduction dérive plutôt sa certitude de la mémoire (*potius a memoria suam certitudinem quodammodo mutuatur*). D'où il résulte que pour les propositions qui suivent immédiatement des premiers principes, on peut dire, selon le point de vue où l'on se place, qu'on les connaît soit par l'intuition, soit par la déduction (*modo per intuitum, modo per deductionem*) ; quant aux premiers principes, on les connaît uniquement par l'intuition (*per intuitum tantum*) ; et les conséquences éloignées, on ne saurait les connaître sans la déduction (*non nisi per deductionem*) [1].

L'intuition et la déduction sont donc ainsi intimement rapprochées par Descartes, et elles le sont de telle sorte que la seconde est pour ainsi dire absorbée par la première : car si la première déduction au fond n'est qu'une intuition, et aussi la seconde par rapport à la première, et finalement la dernière par rapport à l'avant-dernière, la déduction en dernière analyse se décompose et se résout en intuitions ; il n'y aurait donc pas deux opérations de l'esprit, il n'y en aurait qu'une seule : mais leur distinction, peu apparente lorsque la déduction ne porte que sur une conséquence immédiate des principes, éclate au contraire lorsqu'elle porte sur une suite un peu longue de propositions déduites les unes des autres ; car il se peut

---

1. *Reg.*, III, p. 11.

qu'à chaque moment elle soit encore une intuition ; mais elle est du moins une intuition aux actes successifs, une intuition qui se répète et se continue, une intuition en mouvement (*illatio, inductio*), bref, une opération qui enveloppe de la durée et qui ne saurait s'accomplir, comme Descartes le remarque lui-même, sans le secours de la mémoire. Les deux opérations définitives doivent donc être distinguées ; et si la déduction, quand elle est très près de son point de départ, tend en quelque sorte à se confondre avec l'intuition, elle apparaît au contraire nettement, à mesure qu'elle se prolonge, comme une *illatio*, et, selon une expression qui est venue une fois dans le *Regulæ* sous la plume de Descartes et qui n'est point une inadvertance, comme une *inductio* [1].

Et maintenant, quelle est la valeur de ces deux opérations, que nous donnent-elles, et quelle est leur nature ?

L'intuition, à peine est-il besoin d'y insister, s'adresse à l'immédiatement évident, aux premiers principes, comme dit Descartes, par où il faut entendre, comme en mathématiques, ce qui ne saurait être déduit (ou démontré), et ce sans quoi la déduction manquerait de point d'appui et ne pourrait pas même commencer. Mais ces premiers principes, à leur tour, ne sont évidents que parce qu'ils sont *simples* ; le *simple* en effet est tel que, excluant toute composition et toute partie, ou on le connaît tout entier et sans restriction, ou on l'ignore totalement : « nam si de illa (natura simplici) vel minimum quid mente attingamus, quod profecto necessarium est, cum de eadem nos aliquid judicare supponatur, ex hoc ipso concludendum est nos illam totam cognoscere : neque enim aliter simplex dici posset, sed composita ex hoc quod in illa percipimus, et ex eo quod judicamus nos ignorare [2] ».

Toute chance d'erreur est donc exclue de l'intuition ; et, comme nous le rappelions un peu plus haut, on peut l'omettre et laisser passer l'occasion d'acquérir une con-

1. *Reg.*, III, p. 10.
2. *Id.*, XII, p. 52.

naissance intuitive ; mais placé en face de cette connaissance aucun esprit ne peut s'y tromper. Aux éléments simples, connus par une intuition primitive et infaillible, ou évidente, Descartes a donné dans les *Regulae* le nom de *natures simples*, ou *pures* (*naturas puras et simplices*), et son avis est qu'elles sont en petit nombre, si du moins on entend par là celles qui sont *maxime simplices*, celles qui sont strictement primitives et ne dépendent d'aucune autre (*quas primo et per se, non dependenter ab aliis ullis, licet intueri*) [1] ; elles sont cependant plus nombreuses qu'on ne le croit d'ordinaire, et suffisent à démontrer avec certitude un nombre infini de propositions (*atque tales sufficere ad innumeras propositiones certo demonstrandas* [2]). Descartes, dans la règle VI, les ramène à une double origine, soit à l'expérience, soit à la lumière naturelle ou à la raison (*quas vel in ipsis experimentis, vel lumine quodam in nobis insito licet intueri*) ; mais il n'est pas douteux que les plus importantes à ses yeux ne soient dues à la raison ; pour la pensée ce sont des *absolus*, qu'il appelle à plusieurs reprises « prima rationis humanae rudimenta [3] », « prima quaedam veritatum semina humanis ingeniis a Natura insita [4] », premiers germes de pensées utiles, qui ont parfois dans l'histoire produit des fruits spontanés, comme nous en avons la preuve dans les sciences les plus claires et les plus faciles de toutes, l'arithmétique et la géométrie [5], lesquelles nous ont été transmises par les anciens.

Cependant si les natures simples ont dans la connaissance une importance capitale, et si dans chaque ordre de recherches il importe de les découvrir et de les déterminer

---

1. *Id.*, VI, p. 22.
2. *Id.*, II, p. 5.
3. P. 14 en bas.
4. P. 16.
5. IV, p. 13 : « Habet enim humana mens nescio quid divini, in quo prima cogitationum utilium semina ita jacta sunt, ut sæpe, quantumvis neglecta et transversis studiis suffocata, spontaneam frugem producant. Quod experimur in facillimis scientiarum Arithmetica et Geometria, etc. »

avec soin (has dicimus diligenter esse observandas), l'objet principal de la science est d'en déduire les vérités qui s'y rapportent, et ces vérités ou propositions, au dire de Descartes, sont innombrables. L'intuition, en ce sens, a en quelque sorte sa fin, du moins dans notre condition humaine, dans la déduction. Or, comment, selon Descartes, se fait la déduction ? Elle se fait en allant d'un premier terme, donné par intuition, ou d'une nature simple, à un second inféré du premier (deductionem, sive illationem puram unius ab altero [1]). Mais ici deux remarques s'imposent : la première est que si le second terme s'offrait purement et simplement *après* le premier, il se pourrait qu'il y eût une seconde intuition, mais pas de déduction ; déduire une chose d'une autre, cela ne fait aucun doute, c'est inférer *nécessairement* un terme d'un autre terme : l'objet véritable de la déduction est donc bien moins, semble-t-il, le second terme que la *nécessité* qui le lie au premier, ou plus exactement, ce n'est le second terme que dans la liaison nécessaire qui le fait sortir du premier, et qui en quelque sorte le produit. Et nous disons que cette liaison, et non pas le premier terme, produit le terme déduit, parce qu'il est impossible que du premier terme ou de la nature simple, il sorte *analytiquement*[2] quoi que ce soit ; et c'est la seconde remarque que nous avions en vue : du simple, en effet, Descartes a dit que nous savons d'emblée tout ce que nous en pouvons savoir ; c'est même pour cela qu'il est le *simple* et qu'il est objet d'intuition. Dans l'*illatio* ou inférence cartésienne, malgré l'identité des mots, il n'y a donc rien de commun avec l'inférence, même immédiate, des scolastiques. Le terme qui vient *après* le premier, n'en saurait sortir par l'analyse, n'y étant point contenu ; et pourtant il ne vient pas seulement *après* le premier, puisqu'il s'en déduit nécessairement : il reste qu'il y soit rattaché par un lien qui en quelque sorte s'y surajoute, par un *nexus* (mutuum illorum inter se

1. II, p. 7.
2. Terme moderne que nous avons le droit d'employer.

nexum¹), par une *connexion* nécessaire (necessarias illarum inter se connexiones ²), par un *rapport* qu'il faut considérer à part.

Descartes a donné dans la règle VI un développement de ces vues qui ne laisse aucun doute ni sur l'importance qu'il leur attribuait, ni sur l'interprétation que nous en proposons : on peut dire, en effet, de cette règle, qu'elle est l'exposition d'une théorie de la connaissance singulièrement originale et forte fondée sur l'idée de *rapport* ou de *relation*, et qu'elle contient à ce titre tout le secret de la méthode cartésienne en ce qu'elle a d'universel et par conséquent d'applicable à tous les objets de la connaissance humaine. Lorsque nous comparons les choses entre elles, dit Descartes, pour découvrir de quelle manière la connaissance des unes dépend de la connaissance des autres, nous pouvons appeler les unes absolues (*absolutas*) et les autres relatives (*respectivas*). Et voici maintenant la définition de ces termes : « J'entends par absolu (*absolutum*) tout ce qui contient en soi la nature pure et simple sur laquelle porte la question, par exemple tout ce qui est considéré comme indépendant, comme cause, comme simple, universel, un, égal, semblable, droit, et les autres choses du même genre ; je l'appelle encore ce qu'il y a de plus simple et de plus facile (en chaque question), et ce qui sert à la résoudre³. » Par opposition « le relatif (*respectivum*) est ce qui contient cette même nature, ou qui du moins en participe en quelque chose, par où elle peut être rapportée à l'absolu (*secundum quod ad absolutum potest referri*) et en être déduite par une certaine série (*per quamdam seriem*) » ; et Descartes ajoute aussitôt cette remarquable observation : le *relatif* ne contient pas seulement l'*absolu* ou la nature simple, « il enveloppe en outre dans son concept d'autres éléments (*alia quaedam*) que j'appelle des *rapports* (*quae* RESPECTUS *appello*) » ; puis il développe

---

1. VI, p. 21.
2. Connexiones, p. 55.
3. *Reg.*, VI ; « Absolutum voco quidquid, etc. »

sa pensée en donnant une liste de *relatifs* exactement corrélative de la liste des *absolus* : « Est relatif tout ce qui est dépendant, ce qui est effet, ce qui est composé, particulier, multiple, inégal, dissemblable, oblique, etc. ; et ces *relatifs* sont d'autant plus éloignés des *absolus*, qu'ils contiennent un plus grand nombre de rapports en subordination réciproque (*quo plures ejusmodi respectus sibi invicem subordinatos continent* [1]). »

Ce premier texte ne laisse aucun doute sur l'importance attachée par Descartes à ce qu'il appelle, d'un mot latin auquel il est, croyons-nous, le premier à donner une signification aussi forte, un *respectus*, en français, une *relation* ou un *rapport* ; mais voici qui achève de donner à sa pensée la dernière précision : ces rapports qui relient le relatif à l'absolu, nous ne devons pas nous contenter d'en apercevoir vaguement la continuité, et de constater qu'ils sont, selon les cas, plus ou moins nombreux : nous devons les déterminer avec soin, « les distinguer tous, et observer leur connexion mutuelle et leur ordre naturel, de telle sorte que nous puissions aller du dernier au premier, c'est-à-dire à celui qui est le plus absolu, en passant par tous les autres [2] ». Il y a plus, nous devons en fixer le nombre : « Les natures relatives, en effet, dit Descartes, ne peuvent être connues autrement qu'en les déduisant des natures simples, et cela, soit d'une manière immédiate (*immediate et proxime*), soit par deux ou trois ou plusieurs conclusions distinctes, dont le nombre doit être noté (*quarum numerus etiam est notandus*), afin de reconnaître si les natures relatives sont éloignées de la proposition primitive et simple d'un nombre plus ou moins grand de degrés ; et tel est partout l'enchaînement des conséquences (*consequentiarum contextus*), d'où naissent les *séries* des objets de nos recherches, séries auxquelles toute question doit être ramenée, si l'on veut la soumettre à une méthode rigoureuse [3]. »

---

1. *Reg.* : « Respectivum vero est, etc. »
2. *Id.*, VI : « quos omnes distinguendos, etc. »
3. *Id.* « Cæteræ autem omnes non aliter, etc. »

Soit par exemple 3 et 6 les deux premiers termes d'une progression géométrique ; rien n'est plus simple que d'en déterminer le troisième par déduction ; il suffit de noter que 6 est le double de 3, et de trouver le double de 6 qui est 12 ; de même on déterminera le quatrième qui est 24, ou le double de 12, le cinquième qui est 48 ou le double de 24, et le $n + 1^{me}$ qui est le double du n^{me}. Mais quel enseignement nous est donné par cet exemple ? C'est d'abord que chaque terme de la progression, sauf le premier, est déterminé par le rapport qui le lie au précédent, et qu'on appelle d'ailleurs la *ratio* ou *raison* de la progression ; c'est en second lieu que la répétition du *respectus* fondamental ou de la raison dispose en *série* la suite des termes de la progression, qu'elle en pourrait donner tous les termes, et que ces termes sont innombrables ; et c'est enfin qu'il est nécessaire, mais qu'il suffit, pour trouver un terme n quelconque de la progression, de compter le nombre (n-1) des *respectus* qui le séparent du premier, et d'en déterminer la valeur, en l'ajoutant à celle du premier. La conséquence remarquable de ces observations, c'est que, sauf un terme de la série, le premier, posé par un choix de l'esprit ou autrement, tous les autres n'ont pour ainsi dire aucune existence par eux-mêmes, ou que du moins ils ne la tiennent, le second que du premier terme et d'un *respectus*, le troisième que du premier terme et de *deux respectus*, le quatrième que du premier terme et de *trois respectus*, et ainsi de suite à l'infini. Descartes n'exagérait donc pas l'importance de la règle qui prescrit de compter les rapports qui séparent toute chose relative ou respective de l'absolu correspondant ; mais cette règle suppose que les rapports sont *plutôt* et sont *plus* que les termes, exception faite du terme initial ; et lorsqu'on songe qu'ils ont en outre une existence indépendante des termes qu'ils unissent, sans excepter le premier, on est conduit à cette conséquence inévitable que pour un nombre relativement restreint et en tout cas fini de premiers termes ou d'absolus, nous pensons un nombre infini de rapports, qui occupent ainsi dans la connaissance humaine une place prépondérante.

Allons plus loin : Descartes nous ouvre cette perspective que l'absolu dans chaque série n'est pas toujours lui-même un *absolu*, et que peut-être il n'en est qu'un fort petit nombre qui ne soient réductibles à quelque relation : au moment même où il rappelle que tout le secret de l'art consiste à tourner en toutes choses son attention sur ce qu'il y a de plus absolu (*illud* MAXIME *absolutum*), il ne peut s'empêcher de remarquer que telles natures, sous un point de vue, sont plus absolues que d'autres (MAGIS *absoluta*), mais que sous un autre, elles sont plus relatives (MAGIS *respectiva*) ; et il donne l'exemple de l'universel qui à la vérité est plus absolu que le particulier, parce qu'il possède une nature plus simple, mais qui peut être considéré comme plus relatif, parce que son existence dépend de celle des individus [1]. Encore ici cette relativité en quelque sorte réversible dépend-elle d'un point de vue de l'esprit : dans d'autres cas, certains termes sont vraiment plus absolus que d'autres (*sunt vere magis absoluta*), mais ne sont pas en toute rigueur les plus absolus (*nondum tamen omnium* MAXIME) : telle l'espèce qui est un absolu, si nous songeons aux individus, et qui est un relatif, si nous songeons au genre ; ou encore, dans l'ordre des choses mesurables, l'étendue, qui par rapport à ces choses est un absolu, mais qui n'est qu'un relatif par rapport à la longueur. Et Descartes, tirant tout d'un coup la conséquence de ces remarques, et faisant observer que ce qui importe, c'est beaucoup moins l'étude de chaque nature et de chaque terme pris à part (*uniuscujusque naturam, naturas solitarias*) que les séries elles-mêmes et les rapports qui les constituent, déclare qu'il a compté à dessein parmi les absolus la *cause*, l'*égalité*, et autres natures semblables,

---

1. *Reg.*, VI, p. 21 : « universale quidem magis absolutum est quam particulare, quia naturam habet magis simplicem, sed eodem dici potest magis respectivum, quia ab individuis dependet ut existat. »

quoique leur nature soit vraiment respective (*quamvis eorum natura vere sit respectiva*). Et si nous nous reportons à la liste des natures simples citée plus haut, quelles natures y trouvons-nous citées en effet qui puissent être comprises autrement que comme des relations, et dont Descartes n'eût pu dire ce qu'il dit de la *cause* et de l'*égalité*, qu'il les a choisies comme telles à dessein (*de industria*) et de propos délibéré, pour les ranger cependant parmi les absolus.

Ainsi, dans toute la règle VI que nous venons de commenter, Descartes ne dément pas une seule fois cette proposition qu'il tient pour nécessaire, que toute série devrait nous reporter, si nous poussions la régression jusqu'au bout, à un terme rigoureusement absolu (MAXIME *absolutum*); mais en fait, et dans la pratique de la science, nous n'avons jamais à remonter jusque-là : les termes les plus élevés auxquels la science nous reporte sont des relations très caractéristiques, mais toujours des relations ; et Descartes était trop mathématicien pour ne pas sentir, par exemple, que dans les sciences de la grandeur, ce n'est pas la grandeur même ou telle grandeur que nous définissons, mais la relation d'*égalité* propre à cette grandeur, et que cette relation la caractérise de telle sorte que nous n'avons rien de plus à demander, et qu'elle suffit pour établir les séries de propositions bien enchaînées qui constituent la science de cette grandeur. Ainsi la relation d'égalité joue le rôle d'un absolu, à quoi nous rapportons, pour les mesurer, les inégalités : « *aequalia sibi invicem correspondent, sed quae inaequalia sunt, non agnoscimus, nisi per comparationem ad aequalia, et non contra*[1] ». Et de même en est-il de l'*unité*, du *semblable*, du *droit* (rectum), qui épuisent, avec l'*indépendant*, la *cause*, le *simple*, l'*universel*, la liste des natures simples de la règle VI.

Les mathématiciens modernes appuient sur les mêmes raisons leur doctrine de la relativité essentielle des gran-

---

[1] P. 22.

deurs, relativité qu'il ne faut nullement prendre en un sens sceptique, et qui signifie uniquement que la mathématique est une science des relations ; on voit que Descartes sur ce point, comme sur tant d'autres, est resté leur maître, et qu'il a, peut-être le premier, établi cette importante vérité.

Mais par là, et c'est, pour le moment, ce qui nous intéresse, il a entièrement renouvelé la théorie de la connaissance. Auparavant, les logiciens n'accordaient à la notion de rapport ou de relation qu'un rôle très effacé : entre deux termes, assurément, ils reconnaissaient bien qu'il existe une liaison, et la proposition ou énonciation était précisément pour eux l'affirmation ou la négation de cette liaison. Mais les termes avaient à leurs yeux une telle importance qu'il suffisait de les poser pour que la liaison fût posée du même coup ; par exemple, dans la proposition « tout homme est mortel », quiconque comprend la signification de « homme » et celle de « mortel », soit d'ailleurs qu'il pense ces termes en extension ou en compréhension, c'est-à-dire comme des classes (des *espèces* et des *genres*) ou avec tous leurs caractères significatifs, sait d'avance que tout individu appartenant à la classe « homme » appartient en même temps à la classe « mortel », ou qu'il manquerait à cet individu pour être un « homme » ou pour être « homme » un des attributs caractéristiques de l' « humanité », si on lui refusait la qualification de « mortel ». L'énonciation ou la proposition est donc une opération logique qui peut avoir son utilité pratique ; elle rend *explicite* entre deux termes une relation qui n'était d'abord qu'*implicite* ; mais elle est en elle-même presque superflue ; et écrire AB, comme l'a d'ailleurs proposé de nos jours une école de logique symbolique, semblerait devoir suffire, si l'on désigne par A et B les deux termes d'un rapport, pour expliquer symboliquement le rapport lui-même, puisque sa nature dérive nécessairement et immédiatement de la nature de A et de la nature de B. Mais soutenir qu'elle en dérive à ce point, c'est une autre manière d'affirmer qu'elle y était contenue d'avance, et qu'elle en dérive *analytiquement*.

Or, avec une telle doctrine, celle de Descartes est rigoureusement incompatible ; les textes que nous avons cités établissent en effet que la relation est tout à la fois indépendante du second terme, indépendante du premier, et par conséquent indépendante du premier et du second réunis. Elle est indépendante du second terme : car dans l'exemple que donne Descartes d'une progression géométrique 3, 6, 12, 24, etc., peut-être le terme 6 comparé au terme 3 révèle-t-il à un lecteur de la série que la *raison* de la progression est 2 ; mais le moment où la série est *lue* dépend d'un autre qui importe davantage et même qui seul importe, c'est le moment où la série fut *établie* et *constituée* : or à ce moment décisif, l'existence de 6, comme l'existence de 12, de 24, etc., a dépendu de la *raison*, et non point la *raison* de l'existence de 6. — Elle est de même indépendante du premier ; car du premier, cela est évident, ne *sort* ni la *raison*, ni *a fortiori* le second terme, comme, par exemple, du terme « homme » entièrement compris, devaient *sortir*, en compréhension, le terme « mortel », ou du terme « mortel » en extension, le terme « homme » et leur liaison. — Elle est indépendante enfin de la réunion (ou juxtaposition) du premier et du second ; car bien que Descartes ait pu sembler dire qu'une fois découvert que 6 est le double de 3, il m'est loisible de déterminer 12 qui est le double de 6, 24 qui est le double de 12, etc., etc., et qu'ainsi la découverte de la *raison*, obtenue par la comparaison de 3 et de 6, a été la condition des déductions ultérieures, nous répétons qu'il en est ainsi pour le *lecteur* des termes de la progression une fois donnée, mais non pour celui qui *donne* la progression, et qui ne peut la *donner* qu'en s'en donnant d'abord la *raison*, indépendamment des termes qu'elle engendre, et même du premier. La relation prend ainsi chez Descartes la valeur d'une chose non incluse dans les termes, mais la valeur d'une chose qui leur est en quelque sorte extérieure, qui en tout cas leur est supérieure, puisque, sauf le premier, elle les fait être et les engendre ; et cette interversion des idées de l'École n'a rien en soi qui soit inacceptable, quoiqu'elle porte en germe toute la révolution cartésienne : l'École mettait au premier rang les *notions* ou les termes, dont elle demandait d'ailleurs l'origine et la formation à une abstraction généralisatrice parfaitement stérile, et elle en dérivait alors une théorie du jugement et du raisonnement, qui a fait les preuves historiques de son insignifiance. Descartes a fait le contraire : au premier rang, ce qu'il met, c'est le *jugement*, c'est l'opération qui, posé un premier terme, d'ailleurs par lui-même absolument stérile, lui donne un complément et une fécondité par la relation, qui est l'âme du jugement. Penser, pour l'esprit, c'est premièrement et avant tout *juger* : malgré l'apparence paradoxale d'une telle proposition, avec le jugement *commence*, et avec le jugement *finit* la véritable connaissance ; avec le jugement elle commence, car avant lui il n'y a pas de concepts, et on peut dire que les concepts en sont plutôt les suites qu'ils n'en sont les principes : et avec le jugement elle finit, car l'opération de l'esprit qui pose une relation et qui, ne l'oublions point, pour Descartes, est une déduction, *illatio pura unius ab altero*, est une opération à deux termes ; elle n'est donc point un raisonnement qui en suppose trois, du moins au sens scolastique du mot ; et elle épuise momentanément tout le sens et toute la portée d'un déduction complète : pour déduire 6 de 3, il ne faut à la vérité qu'une relation et qu'un jugement ; que si ensuite je déduis 12 de 6, puis 24 de 12, cela prouve qu'une seule déduction n'épuise point la puissance de l'esprit, et qu'au contraire cette puissance est telle qu'elle s'étend comme d'elle-même, sans obstacle assignable, sur un nombre infini de déductions et de termes, mais cela ne prouve point qu'une seconde déduction, ou une troisième ou enfin une n^{me} soit d'une autre nature que la première, et conséquemment d'une autre nature qu'un jugement. Elle est, si l'on veut, un enchaînement de jugements, mais un enchaînement qui va à l'infini ; elle n'est point cette opération à trois termes que l'École appelait un syllogisme et qui est, par elle-même, une chose fermée, ayant sa borne et son arrêt dans une conclusion [1].

Descartes, on ne le remarque pas toujours, est revenu à plusieurs reprises dans les *Regulæ* sur cette observation, que la déduction mathématique est essentiellement une opération à deux termes, ou, comme il dit volontiers, une comparaison de deux termes, et par conséquent un jugement ; et il est rare que cette observation, lorsqu'elle vient à se produire, ne soit point accompagnée d'une critique du syllogisme, tant elle est intimement liée à ce qui distingue le plus profondément la logique de Descartes de la logique de l'École. Nous ne faisons pas, dit Descartes au début de la XIII° règle, ce que font les dialecticiens ; nous ne distinguons pas, comme eux, deux extrêmes et un moyen : si, par exemple, nous comparons en acoustique trois cordes, A, B, C qui rendent le même son [2], B ayant d'une part même longueur que A, mais densité double et poids extenseur double, et C ayant d'autre part même densité que A, mais longueur double et poids extenseur quadruple, la comparaison ne se fait point de A à B par l'intermédiaire de C, ou de A à C par l'intermédiaire de B, ou de B à C par l'intermédiaire de A ; elle se fait au contraire successivement et séparément, de A à B, puis de A à C, et en outre, s'il y avait lieu, de A à D, à E, à F, etc., jusqu'à ce que l'esprit enveloppe toutes ces comparaisons séparées et les rapports qu'elles déterminent dans une énumération complète ou suffisante [3]. L'énumération cartésienne, nous le verrons plus loin, est la seule opération qui s'ajoute au jugement, pour l'enchaîner à d'autres jugements ; mais en s'y ajoutant, elle n'en fait nullement une autre opération, distincte de la première comme chez Aristote et les scolastiques le syllogisme de la proposition ;

---

1. Récurrence, induction complète ou mathématique.
2. P. 60.
3. P. 61.

aller du premier au $n^{ième}$ terme d'une série par *énumération* ou par un mouvement continu de l'esprit, c'est lier et réunir dans un rapport unique la somme des rapports des jugements séparés, et c'est produire un jugement nouveau, non moins original que les jugements précédents et au fond de même nature, tandis que la conclusion dans un vrai syllogisme ne fait que transférer sur le plus petit extrême, grâce à l'interposition du moyen, une affirmation déjà vraie du moyen, et partant n'ajoute rien à notre connaissance. Le syllogisme plus complexe est donc moins qu'un jugement, parce qu'il n'est que le transfert sur le petit extrême d'un rapport déjà connu, d'une connaissance acquise ; l'énumération, au contraire, qui n'est qu'un jugement, est une somme de rapports (de A à B, de B à C, de C à D, de D à... n), qui constitue comme telle un rapport tout nouveau (rapport unique et direct de A à n) et en définitive une connaissance nouvelle. Le syllogisme est donc un instrument stérile, bon tout au plus pour enseigner aux autres ce que l'on sait déjà, artifice de rhétorique et non pas procédé d'invention, tandis que l'énumération, jugement qui condense en un rapport unique une somme de rapports et qui les organise, produit une connaissance et constitue, avec la déduction dont elle est le développement, un véritable *ars inveniendi*. Au passage que nous venons de citer, il faut en ajouter un autre de la règle XIV, aussi explicite que le premier : Descartes y insiste sur la valeur démonstrative de la « simple comparaison », du moins lorsqu'il s'agit de la similitude ou de l'égalité des grandeurs, et il conclut avec force que dans tout raisonnement ce n'est que *par comparaison* que nous connaissons la vérité avec précision : « adeo ut in omni ratiocinatione per comparationem tantum veritatem agnoscamus[1] ». A l'appui de cette vue, il donne un exemple qui sonne, il est vrai, comme un syllogisme : tout A est B, tout B est C, donc tout A est C ; et il ajoute : « comparantur inter se

---

1. P. 67.

quaesitum et datum, nempe A et C, secundum hoc quod utrumque sit B »; mais il sent, plus, à vrai dire, qu'il ne l'explique, entre le procédé comparatif qu'il décrit et le syllogisme une telle différence, qu'il s'empresse de nouveau à marquer sa répugnance pour ce dernier, et recommande au lecteur, comme une chose indispensable, d'en rejeter l'usage, pour ne s'attacher en dehors de l'intuition simple (*purum unius rei solitariae intuitum*) qu'à la comparaison de deux termes ou de plus de deux termes entre eux (*omnem cognitionem... haberi per comparationem duorum aut plurium inter se* [1]).

Enfin nous citerons comme troisième document la fin de cette même règle XIV : Descartes y rappelle que les mathématiques ne considèrent que deux objets, l'ordre et la mesure. Pour ce qui est de l'ordre, dit-il, et des séries bien ordonnées, les termes y sortent pour ainsi dire les uns des autres (*unae ad alias referuntur ex se solis*), sans qu'il soit nécessaire de faire intervenir un troisième terme ou moyen [2]. Autrement en est-il de la mesure, qui exige un moyen terme : car si je veux connaître la proportion exacte qui existe entre les grandeurs 2 et 3, je n'y puis parvenir sans considérer un troisième terme [3], à savoir l'unité, commune mesure des deux grandeurs proposées. La mesure des grandeurs semblerait donc ne pouvoir être accomplie que par un syllogisme, tant s'en faut que le syllogisme repoussé par Descartes en toute occasion comme forme sinon légitime, du moins utile de raisonnement, puisse être exclu même des mathématiques. Mais ne nous laissons point tromper par une apparence : le moyen terme du syllogisme est une espèce, servant d'intermédiaire entre une espèce plus basse et un genre plus élevé (subsomption); et, à vrai dire, il n'y a pas de raisonnement syllogistique qui puisse se faire sans moyen terme, et qui,

---

1. *Reg.*, XIV, p. 67. « Sed quia... syllogismorum formae nihil juvant, etc. »

2. *Id.*, p. 76 : « Agnosco enim quis sit ordo inter A et B, nullo alio considerato praeter utrumque extremum. »

3 P. 76.

conséquemment, n'ait avec précision trois termes, pas un de plus, pas un de moins. Or, dans la mesure des grandeurs, l'unité ne sert point à opérer la subsomption du petit terme sous le grand, et il n'y a, à vrai dire, ni petit terme, ni grand terme, ce qui ôte à l'unité tout pouvoir de jouer, dans cette opération, le rôle d'un véritable moyen terme. Au reste, s'il n'y a de syllogisme vrai que là où il existe un moyen terme et *par* le moyen terme, Descartes insiste tout le premier sur une raison profonde qui exclut le syllogisme même de la mesure des grandeurs. « Il faut savoir, écrit-il à la suite des passages que nous venons de citer, que les grandeurs continues (*et mesurables* [1]), grâce au choix d'une unité auxiliaire, peuvent être réduites parfois à la forme des grandeurs numériques (*ad multitudinem*) et qu'elles le peuvent toujours tout au moins en partie ; or (après cette réduction [2]), le nombre des unités (*multitudinem unitatum*) peut être disposé dans un *ordre* [3] tel que la difficulté attachée à la connaissance de la mesure ne dépend plus que de la seule inspection de l'ordre », et par conséquent, ajouterons-nous, si nous nous rappelons les conditions de la déduction relative à l'ordre, énoncées par Descartes quelques lignes plus haut, n'exige plus aucun troisième terme, et par conséquent ne dépend au fond d'aucun syllogisme.

Pargny, 3 juillet 1905.

1. J'ajoute « et mesurables ».
2. Ajouté par moi.
3. Je souligne.

LA PREUVE
ONTOLOGIQUE CARTÉSIENNE

DÉFENDUE CONTRE

LA CRITIQUE DE LEIBNITZ[1]

I

Des diverses critiques dirigées par Leibnitz contre la philosophie de Descartes, l'une des plus remarquées est celle qu'il a faite de la célèbre preuve de l'existence de Dieu, développée dans la *cinquième Méditation*. Ce n'est pas que cette preuve lui parût manquer de force : dans sa philosophie définitive on peut dire au contraire qu'elle occupe le premier rang, et que toutes les autres, sans elle (notamment la preuve *a contingentia mundi*), resteraient incomplètes ou même sans valeur. Mais dès qu'il en eut pris connaissance, lors d'une première lecture approfondie qu'il fit à Paris des œuvres de Descartes, s'il fut frappé de ce qu'elle renfermait d'excellent, il le fut en même temps d'un défaut radical qu'il prétendait y voir, et qu'il a maintes fois relevé en ces termes : la première condition pour que de l'idée d'un être souverainement parfait on puisse légitimement déduire qu'il existe, c'est qu'une telle idée n'enveloppe aucune contradiction, ou, ce qui revient au même dans la pensée de Leibnitz, c'est que Dieu soit possible[2].

---

[1]. Extrait de la *Revue de Métaphysique et de Morale*, numéro de juillet 1896.
[2]. Voy. notamment *Colloquium cum Eccardo* de 1677, Gerhardt, *Philos. Schriften*, t. I, p. 213 sqq ; — diverses pièces contre le cartésianisme, IV, p. 293, 359, 402 sqq ; — enfin *Meditationes de Cognitione...*, p. 424.

En un tel sujet, moins qu'en aucun autre, un préjugé favorable, tiré de l'apparente clarté de la notion du parfait, ne saurait suffire : et Leibnitz à ce propos cite les notions en apparence très claires, et pourtant contradictoires, du « plus grand de tous les cercles » et du « mouvement de la dernière vitesse [1] ». De la possibilité de Dieu, c'est donc une preuve en règle qu'il fallait apporter : et c'est ce dont Descartes, abusé par le critère insuffisant de la clarté de nos idées [2], a commis la faute grave de ne point se soucier.

De là vient que sa démonstration a pu passer pour un sophisme aux yeux de quelques-uns. L'accusation est excessive. Tout ce qu'on en peut dire, c'est qu'elle est imparfaite [3].

Mais en y ajoutant le complément nécessaire, on peut en outre la débarrasser d'une complication qui la rend vulnérable sur un autre point, et lui donner à la fois plus de simplicité et de solidité. Descartes raisonne ainsi : l'être dont j'ai l'idée est l'être tout parfait, c'est-à-dire un être dont la nature enveloppe toutes les perfections ; or l'existence en est une ; donc à la nature d'un tel être appartient l'existence. Mais, devançant ici la critique de Kant, Leibnitz demande dès 1677 [4] la preuve de la mineure, et la déclare impossible : à moins d'aller jusqu'à soutenir, comme semblent l'avoir fait certains cartésiens, et notamment Eckhard, l'interlocuteur (en 1677) et le correspondant de Leibnitz, que l'existence est la perfection même et le néant l'imperfection (*ens perfectum est ens purum, quod nullo modo est non-ens*) [5], il faut renoncer à saisir aucun lien d'identité, aucun lien analytique entre l'être et le parfait. La perfection n'est pas, ainsi que le dit Leibnitz en une formule frappante, dans le fait brutal d'être ; autre-

---

1. Gerhardt, IV, p. 293 sq. — Cf. p. 359 et 424.
2. Voy. à ce sujet les *Meditationes de Cognitione, Veritate et Ideis*, de 1684. Gerhardt, IV, p. 422.
3. *Loc. cit.*, p. 292, 293 et 405.
4. *Colloquium cum Eccardo, loc. cit.*, p. 212, et les lettres qui suivent.
5. Gerh., I, p. 215.

ment la pierre qui existe l'emporterait en perfection sur l'homme seulement possible, ou la douleur présente sur le plaisir absent ; elle consiste dans la bonté intrinsèque de l'être réalisé : « *non esse, sed bene esse perfectio est*[1]. » Bref, pour qui se rend compte qu'il n'y a d'existant que ce qui fut d'abord possible, et qu'à la richesse intrinsèque du possible ou de l'essence l'existence n'ajoute rien, mais que seulement elle l'actualise, il est clair que l'esprit ne saurait rien saisir de plus dans l'existant que dans le pur possible. L'être tout parfait possible est donc égal en perfection à l'être tout parfait existant ; et de l'idée que nous avons de la toute perfection, nous ne saurions tirer ce qu'elle ne contient pas, à savoir l'existence.

Il y a donc un intérêt majeur à dégager la preuve cartésienne d'une notion qui la rend précaire et qui, au surplus, est tout à fait inutile. Dieu en effet ne nous apparaît pas seulement comme l'être tout parfait ; nous le connaissons aussi comme l'être dont l'essence implique l'existence ; et l'idée de perfection n'avait même d'autre objet, dans la pensée de Descartes, que de nous faire saisir la liaison indissoluble, dans la nature de Dieu, de l'essence et de l'existence. Mais si nous y échouons, par cet intermédiaire, qu'avons-nous donc besoin aussi d'y recourir? De l'être dont l'essence implique l'existence, ou de l'être par soi (*ens a se, ens necessarium*), nous n'avons pas moins la notion, opposée à l'idée de l'être par autrui, que nous n'avons celle de l'être tout parfait ou infini, opposée à l'idée de l'imparfait et du fini. Omettons donc l'idée de perfection[2], inutile à la preuve, et raisonnons de la manière suivante :

Ens, de cujus essentia est existentia, necessario existit;
Deus est ens, de cujus essentia est existentia;

---

1. *Ibid.*, p. 221. Voir l'exposé très exact et complet de toute cette discussion dans la thèse latine de M. Mabilleau, *De perfectione apud Leibnitium*, Paris, 1881, p. 4, sqq.
2. Cette omission de l'idée de perfection, Leibnitz la réclame à maintes reprises : voy. Gerhardt, I, p. 213 (1677), IV, p. 359 (un peu avant 1692), p. 402 (1700), etc.

Ergo Deus necessario existit.

On a fait honneur à Leibnitz, non sans raison assurément, d'avoir remarqué la nature synthétique du jugement qui affirme l'existence nécessaire de l'être tout parfait. Est-ce à dire qu'il y ait vu, comme il semble qu'on ait été aussi tenté de le soutenir, le fondement véritable de la preuve ontologique, fondement qui serait resté inaperçu de Descartes et qu'il aurait le premier solidement établi ? L'exposé qui précède rend cette thèse difficile à défendre. Car à quoi tend tout l'effort de Leibnitz ? non à coup sûr à concentrer la preuve dans cette première synthèse, mais au contraire à l'en débarrasser, comme d'un élément qui ne peut qu'en ruiner la force démonstrative. La vraie démonstration, c'est l'opinion bien connue de Leibnitz, n'emploie que des propositions analytiques ou identiques : et aussi bien, quand il exclut de la preuve la notion cartésienne de la perfection pour y substituer celle de l'Être par soi, sa correction n'a d'autre effet que de rendre analytique au suprême degré l'argument cartésien, et d'en faire disparaître, du moins en apparence, toute trace de synthèse.

L'argument de Descartes avait donc ce défaut, que, même en démontrant la non-contradiction de l'idée du parfait, on ne passait point d'emblée à la conclusion de son existence. Les choses sont maintenant disposées de telle sorte qu'au contraire le passage s'effectue de lui-même, pourvu qu'on établisse la non-contradiction de l'idée de l'Être par soi. La preuve de l'existence de Dieu revêt ainsi une forme saisissante : pour prouver que Dieu existe, c'est assez de démontrer seulement qu'il est possible ; et, comme dit Leibnitz, nous disposons ici de l'unique *modale* [1] qui jouisse du privilège d'atteindre l'existence. Il y a plus, la présomption est telle en faveur de la possibilité soit de l'Être par soi, soit de l'Être tout parfait [2], qu'il faut presque prouver l'impossibilité de Dieu pour croire qu'il n'est pas.

1. Gerh., IV, pp. 402 et 406.
2. *Ibid.*, pp. 294 et 404.

Le mérite de Descartes est donc considérable, puisqu'il a élevé à un si haut degré la probabilité de l'existence de Dieu[1]; mais il l'eût élevée jusqu'à la certitude, si en vrai géomètre[2], il n'eût rien avancé qu'il n'eût pris garde tout d'abord de justifier pleinement.

II

Nous examinerons plus loin s'il était préférable, comme le soutient Leibnitz, de substituer dans l'argument à la notion du parfait celle de l'Être par soi, et si l'on faisait vraiment ainsi l'économie d'une preuve difficile, ou même d'une démarche superflue de l'esprit. Mais, en tout état de cause, et qu'on partît de la première ou de la seconde, le point capital, selon Leibnitz, était d'en montrer avant tout la possibilité. Il est temps de nous demander à présent pour quelle raison profonde ce devoir s'imposait, et s'il est juste d'accuser Descartes de s'y être soustrait ou même de l'avoir complètement méconnu.

A première vue, on est tenté de trouver excessive l'importance qu'attache Leibnitz à ce qui ne nous paraît être qu'une question de méthode, qu'une précaution logique. Établir qu'une notion n'est pas contradictoire, quand il s'agit de franchir le passage de la représentation au réel, d'une idée de l'esprit à son objet absolu, cela n'est pas inutile sans doute, puisque la contradiction ruinerait, même dans l'esprit, à plus forte raison dans sa portée objective, la valeur de l'idée ; mais que nous en soyons beaucoup plus avancés, que nous le soyons assez surtout pour que la preuve soit achevée et qu'elle ait la rigueur d'une preuve mathématique, c'est ce que nous avons d'abord quelque peine à comprendre. Mais c'est qu'aussi nous ne pouvons plus, sans nous faire violence, rentrer exactement dans la pensée de Leibnitz. Nous avons l'illu-

---

1. *Ibid.*, p. 406.
2. *Ibid.*, pp. 401, 402 et 405.

sion d'interpréter comme lui le principe d'identité, quand, après lui, nous répétons qu'il est la mesure du possible ; en fait, il n'en est rien ; car si nous faisons encore de la contradiction le signe de l'impossibilité, nous ne faisons plus, en revanche, de la non-contradiction celui de la possibilité : nous prononçons l'impossibilité absolue, radicale, hors de nous comme en nous, d'un triangle carré ; mais la parfaite convenance logique de la notion du triangle n'entraîne ni qu'il existe, ni même *qu'il soit possible qu'il existe, en fait,* un triangle conforme à la définition géométrique.

Il est donc clair que nous ne sommes plus placés au point de vue de Leibnitz : et ce qui nous sépare, c'est la portée qu'il donne, et que nous ne donnons plus, au logique et au vrai. Le vrai est, à ses yeux, la mesure même de l'être ; non sans doute que le vrai enveloppe nécessairement et toujours l'existence ; mais rien n'existe, en revanche, qui ne soit vrai d'abord ; et en ce sens le vrai exprime par avance toute la réalité de l'être, en même temps qu'il la fonde et qu'il la rend possible. *Réalité* et *possibilité* sont donc étroitement liées, et même le sont à ce point que, du point de vue du vrai et de la connaissance, à la *réalité* de l'essence, l'*existence* n'ajoute rien qui se puisse définir.

La vérité ainsi conçue n'est donc plus, à beaucoup près, ce que nous persistons à appeler du même nom : nous, modernes, depuis Kant, nous l'avons circonscrite dans les strictes limites de notre connaissance et de notre conscience, tandis que, pour Leibnitz, elle est, comme pour Descartes et comme pour Platon, l'intelligible même, l'éternel exemplaire de toute réalité, et même tout le Réel, qui ne passe qu'en partie à l'existence, bien loin que l'existence y ajoute jamais un complément quelconque. Mais par là même la vérité, mise hors de la conscience, n'est peut-être plus accessible à notre connaissance ; et il en serait ainsi, si Leibnitz ne posait, comme un postulat indiscutable, l'identité du logique et du vrai, du vrai, que nous connaissons, et de l'intelligible, auquel nous relient et duquel nous rapprochent les principes premiers de notre connaissance.

Entre l'idée et l'être un terme s'impose donc, que nous ne voyons plus, mais qui, aux yeux de Leibnitz, assurait au principe de contradiction une portée singulière. Ce terme, c'est l'*essence*, qui, étant vérité, vérité fragmentaire ou vérité totale, ne saurait être différente de notre vérité. Et si la condition de notre vérité est non seulement la clarté, mais la distinction de l'idée, disons mieux, la compatibilité vérifiée de tous ses éléments, la non-contradiction devient ainsi le signe que cette idée est vraie, qu'elle atteint une essence, et, de plus, dans l'essence, un possible réel, auquel il ne manque plus, dans la plupart des cas, pour être qu'une raison d'être. Sauf cette restriction, née de ce que, pour Leibnitz, pas plus d'ailleurs que pour Descartes, toute essence n'enveloppe pas l'existence nécessaire « mais seulement la possible », la non-contradiction d'une idée, quelle qu'elle soit, nous donnerait l'existence en même temps que l'essence. Et il va donc sans dire qu'elle nous la donne d'emblée, quand la nature de l'être défini est telle que l'existence fait partie de son essence. Telle est précisément la nature de Dieu ; et telle est la raison pour laquelle démontrer seulement qu'il est possible, c'est démontrer qu'il est.

La *possibilité réelle* ou, en un mot, l'essence, est donc l'intermédiaire que l'idée doit atteindre, sans quoi il n'y aurait pas de preuve ontologique. D'une idée de l'esprit et qui ne serait rien qu'une idée de l'esprit, on aurait beau tirer des prédicats sans nombre, ces prédicats resteraient des idées de l'esprit, d'où l'on ne pourrait rien conclure relativement à l'être. Et c'est précisément la critique que Descartes, dans sa *Réponse* à Catérus, adresse à saint Anselme, ou du moins à l'auteur qui, selon saint Thomas, prétendait démontrer l'existence de Dieu, pourvu seulement qu'on entendît pleinement « ce que signifie ce nom *Dieu* ». Voici l'argument, dans les termes mêmes où l'expose Descartes : « Lorsqu'on comprend et entend ce que signifie ce nom *Dieu*, on entend une chose telle que rien de plus grand ne peut être conçu ; mais c'est une chose plus grande d'être en effet et dans l'entendement, que d'être seulement dans l'entendement : donc, lorsqu'on comprend et entend ce que signifie ce nom *Dieu*, on entend que Dieu est en effet et dans l'entendement [1]. » A quoi Descartes riposte avec vivacité : « Où il y a une faute manifeste en la forme ; car on devait seulement conclure : donc, lorsqu'on comprend et entend ce que signifie ce nom *Dieu*, on entend *qu'il signifie* une chose qui est en effet et dans l'entendement ; or ce qui est signifié par un mot, ne paraît pas pour cela être vrai. » Ne nous y trompons pas : par signification d'un mot Descartes entend ici beaucoup plus que le mot, et il entend l'idée que le mot signifie ; mais nous avons deux sortes de notions : celles qui ont un objet dans une essence réelle, dans un intelligible, dans une vérité, qui sont vraies par là même (idées claires et distinctes), et dont Leibnitz dira que les définitions qu'on en peut donner sont *réelles ;* et celles qui, au contraire, n'ayant pas un tel objet, dépendent en quelque façon, sinon tout à fait, de l'arbitraire de l'esprit, et qui répondent aux définitions *nominales* [2] de Leibnitz. « Ce qui est signifié par un mot », c'est donc pour Descartes l'équivalent exact, en ce qui regarde du moins leur rapport avec l'être, de ce que nous appelons une idée de notre esprit, une représentation, en ce sens que nul n'a le droit d'inférer d'une *idée* rien qui puisse par là même être affirmé d'une *chose*. La seule différence est que toutes nos idées, pour nous, sont dans ce cas, tandis que, pour Descartes et tous ses successeurs jusqu'à Hume et surtout jusqu'à Kant, seules offrent ce défaut les idées qui enveloppent toujours, ou qui enveloppent encore, quelque obscurité ou quelque confusion.

Ainsi comprise, la riposte de Descartes, que nous venons de citer, devance la critique célèbre de Kant : si vous ne posez que l'idée, tout prédicat de l'idée, fût-ce l'existence,

---

1. *Rép. aux prem. obj.*, Cousin, I, p. 389.
2. Leibnitz, *Meditationes de Cognitione...*, Gerhardt, IV, pp. 424 sq.

n'appartient qu'à l'idée, mais nullement à la chose, et la tautologie est alors manifeste. En même temps que l'idée, il faut donc poser l'être que représente l'idée ; et Descartes souscrivait à cette obligation, que Kant dénonce comme une formelle pétition de principe ; mais ce n'en était pas une, dans la pensée de Descartes : car cet être qu'il pose en face de l'idée vraie n'est pas l'être existant, c'est l'être d'où relève la vérité de l'idée, à savoir la *nature* ou *l'essence*, et d'où relève aussi l'existence de la chose, au point qu'on peut enfin, mais alors seulement, affirmer de la *chose* ce qu'on a dû d'abord affirmer de sa *nature*. Et c'est ce que démontre d'une manière péremptoire l'argument qu'il oppose, comme étant le sien, à celui que nous venons de rappeler tout à l'heure : « Mais mon argument a été tel : Ce que nous concevons clairement et distinctement appartenir à la nature ou à l'essence ou à la forme immuable et vraie de quelque chose, cela peut être dit ou affirmé avec vérité de cette chose ; mais après que nous avons assez soigneusement recherché ce que c'est que Dieu, nous concevons clairement et distinctement qu'il appartient à sa vraie et immuable nature qu'il existe ; donc alors nous pouvons affirmer avec vérité qu'il existe ; ou du moins la conclusion est légitime [1]. »

Le postulat cartésien, qui lie à une nature immuable, à une essence, en un mot à l'intelligible, d'une part l'idée, élevée ainsi, quand elle est vraie, au rang d'*intuition intellectuelle*, d'autre part l'existence, à peine est-il besoin de faire remarquer que Kant le repousse de toutes ses forces, et que là, en effet, est le vice profond de la doctrine que nous examinons. Mais, le postulat admis (et il l'était sans discussion par tous les cartésiens), on ne peut pas soutenir que Descartes ait vu moins nettement que Leibnitz la condition première d'une preuve ontologique : cette condition *sine qua non*, c'est que l'idée, loin d'être la signification pure et simple d'un mot, soit représentative d'une

---

[1]. *Rép.*, Cousin, I, p. 389.

vraie et immuable nature ; c'est qu'elle enveloppe un possible ; c'est qu'elle soit claire et distincte, et par conséquent vraie ; c'est, à tout le moins, qu'elle n'enveloppe pas de contradiction. Et il serait étrange que Descartes eût omis, comme le lui reproche Leibnitz, cette preuve préalable de la possibilité de Dieu, sans laquelle, de son propre aveu, la question ne serait plus qu'une question de mots.

Or il y a, croyons-nous, satisfait, non pas en quelques mots, non pas comme en passant, mais par un long et méthodique effort, qui n'est autre que la preuve connue dans son système sous le nom de première preuve de l'existence de Dieu (par l'idée de l'infini ou du parfait). Au fond cette première preuve n'établit pas du tout l'existence de Dieu : elle ne le fait en tout cas que dans la mesure où la relation est telle, dans la nature de Dieu, de l'existence à l'essence, qu'établir la réalité de celle-ci, c'est établir la première par surcroît ; elle ne le fait, en un mot, que par la vertu cachée de l'argument ontologique, dont elle détermine, selon les vues très justes de Leibnitz, sinon dont elle épuise, la force démonstrative. Mais par elle-même elle ne va pas si loin : car de quoi s'y agit-il ? de rendre compte de la présence de l'idée du parfait ou de l'infini en nous, d'expliquer la richesse de son contenu, ou, comme dit Descartes, sa *réalité objective;* or, d'une idée, fût-elle infiniment riche, c'est avoir assigné une cause suffisante que d'avoir assigné la nature ou l'essence, réelle sans aucun doute, mais réelle à la manière dont le sont toutes les essences, qui en est l'exemplaire intelligible ou qui en est l'objet. A la réalité de l'essence, il faut le redire encore une fois, l'existence n'ajoute rien ; et à la causalité d'une telle cause, en tant que cause de l'idée, elle n'ajoute rien non plus. Si cela est manifeste pour l'essence du triangle, qui en explique l'idée, cela ne l'est pas moins pour l'essence de Dieu ; et, que Dieu soit ou ne soit pas [1], c'est

---

1. Descartes le sent très vivement lui-même, ainsi que le prouve ce texte de la 3ᵉ *Médit.*, Cousin, I, p. 281 : « Cette idée, dis-je, d'un être souverainement parfait et infini est très vraie ; car encore

avoir justifié l'idée que nous en avons d'une manière suffisante, que d'avoir assigné l'essence qu'elle représente et qui l'élève au rang d'intuition immédiate. Dépasser ces limites, c'est faire plus que ne comportent les conditions du problème ; mais fût-il arrivé, et c'est le cas de Descartes, qu'on les eût dépassées, encore ne le pouvait-on qu'en faisant l'indispensable, c'est-à-dire en s'élevant à l'essence par l'idée et en prouvant ainsi la possibilité de Dieu.

Or si l'on examine un à un les arguments de Descartes, dont l'ensemble constitue cette prétendue preuve de l'existence de Dieu, on verra qu'ils tendent tous, par leur caractère même, à démontrer seulement la portée de l'idée, c'est-à-dire à poser en face d'elle une essence, sans qu'aucun d'eux appelle en outre une existence.

Et à ce propos nous ferons une remarque préalable : la demande de Leibnitz, dans les termes où elle est faite, nous cache, à nous modernes, nous l'avons déjà dit, toute l'importance de ce qu'il réclamait. On l'a loué de l'avoir faite, mais bien plutôt pour l'embarras où il mettait ainsi tout partisan de l'*infini actuel*, que pour l'esprit dans lequel il la faisait ; car il n'est pas douteux que Leibnitz se flattait d'établir, quant à lui[1], que l'idée d'un Dieu être par soi, ou même d'un Dieu infini n'est pas contradictoire. Et c'en était assez, disait-il, pour croire qu'il existe, tant le logique était pour lui la mesure du vrai. Or qui donc souscrirait, de nos jours, à cette proposition et croirait qu'il suffit d'une non-contradiction pour avoir le droit de sortir de l'esprit ? Eh bien ! l'insuffisance de cette condition, nécessaire à coup sûr, semble avoir inspiré toute la recherche de Descartes : qu'une idée ne répugne point, c'est le moins évidemment qu'on puisse exiger d'elle, si l'on veut y trouver une raison légitime d'en induire le réel ; mais lorsque

---

que peut-être l'on puisse feindre qu'un tel être n'existe pas, on ne peut pas feindre néanmoins que *son idée ne me représente rien de réel*, comme j'ai tantôt dit de l'idée du froid. »

1. Voy. Gerhardt, IV, pp. 296, 404, 406.

tant d'idées qui ne sont point absurdes n'ont pourtant pas d'objet en dehors de l'esprit, est-ce assez, pour requérir une réalité actuelle et formelle qui soit cause de l'idée, de prouver que celle-ci n'est pas contradictoire? Contre Leibnitz nous n'hésitons donc pas, alors qu'il s'agissait de fonder la possibilité *réelle* (contenue dans l'essence), et non pas seulement *logique*, de l'idée du parfait, à louer Descartes d'avoir fait tant d'efforts légitimes, du point de vue où il était placé, pour trouver dans une essence le fondement de l'idée.

Au surplus, nous devons reconnaître, lorsqu'il prend tant de soin d'étendre la portée de l'idée de l'infini, qu'il ne se met guère en peine d'en vérifier d'abord la valeur logique ou même qu'il néglige entièrement de le faire ; mais pourquoi le néglige-t-il ? parce que, faisant beaucoup plus, il s'estime dispensé de faire moins ; ou, plus exactement, parce que, faisant le plus, il est persuadé que, du même coup et par surcroît, il fait aussi le moins. Son originalité est de subordonner ce qu'on pourrait appeler l'estimation logique de l'idée de l'infini à l'estimation de son contenu réel ; et ce qui est piquant, c'est de constater que Leibnitz, après avoir si instamment réclamé la première, est réduit, pour finir, à se contenter de la seconde.

Tout l'effort de Descartes, dans la *troisième Méditation*, peut se ramener, on le sait, à ces deux termes : prouver que notre idée de l'infini est une idée « véritable », autrement dit, qu'elle est claire et distincte ; puis, cela fait, prouver que son contenu est si riche, ou sa *réalité objective* si grande, que, ne pouvant l'attribuer aux seules forces de l'esprit, il reste qu'on en cherche hors de lui l'origine et la cause. Telle est du moins la marche que paraît suivre l'auteur, et qui, à première vue, sauf certaines exigences excessives de Leibnitz touchant la « distinction des idées », semble lui avoir d'avance donné satisfaction.

Mais si on y regarde de près, que voit-on ? qu'au lieu de faire de la « clarté » et de la « distinction » de l'idée la mesure en quelque sorte absolue de sa vérité, notre dernière ressource, pour les justifier, si par hasard on les met en question, est de les mesurer sur la réalité que représente l'idée. Sans doute en certains cas, sinon dans tous les cas, « obscurité et confusion » sont le signe non équivoque de la fausseté de l'idée ; par exemple les idées du froid et du chaud sont obscures et confuses : posé que ces caractères leur sont essentiels, posé, en d'autres termes, que cette confusion n'a pas seulement pour cause l'indolence de l'esprit, qu'en devrait-on conclure ? qu'elles ne représentent rien, ou qu'elles sont privatives ; et, pratiquement, c'est en effet la conclusion qui s'ensuit, et que tire Descartes. Mais, si l'on prend les choses à la rigueur, un mot nous avertit que de ce critère même il y a un critère, et qu'il faut le chercher jusque dans le réel, en dépassant l'idée : « Quant aux autres choses, dit Descartes, comme la lumière, les couleurs, les sons..., la chaleur, le froid..., elles se rencontrent en ma pensée avec tant d'obscurité et de confusion, que *j'ignore même si elles sont vraies ou fausses*, c'est-à-dire si les idées que je conçois de ces qualités sont en effet des idées de quelques choses réelles, ou bien si elles ne me représentent que des êtres chimériques qui ne peuvent exister [1]. » Ce que nous voulons remarquer, c'est que de la « confusion », si elle était un critère suffisant, Descartes devrait conclure la fausseté de l'idée, et qu'il en tire seulement l'impossibilité de décider si elle est vraie ou fausse. La critique d'Arnauld est ici décisive : dites qu'il n'existe rien qui, en fait, corresponde à votre idée du froid ; mais ne dites pas qu'elle ne représente rien ; sans doute vous vous trompez si, le froid n'existant pas, vous persistez à croire que quelque chose répond à votre idée du froid ; mais l'idée en elle-même ne s'en trouve point atteinte, et il n'y a pas en elle de fausseté matérielle [2].

Que ces idées enveloppent une telle fausseté, Descartes

1. *Médit.*, III, Cousin, I, p. 277.
2. *Quatrièmes objections*, Cousin, II, pp. 19 sq.

l'a dit pourtant en propres termes ; bien plus, que, pour juger de leur « confusion » vraie ou de leur « distinction » vraie, il ait fallu au préalable apprécier leur fausseté ou leur vérité matérielles, c'est ce qui semble ressortir du fait qu'il ignore encore si elles sont vraies ou fausses, même quand leur « confusion » est à un degré extrême. Alors que faut-il donc, sinon être en état de comparer chaque fois l'idée à son objet, pour apprécier sûrement la vérité de l'idée ?

Dans cette conséquence absurde, Descartes n'est point tombé ; et s'il n'y est point tombé, c'est qu'il croyait que l'idée possède par elle-même les éléments qu'il faut pour cette appréciation. Si, comme Arnauld le soutient, une idée représente toujours quelque chose, c'est qu'il y a aussi toujours quelque chose qui la remplit ou qui en détermine le contenu : l'idée du froid ne représente point le froid ; mais elle a pour support, en fait, un sentiment [1], et pour objet, nous pouvons l'ajouter, un certain mouvement de particules matérielles. Il n'y a pas d'idée, en un mot, qui ne contienne du réel, pas d'idée rigoureusement privative ou négative, ce qui, même pour l'idée, équivaudrait à n'être rien. Mais ce qu'elle contient de positif risque parfois d'y être si peu de chose, ou d'y être recouvert, étouffé, obscurci par tant d'éléments étrangers (par exemple, par des sentiments, comme c'est le cas pour l'idée du froid), que nous n'en avons plus la perception exacte. Bref, la plupart de nos idées résultent du mélange, en proportions variables, d'éléments qui représentent du réel et d'éléments qui ne représentent rien, d'éléments positifs et d'éléments négatifs, en un mot d'être et de non-être ; et la contradiction en est le signe extérieur ; mais elle n'en est que le signe ; et pour l'apercevoir, il faut toujours descendre jusqu'au fond de l'idée et en analyser le contenu positif, qui ne saurait répugner qu'avec le négatif, la borne, ou le néant.

Quoi qu'il en soit, la contradiction est le signe infaillible,

---

1. *Rép. aux quatr. obj., ibid.*, p. 58.

quand on peut la mettre au jour, de la fausseté d'une idée ; mais, en revanche, la non-contradiction ne saurait en garantir la vérité qu'autant qu'on serait sûr d'en avoir atteint, par l'analyse, tous les éléments, jusqu'au dernier : et c'est aussi ce que réclamait Leibnitz, quand, par idée *distincte*, il ne voulait entendre que celle dont on connaît, sans exception, tous les éléments. Mais si nous nous trouvions en face d'une idée, dont le propre justement serait d'être inépuisable, d'être, comme dit Descartes, « incompréhensible », quand donc en serait achevée l'analyse complète ? Jamais, assurément ; et c'est le cas de l'idée de l'infini. Seulement, par une chance qui rappelle celle du doute universel, conduisant d'autant plus droit à la première des certitudes qu'il est plus radical, l'analyse complète de l'idée de l'infini n'est rendue impossible que par la raison même qui la rend inutile : car d'où vient que l'infini est incompréhensible ? Descartes l'a dit trop de fois pour qu'il faille insister, et notamment dans la *troisième Méditation* : de ce qu'il est le souverainement positif, le positif sans bornes et sans limites, et de ce qu'ainsi l'idée même que j'en ai exclut la possibilité de toute contradiction.

On peut sans doute refuser d'accorder à Descartes les postulats que nous avons dégagés, et sur lesquels repose tout le cartésianisme ; mais il n'est pas un cartésien qui, les ayant admis, puisse démontrer autrement la non-contradiction de l'idée de l'infini : Spinoza, qu'on n'accusera pas de vouloir faire l'économie d'une démonstration, ne trouve qu'une phrase concise pour dire la même chose : « Il est absurde d'imaginer une contradiction dans l'être absolument infini et souverainement parfait[1]. » Et dans les rares occasions où Leibnitz lui-même, passant de la réclamation à l'action, s'est efforcé de résoudre le problème qu'il pose, comment s'est-il tiré de la difficulté ? de la même manière exactement que Descartes, par l'excellente raison qu'il n'y en avait pas d'autre : « Le fondement

---

1. *Éthique*, 1re partie, propos. 11, 2e démonstr., trad. Saisset, t. III, p. 12.

de ma charactéristique, écrit-il à la duchesse Sophie [1], l'est aussi de la démonstration de l'existence de Dieu. Car les pensées simples sont les éléments de la charactéristique, et les formes simples sont la source des choses. Or je soutiens que toutes les formes simples sont compatibles entre elles. C'est une proposition dont je ne sçaurois bien donner la démonstration sans expliquer au long les fondemens de la charactéristique. Mais si elle est accordée, il s'ensuit que la nature de Dieu qui enferme toutes les formes simples absolument prises, est possible. » A quelle démonstration directe de la compatibilité des formes simples Leibnitz nous renvoie-t-il, il serait difficile de le dire; mais nous avons des raisons de penser qu'elles ne lui semblaient compatibles que par leur simplicité même, et par l'identité du simple au positif [2], qui nous ramène ainsi au critère de Descartes [3].

Au reste Leibnitz n'est point le premier qui adresse à Descartes l'objection que nous venons de discuter; du vivant même de Descartes, elle lui est opposée par les auteurs des *secondes objections* [4], et Descartes y répond comme un homme assuré d'avoir fait justement tout ce qu'il fallait pour n'y point donner prise : si « par ce mot de *possible* vous entendez, comme on fait d'ordinaire, tout ce qui ne répugne point à la pensée humaine », alors « il

---

1. Gerh., IV, p. 206.
2. Au fond, pour Leibnitz, n'est-ce point la *positivité* suprême de Dieu et de ses attributs qui garantit l'irréductibilité ou la simplicité des premiers possibles ou des premières notions ? S'il en était ainsi, la position prise par Descartes serait décidément la meilleure; et le texte suivant semble bien prouver qu'il en soit ainsi : « An vero unquam ab hominibus perfecta institui possit analysis notionum, sive an ad prima possibilia ac notiones irresolubiles, sive (quod eodem redit) ipsa absoluta Attributa Dei, nempe causas primas atque ultimam rerum rationem, cogitationes suas reducere possint, nunc quidem definire non ausim. » *Médit. de cognit.*, Gerh., IV, p. 425.
3. Cf. *Monadologie*, art. 45 : « Ainsi Dieu seul a ce privilège qu'il faut qu'il existe, s'il est possible. Et comme rien ne peut empêcher la possibilité de ce qui n'enferme aucunes bornes, aucune négation, et par conséquent, aucune contradiction, cela seul suffit pour connaître l'existence de Dieu *a priori*. »
4. Cousin, I, p. 403.

est manifeste que la nature de Dieu, *de la façon que je l'ai décrite*, est possible, parce que je n'ai rien supposé en elle sinon ce que nous concevons clairement et distinctement lui devoir appartenir, et ainsi je n'ai rien supposé qui répugne à la pensée ou au concept humain[1] ». Est-ce à dire que Descartes se flatte le moins du monde d'avoir justifié la « distinction » de l'idée par l'analyse complète et l'examen précis de tous ses éléments ? Non, et il affirme au contraire une fois de plus l'impossibilité d'achever ou même de tenter une telle opération : « Afin que nous puissions assurer que nous connaissons assez la nature de Dieu pour savoir qu'il n'y a point de répugnance qu'elle existe, il suffit que nous entendions clairement et distinctement toutes les choses que nous apercevons être en elle, quoique ces choses ne soient qu'en petit nombre au regard de celles que nous n'apercevons pas, bien qu'elles soient aussi en elle[2]. » Mais dans ce que nous n'apercevons pas, comment savons-nous donc que rien ne « se contrarie » ? L'induisons-nous de ce que, des choses que nous apercevons dans la nature divine, toutes sont tellement « connexes » entre elles que la contradiction consisterait justement à refuser à Dieu l'une quelconque de ces choses ? Mais comment justifier une telle induction ? En Dieu il n'y a pas des choses que j'ignore, mais dont je puis préjuger par d'autres que je sais, puisqu'il n'y en a pas une que je sache pleinement. Cependant ce que je sais de ce qui est en lui me permet d'affirmer qu'en lui rien ne répugne ni ne « se contrarie », et c'est précisément qu'il est la réunion, la source et le fondement de tout le positif, ou, ce qui revient au même, que tout y est « connexe », sans que pour l'affirmer j'aie besoin d'achever ou même de commencer une analyse inachevable. En d'autres termes, l'idée que j'ai de Dieu, si riche qu'en soit le contenu, n'est nullement adéquate à la nature de Dieu ; et tout revient toujours à dire que ce que j'en sais, c'est qu'il est infini, et que, s'il

---

1. *Rép. aux secondes obj.*, *ibid.*, p. 441.
2. *Ibid.*, p. 443.

échappe ainsi à toute compréhension, il échappe du même coup à toute contradiction [1].

III

Si Dieu est possible, restait à prouver qu'il existe réellement. Leibnitz ne croit pas utile ce supplément de preuve ; et, à la vérité, il ne semble pas l'être, si la définition de Dieu qu'il pose et dont il croit pouvoir montrer, sans un concept auxiliaire, la possibilité, est celle de l'Être par

---

[1]. Il n'entre pas dans notre plan d'aborder la question de savoir si l'infini, comme l'entendait Descartes, et qu'il croyait réalisé en Dieu, renferme ou non, à le prendre absolument, quelque contradiction. La critique de Leibnitz aurait alors contre Leibnitz lui-même une valeur non moins grande que contre Descartes ; et elle nous ferait sortir du point de vue cartésien, le seul où se plaçait Leibnitz, et le seul aussi d'où nous ayons voulu regarder, pour la juger, la doctrine cartésienne. — Signalons cependant quelques réponses curieuses adressées par Descartes à ceux qui persistaient à relever dans l'infini de prétendues contradictions. La plus embarrassante est assurément celle du *nombre infini actuel*, qu'il fallait mettre en Dieu non moins que l'infinitude du temps et de l'espace, puisqu'il réunit en lui formellement, ou tout au moins éminemment, toutes les formes concevables de l'infinitude. Mais à Mersenne, qui lui fait l'objection, il oppose des raisons dont les spéculations des mathématiciens contemporains sont vraiment de nature à augmenter, plutôt qu'à diminuer la force. Mersenne lui objectait par exemple « que, s'il y avait une ligne infinie, elle aurait un nombre infini de pieds et de toises et par conséquent que le nombre infini des pieds serait six fois plus grand que le nombre des toises. » Voici la réponse de Descartes (Lettre du 15 avril 1630) : « *Concedo totum*. Donc ce dernier (à savoir le nombre des toises) n'est pas infini. *Nego consequentiam*. — Mais un infini ne peut être plus grand que l'autre ; — pourquoi non ? *quid absurdi*, principalement s'il est seulement plus grand *in ratione finita, ut hic ubi multiplicatio per sex est ratio finita, quae nihil attinet ad infinitum ?* » Ainsi Descartes ne trouve absurde *a priori* ni l'existence d'un nombre infini (Cf. *Rép. aux secondes obj.*, Cousin, II, p. 425 : « Je puis conclure nécessairement, non pas à la vérité qu'un nombre infini existe, *ni aussi que son existence implique contradiction...* ») ou même celle de plusieurs nombres infinis différents les uns des autres, ni la possibilité de concevoir entre eux des rapports qui ne répondent point nécessairement aux rapports des nombres finis ; et nous nous contentons de dire qu'en cela il ne faisait qu'énoncer des propositions rendues plus que plausibles par de récentes spéculations sur l'infini proprement dit ou sur le *transfini*. (Voy. notamment les travaux de M. George Cantor.)

Au reste ni le nombre infini, ni l'infini réel de l'espace et du

soi, ou de l'Être nécessaire. Mais Descartes, qui part de la définition de Dieu conçu comme tout parfait, assumait deux charges : celle d'établir qu'il est possible, ou que l'idée que nous en avons n'est pas une pure idée, mais enveloppe une essence, et celle de montrer que, par un privilège unique, cette essence, au surplus, enveloppe l'existence.

De la première, nous venons de dire comment, à notre sens, il s'était acquitté ; mais nous ne croyons pas que cette première démarche l'eût dispensé de la seconde, bien

temps, n'appartiennent *formellement* à la nature de Dieu : dire qu'ils sont réalisés en Dieu, et même dire simplement du nombre infini qu'il est actuel, c'est dépasser contre tout droit la pensée de Descartes : car on peut bien admettre l'infinité de l'espace sans admettre par là même celle du nombre, puisqu'on peut refuser d'admettre dans l'espace des parties, et par conséquent des parties à l'infini, avant l'opération qui le divise et le nombre qui les compte. Le nombre des *parties comptées* de l'espace n'est donc jamais infini; et avant la division ultérieure, il n'y a pas d'autres *parties comptables*. Spinoza allait encore plus loin et soutenait que l'étendue, considérée comme substance, est indivisible. (*Éthique*, 1re partie, scholie de la propos. 15, trad. Saisset, III, p. 16.) A la rigueur, si nous ne comptons jamais sans compter quelque chose, le nombre est chose essentiellement nôtre, et si nous avons la puissance de l'accroître indéfiniment, cette puissance, en ellemême très remarquable, exclut par le fait même l'existence du nombre infini qui la limiterait. Ce qu'il faut donc chercher en Dieu, ce n'est pas le nombre infini (et ce n'est pas davantage un espace ou un temps divisibles, dont les parties seraient en nombre infini), c'est seulement le fondement de la puissance que nous avons d'ajouter sans fin de nouveaux termes à une série numérique quelconque (*Rép. aux sec. obj.*, Cousin, II, p. 425). — Et de même en est-il de tout infini de quantité (nombre sans fin, longueur sans fin..., (*Ibid.*, p. 423) : ce qu'il en faut mettre en Dieu, c'est, non la cause *formelle*, mais la cause *éminente*. On sait le sens précis de ces deux mots : par cause *formelle*, on entend celle qui contient en soi les mêmes choses que son effet (exemple : un homme produit un homme) ; par cause *éminente* au contraire, celle qui en contient d'autres plus excellentes (exemple : celle qui, n'étant point pierre, a cependant la puissance de produire une pierre ; 3e *médit.*, Cousin, I, p. 273). Refuser d'admettre en Dieu la cause formelle d'un infini de quantité, c'est donc nier qu'il soit infini dans ce sens, bien que les formes diverses d'un tel infini soient les manifestations de sa nature et de sa puissance, puisqu'il en est la cause éminente.

Ces définitions précises rendent possible à présent, si nous ne nous trompons, une idée très exacte des rapports de l'infini et du parfait dans la métaphysique cartésienne : la perfection est la

qu'il ait cru atteindre non seulement l'essence, mais l'existence de Dieu. Et nous ne le croyons pas pour la raison suivante : c'est que le seul motif qu'il ait pu invoquer, dans la *troisième Méditation*, pour affirmer déjà l'existence de Dieu, se résume tout entier dans les lignes suivantes : « Et enfin, je comprends fort bien que l'être objectif d'une idée ne peut être produit par un être qui existe seulement en puissance, lequel à proprement parler n'est rien, mais seulement par un être formel ou actuel [1]. » Toutefois, il faut s'entendre : évidemment la *réalité* des essences suppose toujours l'être ou l'existence actuelle, sans quoi elles n'auraient pas en elles-mêmes plus de valeur que de pures idées ou notions de l'esprit ; mais si elles supposent l'être ou l'existence actuelle, ce n'est pas toujours celle de ce dont elles sont l'essence : témoin ce que dit Descartes du triangle, qui n'a pas l'existence par cela seul qu'il a une forme ou une nature immuable et vraie ; l'être actuel qu'elles supposent n'est donc pas toujours celui de l'objet qu'elles fondent, mais celui d'un support ou d'un fondement absolu de toutes les essences. Seulement il reste à

réalité de l'essence, et, par conséquent, comme l'a établi dans une pénétrante étude M. Pillon (*Année philosophique* 1890), regarde exclusivement la qualité : et c'est aussi pourquoi d'ailleurs Descartes mettait en Dieu la réalité formelle de toute qualité positive : connaissance, puissance, bonté, sagesse. Cependant ces qualités ne sont divines qu'autant qu'on les élève à un degré suprême, ou, comme on dit, à l'infini, et elles ne sont parfaites qu'à cette condition. L'infini ainsi compris représente donc encore une quantité, mais une quantité d'essence : c'est, en des termes qui reviennent souvent chez Descartes, l'*immensité* de l'essence. Le parfait, par contre, en représente la *réalité*. Mais la réalité de l'essence n'est point parfaite si elle n'est immense (et du même coup elle est indivisible et une), de même que l'infini n'est rien pour qui le voudrait concevoir hors de la perfection. Le parfait n'est donc tel que par la *raison formelle* de l'infini (*Rép. aux prem. obj.*, Cousin, I, p. 386), que nous concevons sans la comprendre; ou, pour mieux dire, infini et parfait sont deux termes qu'on ne peut séparer. — On voit toute la distance qu'il y a, chez Descartes, entre cet infini, que nous avons appelé l'infini de quantité, et celui qu'il appelait l'immensité de l'essence. Et l'on comprend que le premier n'ait été décidément pour lui (comme l'espace et le temps) qu'une manifestation, en quelque sorte *éloignée*, de la nature divine.

1. Cousin, I, p. 281.

dire si l'essence de Dieu est pour elle-même et pour toutes les autres ce fondement absolu, ou, en un mot, si elle possède d'emblée l'existence nécessaire : et c'est précisément ce qu'on ne peut demander qu'à l'argument ontologique. C'est donc par la vertu cachée de celui-ci et non par la simple recherche d'une cause suffisante de l'idée de l'infini, qui ne nous donne que l'essence, que, dans l'essence de Dieu, nous trouvons l'existence.

Si étroitement liées que soient les preuves cartésiennes, l'une, la première, qui fournit à la preuve ontologique la base sans laquelle elle ne serait qu'un sophisme, la seconde, qui seule est en état de conduire jusqu'au terme où elle tend, c'est-à-dire jusqu'à l'être, on n'a pas le droit de dire qu'une seulement suffisait ; et il en fallait deux ; ou du moins le progrès qui nous conduit à Dieu comporte deux moments, dont aucun ne saurait se confondre avec l'autre.

D'où vient donc que Leibnitz se croyait en état de se passer du second ? Uniquement de ce qu'il ne l'apercevait plus, bien qu'il y fût compris, dans la notion de l'Être nécessaire ou de l'Être par soi. En dépit de l'apparence, l'identité en effet n'existe pas plus entre l'Être par soi et Dieu, qui n'est pour nous que l'Être tout parfait, qu'entre l'Être parfait et l'Être nécessaire. Et si Descartes avait le devoir, embarrassant au dire de Leibnitz, d'établir la seconde, Leibnitz avait en revanche celui d'établir la première.

A l'Être nécessaire, on est contraint en effet d'arriver, selon la remarque profonde de Kant, dès qu'on pose l'existence d'un seul être contingent ; car si le contingent existe, comment existerait-il si toutes ses conditions n'étaient réalisées ? Or pour qu'elles le soient *toutes*, il faut ou que l'une d'entre elles, la première, par exemple, dans la série des causes, ou que toutes prises ensemble, c'est-à-dire leur série totale, soient inconditionnelles. Et l'Inconditionnel, c'est l'Être nécessaire. Mais l'être nécessaire, ainsi compris, est-ce l'être que j'appelle Dieu ? Quelques-uns se contentent de l'appeler matière, et peut-être seraient-ils dans le vrai, si je n'étais forcé de chercher la raison de l'Être nécessaire ; or il n'y en a qu'une : l'Être par soi n'existe qu'autant qu'il ait la force d'exister par soi (d'être *causa sui*) ; et de cette force, enfin, seule la richesse infinie de sa nature, ou son absolue perfection, peut me rendre raison.

En dernière analyse, c'est donc la perfection, et la perfection seule, qui peut donner à l'Être nécessaire la force d'exister par soi ; et si je parviens ainsi à prouver qu'il est Dieu, c'est par une sorte d'inversion de la preuve ontologique, mais c'est aussi par ce qu'il y a de plus net et de plus caractéristique en elle. Eckhard l'avait bien vu, qui, lorsque Leibnitz énonçait cette mineure : *Deus est ens de cujus essentia est existentia*, objectait qu'elle suppose la perfection de Dieu[1] ; et si on eût demandé à Leibnitz de prouver la non-contradiction ou la possibilité de cet Être par soi, on eût bien vu aussi qu'à la *nature* de ce dernier, il eût substitué celle de l'Être « qui enferme toutes les formes simples absolument prises », c'est-à-dire de l'Être infiniment parfait. Ce n'était donc pas assez de prouver la possibilité de Dieu ; il fallait en outre établir la liaison indissoluble, dans sa nature, de l'existence et de la perfection.

Cependant si nous venons de reprocher à Leibnitz d'avoir cru, ou d'avoir paru croire, quand il corrigeait le syllogisme cartésien, à l'identité de l'Être nécessaire et de l'Être parfait, l'identité de ces termes n'existe pas davantage, cela est évident, quand on les change de place ou qu'on les convertit. Et cette remarque suffit, semble-t-il, pour atteindre en plein cœur l'argument de Descartes. Car, comment raisonne-t-il ? L'Être parfait, dont j'ai en moi une idée véritable, est l'Être qui possède, par définition, toutes les perfections ; or l'existence est une perfection ; donc il suit de sa nature qu'il possède l'existence. Il n'y a pas à le

---

1. Gerh., I, p. 212.

nier : quand il raisonne ainsi, le nerf de l'argument est dans l'identité, et dans l'identité au sens logique du mot, de l'existence et de la perfection ; autrement dit, le lien qui unit ces deux termes est, selon le mot de Kant, un lien analytique.

Il faut rendre à Leibnitz cet hommage qu'il a, l'un des premiers [1], avec une rare sagacité, non seulement contesté cette mineure, mais découvert le motif véritable qui la rend contestable : c'est que, n'ajoutant rien à la réalité de l'essence, qui en est toute la perfection, l'existence ne saurait passer pour une perfection : « Cent thalers réels, dira Kant [2] un siècle plus tard, ne contiennent rien de plus que cent thalers possibles. Car, comme les thalers possibles expriment le concept, et les thalers réels l'objet et sa position en lui-même, si celui-ci contenait plus que celui-là, mon concept n'exprimerait plus l'objet tout entier, et par conséquent il n'y serait plus conforme. » Et la même conséquence est plus choquante encore, s'il est possible, quand il s'agit de l'essence, puisque ce serait dire de l'objet qui existe qu'il contient quelque chose de plus que son essence.

Donc, ou le lien est nul entre la perfection et l'existence, ou, s'il est très réel et s'il n'est point analytique, il reste à reconnaître qu'il est synthétique, et à le justifier.

Quoique Leibnitz ait ici, par la substitution de l'Être nécessaire à l'Être infiniment parfait, fait plutôt un effort pour mettre cette synthèse en dehors de l'argument que pour la justifier par des raisons profondes, nul n'a pourtant mieux que lui, en d'autres circonstances, développé ces raisons. On peut même dire qu'elles sont la base et le principe de sa philosophie, du moins de cette partie de sa philosophie qu'on connaît sous le nom de théorie des possibles. De l'existence d'un être en général on n'a pas rendu compte, tant qu'on a démontré seulement, en vertu du

---

1. Gassendi l'a fait aussi très nettement dans les *cinquièmes Objections*, Cousin, II, p. 201.
2. *Crit. de la R. pure*, trad. Barni, II, p. 191.

principe logique d'identité, qu'il est possible : il faut en outre qu'il ait, en vertu du principe de raison suffisante, une réelle raison d'être. Et ainsi les possibles semblent lutter entre eux pour l'existence, et trouver hors d'eux-mêmes, en même temps qu'en eux-mêmes, certaines conditions qui les font triompher ; hors d'eux-mêmes, disons-nous ; car, s'ils avaient en eux toutes leurs raisons d'être, nous n'apercevrions plus, semble-t-il, aucune raison qui pût les empêcher d'exister. Mais à y regarder de près, la raison d'être d'un possible est tout entière en lui et ne peut être qu'en lui : la lutte même que nous venons de dire serait inexplicable si le premier élément n'en était la présence en chacun d'une tendance à être, tendance qui, à moins de n'être point fondée, ne saurait l'être qu'en lui, et qui ne peut se mesurer que sur le degré même de sa réalité. C'est dire qu'il tend à être dans la proportion même où il mérite d'être, ou encore qu'il y tend par ce qu'il y a en lui de perfection positive, relativement seulement, quand elle est relative, absolument et sans restriction, quand elle est absolue. En d'autres termes, la perfection fonde l'être, l'exige, l'appelle, non comme l'identique appelle l'identique, mais comme la condition ou raison suffisante appelle son effet ; et la nécessité de l'Être nécessaire n'apparaît plus à ces hauteurs que comme celle d'un être qui, ayant en lui-même toutes les raisons d'être, sans une seule hors de lui ni en lui de ne pas être, est par la force même de sa tendance à être ou par la plénitude de sa perfection.

La nature de ce lien, qui est un lien synthétique de convenance ou de raison, Descartes l'aurait-il donc méconnue à ce point qu'il y ait vu simplement le lien de l'attribution ordinaire ou logique ? En vérité, la forme de l'argument que nous avons extrait de la *cinquième Méditation* et qu'il a reproduit plus d'une fois dans les mêmes termes, ne permet guère, à première vue, d'autre interprétation. Mais le mérite des *Objections*, qu'il avait lui-même provoquées de toutes parts, fut de l'amener souvent à entrer davantage dans sa propre pensée ; et le service qu'elles lui rendirent ainsi ne fut jamais plus grand que dans le cas qui nous occupe. La lecture de ses *Réponses* aux *secondes*, aux *quatrièmes*, et notamment aux *premières* objections ne laisse à ce sujet subsister aucun doute : pour lui, comme pour Leibnitz, l'attribution de l'existence à l'Être tout parfait ne se fait point en vertu du principe d'identité, mais en vertu du principe de raison suffisante ; et le jugement qui l'affirme n'est point, comme nous dirions aujourd'hui, analytique ; il est nettement et franchement synthétique.

S'il était analytique en effet, que faudrait-il prouver ? Non pas que l'existence *convient* au tout parfait ; car ce mot de convenance, signifiant aussi bien une convenance de raison qu'une convenance logique, laisse indécis précisément ce qui est en question ; mais que, si l'on s'attache d'une manière exclusive à vider le contenu de l'idée du parfait, parmi les éléments intégrants de l'idée, parmi les perfections distinctes dont elle serait la somme, on trouverait l'existence ; bref, il faudrait prouver que l'existence en est une, ou qu'elle est une partie de l'idée de perfection, à peu près comme *trois*, ou comme *angle*, constituent les parties de l'idée de *triangle*. Or d'une telle proposition, qui serait d'ailleurs stérile, on trouve sans doute plusieurs fois chez Descartes, ainsi que nous l'avons dit, l'énonciation fautive ; mais dans les passages plus importants de ses *Réponses*, quand il veut justifier la preuve ontologique, on n'en trouve même plus trace, et c'en est une tout autre qui s'y est substituée. C'en est si bien une autre et cette autre à son tour est si bien l'expression d'une synthèse irréductible, qu'elle supprime du même coup toute démonstration, mais ne la supprime d'ailleurs qu'en la rendant inutile. On ne démontre pas, en effet, un jugement synthétique ; on le pose dans une définition ou dans un postulat ; témoin ce qui se passe en géométrie : on définit la droite, on postule que, par un point pris hors d'une droite, on ne peut à cette droite mener qu'une parallèle ; mais ni les postulats, ni les définitions ne se peuvent démontrer, parce qu'ils posent justement les premières synthèses ou les premières données sans lesquelles, ne s'appuyant à rien, l'analyse pure et la démonstration ne pourraient rien déduire.

Supposez à présent que la relation qui lie l'être à la perfection soit elle-même synthétique et qu'elle soit une synthèse absolument première, on peut la justifier, mais non la démontrer. Et c'est pourquoi, selon nous, toute démonstration, au sens strict du mot, de cette relation fondamentale disparaît des *Réponses* où Descartes la reprend [1]. Il l'a remarqué lui-même : « Je demande, dit-il à la fin des *Réponses aux secondes objections* [2], que les lecteurs s'arrêtent longtemps à contempler la nature de l'être souverainement parfait : et, entre autres choses, qu'ils considèrent que, dans l'idée de Dieu, ce n'est pas seulement une existence possible qui se trouve contenue, mais une existence absolument nécessaire ; car de cela seul, et *sans aucun raisonnement*, ils connaîtront que Dieu existe. » Et plus loin : « La conclusion de ce syllogisme (savoir, le syllogisme qui remplacerait celui de la cinquième Méditation et dont voici la conclusion : donc il est vrai de dire que l'existence nécessaire est en Dieu, ou bien que Dieu existe) peut être connue *sans preuve* par ceux qui sont libres de tout préjugé, comme il a été dit dans la cinquième demande [3]. » Ainsi la relation de l'existence nécessaire et de la perfection nous est donnée maintenant comme l'objet, non d'une démonstration, mais d'une simple « considération » ; et dans le syllogisme que nous venons de rappeler, ce qu'on prouve, c'est que Dieu existe, pourvu seulement qu'à sa nature appartienne l'existence ;

---

1. Voy. *Rép. aux premières* (Cousin, I, p. 389) et *aux secondes objections* (p. 460), la nouvelle forme de l'argument : la majeure énonce le postulat d'après lequel on a le droit d'affirmer de la *chose* ce qu'on affirme légitimement de la *nature* ; quant à la mineure, elle résume en un seul jugement ce que le syllogisme de la 5ᵉ *Médit.* prétendait prouver par un argument en forme : « Or est-il que l'existence nécessaire est contenue dans la nature ou le concept de Dieu. »
2. *Ibid.*, p. 456.
3. Voy. Cousin, I, p. 461.

mais qu'elle lui appartienne en effet, on peut le « considérer », on ne peut pas le démontrer.

Au reste la dissemblance profonde du syllogisme de la *cinquième Méditation* et de ceux qui, dans les *Réponses* [1], devaient en tenir lieu, saute aux yeux dès l'abord, alors même que Descartes ne l'eût pas fait remarquer : dans les derniers l'argument primitif s'est concentré dans la mineure ; ce n'est plus un syllogisme, c'est une proposition en somme irréductible. Et cette simple remarque est déjà saisissante, puisqu'elle dénonce en quelque sorte la nature synthétique de ce qu'on croyait ne devoir qu'à une identité.

Mais ce qu'on ne peut réduire ou, en un mot, ce qu'on ne peut démontrer, on peut du moins, et même on doit le justifier. Et Descartes l'a fait avec une précision qu'on ne pouvait surpasser. Il l'a fait, comme Leibnitz, en cherchant dans le réel, en un mot dans l'essence et dans la perfection, la cause ou la raison première de l'existence, en sorte que toute essence est une force d'être, ou, selon le mot de Leibnitz, une tendance à être. Toute essence enveloppe l'être, et non pas Dieu seulement : « Dans l'idée ou le concept de chaque chose, l'existence y est contenue, parce que nous ne pouvons rien concevoir que sous la forme d'une chose qui existe ; mais avec cette différence, que dans le concept d'une chose limitée, l'existence possible ou contingente est seulement contenue, et dans le concept d'un être souverainement parfait, la parfaite et nécessaire y est comprise [2]. »

Cet « axiome » des *Réponses aux secondes objections* révèlerait à lui seul toute la pensée de Descartes : si l'existence en effet n'était conçue en Dieu que parce qu'elle est *une* perfection et parce que je sais d'abord qu'il les possède *toutes*, comment donc pourrais-je dire qu'elle appartient aussi, fût-elle limitée et simplement possible, aux essences qui pourraient en avoir beaucoup d'autres, mais

1. *Ibid.*, pp. 389 et 460.
2. *Ibid.*, p. 460.

n'avoir point celle-là ? La vérité est que, entre la perfection d'une part et l'existence de l'autre, Descartes met non pas un rapport de *contenance*, mais un lien autrement étroit de *convenance* et de raison ; pour lui, comme pour Leibnitz, toute essence exige l'être, est une puissance d'être ; et ce qui mesure l'essence, mesure aussi la puissance : de là vient que je ne puis à une essence quelconque, si elle est limitée, comme est celle du triangle, attribuer d'existence qu'une existence possible, c'est-à-dire limitée, en un sens, elle aussi. Mais à l'essence de l'être souverainement parfait, à l'essence infinie qui enveloppe la puissance infinie d'exister, comment serait-il possible de refuser l'existence ? Dieu est, dit Descartes à Arnauld, par « l'immensité de sa puissance », qui se confond « avec l'immensité de son essence »[1]. Et à Catérus : « Parce que nous ne pouvons penser que son existence est possible qu'en même temps, prenant garde à sa puissance infinie, nous ne connaissions qu'il peut exister par sa propre force, nous conclurons que réellement il existe, et qu'il a été de toute éternité ; car il est très manifeste, par la lumière naturelle, que ce qui peut exister par sa propre force existe toujours[2]. » Dieu est donc *cause de soi*, non point négativement[3], comme si l'on niait seulement qu'il fût par autre chose, mais parce qu'étant par soi, il est par la plus expresse et la plus positive des causes, savoir « par une surabondance de sa propre puissance[4] », ou par son infinie et souveraine perfection.

C'est jusqu'à ces paroles, si nous ne nous trompons, qu'il faut faire remonter la doctrine de Leibnitz relative aux possibles, comme ce *scholie* où Spinoza ne faisait que reprendre la pensée de son maître : « Puisque c'est une puissance de pouvoir exister, il s'ensuit qu'à mesure qu'une réalité plus grande convient à la nature d'une chose, elle

---

1. Cousin, II, p. 62.
2. *Ibid.*, I, p. 394.
3. *Ibid.*, I, p. 384, et II, p. 61.
4. *Ibid.*, I, pp. 382 et 385.

a de soi d'autant plus de force pour exister ; et par conséquent, l'être absolument infini ou Dieu a de soi une puissance infinie d'exister, c'est-à-dire existe absolument[1]. »

IV

Sur ce second point, comme sur le premier, Descartes échappait donc aux critiques effectives ou virtuelles de Leibnitz, et y avait d'avance donné satisfaction. Seulement que restait-il de *l'argument* ontologique ? Au lieu d'une preuve ou d'un syllogisme en forme, comme on le trouve dans la *cinquième Méditation*, les *Réponses* ne donnent plus qu'un jugement qui le résume, ou mieux qui le supprime, tant il serait impossible de restituer jamais à la démonstration ce qui vient de plus haut que de la pure logique. Descartes a dit lui-même que, grâce à ce jugement, on peut sans raisonnement connaître que Dieu existe : on le peut par une synthèse ou par un postulat, qui se résout, en fin de compte, dans un rapport perçu entre le souverainement réel et le souverainement nécessaire par une intuition immédiate.

Ce postulat cependant n'en requiert-il pas un autre ? Sans doute, si d'emblée je me trouvais transporté au cœur même de l'essence, j'y saisirais aussi l'existence qu'elle enveloppe ; mais si je ne suis qu'esprit, et si je n'atteins jamais immédiatement qu'une idée de mon esprit, comment d'une pure idée pourrais-je passer à l'être, si la richesse du pur représenté n'était soutenue d'abord par celle de l'essence ? Il faut donc que je puisse affirmer deux rapports, d'une part celui de l'essence et de l'idée, de l'autre celui de l'essence et de l'existence ; et de ces deux rapports ou de ces deux synthèses, soutenues toutes les deux par l'infinie puissance de la pleine perfection, dérive la preuve parfaite que réclamait Leibnitz. La preuve onto-

---

1. *Éthique*, 1ʳᵉ partie, scholie de la prop. 11, trad. Saisset, III, p. 13.

logique enveloppe donc la preuve par l'idée de l'infini, qui n'atteint pas au delà de l'essence divine ou de la possibilité de Dieu, et celle-ci à son tour ne trouve que dans l'autre son complément nécessaire. Ainsi de deux jugements réellement synthétiques pouvait enfin sortir une démonstration [1], et le mérite de Descartes est d'avoir vu nettement qu'il y en avait deux, et de les avoir maintenus dans une preuve unique de l'existence de Dieu [2].

Tout bien compté, la méthode de Leibnitz, telle qu'elle ressort du syllogisme qu'il trouvait préférable, revenait sans doute au même, puisqu'il fallait toujours, pour justi-

1. Dans la démonstration des *Rép. aux secondes obj.* (Cousin, I, p. 460), les prémisses sont constituées par ces deux jugements : Descartes, il est vrai, dans la majeure semble dire : ce qui est vrai de la *nature* est vrai de la *chose* (Cf. à *Catérus*, p. 389) ; mais il devrait dire : ce qui est contenu dans le concept « véritable » l'est aussi dans la « nature » ; et la conclusion serait : donc il est vrai de dire que l'existence nécessaire appartient à la nature de Dieu. Au reste le rapprochement n'est pas fortuit, dans la majeure, des mots « nature » et « concept » ; et il confirme notre interprétation.

2. Ainsi les deux premières preuves de l'existence de Dieu, la preuve par l'idée de l'infini, et la preuve ontologique, se fondent en une seule. Quant à la troisième, développée à la fin de la *troisième Méditation* (Cousin, I, pp. 284 sqq), elle suppose démontrées les deux autres, et n'est plus alors qu'une sorte de preuve par l'absurde. Voici comment : on a démontré qu'il appartient à l'essence de l'être souverainement parfait d'envelopper l'existence, et on ne l'a démontré que par la vertu, aperçue ou inaperçue, de la preuve ontologique. Supposons maintenant que quelqu'un conteste encore l'existence de Dieu ; c'est un fait pourtant que j'ai l'idée du parfait ; si Dieu n'est pas, il reste qu'une telle idée, avec l'essence qu'elle enveloppe, soit en moi ; donc je serais à la fois l'*idée* et l'*essence* ; mais une telle *essence* ou une telle *nature* emporte l'existence ; donc je serais l'être nécessaire ; mais cela est absurde, puisque, n'ayant manifestement pas la puissance de me conserver, manifestement je n'ai plus et par conséquent je n'ai jamais eu (*conservation* n'étant que *création continuée*) celle de me créer ; — et le même argument s'applique à tout être de qui je tiendrais cette idée du parfait, à mes parents, à l'un quelconque de mes ancêtres ; — il reste donc qu'elle vienne de l'Être nécessaire, c'est-à-dire de Dieu même. — On voit maintenant l'enchaînement des trois preuves cartésiennes : liaison étroite des deux premières qui se fondent en une seule, et liaison de la troisième aux deux autres, qu'elle confirme, en s'appuyant sur elles, par une *réduction à l'absurde* de cette proposition : « J'ai l'idée du parfait, mais peut-être me la suis-je donnée par les seules forces de mon esprit. »

fier l'Être par soi, remonter au Parfait ; mais, d'abord, c'était une faute de ne l'avoir pas vu, et de ne l'avoir pas vu alors même que Eckhard le faisait remarquer ; puis, la faute venait d'une intention formelle d'améliorer l'argument, non en lui restituant les formes synthétiques sans lesquelles nous venons de voir qu'il n'a plus de portée, mais bien plutôt en les excluant, et en y substituant un concept qui fût tel que le logique y apparût enfin comme la mesure du vrai, et le vrai au sommet comme identique à l'être. L'être aussi, chez Leibnitz, doit trouver en lui-même l'éternelle raison qui lui donne l'existence ; mais l'éternelle raison est pour lui l'éternelle vérité ; et c'est pourquoi la voie de la pure analyse lui semblait la plus sûre pour arriver à l'Être qui est le vrai avant tout, et qui soutient par là la possibilité de soi comme de tout le reste. Posé le contingent, que nous donne l'expérience, et posé le nécessaire, que requiert le contingent, le reste n'apparaît plus que comme une question logique d'identité et de non-contradiction.

L'inspiration de Descartes nous semble toute contraire, et ce n'est point au hasard qu'il est parti d'abord de l'idée de perfection. Du parfait, on ne peut dire qu'il soit plutôt pour lui essence que puissance ; et les deux mots lui viennent à chaque instant ensemble comme exprimant ce qui, par sa surabondance, se donne l'être en se donnant soi-même une raison d'être. Dès lors par sa puissance s'il se donne l'existence, c'est que sa Nécessité n'est pour lui et pour nous qu'une forme et qu'une suite de sa Volonté, en sorte que le possible ne se révèle à nous qu'avec la marque et sous l'aspect des lois de la volonté. Cette marque, c'est la synthèse. L'absolue Volonté ne trouve pas avant elle d'absolue Vérité ; aux relations logiques, qui relèvent de l'analyse, on ne peut donc concevoir qu'elle se subordonne ; elle les crée au contraire en posant des synthèses qui soutiennent l'analyse, et donnent à la logique et à la vérité leur contenu réel et leur fondement premier. De là ces deux doctrines célèbres de Descartes : que Dieu crée les rapports ou les vérités éternelles, et que nous les retrouvons par l'effort chancelant de notre volonté.

La philosophie de Descartes, on ne l'a pas toujours suffisamment remarqué, est une philosophie synthétique : elle l'est pour deux raisons, parce qu'elle fut inspirée par les mathématiques, et surtout parce qu'elle est une philosophie de la volonté. Et à ce caractère de sa philosophie, la manière dont il prouve l'existence de Dieu est remarquable surtout en ce qu'elle est demeurée rigoureusement fidèle.

FÉLIX ALCAN, Éditeur
LIBRAIRIES FÉLIX ALCAN ET GUILLAUMIN RÉUNIES

PHILOSOPHIE — HISTOIRE

CATALOGUE
DES
Livres de Fonds

	Pages
BIBLIOTHÈQUE DE PHILOSOPHIE CONTEMPORAINE.	
Format in-16	2
Format in-8	6
COLLECTION HISTORIQUE DES GRANDS PHILOSOPHES	12
Philosophie ancienne	12
Philosophie médiévale et moderne	12
Philosophie anglaise	13
Philosophie allemande	13
Philosophie anglaise contemporaine	14
Philosophie allemande contemporaine	14
Philosophie italienne contemporaine	14
LES MAITRES DE LA MUSIQUE	14
LES GRANDS PHILOSOPHES	14
MINISTRES ET HOMMES D'ÉTAT	14
BIBLIOTHÈQUE GÉNÉRALE DES SCIENCES SOCIALES	15
BIBLIOTHÈQUE D'HISTOIRE CONTEMPORAINE	16
PUBLICATIONS HISTORIQUES ILLUSTRÉES	19
TRAVAUX DE L'UNIVERSITÉ DE LILLE	19
BIBLIOTHÈQUE DE LA FACULTÉ DES LETTRES DE PARIS	20
ANNALES DE L'UNIVERSITÉ DE LYON	21
RECUEIL DES INSTRUCTIONS DIPLOMATIQUES	21
INVENTAIRE ANALYTIQUE DES ARCHIVES DU MINISTÈRE DES AFFAIRES ÉTRANGÈRES	21
REVUE PHILOSOPHIQUE	22
REVUE GERMANIQUE	22
JOURNAL DE PSYCHOLOGIE	22
REVUE HISTORIQUE	22
ANNALES des SCIENCES POLITIQUES	22
JOURNAL DES ÉCONOMISTES	22
REVUE DE L'ÉCOLE D'ANTHROPOLOGIE	22
REVUE ÉCONOMIQUE INTERNATIONALE	22
SOCIÉTÉ POUR L'ÉTUDE PSYCHOLOGIQUE DE L'ENFANT	22
LES DOCUMENTS DU PROGRÈS	22
BIBLIOTHÈQUE SCIENTIFIQUE INTERNATIONALE	23
RÉCENTES PUBLICATIONS NE SE TROUVANT PAS DANS LES COLLECTIONS PRÉCÉDENTES	20
TABLE DES AUTEURS	31
TABLE DES AUTEURS ÉTUDIÉS	32

OUVRAGES PARUS EN 1907 : Voir pages 2, 6, 16, 23, 20.

On peut se procurer tous les ouvrages qui se trouvent dans ce Catalogue par l'intermédiaire des libraires de France et de l'Étranger.
On peut également les recevoir franco par la poste, sans augmentation des prix désignés, en joignant à la demande des TIMBRES-POSTE FRANÇAIS *ou un* MANDAT *sur* Paris.

108, BOULEVARD SAINT-GERMAIN, 108
PARIS, 6e

DECEMBRE 1907

F. ALCAN. — 2 —

Les titres précédés d'un *astérisque* sont recommandés par le Ministère de l'Instruction publique pour les Bibliothèques des élèves et des professeurs et pour les distributions de prix des lycées et collèges.

BIBLIOTHÈQUE DE PHILOSOPHIE CONTEMPORAINE

La *psychologie*, avec ses auxiliaires indispensables, l'*anatomie* et la *physiologie du système nerveux*, la *pathologie mentale*, la *psychologie des races inférieures et des animaux*, les *recherches expérimentales des laboratoires*; — la *logique*; — les *théories générales fondées sur les découvertes scientifiques*; — l'*esthétique*; — les *hypothèses métaphysiques*; — la *criminologie et la sociologie*; — l'*histoire des principales théories philosophiques*; tels sont les principaux sujets traités dans cette Bibliothèque. — Un catalogue spécial à cette collection, par ordre de matières, sera envoyé sur demande.

VOLUMES IN-16, BROCHÉS, A 2 FR. 50
Ouvrages parus en 1907 :

BOS (C.), docteur en philosophie. **Pessimisme, Féminisme, Moralisme.**
BOUGLÉ (C.), professeur à l'Université de Toulouse. **Qu'est-ce que la Sociologie ?**
COIGNET (C.). **L'évolution du protestantisme français au XIX° siècle.**
CRESSON (A.), professeur au lycée de Lyon. **Les bases de la philosophie naturaliste.**
LACHELIER (J.), de l'Institut. **Etudes sur le syllogisme**, suivies de l'observation de Platner et d'une note sur le « Philèbe ».
LODGE (Sir Oliver). **La Vie et la Matière**, trad. de l'anglais par J. MAXWELL.
PROAL (Louis), conseiller à la Cour d'appel de Paris. **L'éducation et le suicide des enfants.** Etude psychologique et sociologique.
RAGEOT (G.). **Les savants et la philosophie.**
REY (A.), agrégé de philosophie, docteur ès lettres. **L'énergétique et le mécanisme au point de vue des conditions de la connaissance.**
ROEHRICH (E.). **L'attention spontanée et volontaire.** Son fonctionnement, ses lois, son emploi dans la vie pratique. (Récompensé par l'Institut.)
ROGUES DE FURSAC (J.). **Un mouvement mystique contemporain.** Le réveil religieux au Pays de Galles (1904-1905).
SCHOPENHAUER. **Philosophie et philosophes**, trad. Dietrich.
SOLLIER (Dr P.). **Essai critique et théorique sur l'association en psychologie.**

Précédemment publiés :

ALAUX (V.). **La philosophie de Victor Cousin.**
ALLIER (R.). *La Philosophie d'Ernest Renan. 2° édit. 1903.
ARRÉAT (L.). *La Morale dans le drame, l'épopée et le roman. 3° édition.
— *Mémoire et imagination (Peintres, Musiciens, Poètes, Orateurs). 2° édit.
— Les Croyances de demain. 1898.
— Dix ans de philosophie. 1900.
— Le Sentiment religieux en France. 1903.
— Art et Psychologie individuelle. 1906.
BALLET (G.). **Le Langage intérieur et les diverses formes de l'aphasie.** 2° édit.
BAYET (A.). **La morale scientifique.** 2° édit. 1906.
BEAUSSIRE, de l'Institut. *Antécédents de l'hégél. dans la philos. française.
BERGSON (H.), de l'Institut, professeur au Collège de France. *Le Rire. Essai sur la signification du comique. 5° édition. 1908.
BERTAULD. **De la Philosophie sociale.**
BINET (A.), directeur du lab. de psych. physiol. de la Sorbonne. **La Psychologie du raisonnement**, expériences par l'hypnotisme. 4° édit. 1907.
BLONDEL. **Les Approximations de la vérité.** 1900.
BOS (C.), docteur en philosophie. *Psychologie de la croyance. 2° édit. 1905.
BOUCHER (M.). **L'hyperespace, le temps, la matière et l'énergie.** 2° édit. 1905.
BOUGLÉ, prof. à l'Univ. de Toulouse. **Les Sciences sociales en Allemagne.** 2° éd. 1902.
BOURDEAU (J.). **Les Maîtres de la pensée contemporaine.** 5° édit. 1906.
— Socialistes et sociologues. 2° éd. 1907.
BOUTROUX, de l'Institut. *De la contingence des lois de la nature. 6° éd. 1908.

Suite de la *Bibliothèque de philosophie contemporaine*, format in-16, à 2 fr. 50 le vol.

BRUNSCHVICG, professeur au lycée Henri IV, docteur ès lettres. *Introduction à la vie de l'esprit. 2ᵉ édit. 1906.
— *L'Idéalisme contemporain. 1905.
COSTE (Ad.), Dieu et l'Âme. 2ᵉ édit. précédée d'une préface par R. Worms. 1903.
CRESSON (A.), docteur ès lettres. La Morale de Kant. 2ᵉ édit. (Cour. par l'Institut.)
— Le Malaise de la pensée philosophique. 1905.
DANVILLE (Gaston). Psychologie de l'amour. 4ᵉ édit. 1907.
DAURIAC (L.). La Psychologie dans l'Opéra français (Auber, Rossini, Meyerbeer).
DELVOLVÉ (J.), docteur ès lettres, agrégé de philosophie. *L'organisation de la conscience morale. *Esquisse d'un art moral positif.* 1906.
DUGAS, docteur ès lettres. *Le Psittacisme et la pensée symbolique. 1896.
— La Timidité. 4ᵉ édit. augmentée 1907.
— Psychologie du rire. 1902.
— L'absolu. 1904.
DUMAS (G.), chargé de cours à la Sorbonne. *Le Sourire, avec 19 figures. 1906.
DUNAN, docteur ès lettres. La théorie psychologique de l'Espace.
DUPRAT (G.-L.), docteur ès lettres. Les Causes sociales de la Folie. 1900.
— Le Mensonge. *Étude psychologique.* 1903.
DURAND (de Gros). *Questions de philosophie morale et sociale. 1902.
DURKHEIM (Émile), professeur à la Sorbonne. *Les règles de la méthode sociologique. 4ᵉ édit. 1907.
D'EICHTHAL (Eug.) (de l'Institut). Les Problèmes sociaux et le Socialisme. 1899.
ENCAUSSE (Papus). L'occultisme et le spiritualisme. 2ᵉ édit. 1903.
ESPINAS (A.), de l'Institut. *La Philosophie expérimentale en Italie.
FAIVRE (E.). De la Variabilité des espèces.
FÉRÉ (Ch.). Sensation et Mouvement. *Étude de psycho-mécanique*, avec fig. 2ᵉ éd.
— Dégénérescence et Criminalité, avec figures. 4ᵉ édit. 1907.
FERRI (E.). *Les Criminels dans l'Art et la Littérature. 3ᵉ édit. 1908.
FIERENS-GEVAERT. Essai sur l'Art contemporain. 2ᵉ éd. 1903. (Cour. par l'Ac. fr.).
— La Tristesse contemporaine, essai sur les grands courants moraux et intellectuels du XIXᵉ siècle. 4ᵉ édit. 1904. (Couronné par l'Institut.)
— *Psychologie d'une ville. *Essai sur Bruges.* 2ᵉ édit. 1902.
— Nouveaux essais sur l'Art contemporain. 1903.
FLEURY (Maurice de). L'Âme du criminel. 2ᵉ édit. 1907.
FONSEGRIVE, professeur au lycée Buffon. La Causalité efficiente. 1893.
FOUILLÉE (A.), de l'Institut. La propriété sociale et la démocratie.
FOURNIÈRE (E.). Essai sur l'individualisme. 1901.
FRANCK (Ad.), de l'Institut. *Philosophie du droit pénal. 5ᵉ édit.
GAUCKLER. Le Beau et son histoire.
GELEY (Dʳ G.). L'être subconscient. 2ᵉ édit. 1905.
GOBLOT (E.), professeur à l'Université de Lyon. Justice et liberté. 1ʳᵉ éd. 1907.
GODFERNAUX (G.), docteur ès lettres. Le Sentiment et la Pensée. 2ᵉ éd. 1906.
GRASSET (J.), professeur à la Faculté de médecine de Montpellier. Les limites de la biologie. 5ᵉ édit. 1907. Préface de Paul BOURGET.
GREEF (de). Les Lois sociologiques. 3ᵉ édit.
GUYAU. *La Genèse de l'idée de temps. 2ᵉ édit.
HARTMANN (E. de). La Religion de l'avenir. 5ᵉ édit.
— Le Darwinisme, ce qu'il y a de vrai et de faux dans cette doctrine. 6ᵉ édit.
HERBERT SPENCER. *Classification des sciences. 6ᵉ édit.
— L'Individu contre l'État. 5ᵉ édit.
HERCKENRATH. (C.-R.-C.) Problèmes d'Esthétique et de Morale. 1897.
JAËLL (Mᵐᵉ). L'Intelligence et le rythme dans les mouvements artistiques.
JAMES (W.). La théorie de l'émotion, préf. de G. DUMAS. 2ᵉ édition. 1906.
JANET (Paul), de l'Institut. *La Philosophie de Lamennais.
JANKELEWITCH (Dʳ). *Nature et Société. *Essai d'une application du point de vue finaliste aux phénomènes sociaux.* 1906.
LACHELIER (J.), de l'Institut. Du fondement de l'induction, suivi de psychologie et métaphysique. 5ᵉ édit. 1907.
LAISANT (C.). L'Éducation fondée sur la science. Préface de A. NAQUET. 2ᵉ éd. 1905.

F. ALCAN. — 4 —

Suite de la *Bibliothèque de philosophie contemporaine*, format in-16, à 2 fr. 50 le vol.

LAMPÉRIÈRE (Mme A.). * Rôle social de la femme, son éducation. 1898.
LANDRY (A.), agrégé de philos., docteur ès lettres. La responsabilité pénale. 1902.
LANGE, professeur à l'Université de Copenhague. * Les Émotions, étude psycho-physiologique, traduit par G. Dumas. 2e édit. 1902.
LAPIE, professeur à l'Université de Bordeaux. La Justice par l'État. 1899.
LAUGEL (Auguste). L'Optique et les Arts.
LE BON (Dr Gustave). * Lois psychologiques de l'évolution des peuples. 7e édit.
— * Psychologie des foules. 13e édit.
LECHALAS. * Étude sur l'espace et le temps. 1895.
LE DANTEC, chargé du cours d'Embryologie générale à la Sorbonne. Le Déterminisme biologique et la Personnalité consciente. 3e édit. 1908.
— * L'Individualité et l'Erreur individuelle. 2e édit. 1905.
— * Lamarckiens et Darwiniens. 3e édit. 1908.
LEFÈVRE (G.), prof. à l'Univ. de Lille. Obligation morale et Idéalisme. 1895.
LIARD, de l'Inst., vice-rect. de l'Acad. de Paris. * Les Logiciens anglais contemp. 5e éd.
— Des définitions géométriques et des définitions empiriques. 3e édit.
LICHTENBERGER (Henri), maître de conférences à la Sorbonne. * La philosophie de Nietzsche. 9e édit. 1906.
— * Friedrich Nietzsche. Aphorismes et fragments choisis. 3e édit. 1905.
LOMBROSO. L'Anthropologie criminelle et ses récents progrès. 4e édit. 1901.
LUBBOCK (Sir John). * Le Bonheur de vivre. 2 volumes. 10e édit. 1907.
— * L'Emploi de la vie. 7e éd. 1908.
LYON (Georges), recteur de l'Académie de Lille. * La Philosophie de Hobbes.
MARGUERY (E.). L'Œuvre d'art et l'évolution. 2e édit. 1905.
MAUXION, professeur à l'Université de Poitiers. * L'éducation par l'Instruction et les *Théories pédagogiques de Herbart*. 1900.
— * Essai sur les éléments et l'évolution de la moralité. 1904.
MILHAUD (G.), professeur à l'Université de Montpellier. * Le Rationnel. 1898.
— * Essai sur les conditions et les limites de la Certitude logique. 2e édit. 1898.
MOSSO. * La Peur. Étude psycho-physiologique (avec figures). 3e édit.
— * La Fatigue intellectuelle et physique, trad. Langlois. 5e édit.
MURISIER (E.), professeur à la Faculté des lettres de Neuchâtel (Suisse). * Les Maladies du sentiment religieux. 2e édit. 1903.
NAVILLE (E.), prof. à la Faculté des lettres et sciences sociales de l'Université de Genève. Nouvelle classification des sciences. 2e édit. 1901.
NORDAU (Max). * Paradoxes psychologiques, trad. Dietrich. 6e édit. 1907.
— Paradoxes sociologiques, trad. Dietrich. 5e édit. 1907.
— * Psycho-physiologie du Génie et du Talent, trad. Dietrich. 4e édit. 1906.
NOVICOW (J.). L'Avenir de la Race blanche. 2e édit. 1903.
OSSIP-LOURIÉ, lauréat de l'Institut. Pensées de Tolstoï. 2e édit. 1902.
— * Nouvelles Pensées de Tolstoï. 1903.
— * La Philosophie de Tolstoï. 2e édit. 1903.
— * La Philosophie sociale dans le théâtre d'Ibsen. 1900.
— Le Bonheur et l'Intelligence. 1901.
PALANTE (G.), agrégé de l'Université. Précis de sociologie. 2e édit. 1903.
PAULHAN (Fr.). Les Phénomènes affectifs et les lois de leur apparition. 2e éd. 1901.
— * Joseph de Maistre et sa philosophie. 1893.
— * Psychologie de l'Invention. 1900.
— * Analystes et esprits synthétiques. 1903.
— * La fonction de la mémoire et le souvenir affectif. 1904.
PHILIPPE (J.). * L'Image mentale, avec fig. 1903.
PHILIPPE (J.) et PAUL-BONCOUR (J.). Les anomalies mentales chez les écoliers (Ouvrage couronné par l'Institut). 2e éd. 1907.
PILLON (F.). * La Philosophie de Ch. Secrétan. 1898.
PIOGER (Dr Julien). Le Monde physique, essai de conception expérimentale. 1893.
QUEYRAT, prof. de l'Univ. * L'Imagination et ses variétés chez l'enfant. 2e édit.
— * L'Abstraction, son rôle dans l'éducation intellectuelle. 2e édit. revue. 1907.
— * Les Caractères et l'éducation morale. 2e éd. 1901.
— * La logique chez l'enfant et sa culture. 3e édit. revue. 1907.
— * Les Jeux des enfants. 1905.

Suite de la *Bibliothèque de philosophie contemporaine*, format in-16 à 2 fr. 50 le vol.

REGNAUD (P.), professeur à l'Université de Lyon. Logique évolutionniste. *L'Entendement dans ses rapports avec le langage*. 1897.
— Comment naissent les mythes. 1897.
RENARD (Georges), professeur au Collège de France. Le régime socialiste, *son organisation politique et économique*. 6° édit. 1907.
RÉVILLE (A.), professeur au Collège de France. Histoire du dogme de la Divinité de Jésus-Christ. 4° édit. 1907.
RIBOT (Th.), de l'Institut, professeur honoraire au Collège de France, directeur de la *Revue philosophique*. La Philosophie de Schopenhauer. 10° édition.
— * Les Maladies de la mémoire. 20° édit.
— * Les Maladies de la volonté. 21° édit.
— * Les Maladies de la personnalité. 13° édit.
— * La Psychologie de l'attention. 10° édit.
RICHARD (G.), prof. à l'Univ. de Bordeaux. * Socialisme et Science sociale. 2° édit.
RICHET (Ch.), prof. à l'Univ. de Paris. Essai de psychologie générale. 7° édit. 1907.
ROBERTY (E. de). L'Inconnaissable, sa métaphysique, sa psychologie.
— L'Agnosticisme. Essai sur quelques théories pessim. de la connaissance. 2° édit.
— La Recherche de l'Unité. 1893.
— * Le Bien et le Mal. 1896.
— Le Psychisme social. 1897.
— Les Fondements de l'Éthique. 1898.
— Constitution de l'Éthique. 1901.
— Frédéric Nietzsche. 3° édit. 1903.
ROISEL. De la Substance.
— L'Idée spiritualiste. 2° éd. 1901.
ROUSSEL-DESPIERRES. L'Idéal esthétique. *Philosophie de la beauté*. 1905.
SCHOPENHAUER. * Le Fondement de la morale, trad. par M. A. Burdeau. 7° édit.
— * Le Libre arbitre, trad. par M. Salomon Reinach, de l'Institut. 10° éd.
— Pensées et Fragments, avec intr. par M. J. Bourdeau. 21° édit.
— * Écrivains et style. Traduct. Dietrich. 1905.
— * Sur la Religion. Traduct. Dietrich. 1906.
SOLLIER (D' P.). Les Phénomènes d'autoscopie, avec fig. 1903.
SOURIAU (P.), prof. à l'Université de Nancy. La Rêverie esthétique. *Essai sur la psychologie du poète*. 1906.
STUART MILL. * Auguste Comte et la Philosophie positive. 8° édit. 1907.
— * L'Utilitarisme. 5° édit. revue. 1908.
— Correspondance inédite avec Gust. d'Eichthal (1828-1842)—(1864-1871). 1898. Avant-propos et trad. par Eug. d'Eichthal.
— La Liberté, avant-propos, introduction et traduc. par DUPONT-WHITE. 3° édit.
SULLY PRUDHOMME, de l'Académie française. * Psychologie du libre arbitre suivi de *Définitions fondamentales des idées les plus générales, et des idées les plus abstraites*. 1907.
— et Ch. RICHET. Le problème des causes finales. 4° édit. 1907.
SWIFT. L'Éternel conflit. 1901.
TANON (L.). * L'Évolution du droit et la Conscience sociale. 2° édit. 1905.
TARDE, de l'Institut. La Criminalité comparée. 6° édit. 1907.
— * Les Transformations du Droit. 5° édit. 1906.
— * Les Lois sociales. 5° édit. 1907.
THAMIN (R.), recteur de l'Acad. de Bordeaux. * Éducation et Positivisme 2° édit.
THOMAS (P. Félix). * La suggestion, son rôle dans l'éducation. 4° édit. 1907.
— * Morale et éducation, 2° édit. 1905.
TISSIÉ. * Les Rêves, avec préface du professeur Azam. 2° éd. 1898.
WUNDT. Hypnotisme et Suggestion. Étude critique, traduit par M. Keller 3° édit. 1905.
ZELLER. Christian Baur et l'École de Tubingue, traduit par M. Ritter.
ZIEGLER. La Question sociale est une Question morale, trad. Palante. 2° édit.

Suite de la Bibliothèque de philosophie contemporaine, format in-8.

BIBLIOTHÈQUE DE PHILOSOPHIE CONTEMPORAINE

VOLUMES IN-8, BROCHÉS
à 3 fr. 75, 5 fr., 7 fr. 50, 10 fr., 12 fr. 50 et 15 fr.

Ouvrages parus en 1907.

BARDOUX (J.). Essai d'une psychologie de l'Angleterre contemporaine. *Les crises politiques. Protectionnisme et Radicalisme.* 5 fr.
BAZAILLAS (A.), professeur au lycée Condorcet. Musique et Inconscience. *Introduction à la psychologie de l'Inconscient.* 5 fr.
BELOT (G.), agrégé de philosophie. Études de morale positive. (Récompensé par l'Institut.) 7 fr. 50
BERGSON (H.), de l'Institut. L'Évolution créatrice. 3ᵉ édit. 7 fr. 50
DURKHEIM, professeur à la Sorbonne. Année sociologique. 10ᵉ Année (1905-1906). — P. Huvelin : Magie et droit industriel. — R. Hertz : Contribution à une étude sur la représentation collective de la mort. — C. Bouglé : Note sur le droit et la caste en Inde. — *Analyses.* 12 fr. 50
EVELLIN (F.), inspecteur général honoraire de l'instruction publique. La Raison pure et les antinomies. Essai critique sur la philosophie kantienne. (*Couronné par l'Institut.*) 5 fr.
FOUILLÉE (A.), de l'Institut. Morale des idées-forces. 7 fr. 50
HAMELIN (O.), chargé de cours à la Sorbonne. Essai sur les éléments principaux de la Représentation. 7 fr. 50
HOFFDING, prof. à l'Université de Copenhague. Philosophes contemporains, traduction Tremesaygues. 3 fr. 75
KEIM (A.), docteur ès lettres. Helvétius, *sa vie, son œuvre.* 10 fr.
LYON (G.), recteur à Lille. Enseignement et religion. Études philosophiques. 3 fr. 75
RENOUVIER (Ch.), de l'Institut. Science de la morale. Nouvelle édition. 2 vol. 15 fr.
REY (A.), docteur ès lettres, agrégé de philosophie. La Théorie de la physique chez les physiciens contemporains. 7 fr. 50
ROUSSEL-DESPIERRES (Fr.). Hors du scepticisme. Liberté et beauté. 1 vol. in-8. 7 fr. 50
WAYNBAUM (Dʳ I.). La physionomie humaine. 5 fr.

Précédemment publiés :

ADAM (Ch.), recteur de l'Académie de Nancy. *La Philosophie en France (première moitié du XIXᵉ siècle).* 7 fr. 50
ALENGRY (Franck), docteur ès lettres, inspecteur d'académie. *Essai historique et critique sur la Sociologie chez Aug. Comte.* 1900. 10 fr.
ARNOLD (Matthew). La Crise religieuse. 7 fr. 50
ARRÉAT. *Psychologie du peintre.* 5 fr.
AUBRY (Dʳ P.). La Contagion du meurtre. 1896. 3ᵉ édit. 5 fr.
BAIN (Alex.). La Logique inductive et déductive. Trad. Compayré. 2 vol. 3ᵉ éd. 20 fr.
— *Les Sens et l'Intelligence.* Trad. Cazelles. 3ᵉ édit. 10 fr.
BALDWIN (Mark), professeur à l'Université de Princeton (États-Unis). Le Développement mental chez l'enfant et dans la race. Trad. Nourry. 1897. 7 fr. 50
BARDOUX (J.). *Essai d'une psychologie de l'Angleterre contemporaine. Les crises belliqueuses.* (*Couronné par l'Académie française*). 1906. 7 fr. 50
BARTHÉLEMY-SAINT-HILAIRE, de l'Institut. La Philosophie dans ses rapports avec les sciences et la religion. 5 fr.
BARZELOTTI, prof. à l'Univ. de Rome. *La Philosophie de H. Taine.* 1900. 7 fr. 50
BAZAILLAS (A.), docteur ès lettres, professeur au lycée Condorcet. *La Vie personnelle, Étude sur quelques illusions de la perception extérieure.* 1905. 5 fr.
BERGSON (H.), de l'Institut. *Matière et mémoire.* 5ᵉ édit. 1908. 5 fr.
— Essai sur les données immédiates de la conscience. 6ᵉ édit. 1908. 3 fr. 75
BERTRAND, prof. à l'Université de Lyon. *L'Enseignement intégral.* 1898. 5 fr.
Les Études dans la démocratie. 1900. 5 fr.
BINET (A.). *Les révélations de l'écriture,* avec 67 grav. 5 fr.
BOIRAC (Émile), recteur de l'Académie de Dijon. *L'Idée du Phénomène.* 5 fr.
BOUGLÉ, prof. à l'Univ. de Toulouse. *Les Idées égalitaires.* 2ᵉ édit. 1908. 3 fr. 75
BOURDEAU (L.). Le Problème de la mort. 4ᵉ édition. 1904. 5 fr.
— Le Problème de la vie. 1901. 7 fr. 50

Suite de la *Bibliothèque de philosophie contemporaine*, format in-8.

BOURDON, professeur à l'Université de Rennes. *L'Expression des émotions et des tendances dans le langage. 7 fr. 50
BOUTROUX (E.), de l'Inst. Etudes d'histoire de la philosophie. 2ᵉ éd. 1901. 7 fr. 50
BRAUNSCHVIG (M.), docteur ès lettres, prof. au lycée de Toulouse. Le sentiment du beau et le sentiment poétique. *Essai sur l'esthétique du vers.* 1904. 3 fr. 75
BRAY (L.). Du beau. 1902. 5 fr.
BROCHARD (V.), de l'Institut. De l'Erreur. 2ᵉ édit. 1897. 5 fr.
BRUNSCHVICG (E.), prof. au lycée Henri IV, doct. ès lett. La Modalité du jugement. 5 fr.
— *Spinoza. 2ᵉ édit. 1906. 3 fr. 75
CARRAU (Ludovic), prof. à la Sorbonne. Philosophie religieuse en Angleterre. 5 fr.
CHABOT (Ch.), prof. à l'Univ. de Lyon. *Nature et Moralité. 1897. 5 fr.
CLAY (R.). * L'Alternative, *Contribution à la Psychologie.* 2ᵉ édit. 10 fr.
COLLINS (Howard). *La Philosophie de Herbert Spencer, avec préface de Herbert Spencer, traduit par H. de Varigny. 4ᵉ édit. 1904. 10 fr.
COMTE (Aug.). La Sociologie, résumé par E. RIGOLAGE. 1897. 7 fr. 50
COSENTINI (F.). La Sociologie génétique. *Pensée et vie sociale préhist.* 1905. 3 fr. 75
COSTE. Les Principes d'une sociologie objective. 8 fr. 75
— L'Expérience des peuples et les prévisions qu'elle autorise. 1900. 10 fr.
COUTURAT (L.). Les principes des mathématiques. 1906. 5 fr.
CRÉPIEUX-JAMIN. L'Écriture et le Caractère. 4ᵉ édit. 1897. 7 fr. 50
CRESSON, doct. ès lettres. La Morale de la raison théorique. 1903. 5 fr.
DAURIAC (L.). *Essai sur l'esprit musical. 1904. 5 fr.
DE LA GRASSERIE (R.), lauréat de l'Institut. Psychologie des religions. 1899. 5 fr.
DELBOS (V.), maître de conf. à la Sorbonne. *La philosophie pratique de Kant. 1905. (Ouvrage couronné par l'Académie française.) 12 fr. 50
DELVAILLE (J.), agr. de philosophie. La vie sociale et l'éducation. 1907. 3 fr. 75
DELVOLVE (J.), docteur ès lettres, agrégé de philosophie. *Religion, critique et philosophie positive chez Pierre Bayle. 1906. 7 fr. 50
DRAGHICESCO (D.), chargé de cours à l'Université de Bucarest. L'Individu dans le déterminisme social. 1904. 7 fr. 50
— Le problème de la conscience. 1907. 3 fr. 75
DUMAS (G.), chargé de cours à la Sorbonne. *La Tristesse et la Joie. 1900. 7 fr. 50
— Psychologie de deux messies. *Saint-Simon et Auguste Comte.* 1905. 5 fr.
DUPRAT (G. L.), docteur ès lettres. L'Instabilité mentale. 1899. 5 fr.
DUPROIX (P.), prof. à la Fac. des lettres de l'Univ. de Genève. * Kant et Fichte et le problème de l'éducation. 2ᵉ édit. 1897. (Ouv. cour. par l'Acad. franç.) 5 fr.
DURAND (DE GROS). Aperçus de taxinomie générale. 1898. 5 fr.
— Nouvelles recherches sur l'esthétique et la morale. 1899. 5 fr.
— Variétés philosophiques. 2ᵉ édit. revue et augmentée. 1900. 5 fr.
DURKHEIM, prof. à la Sorbonne.* De la division du travail social. 2ᵉ édit. 1901. 7 fr. 50
— Le Suicide, *étude sociologique.* 1897. 7 fr. 50
— * L'année sociologique : 10 années parues.
   1ʳᵉ Année (1896-1897). — DURKHEIM : La prohibition de l'inceste et ses origines. — G. SIMMEL : Comment les formes sociales se maintiennent. — *Analyses des travaux de sociologie publiés du 1ᵉʳ Juillet 1896 au 30 Juin 1897.* 10 fr.
   2ᵉ Année (1897-1898). — DURKHEIM : De la définition des phénomènes religieux. — HUBERT et MAUSS : La nature et la fonction du sacrifice. — *Analyses.* 10 fr.
   3ᵉ Année (1898-1899). — RATZEL : Le sol, la société, l'État. — RICHARD : Les crises sociales et la criminalité. — STEINMETZ : Classif. des types sociaux. — *Analyses.* 10 fr.
   4ᵉ Année (1899-1900). — BOUGLÉ : Remarques sur le régime des castes. — DURKHEIM : Deux lois de l'évolution pénale. — CHARMONT : Notes sur les causes d'extinction de la propriété corporative. *Analyses.* 10 fr.
   5ᵉ Année (1900-1901). — F. SIMIAND : Remarques sur les variations du prix du charbon au XIXᵉ siècle. — DURKHEIM : Sur le Totémisme. — *Analyses.* 10 fr.
   6ᵉ Année (1901-1902). — DURKHEIM et MAUSS : De quelques formes primitives de classification. Contribution à l'étude des représentations collectives. — BOUGLÉ : Les théories récentes sur la division du travail. — *Analyses.* 12 fr. 5
   7ᵉ Année (1902-1903).— HUBERT et MAUSS : Théorie générale de la magie.—*Anal.* 12 fr. 50
   8ᵉ Année (1903-1904). — H. BOURGIN : La boucherie à Paris au XIXᵉ siècle. — E. DURKHEIM : L'organisation matrimoniale australienne. — *Analyses.* 12 fr. 50
   9ᵉ Année (1904-1905).—A. MEILLET : Comment les noms changent de sens.— MAUSS et BEUCHAT : Les variations saisonnières des sociétés eskimos.—*Anal.* 12 fr. 50

F. ALCAN — 8 —

Suite de la Bibliothèque de philosophie contemporaine, format in-8.

EGGER (V.), prof. à la Fac. des lettres de Paris. La parole intérieure. 2ᵉ éd. 1904. 5 fr.
ESPINAS (A.), de l'Institut, professeur à la Sorbonne. *La Philosophie sociale du XVIIIᵉ siècle et la Révolution française. 1898. 7 fr. 50
FERRERO (G.). Les Lois psychologiques du symbolisme. 1895. 5 fr.
FERRI (Enrico). La Sociologie criminelle. Traduction L. TERRIER. 1905. 10 fr.
FERRI (Louis). La Psychologie de l'association, depuis Hobbes. 7 fr. 50
FINOT (J.). Le préjugé des races. 3ᵉ édit. 1908. (Récomp. par l'Institut). 7 fr. 50
— La philosophie de la longévité. 12ᵉ édit. refondue. 1908. 5 fr.
FONSEGRIVE, prof. au lycée Buffon. *Essai sur le libre arbitre. 2ᵉ édit. 1895. 10 fr.
FOUCAULT, maître de conf. à l'Univ. de Montpellier. La psychophysique. 1903. 7 fr. 50
— Le Rêve. 1906. 5 fr.
FOUILLÉE (Alf.), de l'Institut. *La Liberté et le Déterminisme. 4ᵉ édit. 7 fr. 50
— Critique des systèmes de morale contemporains. 5ᵉ édit. 7 fr. 50
— *La Morale, l'Art, la Religion, d'après GUYAU. 6ᵉ édit. augm. 3 fr. 75
— L'Avenir de la Métaphysique fondée sur l'expérience. 2ᵉ édit. 5 fr.
— *L'Évolutionnisme des idées-forces. 4ᵉ édit. 7 fr. 50
— *La Psychologie des idées-forces. 2 vol. 2ᵉ édit. 15 fr.
— *Tempérament et caractère. 3ᵉ édit. 7 fr. 50
— Le Mouvement positiviste et la conception social. du monde. 2ᵉ édit. 7 fr. 50
— Le Mouvement idéaliste et la réaction contre la science posit. 2ᵉ édit. 7 fr. 50
— *Psychologie du peuple français. 3ᵉ édit. 7 fr. 50
— *La France au point de vue moral. 3ᵉ édit. 7 fr. 50
— *Esquisse psychologique des peuples européens. 3ᵉ édit. 1903. 10 fr.
— *Nietzsche et l'immoralisme. 2ᵉ édit. 1903. 5 fr.
— *Le moralisme de Kant et l'amoralisme contemporain. 2ᵉ édit. 1905. 7 fr. 50
— Les éléments sociologiques de la morale. 1905. 7 fr. 50
FOURNIÈRE (E.). *Les théories socialistes au XIXᵉ siècle 1904. 7 fr. 50
FULLIQUET. Essai sur l'Obligation morale. 1898. 7 fr. 50
GAROFALO, prof. à l'Université de Naples. La Criminologie. 5ᵉ édit. refondue. 7 fr. 50
— La Superstition socialiste. 1895. 5 fr.
GÉRARD-VARET, prof. à l'Univ. de Dijon. L'Ignorance et l'Irréflexion. 1899. 5 fr.
GLEY (Dʳ E.), professeur agrégé à la Faculté de médecine de Paris. Études de psychologie physiologique et pathologique, avec fig. 1903. 5 fr.
GOBLOT (E.), Prof. à l'Université de Lyon. *Classification des sciences. 1898. 5 fr.
GORY (G.). L'Immanence de la raison dans la connaissance sensible. 5 fr.
GRASSET (J.), professeur à l'Université de Montpellier. Demifous et demiresponsables. 2ᵉ édit. 1908. 5 fr.
GREEF (de), prof. à l'Univ. nouvelle de Bruxelles. Le Transformisme social. 7 fr. 50
— La Sociologie économique. 1904. 3 fr. 75
GROOS (K.), prof. à l'Université de Bâle. *Les jeux des animaux. 1902. 7 fr. 50
GURNEY, MYERS et PODMORE. Les Hallucinations télépathiques. 4ᵉ édit. 7 fr. 50
GUYAU (M.). *La Morale anglaise contemporaine. 5ᵉ édit. 7 fr. 50
— Les Problèmes de l'esthétique contemporaine. 6ᵉ édit. 5 fr.
— Esquisse d'une morale sans obligation ni sanction. 8ᵉ édit. 5 fr.
— L'Irréligion de l'avenir, étude de sociologie. 11ᵉ édit. 7 fr. 50
— *L'Art au point de vue sociologique. 7ᵉ édit. 7 fr. 50
— *Éducation et Hérédité, étude sociologique. 9ᵉ édit. 5 fr.
HALÉVY (Élie), dʳ ès lettres. *Formation du radicalisme philosoph., 3 v., chacun 7 fr. 50
HANNEQUIN, prof. à l'Univ. de Lyon. L'hypothèse des atomes. 2ᵉ édit. 1899. 7 fr. 50
HARTENBERG (Dʳ Paul). Les Timides et la Timidité. 2ᵉ édit. 1904. 5 fr.
HÉBERT (Marcel), prof. à l'Université nouvelle de Bruxelles. L'Évolution de la foi catholique. 1905. 5 fr.
— *Le divin. *Expériences et hypothèses. Études psychologiques*. 1907. 5 fr.
HÉMON (C.), agrégé de philosophie. La philosophie de M. Sully Prudhomme. Préface de M. SULLY PRUDHOMME. 1907. 7 fr. 50
HERBERT SPENCER. *Les premiers Principes. Traduc. Cazelles. 9ᵉ édit. 10 fr.
— *Principes de biologie. Traduct. Cazelles. 4ᵉ édit. 2 vol. 20 fr.
— *Principes de psychologie. Trad. par MM. Ribot et Espinas. 2 vol. 20 fr.
— *Principes de sociologie. 5 vol. : Tome I. *Données de la sociologie*. 10 fr. — Tome II. *Inductions de la sociologie. Relations domestiques*. 7 fr. 50. — Tome III. *Institutions cérémonielles et politiques*. 15 fr. — Tome IV. *Institutions ecclésiastiques*. 3 fr. 75. — Tome V. *Institutions professionnelles*. 7 fr. 50.

Suite de la *Bibliothèque de philosophie contemporaine*, format in-8.

— HERBERT SPENCER. *Essais sur le progrès. Trad. A. Burdeau. 5ᵉ éd. 7 fr. 50
— Essais de politique. Trad. A. Burdeau. 4ᵉ édit. 7 fr. 50
— Essais scientifiques. Trad. A. Burdeau. 3ᵉ édit. 7 fr. 50
— * De l'Education physique, intellectuelle et morale. 13ᵉ édit. 5 fr.
— Justice. Traduc. Castelot. 7 fr. 50
— Le rôle moral de la bienfaisance. Trad. Castelot et Martin St-Léon. 7 fr. 50
— La Morale des différents peuples. Trad. Castelot et Martin St-Léon. 7 fr. 50
— Problèmes de morale et de sociologie. Trad. H. de Varigny. 7 fr. 50
— *Une Autobiographie. Trad. et adaptation par H. de Varigny. 10 fr.
HIRTH (G.). *Physiologie de l'Art. Trad. et introd. de L. Arréat. 5 fr.
HÖFFDING, prof. à l'Univ. de Copenhague. Esquisse d'une psychologie fondée sur l'expérience. Trad. L. POITEVIN. Préf. de Pierre JANET. 2ᵉ éd. 1903. 7 fr. 50
— *Histoire de la Philosophie moderne. Traduit de l'allemand par M. BORDIER, préf. de M. V. DELBOS. 1906. 2 vol. Chacun 10 fr.
ISAMBERT (G.), dʳ ès lettres. Les idées socialistes en France (1815-1848). 1905. 7 fr. 50
IZOULET, prof. au Collège de France. La Cité moderne. Nouvelle édit. 1 vol. 10 fr.
JACOBY (Dʳ P.). Études sur la sélection chez l'homme. 2ᵉ édition. 1904. 10 fr.
JANET (Paul), de l'Institut. Œuvres philosoph. de Leibniz. 2ᵉ édit. 2 vol. 20 fr.
JANET (Pierre), prof. au Collège de France. *L'Automatisme psychologique. 5ᵉ éd. 7 fr. 50
JAURÈS (J.), docteur ès lettres. De la réalité du monde sensible. 2ᵉ éd. 1902. 7 fr. 50
KARPPE (S.), doct. ès lettres. Essais de critique d'histoire et de philosophie. 8 fr. 75
LACOMBE (P.). Psychologie des individus et des sociétés chez Taine. 1906. 7 fr. 50
LALANDE (A.), maître de conférences à la Sorbonne, *La Dissolution opposée à l'évolution, dans les sciences physiques et morales. 1899. 7 fr. 50
LANDRY (A.), docteur ès lettres. *Principes de morale rationnelle. 1906. 5 fr.
LANESSAN (J.-L. de). *La Morale des religions. 1905. 10 fr.
LANG (A.). *Mythes, Cultes et Religions. Introduc. de Léon Marillier. 1896. 10 fr.
LAPIE (P.), professeur à l'Univ. de Bordeaux. Logique de la volonté 1902. 7 fr 50
LAUVRIÈRE, docteur ès lettres, prof. au lycée Charlemagne. Edgar Poë. *Sa vie et son œuvre. Essai de psychologie pathologique.* 1904. 10 fr.
LAVELEYE (de). *De la Propriété et de ses formes primitives. 5ᵉ édit. 10 fr.
— *Le Gouvernement dans la démocratie. 2 vol. 3ᵉ édit. 1896. 15 fr.
LE BON (Dʳ Gustave). *Psychologie du socialisme. 5ᵉ éd. refondue. 1907. 7 fr. 50
LECHALAS (G.). *Études esthétiques. 1902. 5 fr.
LECHARTIER (G.). David Hume, moraliste et sociologue. 1900. 5 fr.
LECLÈRE (A.), pr. à l'Univ. de Fribourg. Essai critique sur le droit d'affirmer. 5 fr.
LE DANTEC, chargé de cours à la Sorbonne. *L'unité dans l'être vivant. 1902. 7 fr. 50
— Les Limites du connaissable, *la vie et les phénom. naturels.* 2ᵉ éd. 1904. 3 fr. 75
LÉON (Xavier). *La philosophie de Fichte, *ses rapports avec la conscience contemporaine*, Préface de E. BOUTROUX, de l'Institut. 1902. (Couronné par l'Institut.) 10 fr.
LEROY (E. Bernard). Le Langage. *Sa fonction normale et pathol.* 1905. 5 fr.
LÉVY (A.), chargé de cours à l'Un. de Nancy. La philosophie de Feuerbach. 1904 10 fr.
LÉVY-BRUHL (L.), prof. adjoint à la Sorbonne. *La Philosophie de Jacobi 1894. 5 fr.
— *Lettres inédites de J.-S. Mill à Auguste Comte, *publiées avec les réponses de Comte et une introduction.* 1899. 10 fr.
— *La Philosophie d'Auguste Comte. 2ᵉ édit. 1905. 7 fr. 50
— *La Morale et la Science des mœurs. 3ᵉ édit. 1907. 5 fr.
LIARD, de l'Institut, vice-recteur de l'Acad. de Paris. *Descartes, 2ᵉ éd. 1903. 5 fr.
— * La Science positive et la Métaphysique, 5ᵉ édit. 7 fr. 50
LICHTENBERGER (H.), maître de conférences à la Sorbonne. *Richard Wagner, poète et penseur. 4ᵉ édit. revue. 1907. (Couronné par l'Académie franç.) 10 fr.
— Henri Heine penseur. 1905. 3 fr. 75
LOMBROSO. *L'Homme criminel. 3ᵉ éd., 2 vol. et atlas. 1895. 36 fr.
— Le Crime. *Causes et remèdes.* 2ᵉ édit. 10 fr.
LOMBROSO et FERRERO. La femme criminelle et la prostituée. 15 fr.
LOMBROSO et LASCHI. Le Crime politique et les Révolutions 2 vol. 15 fr.
LUBAC, agrégé de philosophie. * Esquisse d'un système de psychologie rationnelle. Préface de H. BERGSON. 1904. 3 fr. 75
LUQUET (G.-H.), agrégé de philosoph. *Idées générales de psychologie. 1906. 5 fr.

Suite de la *Bibliothèque de philosophie contemporaine*, format in-8.

LYON (Georges), recteur de l'Académie de Lille. * **L'Idéalisme en Angleterre au XVIII° siècle.** 7 fr. 50
MALAPERT (P.), docteur ès lettres, prof. au lycée Louis-le-Grand. * **Les Éléments du caractère et leurs lois de combinaison.** 2° édit. 1906. 5 fr.
MARION (H.), prof. à la Sorbonne. * **De la Solidarité morale.** 6° édit. 1907. 5 fr.
MARTIN (Fr.). * **La Perception extérieure et la Science positive.** 1894. 5 fr.
MAXWELL (J.). **Les Phénomènes psychiques.** Préf. de Ch. RICHET. 3° édit. 1906. 5 fr.
MULLER (Max), prof. à l'Univ. d'Oxford. ***Nouvelles études de mythologie.** 1898. 12 fr. 50
MYERS. **La personnalité humaine.** *Sa survivance après la mort, ses manifestations supra-normales.* Traduit par le docteur JANKÉLÉVITCH. 1905. 7 fr. 50
NAVILLE (E.), correspondant de l'Institut. **La Physique moderne.** 2° édit. 5 fr.
— * **La Logique de l'hypothèse.** 2° édit. 5 fr.
— * **La Définition de la philosophie.** 1894. 5 fr.
— **Le libre Arbitre.** 2° édit. 1898. 5 fr.
— **Les Philosophies négatives.** 1899. 5 fr.
NAYRAC (J.-P.). **Physiologie et Psychologie de l'attention.** Préface de M. Th. RIBOT. (Récompensé par l'Institut.) 1906. 3 fr. 75
NORDAU (Max). ***Dégénérescence.** 7° éd. 1907. 2 vol. Tome I. 7 fr. 50. Tome II. 10 fr.
— **Les Mensonges conventionnels de notre civilisation.** 7° édit. 1904. 5 fr.
— ***Vus du dehors.** *Essais de critique sur quelques auteurs français contemp.* 1903. 5 fr.
NOVICOW. **Les Luttes entre Sociétés humaines.** 3° édit. 10 fr.
— * **Les Gaspillages des sociétés modernes.** 2° édit. 1899. 5 fr.
— * **La Justice et l'expansion de la vie.** *Essai sur le bonheur des sociétés.* 1905. 7 fr. 50
OLDENBERG, professeur à l'Université de Kiel. ***Le Bouddha, sa Vie, sa Doctrine, sa Communauté**, trad. par P. FOUCHER, chargé de cours à la Sorbonne. Préface de SYLVAIN LÉVI, prof. au Collège de France. 2° éd. 1903. 7 fr. 50
— ***La religion du Véda.** Traduit par V. HENRY, prof. à la Sorbonne. 1903. 10 fr.
OSSIP-LOURIÉ. **La philosophie russe contemporaine.** 2° édit. 1905. 5 fr.
— * **La Psychologie des romanciers russes au XIX° siècle.** 1905. 7 fr. 50
OUVRÉ (H.), professeur à l'Université de Bordeaux. ***Les Formes littéraires de la pensée grecque.** 1900. (Couronné par l'Académie française.) 10 fr.
PALANTE (G.), agrégé de philos. **Combat pour l'individu.** 1904. 3 fr. 75
PAULHAN. **L'Activité mentale et les Éléments de l'esprit.** 10 fr.
— * **Les Caractères.** 2° édit. 5 fr.
— **Les Mensonges du caractère.** 1905. 5 fr.
— **Le mensonge de l'Art.** 1907. 5 fr.
PAYOT (J.), recteur de l'Académie d'Aix. **La croyance.** 2° édit. 1905. 5 fr.
— ***L'Éducation de la volonté.** 28° édit. 1908. 5 fr.
PÉRÈS (Jean), professeur au lycée de Caen. ***L'Art et le Réel.** 1898. 3 fr. 75
PÉREZ (Bernard). **Les Trois premières années de l'enfant.** 5° édit. 5 fr.
— **L'Enfant de trois à sept ans.** 4° édit. 1907. 5 fr.
— **L'Éducation morale dès le berceau.** 4° édit. 1901. 5 fr.
— ***L'Éducation intellectuelle dès le berceau.** 2° éd. 1901. 5 fr.
PIAT (C.). **La Personne humaine.** 1898. (Couronné par l'Institut). 7 fr. 50
— ***Destinée de l'homme.** 1898. 5 fr.
PICAVET (F.), chargé de cours à la Sorb. ***Les Idéologues.** (Cour. par l'Acad. fr.). 10 fr.
PIDERIT. **La Mimique et la Physiognomonie.** Trad. par M. Girot. 5 fr.
PILLON (F.). ***L'Année philosophique**, 17 années : 1890 à 1906. 16 vol. Chac. 5 fr.
PIOGER (J.). **La Vie et la Pensée**, essai de conception expérimentale. 1894. 5 fr.
— **La Vie sociale, la Morale et le Progrès.** 1894. 5 fr.
PRAT (L.), doct. ès lettres. **Le caractère empirique et la personne.** 1906. 7 fr. 50
PREYER, prof. à l'Université de Berlin. **Éléments de physiologie.** 5 fr.
PROAL, conseiller à la Cour de Paris. * **La Criminalité politique.** 1895. 5 fr.
— * **Le Crime et la Peine.** 3° édit. (Couronné par l'Institut.) 10 fr.
— **Le Crime et le Suicide passionnels.** 1900. (Cour. par l'Ac. franç.). 10 fr.
RAGEOT (G.), prof. au Lycée St-Louis. ***Le Succès.** *Auteurs et Public.* 1906. 3 fr. 75
RAUH, chargé de cours à la Sorbonne. * **De la méthode dans la psychologie des sentiments.** 1899. (Couronné par l'Institut.) 5 fr.
— ***L'Expérience morale.** 1903. (Récompensé par l'Institut.) 3 fr. 75
RÉCÉJAC, doct. ès lett. **Les Fondements de la Connaissance mystique.** 1897. 5 fr.
RENARD (G.), professeur au Collège de France. * **La Méthode scientifique de l'histoire littéraire.** 1900. 10 fr.

Suite de la *Bibliothèque de philosophie contemporaine*, format in-8.

RENOUVIER (Ch.) de l'Institut. *Les Dilemmes de la métaphysique pure. 1900. 5 fr.
— *Histoire et solution des problèmes métaphysiques. 1901. 7 fr. 50
— Le personnalisme, avec une étude sur la *perception externe et la force*. 1903. 10 fr.
— *Critique de la doctrine de Kant. 1906. 7 fr. 50
RIBÉRY, doct. ès lett. Essai de classification naturelle des caractères. 1903. 3 fr. 75
RIBOT (Th.), de l'Institut. * L'Hérédité psychologique. 8ᵉ édit. 7 fr. 50
— *La Psychologie anglaise contemporaine. 8ᵉ édit. 7 fr. 50
— *La Psychologie allemande contemporaine, 6ᵉ édit. 7 fr. 50
— La Psychologie des sentiments. 6ᵉ édit. 1908. 7 fr. 50
— L'Évolution des idées générales. 2ᵉ édit. 1904. 5 fr.
— * Essai sur l'Imagination créatrice. 3ᵉ édit. 1908. 5 fr.
— *La logique des sentiments. 2ᵉ édit. 1907. 3 fr. 75
— *Essai sur les passions. 1907. 3 fr. 75
RICARDOU (A.), docteur ès lettres. * De l'Idéal. (Couronné par l'Institut.) 5 fr.
RICHARD (G.), chargé du cours de sociologie à l'Univ. de Bordeaux. * L'idée d'évolution dans la nature et dans l'histoire. 1903. (Couronné par l'Institut.) 7 fr. 50
RIEMANN (H.), prof. à l'Univ. de Leipzig. Esthétique musicale. 1906. 5 fr.
RIGNANO (E.). Sur la transmissibilité des caractères acquis. 1906. 5 fr.
RIVAUD (A.), chargé de cours à l'Université de Poitiers. Les notions d'essence et d'existence dans la philosophie de Spinoza. 1906. 3 fr 75
ROBERTY (E. de). L'Ancienne et la Nouvelle philosophie. 7 fr. 50
— *La Philosophie du siècle (positivisme, criticisme, évolutionnisme). 5 fr.
— Nouveau Programme de sociologie. 1904. 5 fr.
ROMANES. *L'Évolution mentale chez l'homme. 7 fr. 50
RUYSSEN (Th.), pr. à l'Univ. de Dijon. *L'évolution psychologique du jugement. 5 fr.
SABATIER (A.), doyen honoraire de la Faculté des sciences de Montpellier. Philosophie de l'effort. *Essais philosoph. d'un naturaliste*. 2ᵉ édit. 1908. 7 fr. 50
SAIGEY (E.). * Les Sciences au XVIIIᵉ siècle. La Physique de Voltaire. 5 fr.
SAINT-PAUL (Dʳ G.). * Le Langage intérieur et les paraphasies. 1904. 5 fr.
SANZ Y ESCARTIN. L'Individu et la Réforme sociale, trad. Dietrich. 7 fr. 50
SCHOPENHAUER. Aphor. sur la sagesse dans la vie. Trad. Cantacuzène. 9ᵉ éd. 5 fr.
— *Le Monde comme volonté et comme représentation. 5ᵉ éd. 3 vol., chac. 7 fr. 50
SÉAILLES (G.), prof. à la Sorbonne. Essai sur le génie dans l'art. 2ᵉ édit. 5 fr.
— * La Philosophie de Ch. Renouvier. *Introduction au néo-criticisme*. 1905. 7 fr. 50
SIGHELE (Scipio). La Foule criminelle. 2ᵉ édit. 1901. 5 fr.
SOLLIER. Le Problème de la mémoire. 1900. 3 fr. 75
— Psychologie de l'idiot et de l'imbécile, avec 12 pl. hors texte. 2ᵉ éd. 1902. 5 fr.
— Le Mécanisme des émotions. 1905. 5 fr.
SOURIAU (Paul), prof. à l'Univ. de Nancy. L'Esthétique du mouvement. 5 fr.
— * La Beauté rationnelle. 1904. 10 fr.
STAPFER (P.). * Questions esthétiques et religieuses. 1906. 3 fr. 75
STEIN (L.), professeur à l'Université de Berne. * La Question sociale au point de vue philosophique. 1900. 10 fr.
STUART MILL. *Mes Mémoires. Histoire de ma vie et de mes idées. 5ᵉ éd. 5 fr.
— *Système de Logique déductive et inductive. 4ᵉ édit. 2 vol. 20 fr.
— * Essais sur la Religion. 3ᵉ édit. 5 fr.
— Lettres inédites à Aug. Comte et réponses d'Aug. Comte. 1899. 10 fr.
SULLY (James). Le Pessimisme. Trad. Bertrand. 2ᵉ édit. 7 fr. 50
— * Études sur l'Enfance. Trad. A. Monod, préface de G. Compayré. 1898. 10 fr.
— Essai sur le rire. Trad. Terrier. 1904. 7 fr. 50
SULLY PRUDHOMME, de l'Acad. franç. La vraie religion selon Pascal. 1905. 7 fr. 50
TARDE (G.), de l'Institut.* La Logique sociale. 3ᵉ édit. 1898. 7 fr. 50
— *Les Lois de l'Imitation. 5ᵉ édit. 1907. 7 fr. 50
— L'Opposition universelle. *Essai d'une théorie des contraires*. 1897. 7 fr. 50
— *L'Opinion et la Foule. 2ᵉ édit. 1904. 5 fr.
— *Psychologie économique. 1902. 2 vol. 15 fr.
TARDIEU (E.). L'Ennui. *Étude psychologique*. 1903. 5 fr.
THOMAS (P.-F.), docteur ès lettres. *Pierre Leroux, sa philosophie. 1904. 5 fr.
— * L'Éducation des sentiments. (Couronné par l'Institut.) 4ᵉ édit. 1907. 5 fr.
VACHEROT (Et.), de l'Institut. *Essais de philosophie critique. 7 fr. 50
— La Religion. 7 fr. 50
WEBER (L.), *Vers le positivisme absolu par l'idéalisme. 1903. 7 fr. 50

COLLECTION HISTORIQUE DES GRANDS PHILOSOPHES

PHILOSOPHIE ANCIENNE

ARISTOTE. **La Poétique d'Aristote**, par HATZFELD (A.), et M. DUFOUR. 1 vol. in-8. 1900. 6 fr.
— **Physique**, II, traduction et commentaire par O. HAMELIN. 1907. 1 vol. in-8 .... 3 fr.
SOCRATE **Philosophie de Socrate**, par A. FOUILLÉE. 2 v. in-8. 16 fr.
— **Le Procès de Socrate**, par G. SOREL. 1 vol. in-8 ..... 3 fr. 50
PLATON. **La Théorie platonicienne des Sciences**, par ÉLIE HALÉVY. In-8. 1895 .... 5 fr.
— Œuvres, traduction VICTOR COUSIN revue par J. BARTHÉLEMY-SAINT-HILAIRE : *Socrate et Platon ou le Platonisme — Eutyphron — Apologie de Socrate — Criton — Phédon.* 1 vol. in-8. 1896. 7 fr. 50
ÉPICURE. **La Morale d'Épicure et ses rapports avec les doctrines contemporaines**, par M. GUYAU. 1 volume in-8. 5ᵉ édit. ..... 7 fr. 50
BÉNARD. **La Philosophie ancienne, ses systèmes.** *La Philosophie et la Sagesse orientales. — La Philosophie grecque avant Socrate. Socrate et les socratiques. — Les sophistes grecs.* 1 v. in-8... 9 fr.
FAVRE (Mᵐᵉ Jules), née VELTEN. **La Morale de Socrate.** In-18. 3 50
— **Morale d'Aristote.** In-18. 3 fr. 50
OUVRÉ (H.) **Les formes littéraires de la pensée grecque.** In-8. 10 fr.

GOMPERZ. **Les penseurs de la Grèce.** Trad. REYMOND. (*Trad. cour. par l'Acad. franç.*).
I. *La philosophie antésocratique.* 1 vol. gr. in-8 .... 10 fr.
II. *Athènes, Socrate et les Socratiques.* 1 vol. gr. in-8 .... 12 fr.
III. (*Sous presse*).
RODIER (G.). **La Physique de Straton de Lampsaque.** In-8. 3 fr.
TANNERY (Paul). **Pour la science hellène.** In-8 .... 7 fr. 50
MILHAUD (G.). **Les philosophes géomètres de la Grèce.** In-8. 1900. (*Couronné par l'Inst.*). 6 fr.
FABRE (Joseph). **La Pensée antique** *De Moïse à Marc-Aurèle.* 2ᵉ éd. In-8. 5 fr.
— **La Pensée chrétienne.** *Des Evangiles à l'Imitation de J.-C.* In-8. 9 fr.
LAFONTAINE (A.). **Le Plaisir**, d'après Platon et Aristote. In-8. 6 fr.
RIVAUD (A.), chargé de cours à l'Un. de Poitiers **Le problème du devenir et la notion de la matière, des origines jusqu'à Théophraste.** In-8. 1906 10 fr.
GUYOT (H.), docteur ès lettres. **L'Infinité divine** *depuis Philon le Juif jusqu'à Plotin.* In-8. 1906.. 5 fr.
— **Les réminiscences de Philon le Juif chez Plotin.** *Étude critique.* Broch. in-8 .... 2 fr.

PHILOSOPHIES MÉDIÉVALE ET MODERNE

* DESCARTES, par L. LIARD, de l'Institut 2ᵉ éd. 1 vol. in-8. 5 fr.
— **Essai sur l'Esthétique de Descartes**, par E. KRANTZ. 1 vol. in-8, 2ᵉ éd. 1897 .... 6 fr.
— **Descartes, directeur spirituel**, par V. de SWARTE. Préface de E. BOUTROUX. 1 vol. in-16 avec pl. (*Couronné par l'Institut*). 4 fr. 50
LEIBNIZ. *Œuvres philosophiques*, pub. par P. JANET. 2 vol. in-8. 20 fr.
— *La logique de Leibniz*, par L. COUTURAT. 1 vol. in-8.. 12 fr.
— **Opuscules et fragments inédits de Leibniz**, par L. COUTURAT. 1 vol. in-8 .... 25 fr.
— *Leibniz et l'organisation religieuse de la Terre, d'après des documents inédits*, par JEAN BARUZI. 1 vol. in-8 (*Couronné par l'Institut*) .... 10 fr.

PICAVET, chargé de cours à la Sorbonne. **Histoire générale et comparée des philosophies médiévales.** In-8. 2ᵉ éd. 7 fr. 50
WULF (M. de) **Histoire de la philos. médiévale.** 2ᵉ éd. In-8. 10 fr.
FABRE (JOSEPH). *L'Imitation de Jésus-Christ.* Trad. nouvelle avec préface. In-8 .... 7 fr.
— **La pensée moderne.** *De Luther à Leibniz.* 1908. 1 vol. in-8. 8 fr.
SPINOZA. **Benedicti de Spinoza opera**, quotquot reperta sunt, recognoverunt J. Van Vloten et J.-P.-N. Land. 2 forts vol. in-8 sur papier de Hollande .... 45 fr.
Le même en 3 volumes. 18 fr.
— **Sa philosophie**, par M.-E. BRUNSCHVICG. 1 vol. in-8. 2ᵉ éd 3 fr. 75
FIGARD (L.), docteur ès lettres. Un

Médecin philosophe au XVI⁰ siècle. *La Psychologie de Jean Fernel.* 1 v. in-8. 1903. 7 fr. 50
GASSENDI. La Philosophie de Gassendi, par P.-F. THOMAS. In-8 1889 .... 6 fr.
MALEBRANCHE. * La Philosophie de Malebranche, par OLLÉ-LAPRUNE, de l'Institut. 2 v. in-8. 16 fr.
PASCAL. Le scepticisme de Pascal, par DROZ. 1 vol. in-8....... 6 fr.
VOLTAIRE. Les Sciences au XVIII⁰ siècle. Voltaire physicien, par Ém. SAIGEY. 1 vol. in-8. 5 fr.

DAMIRON. Mémoires pour servir à l'histoire de la philosophie au XVIII⁰ siècle. 3 vol. in-8. 15 fr.
J.-J. ROUSSEAU*Du Contrat social, édition comprenant avec le texte définitif les versions primitives de l'ouvrage d'après les manuscrits de Genève et de Neuchâtel, avec introduction par EDMOND DREYFUS-BRISAC. 1 fort volume grand in-8. 12 fr.
ERASME. Stultitiæ laus des. Erasmi Rot. declamatio. Publié et annoté par J.-B. KAN, avec les figures de HOLBEIN. 1 v. in-8. 6 fr. 75

PHILOSOPHIE ANGLAISE

DUGALD STEWART. * Éléments de la philosophie de l'esprit humain. 3 vol. in-16 ... 9 fr.
BACON. * Philosophie de François Bacon, par CH. ADAM. (Cour. par l'Institut). In-8..... 7 fr. 50

BERKELEY. Œuvres choisies. *Essai d'une nouvelle théorie de la vision. Dialogues d'Hylas et de Philonoüs.* Trad. de l'angl. par MM. BEAULAVON (G.) et PARODI (D.). In-8. 5 fr.

PHILOSOPHIE ALLEMANDE

FEUERBACH. Sa philosophie, par A. LÉVY. 1 vol. in-8..... 10 fr.
JACOBI. Sa Philosophie, par L. LEVY-BRUHL. 1 vol. in-8......... 5 fr.
KANT. Critique de la raison pratique, traduction nouvelle avec introduction et notes, par M. PICAVET. 2⁰ édit. 1 vol. in-8. 6 fr.
— *Critique de la raison pure, traduction nouvelle par MM. PACAUD et TREMESAYGUES. Préface de M. HANNEQUIN. 1 vol. in-8.. 12 fr.
— Éclaircissements sur la Critique de la raison pure, trad. TISSOT. 1 vol. in-8....... 6 fr.
— Doctrine de la vertu, traduction BARNI. 1 vol. in-8........ 8 fr.
— *Mélanges de logique, traduction TISSOT. 1 v. in-8..... 6 fr.
— * Prolégomènes à toute métaphysique future qui se présentera comme science, traduction TISSOT. 1 vol. in-8........ 6 fr.
—*Essai critique sur l'Esthétique de Kant, par V. BASCH. 1 vol. in-8. 1896........ 10 fr.
— Sa morale, par CRESSON. 2⁰ éd. 1 vol. in-12 .... 2 fr. 50
— L'Idée ou critique du Kantisme, par C. PIAT, Dʳ ès lettres. 2⁰ édit. 1 vol. in-8 .... 6 fr.
KANT et FICHTE et le problème de l'éducation, par PAUL DUPROIX. 1 vol. in-8. 1897....... 5 fr.
SCHELLING. Bruno, ou du principe divin. 1 vol. in-8....... 3 fr. 50

HEGEL.*Logique. 2 vol. in-8. 14 fr.
— * Philosophie de la nature. 3 vol. in-8............. 25 fr.
— * Philosophie de l'esprit. 2 vol. in-8.................. 18 fr.
— * Philosophie de la religion. 2 vol. in-8............. 20 fr.
— La Poétique, trad. par M. Ch. BÉNARD. Extraits de Schiller, Gœthe, Jean-Paul, etc., 2 v. in-8. 12 fr.
— Esthétique. 2 vol. in-8, trad. BÉNARD............... 16 fr.
— Antécédents de l'hégélianisme dans la philos. franç., par E. BEAUSSIRE In-18. 2 fr. 50
— Introduction à la philosophie de Hegel, par VÉRA. in-8 6 fr. 50
—* La logique de Hegel, par EUG. NOEL. In-8. 1897 ... 3 fr.
HERBART. * Principales œuvres pédagogiques, trad. A. PINLOCHE. In-8. 1894........... 7 fr. 50
— La métaphysique de Herbart et la critique de Kant, par M. MAUXION. 1 vol. in-8... 7 fr. 50
MAUXION (M.). L'éducation par l'instruction *et les théories pédagogiques de Herbart.* 2⁰ éd. In-12. 1906............... 2 fr. 50
SCHILLER. Sa Poétique, par V. BASCH. 1 vol. in-8. 1902... 4 fr.
Essai sur le mysticisme spéculatif en Allemagne au XIV⁰ siècle, par DELACROIX (H.), professeur à l'Université de Caen. 1 vol. in-8. 1900...... 5 fr.

F. ALCAN. — 14 —

PHILOSOPHIE ANGLAISE CONTEMPORAINE
(Voir *Bibliothèque de philosophie contemporaine*, pages 2 à 11.)

PHILOSOPHIE ALLEMANDE CONTEMPORAINE
(Voir *Bibliothèque de philosophie contemporaine*, pages 2 à 11.)

PHILOSOPHIE ITALIENNE CONTEMPORAINE
(Voir *Bibliothèque de philosophie contemporaine*, pages 2 à 11.)

LES MAITRES DE LA MUSIQUE
Études d'histoire et d'esthétique,
Publiées sous la direction de M. JEAN CHANTAVOINE
Chaque volume in-16 de 250 pages environ.................. 3 fr. 50
Collection honorée d'une souscription du Ministre de l'Instruction publique et des Beaux-Arts.

Volumes parus :
* J.-S. BACH, par André PIRRO (2ᵉ édition).
* CÉSAR FRANCK, par Vincent D'INDY (3ᵉ édition).
* PALESTRINA, par Michel BRENET (2ᵉ édition).
* BEETHOVEN, par Jean CHANTAVOINE (3ᵉ édition).
MENDELSSOHN, par Camille BELLAIGUE.
SMETANA, par William RITTER.
RAMEAU, par Louis LALOY.

En préparation : **Grétry**, par PIERRE AUBRY. — **Moussorgsky**, par J.-D. CALVOCORESSI. — **Orlande de Lassus**, par HENRY EXPERT. — **Wagner**, par HENRI LICHTENBERGER. — **Berlioz**, par ROMAIN ROLLAND. — **Gluck**, par JULIEN TIERSOT. — **Schubert**, par A. SCHWEITZER. — **Haydn**, par MICHEL BRENET, etc., etc.

LES GRANDS PHILOSOPHES
Publié sous la direction de M. C. PIAT
Agrégé de philosophie, docteur ès lettres, professeur à l'École des Carmes.

Chaque étude forme un volume in-8° carré de 300 pages environ, dont le prix varie de 5 francs à 7 fr. 50.

*Kant, par M. RUYSSEN, chargé de cours à l'Université de Dijon. 2ᵉ édition. 1 vol. in-8. (*Couronné par l'Institut.*) 7 fr. 50
*Socrate, par l'abbé C. PIAT. 1 vol. in-8. 5 fr.
*Avicenne, par le baron CARRA DE VAUX. 1 vol. in-8. 5 fr.
*Saint Augustin, par l'abbé JULES MARTIN. 2ᵉ édition. 1 vol. in-8. 7 fr. 50
*Malebranche, par Henri JOLY, de l'Institut. 1 vol. in-8. 5 fr.
*Pascal, par A. HATZFELD. 1 vol. in-8. 5 fr.
*Saint Anselme, par DOMET DE VORGES. 1 vol. in-8. 5 fr.
Spinoza, par P.-L. COUCHOUD, agrégé de l'Université. 1 vol. in-8. (*Couronné par l'Académie Française*). 5 fr.
Aristote, par l'abbé C. PIAT. 1 vol. in-8. 5 fr.
Gazali, par le baron CARRA DE VAUX. 1 vol. in-8. (*Couronné par l'Académie Française*). 5 fr.
*Maine de Biran, par Marius COUAILHAC. 1 vol. in-8. (*Récompensé par l'Institut*). 7 fr. 50
Platon, par l'abbé C. PIAT. 1 vol. in-8. 7 fr. 50
Montaigne, par F. STROWSKI, professeur à l'Université de Bordeaux. 1 vol. in-8. 6 fr.
Philon, par l'abbé JULES MARTIN. 1 vol. in-8. 5 fr.

MINISTRES ET HOMMES D'ÉTAT
HENRI WELSCHINGER, de l'Institut. — *Bismarck. 1 v. in-16. 1900. 2 fr. 50
H. LÉONARDON. — *Prim. 1 vol. in-16. 1901................ 2 fr. 50
M. COURCELLE. — *Disraëli. 1 vol. in-16. 1901............ 2 fr. 50
M. COURANT. — Okoubo. 1 vol. in-16, avec un portrait. 1904.. 2 fr. 50
A. VIALLATE. — Chamberlain. Préface de E. BOUTMY. 1 vol. in-16. 2 fr. 50

F. ALCAN.

BIBLIOTHÈQUE GÉNÉRALE
des
SCIENCES SOCIALES

SECRÉTAIRE DE LA RÉDACTION : DICK MAY, secrétaire général de l'École des Hautes Études sociales.
Chaque volume in-8 de 300 pages environ, cartonné à l'anglaise, **6 fr.**

1. **L'Individualisation de la peine**, par R. SALEILLES, professeur à la Faculté de droit de l'Université de Paris.
2. **L'Idéalisme social**, par Eugène FOURNIÈRE.
3. *Ouvriers du temps passé (xv° et xvi° siècles), par H. HAUSER, professeur à l'Université de Dijon. 2° édit.
4. *Les Transformations du pouvoir, par G. TARDE, de l'Institut.
5. **Morale sociale**, par MM. G. BELOT, MARCEL BERNÈS, BRUNSCHVICG, F. BUISSON, DARLU, DAURIAC, DELBET, CH. GIDE, M. KOVALEVSKY, MALAPERT, le R. P. MAUMUS, DE ROBERTY, G. SOREL, le PASTEUR WAGNER. Préface de M. E. BOUTROUX.
6. *Les Enquêtes, pratique et théorie, par P. DU MAROUSSEM. (*Ouvrage couronné par l'Institut.*)
7. *Questions de Morale, par MM. BELOT, BERNÈS, F. BUISSON, A. CROISET, DARLU, DELBOS, FOURNIÈRE, MALAPERT, MOCH, PARODI, G. SOREL (*École de morale*). 2° édit.
8. **Le développement du Catholicisme social depuis l'encyclique *Rerum novarum*,** par Max TURMANN.
  . *Le Socialisme sans doctrines. *La Question ouvrière et la Question agraire en Australie et en Nouvelle-Zélande*, par Albert MÉTIN, agrégé de l'Université, professeur à l'École Coloniale.
10. *Assistance sociale. *Pauvres et mendiants*, par PAUL STRAUSS, sénateur.
11. *L'Éducation morale dans l'Université. (*Enseignement secondaire.*) Par MM. LÉVY-BRUHL, DARLU, M. BERNÈS, KORTZ, CLAIRIN, ROCAFORT, BIOCHE, Ph. GIDEL, MALAPERT, BELOT. (*École des Hautes Études sociales*, 1900-1901).
12. *La Méthode historique appliquée aux Sciences sociales, par Charles SEIGNOBOS, professeur à l'Université de Paris.
13. *L'Hygiène sociale, par E. DUCLAUX, de l'Institut, directeur de l'Instit. Pasteur.
14. **Le Contrat de travail.** *Le rôle des syndicats professionnels*, par P. BUREAU, prof. à la Faculté libre de droit de Paris.
15. *Essai d'une philosophie de la solidarité, par MM. DARLU, RAUH, F. BUISSON, GIDE, X LÉON, LA FONTAINE, E. BOUTROUX (*École des Hautes Études sociales*). 2° édit.
16. *L'exode rural et le retour aux champs, par E. VANDERVELDE, professeur à l'Université nouvelle de Bruxelles.
17. *L'Éducation de l. démocratie, par MM. E. LAVISSE, A. CROISET, Ch. SEIGNOBOS, P. MALAPERT, G. LANSON, J. HADAMARD (*École des Hautes Études soc.*) 2° édit.
18. *La Lutte pour l'existence et l'évolution des sociétés, par J.-L. DE LANNESSAN, député, prof. agr. à la Fac. de méd. de Paris.
19. *La Concurrence sociale et les devoirs sociaux, par le MÊME.
20. *L'Individualisme anarchiste, Max Stirner, par V. BASCH, chargé de cours à la Sorbonne.
21. *La démocratie devant la science, par C. BOUGLÉ, prof. de philosophie sociale à l'Université de Toulouse. (*Récompensé par l'Institut.*)
22. *Les Applications sociales de la solidarité, par MM. P. BUDIN, CH. GIDE, H. MONOD, PAULET, ROBIN, SIEGFRIED, BROUARDEL. Préface de M. Léon BOURGEOIS (*École des Hautes Études soc.*, 1902-1903).
23. **La Paix et l'enseignement pacifiste**, par MM. Fr. PASSY, Ch. RICHET, d'ESTOURNELLES DE CONSTANT, E. BOURGEOIS, A. WEISS, H. LA FONTAINE, G. LYON (*École des Hautes Études soc.*, 1902-1903).
24. *Études sur la philosophie morale au XIX° siècle, par MM. BELOT, A. DARLU, M. BERNÈS, A. LANDRY, Ch. GIDE, E. ROBERTY, R. ALLIER, H. LICHTENBERGER, L. BRUNSCHVICG (*École des Hautes Études soc.*, 1902-1903).
25. *Enseignement et démocratie, par MM. APPELL, J. BOITEL, A. CROISET, A. DEVINAT, Ch.-V. LANGLOIS, G. LANSON, A. MILLERAND, Ch. SEIGNOBOS (*École des Hautes Études soc.*, 1903-1904).
26. *Religions et Sociétés, par MM. TH. REINACH, A. PUECH, R. ALLIER, A. LEROY-BEAULIEU, le baron CARRA DE VAUX, H. DREYFUS (*École des Hautes Études soc.*, 1903-1904).
27. *Essais socialistes. *La religion, l'art, l'alcool*, par E. VANDERVELDE.
28. *Le surpeuplement et les habitations à bon marché, par H. TUROT, conseiller municipal de Paris, et H. BELLAMY.
29. **L'individu, l'association et l'état**, par E. FOURNIÈRE.

F. ALCAN

BIBLIOTHÈQUE D'HISTOIRE CONTEMPORAINE

Volumes in-12 brochés à 3 fr. 50. — Volumes in-8 brochés de divers prix

Volumes parus en 1907

CHARMES (P.), LEROY-BEAULIEU (A.), MILLET (R.), RIBOT (A.), VANDAL (A.), de CAIX (R.), HENRY (R.), Louis-JARAY (G.), PINON (R.), TARDIEU (A.). **Les questions actuelles de la politique étrangère en Europe.** *La politique anglaise. La politique allemande. La question d'Autriche-Hongrie. La question de Macédoine et des Balkans. La question russe.* 1 vol. in-16, avec 3 cartes hors texte et 6 cartes dans le texte. 3 fr. 50

TARDIEU (A.), secrétaire honoraire d'ambassade. **La Conférence d'Algésiras.** *Histoire diplomatique de la crise marocaine* (15 janvier-7 avril 1906). 2ᵉ édit. 1 vol. in-8. 10 fr.

GAFFAREL (P.), professeur à l'Université d'Aix-Marseille. **La politique coloniale en France (1789-1830).** 1 vol. in-8. 7 fr.

MATTER (P.), substitut au tribunal de la Seine. **Bismarck et son temps.** III. *Triomphe, splendeur et déclin (1870-1896).* 1 vol. in-8. 10 fr.

DRIAULT (E.), agrégé d'histoire. **La question d'Extrême-Orient.** 1 vol. in-8. 7 fr.

EUROPE

DEBIDOUR, professeur à la Sorbonne. * **Histoire diplomatique de l'Europe, de 1815 à 1878.** 2 vol. in-8. *(Ouvrage couronné par l'Institut.)* 18 fr.

DOELLINGER (I. de). **La papauté, ses origines au moyen âge, son influence jusqu'en 1870.** Traduit par A. GIRAUD-TEULON, 190 . 1 vol. in-8. 7 fr.

SYBEL (H. de). * **Histoire de l'Europe pendant la Révolution française,** traduit de l'allemand par Mˡˡᵉ DOSQUET. Ouvrage complet en 6 vol. in-8. 42 fr.

TARDIEU (A.). *** Questions diplomatiques de l'année 1904.** 1 vol. in-12. *(ouvrage couronné par l'Académie française).* 3 fr. 50

FRANCE
Révolution et Empire

AULARD, professeur à la Sorbonne. * **Le Culte de la Raison et le Culte de l'Être suprême,** étude historique (1793-1794). 2ᵉ édit. 1 vol. in-12. 3 fr. 50

— * **Études et leçons sur la Révolution française.** 5 v. in-12. Chacun. 3 fr. 50

BONDOIS (P.), agrégé d'histoire. * **Napoléon et la société de son temps (1793-1821).** 1 vol. in-8. 7 fr.

CARNOT (H.), sénateur. * **La Révolution française,** résumé historique. In-16. Nouvelle édit. 3 fr. 50

DRIAULT (E.), professeur au lycée de Versailles. **La politique orientale de Napoléon.** SÉBASTIANI et GARDANE (1806-1808). 1 vol. in-8. (*Récompensé par l'Institut.*) 7 fr.

— * **Napoléon en Italie (1800-1812).** 1 vol. in-8. 1906. 10 fr.

DUMOULIN (Maurice). * **Figures du temps passé.** 1 vol. in-16. 1906. 3 fr. 50

MOLLIEN (Cᵗᵉ). **Mémoires d'un ministre du trésor public (1780-1815),** publiés par M. Ch. GOMEL. 3 vol. in-8. 15 fr.

BOITEAU (P.). **État de la France en 1789.** Deuxième éd. 1 vol. in-8. 10 fr.

BORNAREL (E.), doc. ès lettres. **Cambon et la Révolution française.** In-8. 7 fr.

CAHEN (L.), agrégé d'histoire, docteur ès lettres. * **Condorcet et la Révolution française.** 1 vol. in-8. *(Récompensé par l'Institut.)* 10 fr.

DESPOIS (Eug.). * **Le Vandalisme révolutionnaire.** Fondations littéraires, scientifiques et artistiques de la Convention. 4ᵉ édit. 1 vol. in-12. 3 fr. 50

DEBIDOUR, professeur à la Sorbonne. * **Histoire des rapports de l'Église et de l'État en France (1789-1870).** 1 fort vol. in-8. 1898. *(Couronné par l'Institut.)* 12 fr.

— * **L'Église catholique et l'État en France sous la troisième République (1870-1906).** — I. (1870-1889), 1 vol. in-8. 1906. 7 fr. — II. (1889-1906), paraîtra en 1908.

GOMEL (C.). **Les causes financières de la Révolution française. Les ministères de Turgot et de Necker.** 1 vol. in-8. 8 fr.

— **Les causes financières de la Révolution française ; les derniers contrôleurs généraux.** 1 vol. in-8. 8 fr.

— **Histoire financière de l'Assemblée Constituante (1789-1791).** 2 vol. in-8, 16 fr. — Tome I : (1789), 8 fr. ; tome II : (1790-1791), 8 fr.

— **Histoire financière de la Législative et de la Convention.** 2 vol. in-8, 15 fr. — Tome I : (1792-1793), 7 fr. 50 ; tome II : (1793-1795), 7 fr. 50

F. ALCAN.

ISAMBERT (G.). *La vie à Paris pendant une année de la Révolution (1791-1792). In-16. 1896. 3 fr. 50
MATHIEZ (A.), agrégé d'histoire, docteur ès lettres. *La théophilanthropie et le culte décadaire, 1796-1801. 1 vol. in-8. 12 fr.
— *Contributions à l'histoire religieuse de la Révolution française. In-16. 1906. 3 fr. 50
MARCELLIN PELLET, ancien député. Variétés révolutionnaires. 3 vol. in-12, précédés d'une préface de A. RANC. Chaque vol. séparém. 3 fr. 50
SILVESTRE, professeur à l'École des sciences politiques. De Waterloo à Sainte-Hélène (20 Juin-16 Octobre 1815). 1 vol. in-16. 3 fr. 50
SPULLER (Eug.). Hommes et choses de la Révolution. 1 vol. in-18. 3 fr 50.
STOURM, de l'Institut. Les finances de l'ancien régime et de la Révolution. 2 vol. in-8. 16 fr.
— Les finances du Consulat. 1 vol. in-8. 7 fr. 50
VALLAUX (C.). *Les campagnes des armées françaises (1792-1815). In-16, avec 17 cartes dans le texte. 3 fr. 50

Epoque contemporaine

BLANC (Louis). *Histoire de Dix ans (1830-1840). 5 vol. in-8. 25 fr.
DELORD (Taxile). *Histoire du second Empi (1848-1870). 6 vol. in-8. 42 fr.
DUVAL (J.). L'Algérie et les colonies françaises, avec une notice biographique sur l'auteur, par J. LEVASSEUR, de l'Institut. 1 vol. in-8. 7 fr. 50
GAFFAREL (P.), professeur à l'Université d'Aix. * Les Colonies françaises. 1 vol. in-8. 6e édition revue et augmentée. 5 fr.
GAISMAN (A.). *L'Œuvre de la France au Tonkin. Préface de M. J.-L. de LANESSAN. 1 vol. in-16 avec 4 cartes en couleurs. 1906. 3 fr. 50
LANESSAN (J.-L. de). *L'Indo-Chine française. Étude économique, politique et administrative. 1 vol. in-8. avec 5 cartes en couleurs hors texte. 15 fr.
— *L'Etat et les Eglises de France. Histoire de leurs rapports, des origines jusqu'à la Séparation. 1 vol. in-16. 1906. 3 fr. 50
— *Les Missions et leur protectorat. 1 vol. in-16. 1907. 3 fr. 50
LAPIE (P.), professeur à l'Université de Bordeaux. Les Civilisations tunisiennes (Musulmans, Israélites, Européens). In-16. 1898. (Couronné par l'Académie française.) 3 fr. 50
LAUGEL (A.). * La France politique et sociale. 1 vol. in-8. 5 fr.
LEBLOND (Marius-Ary). La société française sous la troisième République. 1905. 1 vol. in-8. 5 fr.
NOEL (O.). Histoire du commerce extérieur de la France depuis la Révolution. 1 vol. in-8. 6 fr.
PIOLET (J.-B.). La France hors de France, notre émigration, sa nécessité, ses conditions. 1 vol. in-8. 1900 (Couronné par l'Institut.) 10 fr.
SCHEFER (Ch.), professeur à l'Ecole des sciences politiques. *La France moderne et le problème colonial. I. (1815-1830). 1 vol. in-8. 7 fr.
SPULLER (E.), ancien ministre de l'Instruction publique. *Figures disparues, portraits contemp., littér. et politiq. 3 vol. in-16. Chacun. 3 fr. 50
TCHERNOFF (J.). Associations et Sociétés secrètes sous la deuxième République (1848-1851). 1 vol. in-8. 1905. 7 fr.
VIGNON (L.), professeur à l'Ecole coloniale. La France dans l'Afrique du nord. 2e édition. 1 vol. in-8. (Récompensé par l'Institut.) 7 fr.
— Expansion de la France. 1 vol. in-18. 3 fr. 50
— LE MÊME. Édition in-8. 7 fr.
WAHL, inspect. général, A. BERNARD, professeur à la Sorbonne. *L'Algérie. 1 vol. in-8. 5e édit., 1908. (Ouvrage couronné par l'Institut.) 5 fr.
WEILL (G.), maître de conf. à l'Université de Caen. Histoire du parti républicain en France, de 1814 à 1870. 1 vol in-8. 1900. (Récompensé par l'Institut.) 10 fr.
—*Histoire du mouvement social en France (1852-1902). 1 v. in-8. 1905. 7 fr.
— L'Ecole saint simonienne, son histoire, son influence jusqu'à nos jours In-16. 1896. 3 fr. 50
ZEVORT (E.), recteur de l'Académie de Caen. Histoire de la troisième République :
    Tome I. *La présidence de M. Thiers. 1 vol. in-8. 3e édit. 7 fr.
    Tome II. *La présidence du Maréchal. 1 vol. in-8. 2e édit. 7 fr.
    Tome III. *La présidence de Jules Grévy. 1 vol. in-8. 2e édit. 7 fr.
    Tome IV. La présidence de Sadi Carnot. 1 vol. in-8. 7 fr.

ANGLETERRE

MÉTIN (Albert), prof. à l'Ecole Coloniale. * Le Socialisme en Angleterre. In-16. 3 fr. 50

ALLEMAGNE

ANDLER (Ch.), prof. à la Sorbonne. *Les origines du socialisme d'État en Allemagne. 1 vol. in-8. 1897. 7 fr.

GUILLAND (A.), professeur d'histoire à l'Ecole polytechnique suisse. *L'Allemagne nouvelle et ses historiens. (NIEBUHR, RANKE, MOMMSEN, SYBEL, TREITSCHKE.) 1 vol. in-8. 1899. 5 fr.

MATTER (P.), doct. en droit, substitut au tribunal de la Seine. *La Prusse et la révolution de 1848. In-16. 1903. 3 fr. 50

— *Bismarck et son temps. I. *La préparation* (1815-1863). 1 vol. in-8. 10 fr.
II. *L'action* (1863-1870). 1 vol. in-8. 10 fr.

MILHAUD (E.), professeur à l'Université de Genève. *La Démocratie socialiste allemande. 1 vol. in-8. 1903. 10 fr.

SCHMIDT (Ch.), docteur ès lettres. Le grand-duché de Berg (1806-1813). 1905. 1 vol. in-8. 10 fr.

VÉRON (Eug.). * Histoire de la Prusse, depuis la mort de Frédéric II. In-16. 6ᵉ édit. 3 fr. 50

— *Histoire de l'Allemagne, depuis la bataille de Sadowa jusqu'à nos jours. In-16. 3ᵉ éd., mise au courant des événements par P. BONDOIS. 3 fr. 50

AUTRICHE-HONGRIE

AUERBACH, professeur à l'Université de Nancy. *Les races et les nationalités en Autriche-Hongrie. In-8. 1898. 5 fr.

BOURLIER (J.). * Les Tchèques et la Bohême contemporaine. In-16. 1897. 3 fr. 50

*RECOULY (R.), agrégé de l'Univ. Le pays magyar. 1903. In-16. 3 fr. 50

RUSSIE

COMBES DE LESTRADE (Vᵗᵉ). La Russie économique et sociale à l'avènement de Nicolas II. 1 vol. in-8. 6 fr.

ITALIE

BOLTON KING (M. A.). *Histoire de l'unité italienne. Histoire politique de l'Italie, de 1814 à 1871, traduit de l'anglais par M. MACQUART; introduction de M. Yves GUYOT. 1900. 2 vol. in-8. 15 fr.

COMBES DE LESTRADE (Vᵗᵉ). La Sicile sous la maison de Savoie. 1 vol. in-18. 3 fr. 50

GAFFAREL (P.), professeur à l'Université d'Aix. *Bonaparte et les Républiques italiennes (1796-1799). 1895. 1 vol. in-8. 5 fr.

SORIN (Élie). *Histoire de l'Italie, depuis 1815 jusqu'à la mort de Victor-Emmanuel. In-16. 1888. 3 fr. 50

ESPAGNE

REYNALD (H.). *Histoire de l'Espagne, depuis la mort de Charles II. In-16. 3 fr. 50

ROUMANIE

DAMÉ (Fr.). * Histoire de la Roumanie contemporaine, depuis l'avènement des princes indigènes jusqu'à nos jours. 1 vol. in-8. 1900. 7 fr.

SUISSE

DAENDLIKER. *Histoire du peuple suisse. Trad. de l'allem. par Mᵐᵉ Jules FAVRE et précédé d'une Introduction de Jules FAVRE. 1 vol. in-8. 5 fr.

SUÈDE

SCHEFER (C.). * Bernadotte roi (1810-1818-1844). 1 vol. in-8. 1899. 5 fr.

GRÈCE, TURQUIE, ÉGYPTE

BÉRARD (V.), docteur ès lettres. * La Turquie et l'Hellénisme contemporain. (*Ouvrage cour. par l'Acad. française*). In-16. 5ᵉ éd. 3 fr. 50

DRIAULT (G.). * La question d'Orient, préface de G. MONOD, de l'Institut. 1 vol. in-8. 3ᵉ édit. 1905. (*Ouvrage couronné par l'Institut*). 7 fr.

MÉTIN (Albert), professeur à l'École coloniale. *La Transformation de l'Egypte. In-16. 1903. (Cour. par la Soc. de géogr. comm.) 3 fr. 50

RODOCANACHI (E.). *Bonaparte et les îles Ioniennes (1797-1816). 1 volume in-8. 1899. 5 fr.

INDE

PIRIOU (E.), agrégé de l'Université. *L'Inde contemporaine et le mouvement national. 1905. 1 vol. in-16. 3 fr. 50

CHINE

CORDIER (H.), professeur à l'Ecole des langues orientales. *Histoire des relations de la Chine avec les puissances occidentales (1860-1902), avec cartes. 3 vol. in-8, chacun séparément. 10 fr.

— *L'Expédition de Chine de 1857-58. Histoire diplomatique, notes et documents. 1905. 1 vol. in-8. 7 fr.

CORDIER (H.), prof. à l'Ecole des langues orientales. *L'Expédition de Chine de 1860. Histoire diplomatique, notes et documents. 1906. 1 vol. in-8. 7 fr.
COURANT (M.), maître de conférences à l'Université de Lyon. En Chine. Mœurs et institutions. Hommes et faits. 1 vol. in-16. 3 fr. 50

AMÉRIQUE

ELLIS STEVENS. Les Sources de la constitution des États-Unis. 1 vol. in-8. 7 fr. 50
DEBERLE (Alf.). *Histoire de l'Amérique du Sud. in-16. 3ᵉ éd. 3 fr. 50

QUESTIONS POLITIQUES ET SOCIALES

BARNI (Jules). *Histoire des idées morales et politiques en France au XVIIIᵉ siècle. 2 vol. in-16. Chaque volume. 3 fr. 50
— *Les Moralistes français au XVIIIᵉ siècle. In-16. 3 fr. 50
BEAUSSIRE (Émile), de l'Institut. La Guerre étrangère et la Guerre civile. In-16. 3 fr. 50
LOUIS BLANC. Discours politiques (1848-1881). 1 vol. in-8. 7 fr. 50
BONET-MAURY. *Histoire de la liberté de conscience (1598-1870). In-8. 2ᵉ édit. (Sous presse.)
BOURDEAU (J.). *Le Socialisme allemand et le Nihilisme russe. In-16. 2ᵉ édit. 1894. 3 fr. 50
— *L'évolution du Socialisme. 1901. 1 vol. in-16. 3 fr. 50
D'EICHTHAL (Eug.). Souveraineté du peuple et gouvernement. In-16. 1895 3 fr. 50
DESCHANEL (E.), sénateur, professeur au Collège de France. *Le Peuple et la Bourgeoisie. 1 vol. in-8. 2ᵉ édit. 5 fr.
DEPASSE (Hector), député. Transformations sociales. 1894. In-16. 3 fr. 50
— Du Travail et de ses conditions (Chambres et Conseils du travail). In-16. 1895. 3 fr. 50
DRIAULT (E.), prof. agr. au lycée de Versailles. *Problèmes politiques et sociaux. In-8. 2ᵉ édit. 1906. 7 fr.
GUÉROULT (G.). *Le Centenaire de 1789. In-16. 1889. 3 fr. 50
LAVELEYE (E. de), correspondant de l'Institut. Le Socialisme contemporain. In-16. 11ᵉ édit. augmentée. 3 fr. 50
LICHTENBERGER (A.). *Le Socialisme utopique, étude sur quelques précurseurs du Socialisme. In-16. 1898. 3 fr. 50
— *Le Socialisme et la Révolution française. 1 vol. in-8. 5 fr.
MATTER (P.). La dissolution des assemblées parlementaires, étude de droit public et d'histoire. 1 vol. in-8. 1898. 5 fr.
NOVICOW. La Politique internationale. 1 vol. in-8. 7 fr.
PAUL LOUIS. L'ouvrier devant l'Etat. Etude de la législation ouvrière dans les deux mondes. 1904. 1 vol. in-8. 7 fr.
— Histoire du mouvement syndical en France (1789-1906). 1 vol in-16. 1907. 3 fr. 50
REINACH (Joseph), député. Pages républicaines. In-16. 3 fr. 50
— *La France et l'Italie devant l'histoire. 1 vol. in-8. 5 fr.
SPULLER (E.).* Éducation de la démocratie. In-16 1892. 3 fr. 50
— L'Évolution politique et sociale de l'Église. 1 vol. in-12. 1893. 3 fr. 50

PUBLICATIONS HISTORIQUES ILLUSTRÉES

*DE SAINT-LOUIS A TRIPOLI PAR LE LAC TCHAD, par le lieutenant-colonel MONTEIL. 1 beau vol. in-8 colombier, précédé d'une préface de M. DE VOGÜÉ, de l'Académie française, illustrations de RIOU. 1895. Ouvrage couronné par l'Académie française (Prix Montyon), broché 20 fr., relié amat., 28 fr.
*HISTOIRE ILLUSTRÉE DU SECOND EMPIRE, par Taxile DELORD. 6 vol. in-8. avec 500 gravures. Chaque vol. broché. 8 fr.

TRAVAUX DE L'UNIVERSITÉ DE LILLE

PAUL FABRE. La polyptyque du chanoine Benoît. In-8. 3 fr. 50
A. PINLOCHE. *Principales œuvres de Herbart. 7 fr. 50
A. PENJON. Pensée et réalité, de A. SPIR, trad. de l'allem. In-8. 10 fr.
— L'énigme sociale. 1902. 1 vol. in-8. 2 fr. 50
G. LEFÈVRE *Les variations de Guillaume de Champeaux et la question des Universaux. Étude suivie de documents originaux. 1898. 3 fr.
J. DEROCQUIGNY. Charles Lamb. Sa vie et ses œuvres. 1 vol. in-8 12 fr.

F. ALCAN. — 20 —

BIBLIOTHÈQUE DE LA FACULTÉ DES LETTRES DE L'UNIVERSITÉ DE PARIS

HISTOIRE et LITTÉRATURE ANCIENNES

*De l'authenticité des épigrammes de Simonide, par M. le Professeur H. HAUVETTE. 1 vol. in-8. 5 fr.

*Les Satires d'Horace, par M. le Prof. A. CARTAULT. 1 vol. in-8. 11 fr.

*De la flexion dans Lucrèce, par M. le Prof A. CARTAULT. 1 vol. in-8. 4 fr.

*La main d'œuvre industrielle dans l'ancienne Grèce, par M. le Prof. GUIRAUD. 1 vol. in-8. 7 fr.

*Recherches sur le Discours aux Grecs de Tatien, suivies d'une traduction française du discours, avec notes, par A. PUECH, professeur adjoint à la Sorbonne. 1 vol. in-8. 1903. 6 fr.

*Les « Métamorphoses » d'Ovide et leurs modèles grecs, par A. LAFAYE, professeur adjoint à la Sorbonne. 1 vol. in-8. 1904. 8 fr. 50

MOYEN AGE

*Premiers mélanges d'histoire du Moyen âge, par MM. le Prof. A. LUCHAIRE, de l'Institut, DUPONT-FERRIER et POUPARDIN. 1 vol. in-8. 3 fr. 50

Deuxièmes mélanges d'histoire du Moyen âge, publiés sous la direct. de M. le Prof. A. LUCHAIRE, par MM. LUCHAIRE, HALPHEN et HUCKEL. 1 vol. in-8. 6 fr.

Troisièmes mélanges d'histoire du Moyen âge, par MM. le Prof. LUCHAIRE, BEYSSIER, HALPHEN et CORDEY. 1 vol. in-8. 8 fr. 50

Quatrièmes mélanges d'histoire du Moyen âge, par MM. JACQUEMIN, FARAL, BEYSSIER. 1 vol. in-8. 7 fr. 50

*Essai de restitution des plus anciens Mémoriaux de la Chambre des Comptes de Paris, par MM. J. PETIT, GAVRILOVITCH, MAURY et TÉODORU, préface de M. CH.-V. LANGLOIS, prof. adjoint. 1 vol. in-8. 9 fr.

Constantin V, empereur des Romains (740-775). Étude d'histoire byzantine, par A. LOMBARD, licencié ès lettres. Préface de M. le Prof. Ch. DIEHL. 1 vol. in-8. 6 fr.

Étude sur quelques manuscrits de Rome et de Paris, par M. le Prof. A. LUCHAIRE. 1 vol. in-8. 6 fr.

Les archives de la cour des comptes, aides et finances de Montpellier, par L. MARTIN-CHABOT, archiviste-paléographe. 1 vol. in-8. 8 fr.

PHILOLOGIE et LINGUISTIQUE

*Le dialecte alaman de Colmar (Haute-Alsace) en 1870, grammaire et lexique, par M. le Prof. VICTOR HENRY. 1 vol. in-8. 8 fr.

*Études linguistiques sur la Basse-Auvergne, phonétique historique du patois de Vinzelles (Puy-de-Dôme), par ALBERT DAUZAT. Préface de M. le Prof. A. THOMAS. 1 vol. in-8. 6 fr.

*Antinomies linguistiques, par M. le Prof. VICTOR HENRY. 1 v. in-8. 2 fr.

Mélanges d'étymologie française, par M. le Prof. A. THOMAS. In-8. 7 fr.

*A propos du corpus Tibullianum. Un siècle de philologie latine classique, par M. le Prof. A. CARTAULT. 1 vol. in-8. 18 fr.

PHILOSOPHIE

L'imagination et les mathématiques selon Descartes, par P. BOUTROUX, licencié ès lettres. 1 vol. in-8. 2 fr.

GÉOGRAPHIE

La rivière Vincent-Pinzon. Étude sur la cartographie de la Guyane, par M. le Prof. VIDAL DE LA BLACHE, de l'Institut. In-8, avec grav. et planches hors texte. 6 fr.

LITTÉRATURE MODERNE

*Mélanges d'histoire littéraire, par MM. FREMINET, DUPIN et DES COGNETS. Préface de M. le prof. LANSON. 1 vol. in-8. 6 fr. 50

HISTOIRE CONTEMPORAINE

*Le treize vendémiaire an IV, par HENRY ZIVY. 1 vol. in-8. 4 fr.

ANNALES DE L'UNIVERSITÉ DE LYON

Lettres intimes de J.-M. Alberoni adressées au comte J. Rocca, par Émile BOURGEOIS. 1 vol. in-8. 10 fr.
La républ. des Provinces-Unies, France et Pays-Bas espagnols, de 1630 à 1650, par A. WADDINGTON. 2 vol. in-8. 12 fr.
Le Vivarais, essai de géographie régionale, par BURDIN. 1 vol. in-8. 6 fr.

---

*RECUEIL DES INSTRUCTIONS
DONNÉES AUX AMBASSADEURS ET MINISTRES DE FRANCE
DEPUIS LES TRAITÉS DE WESTPHALIE JUSQU'A LA RÉVOLUTION FRANÇAISE

Publié sous les auspices de la Commission des archives diplomatiques
au Ministère des Affaires étrangères.

Beaux vol. in-8 rais., imprimés sur pap. de Hollande, avec Introduction et notes.

- I. — AUTRICHE, par M. Albert SOREL, de l'Académie française. *Épuisé.*
- II. — SUÈDE, par M. A. GEFFROY, de l'Institut............. 20 fr.
- III. — PORTUGAL, par le vicomte DE CAIX DE SAINT-AYMOUR..... 20 fr.
- IV et V. — POLOGNE, par M. Louis FARGES. 2 vol............ 30 fr.
- VI. — ROME, par M. G. HANOTAUX, de l'Académie française..... 20 fr.
- VII. — BAVIÈRE, PALATINAT ET DEUX-PONTS, par M. André LEBON. 25 fr.
- VIII et IX. — RUSSIE, par M. Alfred RAMBAUD, de l'Institut. 2 vol. Le 1er vol. 20 fr. Le second vol................ 25 fr.
- X. — NAPLES ET PARME, par M. Joseph REINACH, député...... 20 fr.
- XI. — ESPAGNE (1649-1750), par MM. MOREL-FATIO, professeur au Collège de France et LÉONARDON (t. I)................ 20 fr.
- XII et XII bis. — ESPAGNE (1750-1789) (t. II et III), par les mêmes.... 40 fr.
- XIII. — DANEMARK, par M. A. GEFFROY, de l'Institut............ 14 fr.
- XIV et XV. — SAVOIE-MANTOUE, par M. HORRIC de BEAUCAIRE. 2 vol. 40 fr.
- XVI. — PRUSSE, par M A. WADDINGTON, professeur à l'Univ. de Lyon. 1 vol. (Couronné par l'Institut.)...................... 28 fr.

---

*INVENTAIRE ANALYTIQUE
DES ARCHIVES DU MINISTÈRE DES AFFAIRES ÉTRANGÈRES

Publié sous les auspices de la Commission des archives diplomatiques

Correspondance politique de MM. de CASTILLON et de MARILLAC, ambassadeurs de France en Angleterre (1537-1542), par M. JEAN KAULEK, avec la collaboration de MM. Louis Farges et Germain Lefèvre-Pontalis. 1 vol. in-8 raisin.......... 15 fr.

Papiers de BARTHÉLEMY, ambassadeur de France en Suisse, de 1792 à 1797 par M. Jean KAULEK. 4 vol. in-8 raisin.
I. Année 1792, 15 fr. — II. Janvier-août 1793, 15 fr. — III. Septembre 1793 à mars 1794, 18 fr. — IV. Avril 1794 à février 1795, 20 fr. — V. Septembre 1794 à Septembre 1796.................... 20 fr.

Correspondance politique de ODET DE SELVE, ambassadeur de France en Angleterre (1546-1549), par M. G. LEFÈVRE-PONTALIS. 1 vol. in-8 raisin............................ 15 fr.

Correspondance politique de GUILLAUME PELLICIER, ambassadeur de France à Venise (1540-1542), par M. Alexandre TAUSSERAT-RADEL. 1 fort vol. in-8 raisin................. 40 fr.

Correspondance des Beys d'Alger avec la Cour de France (1759-1833), recueillie par Eug. PLANTET. 2 vol. in-8 raisin. 30 fr.

Correspondance des Beys de Tunis et des Consuls de France avec la Cour (1577-1830), recueillie par Eug. PLANTET. 3 vol. in-8. TOME I (1577-1700). *Épuisé.* — T. II (1700-1770). 20 fr. — T. III (1770-1830). 20 fr.

Les Introducteurs des Ambassadeurs (1589-1900). 1 vol. in-4, avec figures dans le texte et planches hors texte. 20 fr.

F. ALCAN.

*REVUE PHILOSOPHIQUE
DE LA FRANCE ET DE L'ÉTRANGER

Dirigée par Th. RIBOT, Membre de l'Institut, Professeur honoraire au Collège de France.
(32e année, 1907.) — Paraît tous les mois.
Abonnement du 1er janvier : Un an : Paris, 30 fr. — Départements et Etranger, 33 fr.
La livraison, 3 fr.
Les années écoulées, chacune 30 francs, et la livraison, 3 fr.

---

*REVUE GERMANIQUE (ALLEMAGNE — ANGLETERRE — ÉTATS-UNIS — PAYS SCANDINAVES)

Troisième année, 1907. — Paraît tous les deux mois (*Cinq numéros par an*).
Secrétaire général : M. PIQUET, professeur à l'Université de Lille.
Abonnement du 1er janvier : Paris, 14 fr. — Départements et Etranger, 16 fr.
La livraison, 4 fr.

---

*Journal de Psychologie Normale et Pathologique
DIRIGÉ PAR LES DOCTEURS
Pierre JANET   et   Georges DUMAS
Professeur au Collège de France.   Chargé de cours à la Sorbonne.
(4e année, 1907.) — Paraît tous les deux mois.
Abonnement du 1er janvier : France et Etranger, 14 fr. — La livraison, 2 fr. 60.
Le prix d'abonnement est de 12 fr. pour les abonnés de la Revue philosophique.

---

*REVUE HISTORIQUE
Dirigée par MM. G. MONOD, Membre de l'Institut, et Ch. BÉMONT
(32e année, 1907.) — Paraît tous les deux mois.
Abonnement du 1er janvier : Un an : Paris, 30 fr. — Départements et Etranger, 33 fr.
La livraison, 6 fr.
Les années écoulées, chacune 30 fr.; le fascicule, 6 fr. Les fascicules de la 1re année, 9 fr.

---

*ANNALES DES SCIENCES POLITIQUES
Revue bimestrielle publiée avec la collaboration des professeurs
et des anciens élèves de l'Ecole libre des Sciences politiques
(22e année, 1907.)
Rédacteur en chef : M. A. VIALLATE, Prof. à l'Ecole.
Abonnement du 1er janvier : Un an : Paris, 18 fr.; Départements et Etranger, 19 fr.
La livraison, 3 fr. 50.

---

*JOURNAL DES ÉCONOMISTES
Revue mensuelle de la science économique et de la statistique
Paraît le 15 de chaque mois par fascicules grand in-8 de 10 à 12 feuilles
Rédacteur en chef : G. DE MOLINARI, correspondant de l'Institut
Abonnement : Un an, France, 36 fr. Six mois, 19 fr.
Union postale : Un an, 38 fr. Six mois, 20 fr. — Le numéro, 3 fr. 50
Les abonnements partent de janvier ou de juillet.

---

*Revue de l'École d'Anthropologie de Paris
Recueil mensuel publié par les professeurs. — (17e année, 1907.)
Abonnement du 1er janvier : France et Étranger, 10 fr. — Le numéro, 1 fr.

REVUE ÉCONOMIQUE INTERNATIONALE
(4e année, 1907) Mensuelle
Abonnement : Un an, France et Belgique, 50 fr.; autres pays, 58 fr.

Bulletin de la Société libre pour l'Étude psychologique de l'Enfant
10 numéros par an. — Abonnement du 1er octobre : 3 fr.

LES DOCUMENTS DU PROGRÈS
Revue mensuelle internationale (1re année, 1907)
Dr R. BRODA, Directeur.
Abonnement : 1 an : France, 10 fr. — Etranger, 12 fr. La livraison, 1 fr.

F. ALCAN.

BIBLIOTHÈQUE SCIENTIFIQUE
INTERNATIONALE
Publiée sous la direction de M. Émile ALGLAVE

Les titres marqués d'un astérisque * sont adoptés par le *Ministère de l'Instruction publique de France* pour les bibliothèques des lycées et des collèges.

LISTE PAR ORDRE D'APPARITION
109 VOLUMES IN-8, CARTONNÉS A L'ANGLAISE, OUVRAGES A 6, 9 ET 12 FR.

Volumes parus en 1907

108. CONSTANTIN (Capitaine). **Le rôle sociologique de la guerre et le sentiment national.** Suivi de la traduction de *La guerre, moyen de sélection collective*, par le Dr STEINMETZ. 1 vol. 6 fr.
109. LOEB, professeur à l'Université Berkeley. **La dynamique des phénomènes de la vie.** Traduit de l'allemand par MM. DAUDIN et SCHAEFFER, préf. de M. le Prof. GIARD, de l'Institut. 1 vol. avec fig. 9 fr.

1. TYNDALL (J.). * **Les Glaciers et les Transformations de l'eau**, avec figures. 1 vol. in-8. 7e édition. 6 fr.
2. BAGEHOT. * **Lois scientifiques du développement des nations**. 1 vol. in-8. 6e édition. 6 fr.
3. MAREY, de l'Institut. * **La Machine animale.** *Épuisé*.
4. BAIN. * **L'Esprit et le Corps.** 1 vol. in-8. 6e édition. 6 fr.
5. PETTIGREW. * **La Locomotion chez les animaux**, marche, natation et vol. 1 vol. in-8 avec figures. 2e édit. 6 fr.
6. HERBERT SPENCER. * **La Science sociale.** 1 v. in-8. 14e édit. 6 fr.
7. SCHMIDT (O.). * **La Descendance de l'homme et le Darwinisme.** 1 vol. in-8, avec fig. 6e édition. 6 fr.
8. MAUDSLEY. * **Le Crime et la Folie.** 1 vol. in-8. 7e édit. 6 fr.
9. VAN BENEDEN. * **Les Commensaux et les Parasites dans le règne animal.** 1 vol. in-8, avec figures. 4e édit. 6 fr.
10. BALFOUR STEWART. * **La Conservation de l'énergie**, avec figures. 1 vol. in-8. 6e édition. 6 fr.
11. DRAPER. **Les Conflits de la science et de la religion.** 1 vol. in-8. 10e édition. 6 fr.
12. L. DUMONT. * **Théorie scientifique de la sensibilité. Le plaisir et la douleur.** 1 vol. in-8. 4e édition. 6 fr.
13. SCHUTZENBERGER. * **Les Fermentations.** In-8. 6e édit. 6 fr.
14. WHITNEY. * **La Vie du langage.** 1 vol. in-8. 4e édit. 6 fr.
15. COOKE et BERKELEY. * **Les Champignons.** In-8 av. fig., 4e éd. 6 fr.
16. BERNSTEIN. * **Les Sens.** 1 vol. in-8, avec fig. 5e édit. 6 fr.
17. BERTHELOT, de l'Institut. * **La Synthèse chimique.** 1 vol. in-8. 8e édit. 6 fr.
18. NIEWENGLOWSKI (H.). * **La photographie et la photochimie.** 1 vol. in-8, avec gravures et une planche hors texte. 6 fr.
19. LUYS. * **Le Cerveau et ses fonctions.** *Épuisé*.
20. STANLEY JEVONS. * **La Monnaie.** *Épuisé*.
21. FUCHS. * **Les Volcans et les Tremblements de terre.** 1 vol. in-8, avec figures et une carte en couleurs. 5e édition. 6 fr.
22. GÉNÉRAL BRIALMONT. * **Les Camps retranchés.** *Épuisé*.
23. DE QUATREFAGES, de l'Institut. * **L'Espèce humaine.** 1 v. in-8. 13e édit. 6 fr.
24. BLASERNA et HELMHOLTZ. * **Le Son et la Musique.** 1 vol. in-8. avec figures. 5e édition. 6 fr.
25. ROSENTHAL. * **Les Nerfs et les Muscles.** *Épuisé*.

26. BRUCKE et HELMHOLTZ. * Principes scientifiques des beaux-arts. 1 vol. in-8, avec 39 figures. 4ᵉ édition. 6 fr.
27. WURTZ, de l'Institut. * La Théorie atomique. 1 vol. in-8. 9ᵉ éd. 6 fr.
28-29. SECCHI (le père). * Les Étoiles. 2 vol. in-8, avec 63 figures dans le texte et 17 pl. en noir et en couleurs hors texte. 3ᵉ édit. 12 fr.
30. JOLY. * L'Homme avant les métaux. *Épuisé.*
31. A. BAIN. * La Science de l'éducation. 1 vol. in-8. 9ᵉ édit. 6 fr.
32-33. THURSTON (R.). * Histoire de la machine à vapeur. 2 vol. in-8, avec 140 fig. et 16 planches hors texte. 3ᵉ édition. 12 fr.
34. HARTMANN (R.). * Les Peuples de l'Afrique. *Épuisé.*
35. HERBERT SPENCER. * Les Bases de la morale évolutionniste. 1 vol. in-8. 6ᵉ édition. 6 fr.
36. HUXLEY. * L'Écrevisse, introduction à l'étude de la zoologie. 1 vol. in-8, avec figures. 2ᵉ édition. 6 fr.
37. DE ROBERTY. * La Sociologie. 1 vol. in-8. 3ᵉ édition. 6 fr.
38. ROOD. * Théorie scientifique des couleurs. 1 vol. in-8, avec figures et une planche en couleurs hors texte. 2ᵉ édition. 6 fr.
39. DE SAPORTA et MARION. * L'Évolution du règne végétal (les Cryptogames). *Épuisé.*
40-41. CHARLTON BASTIAN. * Le Cerveau, organe de la pensée chez l'homme et chez les animaux. 2 vol. in-8, avec figures. 2ᵉ éd. 12 fr.
42. JAMES SULLY. * Les Illusions des sens et de l'esprit. 1 vol. in-8, avec figures. 3ᵉ édit. 6 fr.
43. YOUNG. * Le Soleil. *Épuisé.*
44. DE CANDOLLE. * L'Origine des plantes cultivées. 4ᵉ éd. 1 v in-8. 6 fr.
45-46. SIR JOHN LUBBOCK. * Fourmis, abeilles et guêpes. *Épuisé.*
47. PERRIER (Edm.), de l'Institut. La Philosophie zoologique avant Darwin. 1 vol. in-8. 3ᵉ édition. 6 fr.
48. STALLO. * La Matière et la Physique moderne. 1 vol. in-8, 3ᵉ éd., précédé d'une Introduction par Ch. Friedel. 6 fr.
49. MANTEGAZZA. La Physionomie et l'Expression des sentiments. 1 vol. in-8, 3ᵉ édit., avec huit planches hors texte. 6 fr.
50. DE MEYER. * Les Organes de la parole et leur emploi pour la formation des sons du langage. In-8, avec 51 fig. 6 fr.
51. DE LANESSAN. * Introduction à l'Étude de la botanique (le Sapin). 1 vol. in-8. 2ᵉ édit., avec 143 figures. 6 fr.
52-53. DE SAPORTA et MARION. * L'Évolution du règne végétal (les Phanérogames). 2 vol. *Épuisé.*
54. TROUESSART, prof. au Muséum. * Les Microbes, les Ferments et les Moisissures. 1 vol. in-8. 2ᵉ édit., avec 107 figures. 6 fr.
55. HARTMANN (R.). * Les Singes anthropoïdes. *Épuisé.*
56. SCHMIDT (O.). * Les Mammifères dans leurs rapports avec leurs ancêtres géologiques. 1 vol. in-8, avec 51 figures. 6 fr.
57. BINET et FÉRÉ. Le Magnétisme animal. 1 vol. in-8. 4ᵉ édit. 6 fr.
58-59. ROMANES. * L'Intelligence des animaux. 2 v. in-8 3ᵉ édit. 12 fr.
60. LAGRANGE (F.). Physiol. des exerc. du corps. 1 v. in-8. 7ᵉ éd. 6 fr.
61. DREYFUS. * Évolution des mondes et des sociétés. 1 v. in-8. 6 fr.
62. DAUBRÉE, de l'Institut. * Les Régions invisibles du globe et des espaces célestes. 1 v. in-8, avec 85 fig. dans le texte. 2 édit. 6 fr.
63-64. SIR JOHN LUBBOCK. * L'Homme préhistorique. 2 vol. *Épuisé.*
65. RICHET (Ch.), professeur à la Faculté de médecine de Paris. La Chaleur animale. 1 vol. in-8, avec figures. 6 fr.
66. FALSAN (A.). * La Période glaciaire. *Épuisé.*
67. BEAUNIS (H.). Les Sensations internes. 1 vol. in-8. 6 fr.
68. CARTAILHAC (E.). La France préhistorique, d'après les sépultures et les monuments. 1 vol. in-8, avec 162 figures. 2ᵉ édit. 6 fr.
69. BERTHELOT, de l'Institut. * La Révol. chimique, Lavoisier. 1 vol. in-8 2ᵉ éd. 6 fr.
70. SIR JOHN LUBBOCK. * Les Sens et l'Instinct chez les animaux, principalement chez les insectes. 1 vol. in-8, avec 150 figures. 6 fr.

71. STARCKE. *La Famille primitive. 1 vol. in-8. 6 fr.
72. ARLOING, prof. à l'Ecole de méd. de Lyon. *Les Virus. 1 vol. in-8, avec figures. 6 fr.
73. TOPINARD. *L'Homme dans la Nature. 1 vol. in-8, avec fig. 6 fr.
74. BINET (Alf.). *Les Altérations de la personnalité. In-8, 2 éd. 6 fr.
75. DE QUATREFAGES (A.). *Darwin et ses précurseurs français. 1 vol. in-8. 2ᵉ édition refondue. 6 fr.
76. LEFÈVRE (A.). *Les Races et les langues. *Épuisé*.
77-78. DE QUATREFAGES (A.), de l'Institut. *Les Émules de Darwin. 2 vol. in-8, avec préfaces de MM. Edm. PERRIER et HAMY. 12 fr.
79. BRUNACHE (P.). *Le Centre de l'Afrique. Autour du Tchad. 1 vol. in-8, avec figures. 6 fr.
80. ANGOT (A.), directeur du Bureau météorologique. *Les Aurores polaires. 1 vol. in-8, avec figures. 6 fr.
81. JACCARD. *Le pétrole, le bitume et l'asphalte au point de vue géologique. 1 vol. in-8, avec figures. 6 fr.
82. MEUNIER (Stan.), prof. au Muséum. *La Géologie comparée. 2ᵉ éd. in-8, avec fig. 6 fr.
83. LE DANTEC, chargé de cours à la Sorbonne. *Théorie nouvelle de la vie. 4ᵉ éd. 1 v. in-8, avec fig. 6 fr.
84. DE LANESSAN. *Principes de colonisation. 1 vol. in 6 fr.
85. DEMOOR, MASSART et VANDERVELDE. *L'évolution ssive en biologie et en sociologie. 1 vol. in-8, avec grav 6 fr.
86. MORTILLET (G. de). *Formation de la Nation fr aise. 2ᵉ édit. 1 vol. in-8, avec 150 gravures et 18 cartes. 6 fr.
87. ROCHÉ (G.). *La Culture des Mers (piscifacture, pisciculture, ostréiculture). 1 vol. in-8, avec 81 gravures. 6 fr.
88. COSTANTIN (J.), prof. au Muséum. *Les Végétaux et les Milieux cosmiques (adaptation, évolution). 1 vol. in-8, avec 171 gra. 6 fr.
89. LE DANTEC. L'évolution individuelle et l'hérédité. 1 vol. in-8. 6 fr.
90. GUIGNET et GARNIER. *La Céramique ancienne et moderne. 1 vol., avec grav. 6 fr.
91. GELLÉ (E.-M.). *L'audition et ses organes. 1 v. in-8, avec grav. 6 fr.
92. MEUNIER (St.). *La Géologie expérimentale. 2ᵉ éd. in-8, av. gr. 6 fr.
93. COSTANTIN (J.). *La Nature tropicale. 1 vol. in-8, avec grav. 6 fr.
94. GROSSE (E.). *Les débuts de l'art. Introduction de L. MARILLIER. 1 vol. in-8, avec 32 gravures dans le texte et 3 pl. hors texte. 6 fr.
95. GRASSET (J.), prof. à la Faculté de méd. de Montpellier. Les Maladies de l'orientation et de l'équilibre. 1 vol. in-8, avec grav. 6 fr.
96. DEMENŸ (G.). *Les bases scientifiques de l'éducation physique. 1 vol. in-8, avec 198 gravures. 3ᵉ édit. 6 fr.
97. MALMÉJAC (F.). *L'eau dans l'alimentation. 1 v. in-8, avec grav. 6 fr.
98. MEUNIER (Stan.). *La géologie générale. 1 v. in-8, avec grav. 6 fr.
99. DEMENŸ (G.). Mécanisme et éducation des mouvements. 2ᵉ édit. 1 vol. in-8, avec 565 gravures. 9 fr.
100. BOURDEAU (L.). Histoire de l'habillement et de la parure. 1 vol. in-8. 6 fr.
101. MOSSO (A.). *Les exercices physiques et le développement intellectuel. 1 vol. in-8. 6 fr.
102. LE DANTEC (F.). Les lois naturelles. 1 vol. in-8, avec grav. 6 fr.
103. NORMAN LOCKYER. *L'évolution inorganique. 1 vol. in-8, avec 42 gravures. 6 fr.
104. COLAJANNI (N.). *Latins et Anglo-Saxons. 1 vol. in-8. 9 fr.
105. JAVAL (E.), de l'Académie de médecine. *Physiologie de la lecture et de l'écriture. 1 vol. in-8, avec 96 gr. 2ᵉ éd. 6 fr.
106. COSTANTIN (J.). *Le Transformisme appliqué à l'agriculture. 1 vol. in-8, avec 165 gravures. 6 fr.
107. LALOY (L.). *Parasitisme et mutualisme dans la nature. Préface du Pʳ A. GIARD. 1 vol. in-8, avec 82 gravures. 6 fr.

RÉCENTES PUBLICATIONS
HISTORIQUES, PHILOSOPHIQUES ET SCIENTIFIQUES
qui ne se trouvent pas dans les collections précédentes.

Volumes parus en 1907

ARMINJON (P.), prof. à l'École Khédiviale de Droit du Caire. **L'enseignement, la doctrine et la vie dans les universités musulmanes d'Égypte.** 1 vol. in-8.   6 fr. 50

BRASSEUR. **Psychologie de la force.** 1 vol. in-8.   3 fr. 75

DANTU (G.), docteur ès lettres. **Opinions et critiques d'Aristophane sur le mouvement politique et intellectuel à Athènes.** 1 vol. gr. in-8.   3 fr.

— **L'éducation d'après Platon.** 1 vol. gr. in-8.   6 fr.

DICRAN ASLANIAN. **Les principes de l'évolution sociale.** 1 vol. in-8.   5 fr.

HARTENBERG (Dr P.). **Sensations paycunes.** 1 vol. in-16.   3 fr.

HÖFFDING (H.), prof. à l'Université de Copenhague **Morale.** *Essai sur les principes théoriques et leur application aux circonstances particulières de la vie*, traduit d'après la 5ᵉ éd. allemande par L. POITIEVIN, prof. de philos. au Collège de Nantua. 2ᵉ édit. 1 vol. in-8.   10 fr.

JAMES (W.). * **Causeries pédagogiques**, trad. par L. PIDOUX, préface de M. PAYOT, recteur de l'Académie de Chambéry. 1 vol. in-16.   2 fr. 50

KEIM (A). **Notes de la main d'Helvétius**, publiées d'après un manuscrit inédit avec une introduction et des commentaires. 1 v, in-8.   3 fr.

LABROUE (H.), prof., agrégé d'histoire au Lycée de Toulon. **Le conventionnel Pinet**, d'après ses mémoires inédits. Broch. in-8.   3 fr.

— **Le Club Jacobin de Toulon (1790-1796).** Broch. gr. in-8.   2 fr.

LANESSAN (de). **L'éducation de la femme moderne.** 1 volume in-16.   3 fr. 50

LALANDE (A.), agrégé de philosophie. * **Précis raisonné de morale pratique** par questions et réponses. 1 vol. in-18.   1 fr.

LAZARD (R.). **Michel Goudchaux (1797-1862)**, ministre des Finances en 1848. Son œuvre et sa vie politique. 1 vol. gr. in-8.   10 fr.

NORMAND (Ch.), docteur ès lettres, prof., agrégé d'histoire au lycée Condorcet. **La Bourgeoisie française au XVIIᵉ siècle.** *La vie publique. Les idées et les actions politiques (1604-1661).* Études sociales. 1 vol. gr. in-8, avec 8 pl. hors texte.   12 r.

PIAT (C.). **De la croyance en Dieu.** 1 vol. in-18.   3 fr. 50

PILASTRE (E.) **Vie et caractère de Madame de Maintenon**, d'après les œuvres du duc de Saint Simon et des documents anciens ou récents, avec une introduction et des notes. 1 vol. in-8, avec portraits, vues et autographe.   5 fr.

Protection légale des travailleurs (La). (3ᵉ série, 1905-1906). 1 vol. in-18.   3 fr. 50

WYLM (Dr). **La morale sexuelle.** 1 vol. in-8.   5 fr.

Précédemment parus :

ALAUX. **Esquisse d'une philosophie de l'être.** In-8.   1 fr.

— **Les Problèmes religieux au XIXᵉ siècle.** 1 vol. in-8.   7 fr. 50

— **Philosophie morale et politique.** In-8. 1893.   7 fr. 50

— **Théorie de l'Ame humaine.** 1 vol. in-8. 1895.   10 fr.

— **Dieu et le Monde.** *Essai de phil. première.* 1901. 1 vol. in-12.   2 fr. 50

AMIABLE (Louis). **Une loge maçonnique d'avant 1789.** 1 v. in-8.   6 fr.

ANDRÉ (L.), docteur ès lettres. **Michel Le Tellier et l'organisation de l'armée monarchique.** 1 vol. in-8 (*couronné par l'Institut*). 1906.   14 fr.

— **Deux mémoires inédits de Claude Le Pelletier.** In-8. 1906.   3 fr. 50

ARNAUNÉ (A.), conseiller maître à la cour des Comptes. **La monnaie, le crédit et le change**, 3ᵉ édition, revue et augmentée. 1 vol. in-8. 1906.   8 fr.

ARRÉAT, Une Éducation intellectuelle. 1 vol. in-18. 2 fr. 50
— Journal d'un philosophe. 1 vol. in-18. 3 fr. 50 (Voy. p. 2 et 6).
*Autour du monde, par les Boursiers de voyage de l'Université de Paris, (Fondation Albert Kahn). 1 vol. gr. in-8, 1904. 5 fr.
ASLAN (G.). La Morale selon Guyau. 1 vol. in-16. 1906. 2 fr.
ATGER (F.). Hist. des doctrines du Contrat social. 1 v. in-8. 1906. 8 fr.
BACHA (E.). Le Génie de Tacite. 1 vol. in-18. 4 fr.
BALFOUR STEWART et TAIT. L'Univers invisible. 1 vol. in-8. 7 fr.
BELLANGER (A.), docteur ès lettres. Les concepts de cause et l'activité intentionnelle de l'esprit. 1 vol. in-8. 1905. 5 fr.
BENOIST-HANAPPIER (L.), docteur ès lettres. Le drame naturaliste en Allemagne. In-8. Couronné par l'Académie française. 1905. 7 fr. 50
BERNATH (de). Cléopâtre. Sa vie, son règne. 1 vol. in-8. 1903. 8 fr.
BERTON (H.), docteur en droit. L'évolution constitutionnelle du second empire. Doctrines, textes, histoire. 1 fort vol. in-8. 1900. 12 fr.
BOURDEAU (Louis). Théorie des sciences. 2 vol. in-8. 20 fr.
— La Conquête du monde animal. In-8. 5 fr.
— La Conquête du monde végétal. In-8. 1893. 5 fr.
— L'Histoire et les historiens. 1 vol. in-8. 7 fr. 50
— *Histoire de ent'alimentation. 1894. 1 vol. in-8. 5 fr.
BOUTROUX (Em.), de l'Institut. *De l'idée de loi naturelle. 1 vol. in-8. 2 fr. 50
BRANDON-SALVADOR (Mme). A travers les moissons. Ancien Test. Talmud, Apocryphes. Poètes et moralistes juifs du moyen âge. In-16. 1903. 4 fr.
BRASSEUR. La question sociale. 1 vol. in-8. 1900. 7 fr. 50
BROOKS ADAMS. Loi de la civilisation et de la décadence. In-8. 7 fr. 50
BROUSSEAU (K.). Éducation des nègres aux États-Unis. In-8. 7 fr. 50
BUCHER (Karl). Études d'histoire et d'économie polit. In-8. 1901. 6 fr.
BUDÉ (E. de). Les Bonaparte en Suisse. 1 vol. in-12. 1905. 3 fr. 50
BUNGE (C. O.). Psychologie individuelle et sociale. In-16. 1904. 3 fr.
CANTON (G.). Napoléon antimilitariste. 1902. In-16. 3 fr. 50
CARDON (G.). *La Fondation de l'Université de Douai. In-8. 10 fr.
CHARRIAUT (H.). Après la séparation. In-12. 1905. 3 fr. 50
CLAMAGERAN. La Réaction économique et la démocratie. In-18, 1 fr. 25
— La lutte contre le mal. 1 vol. in-18. 1897. 3 fr. 50
— Études politiques, économiques et administratives. Préface de M. BERTHELOT. 1 vol. gr. in-8. 1904. 10 fr.
— Philosophie religieuse. Art et voyages. 1 vol. in-12. 1904. 3 fr. 50
— Correspondance (1849-1902). 1 vol. gr. in-8. 1905. 10 fr.
COLLIGNON (A.). Diderot. 2e édit. 1907. In-12. 3 fr. 50
COMBARIEU (J.), chargé de cours au Collège de France. *Les rapports de la musique et de la poésie. 1 vol. in-8. 1893. 7 fr. 50
Congrès de l'Éducation sociale, Paris 1900. 1 vol. in-8. 1901. 10 fr.
IVe Congrès international de Psychologie, Paris 1900. In-8. 20 fr.
Ve Congrès international de Psychologie, Rome 1905. In-8. 20 fr.
COSTE. Économie polit. et physiol. sociale. In-18. 3 fr. 50 (V. p. 3 et 7).
COUBERTIN (P. de). La gymnastique utilitaire. 2e édit. In-12. 2 fr. 50
COUTURAT (Louis). *De l'infini mathématique. In-8. 1896. 12 fr.
DANY (G.), docteur en droit. *Les idées politiques en Pologne à la fin du XVIIIe siècle. La Constit. du 3 mai 1793. In-8. 1901. 6 fr.
DAREL (Th.). Le peuple-roi. Essai de sociologie universaliste. In-8. 1904. 3 fr. 50
DAURIAC. Croyance et réalité. 1 vol. in-18. 1889. 3 fr. 50
— Le Réalisme de Reid. In-8. 1 fr.
DEFOURNY (M.). La sociologie positiviste. Auguste Comte. In-8. 1902. 6 fr.
DERAISMES (Mlle Maria). Œuvres complètes. 4 vol. Chacun. 3 fr. 50
DESCHAMPS. Principes de morale sociale. 1 vol. in-8. 1903. 3 fr. 50
DESPAUX. Genèse de la matière et de l'énergie. In-8. 1900. 4 fr.
— Causes des énergies attractives. 1 vol. in-8. 1902. 5 fr.
— Explication mécanique de la matière, de l'électricité et du magnétisme. 1 vol. in-8. 1905. 4 fr.

F. ALCAN. — 18 —

DOLLOT (R.), docteur en droit. **Les origines de la neutralité de la Belgique (1609-1830).** 1 vol. in-8. 1902. 10 fr.
DUBUC (P.). *Essai sur la méthode en métaphysique. 1 vol. in-8. 5 fr.
DUGAS (L.). *L'amitié antique. 1 vol. in-8. 7 fr. 50
DUNAN. *Sur les formes à priori de la sensibilité. 1 vol. in-8. 5 fr.
DUNANT (E.). **Les relations diplomatiques de la France et de la République helvétique (1798-1803).** 1 vol. in-8. 1902. 20 fr.
DU POTET. Traité complet de magnétisme. 5ᵉ éd. 1 vol. in-8. 8 fr.
— **Manuel de l'étudiant magnétiseur.** 6ᵉ éd., gr. in-18, avec fig. 3 fr. 50
— Le magnétisme opposé à la médecine. 1 vol. in-8. 6 fr.
DUPUY (Paul). Les fondements de la morale. In-8. 1900. 5 fr.
— Méthodes et concepts. 1 vol. in-8. 1903. 5 fr.
*Entre Camarades, par les anciens élèves de l'Université de Paris. *Histoire, littérature, philologie, philosophie.* 1901. In-8. 10 fr.
ESPINAS (A.), de l'Institut. *Les Origines de la technologie. 1 vol. in-8. 1897. 5 fr.
FERRÈRE (F.). **La situation religieuse de l'Afrique romaine depuis la fin du IVᵉ siècle jusqu'à l'invasion des Vandales.** 1 v. in-8. 1898. 7 fr. 50
Fondation universitaire de Belleville (La). Ch. GIDE. *Travail intellect. et travail manuel*; J. BARDOUX. *Prem. efforts et prem. année*. In-16. 1 fr. 50
GELEY (G.). Les preuves du transformisme. In-8. 1901. 6 fr.
GILLET (M.). Fondement intellectuel de la morale. In-8. 3 fr. 75
GIRAUD-TEULON. Les origines de la papauté. In-12. 1905. 2 fr.
GOURD. Le Phénomène. 1 vol. in-8. 7 fr. 50
GREEF (Guillaume de). Introduction à la Sociologie. 2 vol. in-8. 10 fr.
— L'évol. des croyances et des doctr. polit. In-12. 1895. 4 fr. (V. p. 3 et 8.)
GRIVEAU (M.). Les Éléments du beau. In-18. 4 fr. 50
— La Sphère de beauté. 1901. 1 vol. in-8. 10 fr.
GUEX (F.), professeur à l'Université de Lausanne. **Histoire de l'Instruction et de l'Éducation**. In-8 avec gravures. 1906. 6 fr.
GUYAU. Vers d'un philosophe. In-18. 3ᵉ édit. 3 fr. 50
HALLEUX (J.). L'Évolutionnisme en morale (H. Spencer). In-12. 3 fr. 50
HALOT (C.). L'Extrême-Orient. In-16. 1905. 4 fr.
HOCQUART (E.). **L'Art de juger le caractère des hommes sur leur écriture**, préface de J. CRÉPIEUX-JAMIN. Br. In-8. 1898. 1 fr.
HORVATH, KARDOS et ENDRODI. *Histoire de la littérature hongroise, adapté du hongrois par J. KONT. Gr. in-8, avec gr. 1900. 10 fr.
ICARD. Paradoxes ou vérités. 1 vol. in-12. 1895. 3 fr. 50
JAMES (W.). L'Expérience religieuse, traduit par F. ABAUZIT, agrégé de philosophie. 1 vol. in-8°. 2ᵉ éd. 1907. Cour. par l'Acad. française. 10 fr.
JANSSENS E.). Le néo-criticisme de Ch. Renouvier. In-16. 1904. 3 fr. 50
— La philosophie et l'apologétique de Pascal. 1 vol. in-16. 4 fr.
JOURDY (Général). L'instruction de l'armée française, de 1815 à 1902. 1 vol. in-16. 1903. 3 fr. 50
JOYAU. De l'invention dans les arts et dans les sciences. 1 v. in-8. 5 fr.
— Essai sur la liberté morale. 1 vol. in-18. 3 fr. 50
KARPPE (S.), docteur ès lettres. **Les origines et la nature du Zohar**, précédé d'une *Etude sur l'histoire de la Kabbale*. 1901. In-8. 7 fr. 50
KAUFMANN. La cause finale et son importance. In-12. 2 fr. 50
KINGSFORD (A.) et MAITLAND (E.). **La Voie parfaite ou le Christ ésotérique**, précédé d'une préface d'Edouard SCHURÉ. 1 vol. in-8. 1892. 6 fr.
KOSTYLEFF. Évolution dans l'histoire de la philosophie. In-16. 2 fr. 50
— Les substituts de l'âme dans la psychologie moderne. In-8. 1906. 4 fr.
LACOMBE (Cᵗ de). **La maladie contemporaine.** *Examen des principaux problèmes sociaux au point de vue positiviste.* 1 vol. in-8. 1906. 3 fr. 50
LAFONTAINE. L'art de magnétiser. 7ᵉ édit. 1 vol. in-8. 5 fr.
— Mémoires d'un magnétiseur. 2 vol. gr. in-18. 7 fr.
LANESSAN (de), ancien ministre de la Marine. **Le Programme maritime de 1900-1906**. In-12. 2ᵉ éd. 1903. 3 fr. 50

LASSERRE (A.). La participation collective des femmes à la Révolution française. In-8. 1905. 5 fr.
LAVELEYE (Em. de). De l'avenir des peuples catholiques. In-8. 25 c.
LEMAIRE (P.). Le cartésianisme chez les Bénédictins. In-8. 6 fr. 50
LEMAITRE (J.), professeur au Collège de Genève. Audition colorée et phénomènes connexes observés chez des écoliers. In-12. 1900. 4 fr.
LETAINTURIER (J.). Le socialisme devant le bon sens. In-18. 1 fr. 50
LEVI (Eliphas). Dogme et rituel de la haute magie. 2 vol. in-8. 18 fr.
— Histoire de la magie. Nouvelle édit. 1 vol. in-8, avec 90 fig. 12 fr.
— La clef des grands mystères. 1 vol. in-8, avec 22 pl. 12 fr.
— La science des esprits. 1 vol. 7 fr.
LEVY (L.-G.), docteur ès lettres. La famille dans l'antiquité israélite. 1 vol. in-8. 1905. Couronné par l'Académie française. 5 fr.
LÉVY-SCHNEIDER (L.), professeur à l'Université de Nancy. Le conventionnel Jeanbon Saint-André (1749-1813). 1901. 2 vol. in-8. 15 fr.
LICHTENBERGER (A.). Le socialisme au XVIII° siècle. In-8. 7 fr. 50
MABILLEAU (L.). *Histoire de la philos. atomistique. In-8. 1895. 12 fr.
MAGNIN (E.). L'art et l'hypnose. In-8 avec grav. et pl. 1906. 20 fr.
MAINDRON (Ernest). *L'Académie des sciences. In-8 cavalier, 53 grav., portraits, plans. 9 pl. hors texte et 2 autographes. 6 fr.
MANDOUL (J.) Un homme d'État italien: Joseph de Maistre. In-8. 8 fr.
MARGUERY (E.). Le droit de propriété et le régime démocratique. 1 vol. in-16. 1905. 2 fr. 50
MARIÉTAN (J.). La classification des sciences, d'Aristote à saint Thomas. 1 vol. in-8. 1901. 3 fr.
MATAGRIN. L'esthétique de Lotze. 1 vol. in-12. 1900. 2 fr.
MERCIER (Mgr). Les origines de la psych. contemp. In-12. 1898. 5 fr.
MICHOTTE (A.). Les signes régionaux (répartition de la sensibilité tactile). 1 vol. in-8 avec planches. 1905. 5 fr.
MILHAUD (G.). *Le positiv. et le progrès de l'esprit. In-16. 1902. 2 fr. 50
MILLERAND, FAGNOT, STROHL. La durée légale du travail. In-12. 1906. 2 fr. 50
MODESTOV (B.). *Introduction à l'Histoire romaine. L'ethnologie préhistorique, les influences civilisatrices à l'époque préromaine et les commencements de Rome, traduit du russe sur MICHEL DELINES. Avant-propos de M. SALOMON REINACH, de l'Institut. 1 vol. in-4 avec 36 planches hors texte et 27 figures dans le texte. 1907. 15 fr.
MONNIER (Marcel). *Le drame chinois. 1 vol. in-16. 1900. 2 fr. 50
NEPLUYEFF (N. de). La confrérie ouvrière et ses écoles, in-12. 2 fr.
NODET (V.). Les agnosies, la cécité psychique. In-8. 1899. 4 fr.
NOVICOW (J.). La Question d'Alsace-Lorraine. In-8. 1 fr (V. c. 4, 10 et 19.)
— La Fédération de l'Europe. 1 vol. in-18. 2° édit. 1901. 3 fr. 50
— L'affranchissement de la femme. 1 vol. in-16. 1903. 3 fr.
OVERBERGH. La réforme de l'enseignement. 2 vol. in-4. 1906. 10 fr.
PARIS (Comte de). Les Associations ouvrières en Angleterre (Trades-unions). 1 vol. in-18. 7° édit. 4 fr. — Édition sur papier fort. 9 fr. 50
PARISET (G.), professeur à l'Université de Nancy. La Revue germanique de Dollfus et Nefftzer. In-8. 1906. 2 fr.
PAUL-BONCOUR (J.). Le fédéralisme économique, préf. de WALDECK-ROUSSEAU. 1 vol. in-8. 2° édition. 1901. 6 fr.
PAULHAN (Fr.). Le Nouveau mysticisme. 1 vol. in-18. 2 fr. 50
PELLETAN (Eugène). *La naissance d'une ville (Royan). In-18. 2 fr.
— *Jarousseau, le pasteur du désert. 1 vol. in-18. 2 fr.
— *Un Roi philosophe, Frédéric le Grand. In-18. 3 fr 50
— Droits de l'homme. In-16. 1 fr 50
— Profession de foi du XIX° siècle. In-16. 3 fr 50
PEREZ (Bernard) Mes deux chats. In-12, 2° édition. 1 f. 50
— Jacotot et sa Méthode d'émancipation intellect. In-18. 3 fr
— Dictionnaire abrégé de philosophie 1893 in-12 1 fr 50 (V. p. 10).
PHILBERT (Louis). Le Rire. In-8. (Cour. par l'Académie française.) 7 fr. 50

PHILIPPE (J.). **Lucrèce dans la théologie chrétienne.** In-8. 2 fr. 50
PHILIPPSON (J.). **L'autonomie et la centralisation du système nerveux des animaux.** 1 vol. in-8 avec planches. 1905. 5 fr.
PIAT (C.). **L'intellect actif.** 1 vol. in-8. 4 fr.
— **L'Idée ou critique du Kantisme.** 2ᵉ édition 1901. 1 vol. in-8. 6 fr.
PICARD (Ch.). **Sémites et Aryens** (1893). In-18. 1 fr. 50
PICTET (Raoul). Étude critique du matérialisme et du spiritualisme par la physique expérimentale. 1 vol. gr. in-8. 10 fr.
PINLOCHE (A.), professeur honᵉ de l'Univ. de Lille. *Pestalozzi et l'éducation populaire moderne. In-16. 1902. (*Cour. par l'Institut.*) 2 fr. 50
POEY. **Littré et Auguste Comte.** 1 vol. In-18. 3 fr. 50
PRAT (Louis), docteur ès lettres. **Le mystère de Platon.** 1 vol. in-8. 1900. 4 fr.
— **L'Art et la beauté.** 1 vol. in-8. 1903. 5 fr.
— **Protection légale des travailleurs (La).** 1 vol. in-12. 1904. 3 fr. 50
  Les dix conférences composant ce volume se vendent séparées chacune. 0 fr. 60
REGNAUD (P.). **L'origine des idées et la science du langage.** In-12. 1 fr. 50
RENOUVIER, de l'Inst. **Uchronie.** *Utopie dans l'Histoire.* 2ᵉ éd. 1901. In-8. 7 fr. 50
ROBERTY (J.-E.) **Auguste Bouvier, pasteur et théologien protestant.** 1826-1893. 1 fort vol. in-12. 1901. 3 fr. 50
ROISEL. **Chronologie des temps préhistoriques.** In-12. 1900. 1 fr.
ROTT (Ed.). **La représentation diplomatique de la France auprès des cantons suisses confédérés.** T. I (1498-1559). Gr. in-8. 1900, 12 fr. — T. II (1559-1610). Gr. in-8. 1902. T. III (1610-1626). Gr. in-8. 1906. 20 fr. (*Récompensé par l'Institut.*)
SABATIER (C.). **Le Dupleïsme humain.** 1 vol. in-18. 1906. 2 fr. 50
SAUSSURE (L. de). **Psychol. de la colonisation franç.** In-12. 3 fr. 50
SAYOUS (E.). *Histoire des Hongrois. 2ᵉ édit. ill. Gr. in-8. 1900. 15 fr.
SCHILLER (Études sur), par MM. Schmidt, Facconnet, Andler, Xavier Léon, Spenlé, Baldensperger, Dresch, Tibal, Ehrhard, Mᵐᵉ Talayrach d'Eckardt, H. Lichtenberger, A. Lévy. In-8. 1906. 4 fr.
SCHINZ. **Problème de la tragédie en Allemagne.** In-8. 1903. 1 fr. 25
SECRÉTAN (H.). **La Société et la morale.** 1 vol. in-12. 1897. 3 fr. 50
SEIPPEL (P.), professeur à l'École polytechnique de Zurich. **Les deux Frances et leurs origines historiques.** 1 vol. in-8. 1906. 7 fr. 50
SICOGNE (E.). **Socialisme et monarchie.** In-16. 1906. 2 fr. 50
SKARZYNSKI (L.). *Le progrès social à la fin du XIXᵉ siècle. Préface de M. Léon Bourgeois. 1901. 1 vol. in-12. 4 fr. 50
SOREL (Albert), de l'Acad. franç. **Traité de Paris de 1815.** In-8. 4 fr. 50
TARDY (G.), de l'Institut. **Fragment d'histoire future.** In-8. 5 fr.
VALENTINO (Dʳ Ch.). **Notes sur l'Inde.** In-16. 1906. 4 fr.
VAN BIERVLIET (J.-J.). **Psychologie humaine.** 1 vol. in-8. 8 fr.
— **La Mémoire.** Br. in-8. 1893. 2 fr.
— **Études de psychologie.** 1 vol. in-8. 1901. 4 fr.
— **Causeries psychologiques.** 2 vol. in-8. Chacun. 3 fr.
— **Esquisse d'une éducation de la mémoire.** 1904. In-16. 2 fr.
VERMALE (F.). **La répartition des biens ecclésiastiques nationalisés dans le département du Rhône.** In-8. 1906. 2 fr. 50
VITALIS. **Correspondance politique de Dominique de Gabre.** 1904. In-8. 12 fr. 50
ZAPLETAL. **Le récit de la création dans la Genèse.** In-8. 3 fr. 50
ZOLLA (D.). **Les questions agricoles.** 1894, 1895. 2 vol. in-12. Chacun. 3 fr. 50

TABLE ALPHABÉTIQUE DES AUTEURS

Adam, 6, 13
Alaux, 2, 26
Alongry (F.), 6
Aldave, 23
Allier, 2
Amiable, 26
André, 26
Andler, 18
Angot, 25
Aristote, 12
Arloing, 25
Arminjon, 26
Arnauné, 25
Arnold (Matthew), 6
Arréat, 2, 6, 27
Aslan, 27
Atger, 27
Aubry, 6
Auerbach, 18
Aulard, 16
Bacha, 27
Bacon, 13
Bagehot, 23
Bain (Alex.), 6, 13, 24
Ballet (Gilbert), 2
Baldwin, 6
Balfour Stewart, 23, 27
Bardoux, 6, 28
Barni, 19
Barthélemy St-Hilaire, 6, 12
Baruzi, 12
Barzelotti, 6
Basch, 13, 15
Bayet, 2
Bazaillas, 6
Beaunis, 24
Beaussire, 2, 13, 10
Bellaigue, 14
Bellamy, 15
Bellanger, 27
Bémont (Ch.), 22
Belot, 2
Benard, 12
Benoist-Hanappier, 27
Bérard (V.), 18
Bergson, 2, 6
Berkeley, 13, 23
Bernard (A.), 17
Bernath (de), 27
Bernstein, 23
Bertauld, 2
Berthelot, 23, 24
Berton, 27
Bertrand,
Binet, 2, 6, 24, 25
Blanc (Louis), 17, 19
Blaserna, 23
Blondel, 2
Boirac, 6
Boiteau, 16
Bolton King, 18
Bondois, 16
Bonet-Maury, 19
Bornarel, 16
Bos,
Boucher, 16
Bougié, 2, 6, 15
Bourdeau (J.), 2, 19
Bourdeau (L.), 6, 25, 27
Bourdon, 16
Bourgeois (E.), 21
Bourlier, 18
Boutroux (E.), 2, 7, 27
Boutroux (P.), 20
Brandon-Salvador, 27
Braunschvig, 7
Brasseur, 26, 27
Bray, 7
Brenet, 15
Brochard, 7
Broda (R.), 22
Brooks Adams, 27
Brousseau, 17
Brucke, 23
Brunache, 25
Brunschvicg, 3, 7
Bücher (Karl), 27

Budé, 27
Bunge (C. O.), 27
Burdin, 21
Bureau, 15
Cahen (L.), 16
Caix de St-Aymour, 21
Candolle, 24
Canton, 27
Cardon, 27
Carnot,
Carra de Vaux, 14
Carrau, 7
Cartailhac, 24
Cariault, 20
Chabot, 27
Chantavoine, 14
Charriaut, 27
Charlton Bastian, 24
Clamageran, 27
Clay, 7
Coignet (C.), 2
Colajanni, 25
Collignon,
Collins, 7
Combarieu, 27
Combes de Lestrade, 18
Comte (A.), 7
Constantin, 23
Cooke, 23
Cordier, 18, 19
Cosentini, 7
Costantin, 25
Coste, 3, 7, 27
Couailhac, 14
Coubertin, 27
Couchoud, 14
Courant, 14, 27
Courcelle,
Couturat, 7, 12, 27
Crépieux-Jamin, 7
Cresson, 2, 3, 7, 27
Daendliker, 18
Damé, 18
Damiron, 13
Dantu (G.), 26
Danville, 2
Darel (Th.), 27
Daubrée, 24
Dauriac, 3, 7, 27
Dauzat (A.), 20
Deberle, 19
Debidour, 16
Defourny, 27
Delacroix, 13
De la Grasserie, 7
Delbos, 7
Delord, 17, 19
Delvaille, 7
Delvolvé, 3, 7
Demeny, 25
Demoor, 25
Depasse, 19
Deraismes, 27
Derocquigny, 19
Deschamps, 27
Deschanel, 19
Despaux, 27
Despois, 16
Dick May, 15
Dicran Aslanian, 26
D'Indy, 27
Doellinger, 16
Dollot, 28
Domet de Vorges, 14
Draghicesco, 7
Draper, 23
Dreyfus (C.), 24
Dreyfus-Br.sac,
Driault, 16, 18, 19
Droz, 13
Dubuc, 28
Duclaux, 15
Dufour (Médéric), 12
Dugald-Stewart, 13
Dugas, 3, 28
Du Maroussem, 15
Dumas (G.), 3, 7, 21

Dumont, 23
Dumoulin, 16
Dunan, 3, 28
Dunant (E.), 28
Du Potet, 28
Duprat, 3, 7
Duproix, 7, 13
Dupuy, 28
Durand (de Gros), 3, 7
Durkheim, 3, 6, 7
Duval, 17
Egger, 8
Eichthal (d'), 3, 19
Ellis Stevens, 19
Encausse, 3
Endrodi, 23
Erasmo, 13
Espinas, 3, 8, 28
Evellin (F.), 6
Fabro (J.), 12
Fabre (P.), 19
Fagnet, 29
Faivre, 3
Farges, 8
Favre (Mme J.), 12
Féré, 3, 24
Ferrère, 28
Ferrero, 8, 9
Ferri (Enrico), 3, 8
Ferri (L.), 8
Fierens-Gevaert, 3
Figard, 12
Finot, 8
Fleury (de), 3
Fonsegrive, 3, 8
Foucault, 8
Fouillée, 3, 6, 8, 12
Fournière, 3, 8, 15
Franck, 3
Fuchs, 23
Fulliquet, 8
Gaffarel, 16, 17, 18
Gaisman, 17
Garnie, 25
Garofalo, 3
Gauckler, 3
Geffroy, 21
Gelay, 3, 28
Gellé, 25
Gérard-Varet, 8
Gide, 28
Gillet, 18
Giraud-Teulon, 18
Gley, 8
Goblot, 3, 8
Godfernaux, 8
Gomel, 16
Gompers, 12
Gory, 8
Gourd, 8
Grasset, 3, 8, 25
Greef (de), 3, 8, 28
Griveau, 3
Gross, 8
Grosse, 25
Guéroult, 19
Guex, 25
Guiland, 18
Guignet, 25
Guiraud, 20
Gurney, 8
Guyau, 3, 8, 12, 28
Guyot, 12
Halévy (Elie), 8, 12
Halleux, 18
Halot, 18
Hamelin, 6, 12
Hannequin, 8
Hanotaux, 21
Hartenberg, 8, 26
Hartmann (E. de), 8
Hatzfeld, 12, 15
Hauser, 15
Hauvette, 20
Hébert, 8
Hegel, 13
Helmholtz, 23, 24
Hémon, 8

Henry (Victor), 20
Herbart, 13
Herbert Spencer. Voy. Spencer.
Herckenrath, 3
Hirth, 9
Hocquart, 28
Höffding, 9, 16
Horric de Beaucaire, 21
Horvath, 28
Huxley, 24
Icard,
Isambert, 9, 17
Izoulet, 9
Jaccard, 25
Jacoby, 9
Jaell, 3
James, 3, 26, 28
Janet (Paul), 3, 9, 12
Janet (Pierre), 9, 22
Janssens, 28
Jankelewitch, 3
Jaurès, 9
Javal, 25
Joly (H.), 14
Jourdy, 28
Joyau, 28
Kant, 13
Kardos,
Karppe, 9, 24
Kauffmann, 28
Kaulek, 21
Keim, 6, 26
Kingsford, 3
Kostyleff, 28
Krantz, 12
Labroue, 26
Lachetier, 2
Lacombe, 9
Lacombe (de), 28
Lafaye, 20
Lafontaine, 28
Lafontaine (A.), 12
Lagrange, 24
Lafsant,
Lalande, 9, 26
Laloy, 15
Laloy (L.), 14
Lampérière, 4
Landry, 9
Lanessan (de), 9, 15, 17, 24, 25, 26, 28
Lang, 9
Lange, 4
Langlois, 20
Lanson, 20
Lapie, 4, 9, 17
Laschi, 9
Lasserre, 29
Laugel, 4, 9
Lauvrière, 9
Laveleye (de), 9, 19, 28
Lazard (R.), 26
Leblond (M.-A.), 17
Lebon (A.), 21
Le Bon (G.), 4, 9
Léchalas, 4, 9
Lechartier, 9
Leclère (A.), 25
Le Dantec, 4, 9, 25
Lefèvre (G.), 4, 19
Lefèvre-Pontalis, 21
Lemaire, 19
Lemaître, 19
Léon (Xavier), 4
Léonardon, 14, 21
Leroy (Bernard),
Letainturier, 19
Lévi (Eliphas), 19
Lévy (A.), 9, 13
Lévy-Bruhl, 9, 13
Lévy (L.-G.),
Lévy-Schneider,
Liard, 4, 12, 19
Lichtenberger (A.), 19, 19
Lichtenberger (H.), 4, 9
Lodge (O.),
Lœb, 23

Lombard	20	Norman Lockyer	25	Reynald	18	Starcke	25
Lombroso	4, 9	Novicow 4, 10, 19	29	Ribéry	11	Stein	M
Lubac	9	Oldenberg	10	Ribot (Th.) 5, 11, 22	Stourm	17
Lubbock 4, 24	Ollé-Laprune	13	Ricardou	11	Strauss	15
Luchaire	20	Ossip-Lourié 4,	10	Richard 5, 11	Strohl	29
Luquet	9	Ourré 10, 12	Richet 5, 24	Stroweki	14
Lyon (Georges) 4, 8, 10	Overbergh (Van)	29	Riemann	11	Stuart Mill 5, 11
Mabilleau	19	Palante 4, 10	Rignano	11	Sully (James) 11, 24
Magnin		Papus	3	Ritter (W.)	14	Sully Prudhomme 5, 11
Maitland	28	Paris (Cte de)	29	Rivaud 11, 12	Swarte (de)	12
Maindron	29	Pariset		Roberty (de) 5, 11, 24	Swift	5
Malapert	10	Paul-Boncour	29	Roberty	30	Sybel (H. de)	16
Malméjac	15	Paul-Boncour (J.)	4	Roché	25	Tait	27
Mandoul	12	Paul Louis	19	Rodier	11	Tannery	12
Mantegazza	24	Pauhan 4, 10, 29	Rodocanachi	16	Tanon	5
Marguery 4, 19	Payot	10	Rœhrich (E.)	2	Tarde 5, 11, 15, 30
Mariétan	19	Pellet	17	Rogues de Fursac(J.)	2	Tardieu (E.)	11
Marion		Pelletan	29	Roisel 5, 30	Tardieu (A.)	16
Martin-Chabot	30	Penjon	19	Romanes 11, 21	Tausserat-Radel	21
Martin (F.)	10	Perès	10	Rood	24	Tchernoff	17
Martin (J.)	14	Perez (Bernard) 10, 29	Roit	30	Thamin	6
Massard	25	Perrier	24	Rousseau (J.-J.)		Thomas (A.)	20
Matagrin	29	Pettigrew	23	Roussel - Despierres		Thomas (P.-F.) 5, 11, 2
Mathiez	17	Philbert	19	(Fr.) 5, 6	Thurston	14
Matter 16, 18, 19	Philippe (J.) 4, 30	Ruyssen 11, 14	Tissié	5
Maudsley	23	Philippson	30	Sabatier (G.)	30	Topinard	25
Mauxion 4, 13	Piat 10, 13, 14, 26, 30	Sabatier (A.)	11	Trouessart	24
Maxwell	10	Picard (Ch.)	30	Saigey 11, 13	Turmann	15
Mercier (Mgr)	29	Picavet 10, 12, 13	Saint-Paul	11	Turot	15
Métin 15, 17, 19	Pictet	30	Saleilles	15	Tyndall	23
Meunier (Stan.)	25	Piderit	10	Sanz y Escartin	11	Vacherot	11
Meyer (de)	24	Pilastro (E.)	26	Saussure	30	Valentino	30
Michotte	29	Pillon 4, 10	Sayous	30	Vallaux	17
Milhaud (E.)		Pinloche 13, 19, 30	Scheffer 17, 18	Van Beneden	23
Milhaud (G.) 4, 12, 29	Pioger 4, 10	Schelling	13	Van Biervliet 4	30
Mill. Voy. Stuart Mill.	Piolet	17	Schinz	30	Vandervelde 15, 25
Millerand	29	Piriou	18	Schmidt 23, 24	Vermale	30
Modestov	19	Pirro	14	Schmidt (Ch.)	18	Véra	13
Molinari (G. do)	22	Plantet	21	Schopenhauer 2, 11	Véron	18
Mollien	16	Platon	12	Schutzenberger	23	Vialate 14, 22
Monnier	29	Podmore	8	Séailles	11	Vidal de la Blache	20
Monod (G.)	22	Poey	30	Secchi	24	Vignon	17
Monteil	19	Prat 10, 30	Secrétan (H.)	30	Vitalis	30
Morel-Fatio	21	Preyer	10	Seignobos	15	Waddington	21
Mortillet (de)	55	Proal 2, 10	Seippel	30	Wahl	17
Mosso 4, 25	Puech	20	Sighele		Waynbaum	6
Muller (Max)	10	Quatrefages (de) 23, 25	Sigogne	30	Weber	11
Murisier	4	Queyrat		Silvestre	17	Weill (G.)	17
Myers 8, 10	Rageot 2, 10	Skarzynski	30	Welschinger	14
Naville (A.)	4	Rambaud (A.)	21	Socrate	12	Whitney	23
Naville (Ernest)	10	Rauh	10	Soltier 2, 5, 11	Wulff (de)	12
Nayrac	10	Recejac		Sorel (A.) 12, 21, 30	Wundt	5
Neplujeff	27	Recouly	18	Sorin	18	Wurtz	24
Niewenglowski	23	Regnaud	10	Souriau 5, 11	Wylm	30
Nodet	29	Reinach (J.) 19, 21	Spencer 3, 8, 9, 23, 24	Zapletal	30
Noël (E.)	13	Renard 5, 30	Spinoza	17	Zeller	5
Noel (O.)	17	Renouvier 6, 11, 30	Spuller 17, 19	Zevort	17
Nordau (Max) 4, 10	Réville	5	Staffer	11	Ziegler	5
Normand Ch.)	26	Rey (A.) 2, 6	Stallo	24	Zivy	20
						Zolla	30

TABLE DES AUTEURS ÉTUDIÉS

Albéroni	21	Descartes 9, 12, 20	Lamennais	3	Rameau	14
Aristophane	26	Diderot	27	Lavoisier	24	Reid	27
Aristote 12, 14, 19	Disraëli	14	Leibniz 9, 12	Renan	2
Anselme (Saint)	14	Épicure	12	Leroux (Pierre)	11	Renouvier 11, 18
Augustin (Saint)	14	Érasme	13	Littré	30	Saint-Simon	7
Avicenne	14	Fernot (Jean)	13	Lots	29	Schiller 12, 30
Bach	14	Feuerbach 9, 13	Lucrèce	20	Schopenhauer	8
Bacon	13	Fichte 7, 9, 13	Maine de Biran	14	Secrétan	14
Barthélemy	21	Gassendi	13	Maistre (J. de) 4, 29	Smetana	14
Baur (Christian)	5	Gazali	14	Malebranche 13, 14	Straton de Lampsaque	12
Bayle (P.)	7	Guyau 8, 27	Mendelssohn	14	Simonide	16
Beethoven	14	Hegel	13	Montaigne	23, 14
Bernadotte	18	Heine	9	Napoléon 16, 27	Spencer (Herbert)	7
Bismarck 14, 16, 18	Helvétius 6, 26	Nietzsche 4, 5	Spinoza 7, 11, 12, 13
Bonaparte	18	Herbart 13, 19	Okoubo	14	Stuart Mill	9
Bouvier (Aug.)	30	Hobbes	4	Ovide	30	Sully Prudhomme	8
Cambon	16	Horace	20	Palestrina	14	Tacite	27
César Franck	14	Hume	9	Pascal 11, 13, 14, 28	Taine 6, 9
Chamberlain	14	Ibsen		Pestalozzi	14	Tatien	30
Comte (Aug.) 5, 6, 7, 9, 11, 27, 30	Jacobi 9, 13	Philon 12, 14	Thomas (Saint)	29
Kant 5, 9, 11, 13, 14	Platon 12, 14, 18, 30	Tibulle	30
Condorcet	16	Lamarck		Plotin	13	Tolstoï	4
Cousin	2	Lamb	16	Pos	9	Voltaire	13
Darwin 4, 14, 25	Lamb (Charles)	30	Prim	14	Wagner (Richard)	3

5879. — Imp. Motteroz et Martinet, rue Saint-Benoît, 7, Paris.

Documents manquants (pages, cahiers...)
NF Z 43-120-13

www.ingramcontent.com/pod-product-compliance
Lightning Source LLC
Chambersburg PA
CBHW071858230426
43671CB00010B/1395